嚴復 社會通詮 稿本

〔英〕甄克思 著 嚴復 譯著
中國嘉德古籍善本部 編

上海書畫出版社

出版說明

嚴復（一八五四——一九二一），『開眼看世界』的先驅，『中國西學第一人』，中國近代極具影響力的啓蒙思想家、翻譯家和教育家。一八九六年起，嚴復將其在英國留學期間所汲取的維多利亞時代最輝煌的思想成果引入中國。其精心翻譯的《天演論》《原富》《社會通詮》《群己權界論》《孟德斯鳩法意》《群學肄言》《名學淺説》和《穆勒名學》等八部經典著作，不僅在當時引起了巨大的轟動，更對中國人的思想觀念産生了深遠的影響。

《社會通詮》（*A Short Histroy of Politics*），英國法學權威愛德華·甄克思（一八六一——一九三九）著，政治學經典著作。嚴復於一九〇四年將其譯爲中文，由上海商務印書館首次出版。天津的《大公報》和上海的《申報》連續刊發書評，南北呼應，《外交報》《東方雜誌》等主流刊物，也發文評論，一時之間，中國社會出現了『社會通詮』熱，社會各界争相誦讀。《社會通詮》是嚴復『信、達、雅』翻譯準則的一次重要體現，時至今日仍體現着嚴復的政治思想與會通古今中外的自由主義精神。

此次出版的嚴復《社會通詮》稿本爲各種已出版《社會通詮》文本的『母本』，嚴氏家族舊藏，常年寄存於中國國家圖書館，曾於二〇一一年九月十五日在中國國家圖書館『東方的覺醒——紀念辛亥革命一〇〇周年館藏珍貴歷史文獻展』中展出。

嚴復身處於中國近代重要的轉型階段，又與梁啓超、陳寶琛等文人書家交往密切，在一定程度上造就了他在書法藝術層面的藝術表現力和思想性，是近現代文人書家典型代表之一，此稿本爲嚴復親筆書寫，正面是《社會通詮》譯本全文，共計一百二十八開，書法清朗溫润，筆墨豐沛，藝術價值頗高，是研究嚴復書法、近現代文人書法的重要新見資料。稿紙背面有嚴復日常習字，共計五十六開，臨摹内容分爲兩類：其一是臨習古代法書，其二是自書古人詩文。書寫内容包括碑帖臨摹、書論節録、古詩文雜抄等，臨摹範本涉及王羲之、蘇軾、黄庭堅等書家，是嚴復書法藝術風格及書風來源的集中展示。

清華大學王憲明教授、首都師範大學葉培貴教授兩篇论文，分别從政治學及書法學角度，解讀嚴復手稿中的學術、藝術價值。王憲明教授《〈社會通詮〉嚴復中译本序》一文從政治學及《社會通詮》中譯本版本情况出發，討論嚴復在《社會通詮》譯序、譯文、按語中所體現出的政治思想。葉培貴教授《嚴復書法淺識》從書法藝術的視角切入，討論嚴復作爲近現代重要學者的書法知識、書法創作、書法立場等。

此次中國嘉德古籍善本部與上海書畫出版社合作，以最新的影像采集手段，高清、全面首次公開出版此稿本，还原文物原貌與藝術價值，是研究嚴復啓蒙思想、中國近現代思想文化史乃至中外文化交流史的重要依據，爲深入探究嚴復政治思想提供原始資料。爲便於閱讀，手稿正文按裝訂綫裁開，單頁排版；爲保留習字章法原貌，日常習字以跨頁展示，隨頁標注書寫内容，以便讀者翻閲。

如有錯誤和缺漏之處，懇請方家批評指正。

上海書畫出版社

二〇二四年十月

《社會通詮》嚴復中譯本序

王憲明（清華大學馬克思主義學院）

光緒甲辰（一九〇四）正月，一本題爲《社會通詮》的譯著在上海出版。這是一本薄薄的小冊子，繁體，竪排，三二開，平裝，全書只有二〇一頁，約一一萬字，譯者爲嚴復，出版者爲商務印書館，書前有譯者嚴復像。這本書乍看起來，很不起眼。然而，就是這樣一本并不起眼的小書，却像一聲春雷，震動了中國大地。天津的《大公報》和上海的《申報》連續刊發書評，南北呼應，《外交報》《東方雜志》等主流刊物，也發文評論，一時之間，中國社會出現了『社會通詮』熱，碩學名流擊節嘆賞，賦詩記頌，説『悲哉天化之歷史，蝨於穹宙寧避此。圖騰遞入軍國期，三世低昂見表裏。我有聖人傳作尸，功成者退惡可欺。蚍形範影視爐捶，持向神州呼籲之』〔一〕；年輕學子爭相購閱；更有孝順的學人不僅自己認真拜讀，同時還爲自己的長輩『説』讀《社會通詮》〔二〕。而更讓人感到匪夷所思的是，當時中國政壇上最有影響的兩大勢力，即流亡在東南亞、日本、北美等地，分别以康有爲、梁啓超爲代表的『保皇派』和以孫中山爲首的『革命派』，都把《社會通詮》當作攻防的武器：『保皇派』以《社會通詮》中的觀點向『革命派』發起理論攻勢，而『革命派』則在反擊『保皇派』的觀點時向《社會通詮》及其譯者嚴復發起了攻擊。這是一本什麽樣小冊子，居然會引起如此强烈而廣泛的社會政治反響？

一、英文原本及其作者

《社會通詮》一書題中雖有『社會』二字，但却并不是今人從字面所理解的那樣是一部社會學著作。『社會』二字指的是政治上的結『社』立『會』，指的是政治行爲、政治團體、政治組織；『通詮』意指概論、概説、通論。因此，《社會通詮》實際是一部政治學通論、政治通史類的著作。

《社會通詮》一書原名爲 *A Short History of Politics*，作者爲 Edward Jenks，嚴復譯爲甄克思。甄克思於一八六一年生於南倫敦斯多克威爾（Stockwell in South London），其父羅伯特·甄克思是在倫敦做買賣的貿易商人。一八七四至一八七七年，甄克思入都爾威治學院（Dulwich College）讀書，一八八三年獲辯護律師資格，同年入劍橋大學深造，修習法律。一八八九年，前往澳大利亞，任墨爾本大學法學教授、法律系主任。一八九一年，甄克思返回英國，在新成立的利物浦大學學院（University College）擔任法律教授，三年後該職位成爲曼徹斯特維多利亞大學維多利亞女王法律講座教授。一八九六年，他離開利物浦，到牛津大學擔任英國法導師。一九〇三年，甄克思離開牛津前往倫敦，擔任法律學會法學研究部主任，并擔任此職達二十一年之久，期間，他還兼任倫敦大學法律教授并一度擔任該校法律系主任。一九三九年逝世。〔三〕

甄克思的《政治簡史》是應『教堂基礎叢書』（The Temple Primers）編者之邀而撰寫的。據初版的《政治簡史》前所附的介紹文字稱：『選取重大問題，由權威學者執筆，濃縮精華，指引門徑，以適應大衆需求，亦可作爲學者專門研究之入門。本叢書旨在以便捷經濟之方式，〔爲讀者〕提供通常只有部頭大、價錢高、一般讀者無法問津的百科全書才會提供的知識。與此相適應，本叢書將力求涵蓋文學、科學與藝術三大領域的主要學科，并希望各卷能够構成一個完整的、可靠的現代知識的基本知識庫。』〔四〕

甄克思所撰《政治簡史》問世後，受到社會普遍歡迎，當年就經原作者修訂，出了第二版。據筆者在北京大學圖書館、香港大學圖書館、美國斯坦福大學圖書館、哈佛大學圖書館等處所查閲的情况，在初版到一九一八年這一段時間中，《政治簡史》至少出過七版，即：

一九〇〇：London: J.M. Dent &. Co.; New York: The Macmillan Co.

一九〇二：New York: The Macmillan Co.; London, J. M. Dent &. Co.

一九〇三：London, J. M. Dent（3rd edition）（北京大學圖書館所藏標爲第二版）

一九〇六：London, Dent, 4th edition

一九〇七：London, J. M. Dent &. Co.

一九一〇：London, Bungay, R. Clay &. Sons; London: J.M. Dent &. Co.

一九一八：London: J.M. Dent &. Co.; New York: The Macmillan Co.

甄氏本人對這本小冊子十分重視，曾專門下功夫對之進行了大的修改，對原書的關鍵字進行了系統厘定和補充，增加了《主題與術語》一章，又將原書十四章擴增爲十八章，以《國家與民族》（*The State and the Nation*）爲題，於一九一九年在美國紐約出版。〔五〕一九三九年，甄氏在臨逝世前又出版了《民族之船：政治科學基礎》（*The Ship of State: Essentials of political Science*）一書。從主體内容看，兩者之間是有内在關聯的，也可看出甄氏對此書與此主題之看重。

二、三種中譯本

甄克思上書出版後，在清末民國時期的中國出現了三種中文譯本。

第一種是由廣學會『校刊』的《政史攝要》，一九〇三年夏出版，由上海商務印書館代印。從内容上判斷，這一譯本的底本不是初版，而是經過修訂以後的版本，因爲有些段落的内容是該書初版原文所没有的。譯本由李提摩太作序，華立熙（Rev. W. Gilbert Walshe，B. A）編輯，由李提摩太等人的『華友』翻譯〔六〕，但這一『華友』具體指什麼人，則至今不甚清楚。筆者判斷，很可能這一『華友』就是嚴復，理由有三：第一，該譯本與稍後出版的嚴譯本在某些章節中有些關鍵詞語非常相似；第二，嚴譯於一九〇四年初也在上海商務印書館出版，獲得了版權，且未聞廣學會等提出過任何疑議；第三，《社會通詮》後期的版本在版權頁上標注該書的『初版』時間爲『癸卯五月』，即一九〇三年陰曆五月，而這正是《政史攝要》一書出版的時間。

由廣學會組織翻譯的這一譯本較簡潔，不少段落只作了提要式的介紹，而不是全文翻譯，譯文總體風格上更接近後來的『白話文』，而不像嚴譯本那樣大量使用『周秦諸子』所使用的古文詞。

李提摩太在《序》中指出：

『自來政學名家，大都究心本國之史乘，以察其廢興沿革之故，而斟酌損益之。試問未有文字以前，衆人情况若何？則曰：其文不雅馴，非薦紳先生所宜述也。更問以他國之景况，則又曰：蠻夷戎狄，鄙陋所叢，煌煌上國之人材，不肖過問也。若夫海外有洲，洲外有島，孰爲君主之國，孰爲民主之邦，竟皆不克舉其名，遑云有以述其事。舟車競巧，隧溢通津，向之所謂政史名家者，猶或憒憒焉。是之謂不知務。英國金克司氏，上窮邃古，横覽當世，作爲政史經略四卷，凡天下廢興沿革之故，一一洞燭其本原，暇嘗受而讀之，足以化此疆彼界之私，更足以辟重己輕人之謬，亟囑華友翻譯成編，遂付手民爲中國政學名家作先路之導。抑余重有感焉。中國少年俊秀，多囿一隅之見，遂致自由平等民權革命諸妄語，日騰筆舌。試讀此史，洞諸萬國五洲古往今來之大勢，而曉然於君主、民主各有其弊，因時因地，各有所宜，斯無負譯者。』

從上述序言看，李提摩太等組織翻譯此書的主要用意，在於『化此疆彼界之私』，在於『辟重己輕人之謬』，以『爲中國政學名家作先路之導』。很顯然，這是廣學會針對義和團運動前後中國人『排外』意識而開出的一劑藥方。

廣學會的這一譯本印數很少，流通量很小。

第二種譯本就是嚴復翻譯、一九〇四年由上海商務印書館出版的《社會通詮》，所據底本不是原版，而是經過修訂後的版本。這一版本自一九〇四年出版以來，一直廣泛爲國内外學術界所使用。民國時期，商務印書館曾組織力量，對嚴譯名著進行了簡單注釋，編列譯名對照表，於一九三一年出版了『嚴譯名著叢刊』。後來通行的各種版本多以此版本爲據。

後來，到國民時期，甄克思的上述著作還有第三種中譯本出版，這就是留美學生張金鑒所譯的《政治簡史》。〔七〕該譯本對民國時期中國政治學、行政學等學科的研究産生一定影響，張金鑒本人後來也因此在行政學界獲得很高聲譽。〔八〕

三、嚴譯《社會通詮》的思想傾向

嚴復倡導『信、達、雅』的翻譯三原則，但在翻譯實踐中，則更重『達』『雅』二原則，對『信』之原則的貫徹則不那麼徹底。由此，嚴譯名著無一例外都是『混雜的文本』，譯文中不僅有原作的思想觀點，也夾雜了譯者嚴復本人『增譯』出來的思想觀點，既有西方的思想，也有中國的思想。

（一）甄克思《政治簡史》的主題、宗旨

正如甄克思在原書《序言》中所說，他之所以撰寫該書，主要是『要人們在治國之術方面的所作所爲而非所思所議作一扼要敘述』。〔九〕據甄氏後來依此書修改而成的《國家與民族》一書第一章介紹，此書的關鍵詞語或觀念包括：『國家』（State）、『民族』（Nation）、『社會』（Society）、『種族』（Race）等。所謂的『社會』并非一般的群體，而是指爲了共同利益而互相結合爲一體的和諧的團體。『民族』亦可稱之爲『社會』的一種，但與一般社會相比較，這一社會卻有其他『社會』所不具備的特點，這就是它有明確的領域或領土并對此領域或領土擁有獨一無二的排他性的控制權，從總體上對其領土上的所有成員的利益負責。容易與『民族』相混的是『種族』，它通常指一種真實的或想象的血緣或人種關係，它在歷史上雖有時起過一定作用，但處理不

當會導致災難性的後果。『民族』爲了實現治理的任務，就要設立管理機構，這就是『國家』。國家對於一切其他國家而言，擁有完全的獨立與主權。〔一〇〕該書的書名及書中的內容雖然包括了原作者後來思考與研究的結果，但毫無疑問，它可以幫助我們認識其原型《政治簡史》。書名《國家與民族》恰恰揭示了甄氏所探討的問題的核心之所在，是要揭示國家與民族發展的奧秘。

甄氏在《政治簡史》中指出，『我們有三種社會，即蠻夷社會，宗法社會，及軍國社會（或就現代意義而言，稱之爲政治社會）』。其宗旨在於『從古至今，依次描述上述三種社會，并指出導致前一社會向新的社會轉變的原因』。〔一一〕甄克思認爲，以上三種社會中，蠻夷社會維繫其成員的方式是圖騰，其特點是圖騰制，同圖騰內不得結婚，不同圖騰之間可實行群婚制，物質生活總體上十分貧乏〔一二〕；宗法社會維持其群體的是種族，其特點是以種族而非以領土爲國基，主排外，保守，以家族而非個人爲社會之本位，國家權力不能直達個人〔一三〕；軍國社會即現代國家維繫其成員的則是領土意識，主權意識與國民意識，在其領土範圍內，國家擁有無上主權，采取開放政策，競爭政策，任人唯賢政策，保衛國家，維持秩序，國民按法律有應盡之義務與應享之權利，不受家族等其他任何社會組織干涉，國家則按三權分立原則依法行使各自的職權。在現代國家建立的過程中，軍事起著舉足輕重的作用，軍政也是現代國家的最大特點之一。〔一四〕

（二）嚴復《社會通詮》對甄克思原書的改造

作爲譯者，嚴復較爲充分地傳達了原作中的信息，但仔細對讀原文與譯文，我們不難發現，嚴復并非到此爲止，而是在原文的基礎上進行了較大改造，從而使譯本與原本之間出現了較大差异。

嚴復對甄克思原書的改造工作主要通過兩種方式進行：一是通過詞彙的轉換來體現譯者之態度與意向；二是增加原作所沒有的內容或删除原作的某些內容，以表達譯者的思想。後一方面，即有意删除或不譯原作某些內容的情况較少，更多情况下出現的是前者，即增加了大量原作所沒有的內容，從而使《社會通詮》有了甄克思原作所沒有的思想傾向。

1．從總體上突出社會發展的『規律』性

突出人類歷史發展的規律性，這是嚴復從一開始就明明白白告訴讀者的。他在《社會通詮》譯序中，開宗明義即指出：

『夫天下之群衆矣，夷考進化之階級，莫不始於圖騰，繼以宗法，而成於國家。方其爲圖騰也，其民漁獵，至於宗法，其民耕稼，而二者之間，其相嬗而轉變者以游牧。最後由宗法以進於國家，而二者之間，其相受而蛻化者以封建。方其封建，民業大抵猶耕稼也。獨至國家，而後兵、農、工、商四者之民備具，而其群相生相養之事乃極盛，而大和强立，蕃衍而不可以克滅。此其爲序之信，若天之四時，若人身之童少壯老，期有遲速，而不可或少紊者也。』〔一五〕

嚴復的譯序把人類社會描繪成了像人生從童少壯老，自然有春夏秋冬那樣的按『規律』發展的過程。在譯文中，嚴復也用各種方式突出這種規律性。

在第一章中，原文作者在討論到社會發展的三種形態時指出，人類社會的發展有三種形式，即蠻夷社會，宗法社會及軍國社會，作者的任務是努力探尋社會發展過程中每一社會都有可能經過的一般道路。〔一六〕嚴復的譯文是：

『稽諸生民歷史，社會之形式有三：曰蠻夷社會，**亦稱圖騰社會**，曰宗法社會，曰國家社會，亦稱軍國社會。是編所論，本其最初，降成今制，**所重者即社會天演之常**，以迹其蛻嬗徐及之致，非於三者有專詳也。蓋社會之爲物，既立則有必趨之勢，必循之軌，即或不然，亦必有特别原因之可論，**其爲至賾而不可亂如此**。』〔一七〕

原文中所用『endeavor to trace』『tend to follow』等字眼，如果直譯，應是『努力探尋』『可能或傾向於按……方向發展』等，未必就一定能做到或一定能實現，而嚴復譯文則用『必趨之勢』『必循之軌』等，意思由或然變成了必然，同時，譯者又特别加出了『所重者即社會天演之常』『其爲至賾而不可亂如此』，給人以定律，公理，公例之感，似乎社會發展除此方向之外，别無任何其他可能。

在第二章中，原作者在講到古今蠻夷因食物而爭戰的情形〔一八〕，嚴復譯作：

『**以六七圖騰共處於一區**，其相好惡也，視山野之廣狹，得食之難易。使獵場恢廓而禽獸多，取以贍其口數而有餘，雖數十年相安可也。禽獸减少，擊獵之場，以口蕃而日形其蹙，**斯物競起而**兵戰之事興焉。夫蠻夷之食人，其始亦以飢耳，久乃**沿以爲俗，必循其先**，莫之敢廢。故治化之進也，必地力養人之量日舒，**此群學**最確之例也。**生口日滋，而地力養人之量如故，欲不出於相戕，未之有也。講治術者，可以知其本矣**。』〔一九〕

此處原文『so the temptations for war, or at least the excuses for war, are happily ever diminishing』一句未譯，原指由於上述進步，發動戰爭的動機，至少是發動戰爭的藉口，正不斷减少，這是令人欣慰之事。譯文删去此句，另加出『生口日滋，而地力養人之量如故，欲不出於相戕，未之有也。講治術者，可以知其本矣』部分，使意思與原文剛好相反：戰爭（動機，藉口）由不斷减少，變成『欲不出於相戕，未之有也』，即變成不可避免。與上句『群學最確之例』一起，讓人對戰爭與人口增加的內在關聯有了更爲深刻的印象。

類似情况很多，不可能一一列舉，但從一些表示公理，公例，規律等字眼在原文和譯文中出現的頻率的對比，大體可以知道嚴復在翻譯過程中到底在多大程度上突出了『規律』在人類社會發展進程中的重要性。據統計，表示規律或具有規律意味的詞語在《社會通詮》中出現的頻率：

嚴譯詞語	出現頻次	原著詞語	出現頻次
天演	四一	Evolution	八
進化	二六	progress	二二
群演	一四	development	三七
公例	三	Law	一（一一八）
公理	一		
天理	一		

可以看出，原文中表示進步、發展的 evolution, development 及 progress 共出現六六次，law 字雖出現一一八次，但它包括了所有含有 law 這一成份的詞彙，其中，表示法律或與法律相關的各種複合詞或片語（如 laws, lawsuit, law-court, lawyer, out-law, folk-law, savage-law, Poor-law, lawful, unlawful, common-law, law-making, Irish-law、Roman law, law-making, criminal law）等共一一七次，實際上表示『規律』的只有一次，（laws of progress）。相比之下，嚴譯中『天演』『進化』『群演』等共出現八一次，公理、公例、天理等共出現五次，遠遠高出原作中同類詞彙的出現頻率。從中可以看出，譯者比原作者更希望其作品能够帶給讀者一種規律、公理感，更希望讀者能够從自己的作品中獲得進取向上的動力。

嚴復如此突出公例、規律，但另一方面，又不抹殺人在公例、規律面前所起的重要作用，相反，有時還十分强調人在此種公例、規律面前所起的作用。在原書最後一章末尾處，甄克思在總結全書時，一方面强調相信歷史爲普遍規律之表現，方不致認其著作爲徒勞，另一方面又强調人性之重要。〔二〇〕嚴復在譯文中對此兩個方面均作了進一步的拓展，使兩個方面的意思都更加突出，更加鮮明：

『**嗚呼！社會之爲變亦繁矣。觀其歷史，蓋總總紛紛如也。**於總總紛紛之中，爲求其天演層出之秩序，是固吾力所未逮，而是編所可言者，亦止此矣。夫言治術者，**其學派至不齊**。或且曰宇内之所呈，隨地所偶見，使其意而如是也，則於兹編之所議，宜淡漠而置之。然使有人焉，知歷史之事，雖其來若無端，實**皆依於天理**，爲最大公例之流行，而處處從外緣爲殊异，故殊途百慮，其歸墟將同，第使其意而如是也，其諸與不佞之所懃懃，亦有合乎？而以爲非妄作者乎？且治術之事，從其一方而觀之，雖議其貪天之功，徒離跂攘臂於桁楊椄槢之間可耳。乃更自其一方而觀之，則固生人所待命者，雖求進者其力若至微，而所得若至不足道，然而其意固可尚也。何則？是固根於人性之至深，而以人仰人，以人爲人，**將伯之助，施濟之功，極於此事而止矣**。夫能群者非人道歟？有治術而後能群之實著，此亦六合見象之至不可掩者也。然則彼持不倚之心，以搜討此業者，不可訾矣。雖有時若崽瑣煩猥，顧其至誠，不可以隱。嗟乎！**自天演言，千春猶旦夕耳**。必謂從治術之日進，而人倫有以詣極，驗天賦群德之不虚，此其爲時或尚遠耳。雖然，本誠心以求公益，**建真理以俟後來，世有一人之自將**，人有一日之無怠，皆取其途而日促之也，**皆指其鵠而日明之也，惟古哲人，所自任者如此，而吾黨之功所以大足恃也。**』〔二一〕

嚴復正是希望從規律與人力關係的探討中，讓中國讀者覺悟到努力的方向，奮起建設一個新的現代國家。

2. 突出現代國家意識與國民平等意識

正如前文已經提到過的那樣，『國』『國家』的起源與發展，特别是現代國家的起源和發展，是甄克思原書的主題。但是，在甄克思和嚴復的心目之中，這一主題的份量是不同的，甄克思主要是就已知的歷史來描述國家的起源與發展，而作爲譯者的嚴復却是希望借助於甄克思的著作，來探討中國現實的建國問題，而這一嘗試，畢竟是在現實中進行的，這一現實就是中國有著數千年文明史，國家形態與西方不同，歷史又極長，既不能不承認其歷史，在當時的時代環境下，又不能不參照西方國家的模式對之加以改造。另一方面，嚴復譯書的時代，已經有不少人，特别是在日本等國的中國留學生，已開始拿西方的『民族主義』話語系統來討論中國的建國問題。所有這些，都使『建國』問題在嚴復的心裏有了更重的份量、更大的緊迫性，『國』『國家』等詞彙在嚴復筆下出現的頻率也由此而比同類詞彙在原作中出現的頻率更高。據筆者統計，『國』字在嚴譯《社會通詮》中先後共出現七六九次，『國家』一詞先後出現一六五次，均是出現頻率最高的關鍵字之一（『社會』出現三三八次，『民族』出現二六次，『種族』出現二六次）。而原作中，與『國』『國家』等詞大體相當的 state, nation, country 等僅分别出現二九一次、二五次和七九次，三者之和爲三九五次，遠遠少於嚴譯《社會通詮》中『國』字的出現頻率，而由於英文中 state 和 country 兩詞的多義性（前者不僅表示國，同時還可表示國之下的州、省等，又可表示狀態、現狀等，後者除表示一般意義上的國家外，還可表示鄉村等），原作中實際表示國家的詞彙的出現頻率還要更低。

在翻譯過程中，嚴復有意識地對涉及『國』『國家』的段落等進行了拓展，使之比原作中有了更多的内涵。

例如，在原作第一章中，甄克思談到社會和國家的關聯與區别，意在指出社會有多種，國家是一種特殊的社會，人們無法選擇，一旦生於斯，便不能隨意改變，而這樣的社會正是政治學所要研究的主題。〔二二〕嚴復譯文則在此基礎上，對之進行了發揮，將原文二三八個單詞的原文譯成了五〇〇多字的中文，其中明確爲譯者增加的就有二〇〇多字（黑體字部分）：

『社會之等差衆矣，宗教學術、懋遷行樂，無一不可爲社會。**靈山法會**，基督宗徒，教之社會也。庠序黨塾，學之社會也。爲懋遷，則若今之公司。爲行樂，則城西之游邸。推之建一宗旨，以締合同人，皆社會也，**其物公私大小不同，然亦各有其法度章規，以部勒統治之，而後有以達其宗旨。然則，治制固不必國家而後有。**然吾黨必區治制之名，以專屬國家者，以其議便，而國家爲**最大最尊**之社會，關於民生者**最重最深**故也。夫國家之爲社會也，常成於天演，**實异於人爲**，一也；民之入之，非其所自擇，不能以意爲去留，其得自擇去留，特至近世而後爾耳，**然而非常道**，二也；**爲人道所不可離，必各有所專屬，三也；其關於吾生最切，養生送死之寧順，身心品地之高卑，皆從其物而影響，四也；爲古今人類群力群策所扶持，莫不力求其强立而美善，五也。此五者，皆他社會之所無，而國家之所獨具者。**是故，**國單則曰國，雙稱則曰國**家者，最完成尊大之社會也。若大不列顛，若法蘭西，若荷蘭，若俄羅斯，**若高麗，若印度，宇内無慮數十。是數十之所守所行**，謂之治制，此定議也。雖然，使吾黨取**數十國之**歷史而考稽之，將見是**數十**者，**非古遂同於今所云也**，實從其至异之形式，**經數千年天演之遞變**，乃漸即於今形。古與今，其制度乃大异。』[二三]

不難看出，經過嚴復的改造，國家不僅成了『最大最尊之社會』『關於民生者最重最深』，而且它具備一般社會所不具備的五大特點。對比原文，則可知上述五大特點中，第三至第五大特點完全是由譯者增加的，由於這三大特點的增加，國家成了『人道所不可離』的一種組織，『其關於吾生最切，養生送死之寧順，身心品地之高卑，皆從其物而影響』，這種組織『爲古今人類群力群策所扶持，莫不力求其强立而美善』，是人類奮鬥的目標。這些都是原作中所不曾有的，而更多地帶有了中國文化的特性。

在同一章中，原作在討論現代社會的特點時，曾對現代社會與古代社會的不同之處作了簡明扼要的描述。[二四]譯者不僅如實傳達了原作上述信息，而且還有意識地加出了一段落文字，用世界上最著名的法典之一即《拿破侖法典》來作爲自己的論據，突出强調現代國家與古代宗法國家的不同之處：

『**古今社會，莫不有所以繫屬其民者。**今社會所以繫屬其民者，曰軍政。此於徵兵之國最易見也。法德之民，最重過犯，莫若逃軍；若反戈從敵，攻其宗國，斯爲大逆。至若英國，其兵**以募**不以徵矣。顧以軍政系民，則异名而同實。王若后仗臣佐衆**扶之憲典**，有急，得詔通國男子執兵，此不諍之柄也。假使英民有爲敵國戰者，**朝**被執，**夕**以逆民死矣。**凡此皆以軍政系民之實證也。**惟古之社會則不然，其所以系民，非軍政，乃宗法也。宗法何？**彼謂其民皆同種也，**皆本於一宗之血胤也。**顧此於寡小之民族或信耳。**至於歷世滋大，則姑以爲同種血胤而已。當此之時，民有顯然容納非種者，一國共誅之；雖有久居鄰壤，與之通商，乃至與之同仇而敵愾，不以此故得入其國爲編氓也。**《拿破侖法典》曰：「生於法土，斯爲法民。」此軍國社會與宗法社會之所絶异而不可混者也。**』[二五]

原作第三章在討論宗法社會與現代國家的不同時，從四大方面進行了概括，其中前三條均涉及古代宗法社會與現代軍國社會的差别問題。[二六]嚴復將這些段落譯作：『一重民**而不地著**。二排外**而鋤非種**。三統於所尊。』[二七]

嚴復譯文基本如實地傳達了第一條古代宗法社會重人而近代國家重『地著』的差别，强調現代國家，不問其種族，只要是『受廛占籍』，獲得國民資格，就一律給以平等的國民待遇。而對第二至第三條則作了較大發揮。關於第二條，原作説古代宗法社會主排外，現代軍國社會則與此相反，認爲人口衆多方能收『富國强兵』之效，因此，『其於民也，歸斯受之而已』。嚴氏在此作了進一步發揮，加出了下述文字：『古人以種雜爲諱者，而今人則以攙合爲進種最利之圖，其時异情遷如此。是故，近今各國，皆有徠民之部，主受廛入籍之衆。』文字雖不多，只有四十八字，但其中包含的深意却是不能忽視的。在十九世紀末二十世紀初中外矛盾和滿漢矛盾日益成爲重大社會政治問題的情况下，譯者有意識地在這些方面下功夫，顯然是有意識地借翻譯來緩解國人的排外意識和反滿意識，促使國人把注意力放到『富國强兵』以『進種』上來。第三條原文談到古今社會權力關係的差异在於，現代國家與其國民之間直接發生聯繫，而在古代却并非如此，在個人與統治者之間隔著許多中間環節。嚴復則在此基礎上，加出了一段總結性的文字，來描述古今社會的差别：『天演極深、程度極高之社會，以一民之小己爲麼匿（譯言本位）者也。宗法社會，以一族一家爲麼匿者也。』[二八]這樣一個暗示力很强的論斷，無疑比純描述性的文字有著更强的暗示力，提示國人在建國過程中如何處理國家與個人的關係。

3．突出制度的歷史傳承性與不得已性

嚴復在《政治講義》中曾説『吾人考求此學（指政治學——引者），所用者是天演術，是歷史術，是比較術，是内籀術』[二九]，政治與歷史密切相關，『蓋二學本互相表裏，西人言讀史不歸政治，是謂無果；言治不求之歷史，是謂無根。』[三〇]這樣的原則，實際上嚴復在講演《政治講義》之前，已經在翻譯《社會通詮》的過程中進行了較爲系統的嘗試。甄克思原書第五章開始處講到『部落組織』，説明在研究古代部

落組織的發展時，可借用愛爾蘭、印度及古希臘、羅馬等作爲例證，以便開闊視野，并從中認識到這一社會階段發展的廣泛性。〔三一〕嚴復將之譯作：

『群立而後有制。制非以意爲之也，蓋常有所不得已，不得已故常秉於自然，而有天演階級之可論。夫蠻夷之爲制蓋微，自一進而入於宗法，則可久之制度稍稍出矣。故欲證吾説，莫若取所見於吾英之刻羅狄種人，與印度之班劄布者，蓋二者宗法社會，皆歷久不遷，而印度至今猶在，此皆可得之於耳目之近，不僅資傳聞載籍而已。至所取以爲旁證者，則有若古之希臘、羅馬，若紐芝蘭之冒栗斯，若大食之行國，凡以旁通交推，見其制之大同，天演之不謀而自合。雖然，欲其言之有徵，有條不紊者，莫若即其一而詳之矣。』〔三二〕

這裏，嚴復加出了『群立而後有制。制非以意爲之也，蓋常有所不得已，不得已故常秉於自然，而有天演階級之可論。夫蠻夷之爲制蓋微，自一進而入於宗法，則可久之制度稍稍出矣』等内容，突出了社會制度發展的不得已性。

又如，原作第十二章在叙述歐洲國家議會的起源及代表制的興起時，曾經指出，歐洲國家的議會制度及代表制度最初并無什麽民權可言，實際上是統治者爲了强迫向民間徵收賦税而隨意捉拿地方富人作人質，富人爲了贖身，不得不派人召集地方居民集議，商討完成賦税之事，由於這是一件苦差事，没有人願意幹，以後便采取輪流當值的辦法，各地每年强行押送一人去當人質，經過數百年的發展，這種情况才逐漸得到改變。〔三三〕

嚴復在翻譯這一段落時，加進了差不多一半左右的文字，突出了議院制度發展的歷史性及其不得已性：

『今人動謂議院爲文明之民府，爲民權之幹城，其制之立，出於國主之至仁而大公，其始爲國民所禱求而後得，既得之後，莫不歡喜頌贊，私慶其身爲天下之幸民者。此真囈語，而與事實正相反者也。凡彼所云云，皆議院既興數百年後之思想。若其制之始立，正國民所疾首私憂，而願其速罷者也。爲舉者，爲所舉者，皆以爲煩擾而病民。鄉農苦之，以須出財，爲會員之資奉也。僧侣惡之，以不欲委教會産業於政府治權之下，而聽王官之指揮也。邑子憂之，以邑之有代表人者，其出賦多於無代表者也。通國之民疾之，以巴烈們之宗旨無他，主以搜括民財而已也。蓋王爲國會，正爲於民有所加征特取之故，聚其民之代表於議院，以承王之所要索者而諾之，諾而後斂之於其衆。夫如是，則其制之爲民衆所喜者幾何？又何怪始行之百餘年，衆之無敢不集者，徒以國王壓力之故。若君上荏弱，力不足以行其令者，則國會常不復合，若大陸諸小國，皆其證也。故以議院爲當日民權見端者，學士不爲此説也。』〔三四〕

在第十四章開始處，原作者談到歷來關於政體劃分的争論及其對於政治學的影響。〔三五〕嚴復譯作：

『吾歐言治術者，以希臘諸哲爲最先，而希臘鴻哲言治之書，其最爲後人所崇拜者，又莫若亞里斯多德之《治術論》。其論分世界國制，統爲三科：曰專制，蒙訥阿基，蒙納之爲言獨也，阿基之爲言治也；曰賢政，亞理斯托括拉寺，亞理斯托，此言最賢，括拉寺，此言政，蓋兼貴貴、尊賢二義；曰民主，德謨括拉寺，德謨，猶言齊民。民主又曰波里狄思，譯曰國衆，即此爲本科學術之名。此其大經也。五十年前，歐洲言治術者，皆以亞氏之論爲先河。以言國制，亦必以所立之三科爲要素。問一國一社會之制，必曰其爲一君所獨治者乎？爲其國貴胄豪杰所分治者乎？抑通國之民所共治也？一若是三而外，無餘形者。往者此科之學爲進之微，大都坐此。論者謂近世亞氏三科之説漸廢，即此爲政學猛進之實徵，殆非浪語。誠以亞氏所分，僅合當時之論，至於今日，是三科者，既不足以盡國家之形式，又其所區分者，於治道實無關弘旨故也。且前輩於三科之優劣，嘗致狺狺之争，此更爲有識者所竊笑。蓋治制本無優劣，視與其民程度相得何如。民如軀幹，制如衣服，以童子而披賁育之衣，决其不行而蹶耳，何可用乎？故不察國民優劣，而徒於治制争之，祇成戲論。此治歷史學者所共明也。』〔三六〕

嚴復在這段譯文中，增加了『問一國一社會之制，必曰其爲一君所獨治者乎？爲其國貴胄豪杰所分治者乎？抑通國之民所共治也？一若是三而外，無餘形者。往者此科之學爲進之微，大都坐此』『民如軀幹，制如衣服，以童子而披賁育之衣，决其不行而蹶耳，何可用乎？故不察國民優劣，而徒於治制争之，祇成戲論。此治歷史學者所共明也』等内容。正是由於這些文字的出現，使得原作中的下述論點得到了更加突出的强調：政體優劣，不能像古代亞裏斯多德那樣做抽象的劃分，而應該視具體情况作具體分析。

當然，嚴復所再三强調的這種制度發展的不得已性，實際上包括了兩層含義，一是社會制度的發展非人力所能阻擋，它的發展是一種『自然』的、『天演』的現象；二是制度的發展應順其自然，既要尊重現實，又要尊重歷史，不得憑空想象、任意胡來。

總之，嚴復在整個翻譯過程中，通過類似的手段，把自己希望建立一個富强的現代國家的情感、願望、主張等融入到了譯文之中，現代軍國社會以軍法立國、相容并包、國民平等話語比原作更爲突出、更爲清楚，使得中國讀者在閲讀《社會通詮》時，常常可以讀出甄克思原作中所無法讀出的感受，在這一意義上説，《社會通詮》已經超越原作，獲得了一種獨立存在的價值。

四、嚴復『按語』中所表達的思想主張

現在通行的一九八一年商務版《社會通詮》共標出『按語』一二三條，一般學者在研究《社會通詮》時亦以此爲準。但實際上，這一二三條按語在商務印書館早期的一些版本中所排的地位并不一樣，有的是以『嚴復曰』開頭、另起段的按語，有的則是夾在譯文正文之中的文字。此外，在譯文正文之間還不時夾着一些帶有『按』『復按』字樣的文字，有些雖然文字不多，但蘊含的意義却非常豐富。與譯文中間加出的内容相比，按語更直接地體現和表達了譯者個人的思想與主張，原因很簡單，譯者在往正文中間增加文字時，必須考慮語境問題，考慮這些文字加進去之後，如何與原來的文字内容較爲有機地融爲一體，而不至於讓人有生硬、相互脱節之感，而按語則没有這些限制，只要譯者有所感想，就可以隨時表達出來。因此，通過這些按語，我們可以更直接地體察到嚴復在翻譯《社會通詮》過程中的心境與主張。

（一）批評西方强權主義

嚴復譯甄克思之書，并不是全盤接受原作的思想與主張，而是有所贊同，也有所批評，對那些譯者認爲不合情理與史實的方面，加以駁正。

例如，原書第十章在講到初民的土地觀念時説：『初民非不知土地之可寶也，特其爲意，淺而不深，缺而不完。欲識初民以何者爲地利，可即近世蠻夷之俗觀之。北美種人，於其所居之壤，不禁行旅之往來也，不禁牛羊之縱牧也，不禁稼穡之播穫也，甚至造宫築室而居之，亦非所甚惡者。但使居其壤者，勿驚其狐兔，勿張陷井罟擭，而機毒矢於其間，則皆優容而不忌。彼土人之視其地固己有也，亦鞄然不願他種之戎侵，然彼不以其國土爲其衆之産業，而所獨私者也。』〔三七〕

嚴復認爲，至所以會出現上述現象，絶不是這些民族缺少土地私有觀念，而僅僅是因爲其力量過於弱小，無法抵抗入侵者而已。對此，嚴復説：

> 『吾未敢盡信之以爲事實也。蓋種有强弱之分，使積威約漸，則强種之所爲，苟未至於即奪其所爲生，將皆爲弱者之所容忍。何則？彼知争之無益，而所喪將滋深也。而强者不自知，則指之以爲特别之民性，而孰知其叩心飲泣，銜恨次骨髓，方之常民，且有過也。泰西之民，商於吾土，莫不盛稱華民之商德。嘗謂在西國所契約而不可恃者，於吾民以一諾而有餘，期至負清，未嘗稍後。某國巨賈，將歸，對其衆言，旅華二十年，年之交易，以巨萬計，然未嘗有角尖之逋，華人之信如此。無識淺人，且傳誦其説，以自矜詫。而不佞聞之，則惟酸鼻而已。凡此皆觀物之變，而不知己之人差者也。吾國自損之言，固不必深揚推爾。嗚呼！』〔三八〕

（二）共和治制將大見於將來之歷史

地方封建與中央集權孰優孰劣，是政治思想與政治制度史上常常遇到的一個問題，每當社會劇變之時，這一問題總會浮起，成爲争論的焦點之一。明清鼎革之際，曾有人起而總結明亡的經驗教訓，認爲明之亡，主要在於中央過於集權，地方無勢力，要救亡，須『復封建』。戊戌變法至義和團前後，譚嗣同、章太炎等人也曾宣導用『封建』之法、『藩鎮』『分鎮』之法來挽救中國危亡。

嚴復在《社會通詮》按語中，對政制問題也有所涉及。他曾高度評價商鞅、李斯諸人幫助秦廢封建、置郡縣而統一全國之舉，認爲他們此舉實『造福於中國之無窮也』，『使封建而不破壞』，中國也會像歐洲中世紀一樣，『末流』將出現這樣的局面：『昔始封建也，國家之於群公，不過曰爲我收租賦、譏徵發、保治安而已。乃今其子若孫，則居然爲之地主。後之地主，與前之地主大异者也。前之所謂地主者，受國疆寄，主其地之治者也；後之所謂地主者，以所寄者爲己有，以其地爲己之産業，而主其地之治者也。』〔三九〕嚴復以爲，『三代之治』，以及與之相聯繫的『藩鎮』之制，均爲『亂制』，『往顧亭林嘗有以郡縣封建之議，其説甚健，然以較歐洲地方自治之制，則去之猶甚遠也。』〔四〇〕

《社會通詮》最後一章的按語中，嚴復曾在原作中有關『共和合衆制』的段落之後發表了如下評論：

> 『吾譯前語，於吾心怦怦然。何則？竊料黄人前途，將必不至於不幸也。即使其民今日困於舊法，拘於積習之中，卒莫由以自拔，近果之成，無可解免，而變動光明，生於憂患，行且有以大見於世史，無疑也。今夫合衆之局何爲者？以民族之寡少，必并合而後利自存也。且合矣，乃雖共和之善制而猶不堅。何故？以其民之本非一種，而習於分立故也。天下惟吾之黄族，其衆既足以自立矣，而其風俗地勢，皆使之易爲合而難爲分。夫今日謀國者之所患，在寡，在其民之難一，而法之難行。而吾民於此，實病其過耳，焉有以爲患者乎？且吾民之智德力，經四千年之治化，雖至今日，其短日彰，不可爲諱。顧使深而求之，其中實有可爲强族大國之儲能，雖摧斫而不可滅者。夫其衆如此，其地勢如此，其民材又如此，使一旦幡然悟舊法陳義之不足殉，而知成見積習之實爲吾害，盡去腐穢，惟强之求，真五洲無此國也，何貧弱奴隸之足憂哉？世有深思之士，其將有感於吾言！』〔四一〕

有的研究者在讀到上述按語時，認爲嚴復『不贊成在中國實行共和合衆制』。這是否是嚴復的本意，却是一個值得商榷的重要問題。

要瞭解嚴復的主張，只有回到嚴復發表這一言論的具體語境。嚴復在發表上述文字之前，一直是在跟着原作的思路，探討各民族在争存的過程中，通常有二種聯合的方式，一種是『共主之合』，一種是『聯盟之合』，但在這兩種『合』的形式下，『其所授盟長之國權，大較盡

於詰戎、議制二者，而刑法、行政諸大柄，則仍分治者之所自操，非盟長所得而問者。』〔四二〕中央政府四權中只有『詰戎、議制』二權而無『刑法、行政』二權，大權任由地方政府『自操之』，因此，其制『不神』，各國多不願行之。〔四三〕而第三種『合』的形式是『共和之合』。這種『合』的優缺點在於：

『共和之制，**今世合邦之最爲演進者也**，中央政府，其權不止於詰戎議制，乃并刑法行政二大權而有之。故其合也，雖有各具主權之分治，而可合以爲機體完具之大邦。此其已見者，若今北美之合衆，若坎納達之連藩。其將成者，若澳洲之公産。夫我不列顛帝國，**制從其地，故未建一統之治制。有王者興，爲數大端之變制改良，則可以袪其政治之分歧**，而成大共和之盛制。**此非意外不可跂之業也。**夫共和之合邦，有其最要之形式，往者政家戴視於《論憲法》書表之最晰。蓋共和之制，有三大綱如左：

一、宜立共和之通憲，爲最尊法典，**百事首基**，以袪中央與分治者之争執。

二、宜著國權分操之限域，使中央、分治咸**曉然於其責任義務之所當爲**，無越畔侵官之慮。

三、宜建無上法權，以宣憲法，責遵守，其行權也，以中央與分治政府爲之機關，而不爲二者所牽制。

夫共和之制**優矣**，**而遂**謂其中無弱點焉，則大不可。蓋其制終主於人爲，**而非天合，雖有同禍福相扶持之義，然**欲所合之衆，發忠愛之悃誠，**若天成之國群民族**，大難。**夫國家之勢，所以成苞桑之鞏、磐石之安者，以民視其國之可愛，由天性之發中，故臨難之時，雖斷脰捐軀，有不顧耳。共和之邦，其得民不能如是之深可决也，**此其爲弱點一也。合邦**甚大**，而制治之機關亦繁，**繁故易於叢弊，此其爲弱點二也。地大機繁**，其氣脉之流通必緩，緩故有事之秋，其國力難鼓，此其爲弱點三也。以第一之弱點，故往者義大利之中興建國也，雖用共和之制，其業可以速成，**而一時之紛争易息，顧彼中豪杰，知其流弊，故寧舍易成之業而就其難，真高世之識也。**若夫第二之弱點，則可察之於米利堅。而第三之弱點，則瑞士以小國而病之矣。凡此皆前説之明證也。獨是共和合邦之制，於人群天演，實能爲無窮之體合，雖有至紛之時勢，至异之國民，得此以施，皆可相合。**使世界他日不進於大同則亦已耳，果進於是，**則共和治制，將大見於後來之歷史，殆無疑也。』〔四四〕

嚴復在翻譯過程中，加出了一些頗能反映其個人好惡的文字。在談到『共和之制』之後，嚴復加出了『今世合邦之最爲演進者也』，反映出他對共和之制的評價是正面的、積極的，認爲共和之制是目前世界上『演進』程度最高的政治制度。在該段末尾，嚴復又加出了『使世界他日不進於大同則亦已耳，果進於是』字樣，可以反映出譯者是期盼著這樣的制度是將來發展大勢之所趨。而令嚴復『心怦怦然』而『竊料黄人前途將必不至於不幸』的不是『共和之合』本身，而是西方共和之合的三大缺點（即：一、主於人爲，而非天合，得民不深；二、合邦甚大，機關繁雜，易於叢弊；三、有事之秋，國力難集）。西方共和體制下致命的三大缺點，對中國來説，恰恰是不成問題的問題，經過數千年的融合，已經形成一個人口衆多而有機統一的偉大民族，『使一旦皤然悟舊法陳義之不足殉，而知成見積習之實爲吾害，盡去腐穢，惟强之求，真五洲無此國也，何貧弱奴隸之足憂哉』？由此可見，嚴復的態度是非常明確的，在他看來，中國作爲一個具有悠久歷史的大國，如果將來趨向大同，采行『共和合衆』之制，中央政府『其權不止於詰戎議制，乃并刑法行政二大權而有之』，則富强大有希望。

從這些按語中，可以看出，嚴復充滿了歷史自信，相信中國只要皤然覺悟，實行變法。惟强是求，必將復興爲五洲强國。

（三）軍國社會中君權與民權各有界域

軍國社會固是原作中一個主要觀念，已如前文所述，但軍國社會是否如西方一些漢學家所説的那樣，是一種『强制性』的社會，嚴復是否完全贊同甄克思的觀點，則是一個值得探討的大問題。

原文第一三章中談到國家最初的特性。〔四五〕嚴復在對原文進行了一定程度的改造之後，又在此段文字之下加了如下按語：

『讀此則知東西立國之相异，而國民資格，亦由是而大不同也。蓋西國之王者，其事專於作君而已。而中國帝王，作君而外，兼以作師。且其社會，固宗法之社會也，故又曰元后作民父母。夫彼專爲君，故所重在兵刑，而禮樂宗教營造樹畜工商，乃至教育文字之事，皆可放任其民，使自爲之。中國帝王，下至守宰，皆以其身兼天、地、君、親、師之衆責，兵刑二者，不足以盡之也。於是乎有教民之政，而司徒之五品設矣；有鬼神郊禘之事，而秩宗之五祀修矣；有司空之營作，則道理梁杠，皆其事也；有虞衡之掌山澤，則草木禽獸，皆所咸若者也。卒之君上之責任無窮，而民之能事，無由以發達。使後而仁，其視民也，猶兒子耳；使後而暴，其遇民也，猶奴虜矣。爲兒子、奴虜异，而其於國也，無尺寸之治柄，無絲毫應有必不可奪之權利則同。由此觀之，是中西政教之各立，蓋自炎、黄、堯、舜以來，其爲道莫有同者。舟車大通，種族相見，優勝劣敗之公例，固無所逃於天地之間。乃目論膚襲之士，動不揣其本原，而徒欲仿行其末節，曰是西國之所以富强，庸有當乎？』〔四六〕

通過這一段按語，我們可以看出，在嚴復的思想中，所謂的現代軍國社會，統治者的主要職責在於『作君』，其許可權主要在於『兵』『刑』二項，用『兵』權以禦外侮，用『刑』權以奠内治，此外一切活動，爲君者均不能干涉。如果説在這種體制下有什麼『强制』的話，那就是體現在徵兵與責民守法上，而除此之外其他一切均任民自由自爲。相比之下，中國的統治者則與此不同，中國的統治者從上至下無一例外地兼『天地君親師』衆責於一身，而民無尺權寸柄，無絲毫應有不可奪之權利。在世界大通、種族相見、優勝劣敗的時代，中國正應從這些本原之處加以揣摸，而不應斤斤計較於細微末節無關宏旨之處。

原書第一三章講到國家行政權因天災流行而得擴張。〔四七〕嚴復在這段文字之後寫下了如下按語：

『於右所言，又以見中西言治根本之大不同也。西人之言政也，以其柄爲本屬諸民，而政府所得而操之者，民予之也，且必因緣事會，而後成之。察其言外之意，若惟恐其權之太盛，將終不利於民也者。此西説也。中國之言政也，寸權尺柄，皆屬官家，其行政也，乃行其所固有者。假令取下民之日用，一切而整齊之，雖至纖悉，終無有人以國家爲不當問也，實且以爲能任其天職。其論現行政柄也，方且於之而見少，又曷嘗於之而見多？論者若曰：凡使吾之至於此極者，皆國家之勿事事致之耳。此中説也。以二者之懸殊，故學者據中説之成見，以觀西書，輒莫明其意之所在。又每見中朝大官與西人辨執，往往自謂中理不刊之説，乃爲聞者所捧腹軒渠，斥其愚謬。不佞向謂中西議理大殊，深誠學者不可援一貫之陳議以自欺者，職是之故。夫彼是固各一是非，然必陳鐘鼓以享爰居，則固臧孫之不聖耳。』〔四八〕

通過西方國家政府歷史上因天災流行而獲得管理衛生之權這一事實，嚴復感慨東西方政治思想與傳統的差异，西方認爲政府權力來自民衆，民授之，政府始得代民管理，否則政府不得過問，而中國則相反，政府許可權是固有的，它有權取下民之日用一切而整齊之，而下民不得對此提出疑問。嚴復雖未明確提出自己的結論，但透過其語氣，可以清楚地感受到其思想傾向：在現代東西民族競争的時代，這樣的傳統應該結束了。換句話説，嚴復認爲在中西大通的時代，政府應集中精力於兵、刑諸大事，而其他一切應任民間自爲之，這樣方能提高整個中華民族的對外競争力。從這些方面看，嚴復通過《社會通詮》所宣導的軍國社會不僅不是一種强制性的社會，相反，它是一種珍視與倡導民權、適當限制君（政府）權的社會，在這種社會裏，在國家主權得到絶對保障的前提下，君權或政府許可權受到限制，只集中於兵刑等方面，爲國家保證一個安定的内外秩序，在這一安定的秩序下，民衆可以自行决定自己做什麽、不做什麽。

（四）『期民自立』

國家與民族，是近現代政治學中最爲基本的詞彙，也是兩個最容易産生混亂的詞彙。嚴復在翻譯過程中，有意識地加寫了相關按語，希望以此幫助讀者區分國家與民族的不同，認清民族獨立、國家富强與盲目排外和分裂國家是完全不同的兩回事。

原書第一二章開頭講到立法的起源。〔四九〕嚴復將這段文字譯作：

『曩嘗謂種人**無法律之思想。雖然，非無法律之思想也**，無議製造律之思想耳。蓋種人所謂法律者，同於率常，同於習俗，必其祖父前人之所已行，**歷數世百年而不廢者**。古之社會，義由人起，彼謂一人所宜守之法度，必其種與族之所常行者，**無自作之理也**。此義之行，而爲歐人所嚴重者最久。一人之身，無論所居爲何國土，必挾其舊法與偕。**即至今日，號爲文明之國者，於此説尚未盡去也**。古宗法社會，最持久不變者，莫若猶太種人，**其俗固重宗而不重國，故國亦隨亡**。**然**至今以其種居异邦人國土之中，尚沿用其種律而不變者，則猶太之人也。**若他種，則人與俱化久矣**。』〔五〇〕

嚴復可能感到僅在譯文中加入『即至今日，號爲文明之國者，於此説尚未盡去也』『其俗固重宗而不重國，故國亦隨亡』等還不足説明重宗而不重國之嚴重危害，便又進一步寫下如下按語：

『中國社會，宗法而兼軍國者也，故其言法也，亦以種不以國。觀滿人得國幾三百年，而滿、漢種界，厘然猶在；東西人之居吾土者，則聽其有治外之法權；而寄籍外國之華人，則自爲風氣，而不與他種相入，可以見矣。故周、孔者，宗法社會之聖人也，其經法議言，所漸漬於民者最久，其入於人心者亦最深。是以今日黨派雖有新舊之殊，至於民族主義，則不謀而皆合，今日言合群，明日言排外，甚或言排滿，至於言軍國主義，期人人自立者，則幾無人焉。蓋民族主義，乃吾人種智之所固有者，而無待於外鑠，特遇事而顯耳。雖然，民族主義將遂足以强吾種乎？愚有以决其必不能者矣。』〔五一〕

這段按語字數雖不多，但從中一方面可體會到嚴復對當時社會上流行的以『排外』『排滿』爲標識的民族主義的憂慮，另一方面可看出嚴復對民族獨立、國家富强問題的基本構想，希望通過『人人自立』即培養新的國民（而非種民或部落之民），來建設一個國内多民族統一和諧、對外面對世界列强時能够競争生存的國家。

同樣的主張在另外幾條按語中也可以找到。

原文第一三章講到行政權發展的特點。〔五二〕嚴復的譯文是：

『則自其最易見者而言之。夫今日世界，**庶幾文明矣**。**然**而曰國家者國民之國家，**其行政無异國民自爲政者**，**雖在先進之國**，無此事也。即有平等之舉權，普及之舉權，然其舉權終不及於女子。即若紐齊蘭一島，其舉權及女子矣，然亦不能遍也，其國中尚有無數民焉，於政府行政，無絲毫間接之權力者。或曰彼之資格，可以用舉權者，固莫不得舉權。雖然，誰定資格者？**而資格果何等物也？此名學所謂自丐其詞者也**。且即使有國焉，其舉權號爲普及，然亦國家行政之柄每一增加，斯民自繇之福遭一減損，**此不可滅之事實也**。乃至國若英倫，若義大利，其舉權所畀，尤有限制，則俗說之達實，愈益明已。且進而論之，假令國家之與國民果可合以為一，然而云國家行政之柄，無惡於日張，**而干涉之深，為閭閻之福者，其說未嘗非大謬也。蓋行政之權，與議制之權異，而與往所謂法從民立之議制，尤大異也。**議制者，相時之宜，為國民立之大方云爾。至施之有事，則任熙熙者各奮其才力，以自求多福。而行政之權，不如是也。其於民也，為之法度矣，且督而率之，使必由，而無容其或畔援。是故同此民也，議制之政府，視之為成人，行政之有司，遇之若稚子。**今夫善為國者，未有不期民自立者也。行政之權日張，民自立之風必日遜，此其國之所以弱耳。』**[五三]

嚴復不僅在譯文正文中加入了『今夫善為國者，未有不期民自立者也。行政之權日張，民自立之風必日遜，此其國之所以弱耳』等常常被認為是『原文』或原作者思想的重要內容，而且還寫下了以下按語：

『三復前論，知吾中國之為治，雖際其極盛，而自西儒觀之，其去道也滋益遠，中國之為民上，極之為民父母至矣。此無論其言之不克副也，就令能之，民之能自立者幾何？穆勒約翰《權界論》，亦於吾治發深慨也。』[五四]

接下來，原文繼續以歐洲大陸等國的行政制度及其對國民素質的影響為例說明這一問題。[五五]嚴復的譯文是：

『何言乎潰其自立之風耶？國家行政權之大用也，凡民之所為，皆有其督率者焉，皆有其指導者焉，而小己之裁斷審量，舉無所用者也。**為之既久，其風俗則固整齊矣，顧民即以其奉令承教，竊幸無罪也，於德無所用其天良，於才無以表其能事，一旦督率指導者去，於德則行其欺，於才則見其無賴。**此不任事而荏柔之民也，**與強種遇，敗矣。**吾嘗試觀大陸諸邦，其中行政權最伸之國，其民品質何如，可以悟矣。又更觀**於新立之社會**，如澳洲左右之諸英屬，以其政之寬紓，其現象又何如。』[五六]

可以看出，嚴復的譯文與前段一樣，增加了大量文字，強調行政干涉過多對國民能力產生的負面影響，并進一步寫下了下述按語：

『十八世紀間，戈悉嘎島伯里壐名保利者，一世之英主也。其所為，大類美之華盛頓。顧華之聲望功烈，偉然軼湯武，躋堯舜，著於五洲，而保利寂寂無須聲作者，二君之作用，有大不同者，不以幅員大小相絕也。蓋華治其民，宗旨在求其衆之自立，而保利不然，其撫民也，如慈父之於愛子，故身死而其國亦衰。』[五七]

從這些加出的文字，特別是按語中，我們完全可以體會到嚴復譯書的用意，不是僅僅為譯書而譯書，而是希望通過譯書，培養自立的國民，建設現代國家。

嚴復所譯《社會通詮》與其兩年以後發表的《政治講義》一起，共同構成了近代以來中國學者編譯、撰著的最早的一批政治學專著，後者長期以來還被公認為是近代以來中國學者所撰寫的第一部政治學著作，影響了清末民初兩三代人，對中國近代政治進程產生重要影響。今天，《社會通詮》中對自秦以來中國傳統宗法社會重血統而排外、以種族而分畛域，重家而不重國等嚴重弊害的反思批判，對現代國家重領土主權，重法治民權，重自由平等，重國民自治自立精神的反復三致意，對建設富強文明團結統一的現代國家的追求和對中國未來前途的高度自信心等，都是嚴復先生留給我們的一筆寶貴的思想遺產，對於鑄牢中華民族共同體意識，鞏固發展中華民族大團結，創建中華民族現代新文明等，具有重要參考價值和現實意義。

嚴復先生一生以譯代著，譯作等身，除衆所周知的『嚴譯八大名著』之外，還譯有《支那教案論》《勸學篇》《美術通詮》《馬克福音》《中國教育議》《居仁日覽・泰晤士今戰史》《國計學部甲》等多種，它們均是研究嚴復思想及近代中國政治思想史和中西文化交流史的重要史料。但是，由於種種原因，截止到目前，嚴復這些譯著的原始手稿本多『藏之名館』（博物館、圖書館、檔案館）深處，有的則散落在民間，尚無以完整形態公開出版者，這不能不說是一大遺憾。

從《社會通詮》初版到現在，整整一百二十年過去了。但是，嚴復在譯序、譯文和按語中所闡述的政治思想和憂國愛國情感，卻并未隨著時光的流逝而流逝，相反，直到現在，它們仍閃耀著思想的光芒。在嚴復先生誕辰一七〇周年之際，《社會通詮》手稿本的出版，為學術界提供了一個可以據以校訂從一九〇四年正月初版到目前最新版的各種《社會通詮》文本的『母本』。從手稿本與後來正式出版的各版本之間的差異，可以看出嚴復思想變化的痕迹（例如，正式出版的版本《宗法通論分第三》中嚴復有一按語，說中國社會是『宗法居其七，而軍國居其三』，即中國社會宗法和現代國家成分的比例是七比三；而手稿本中，此章中相應位置沒有按語，但是，在手稿本第一八五頁《國家之議制權分第十二》中，則有一按語，稱中國社會是『宗法之義實居十之六，國家十之四』。宗法與現代國家成分比，手稿本中是四六開，但到後來正式出版時則定為三七開，這一成的變化，反映出嚴復思想認識上的重大變化）。因此，手稿本的出版也為我們更深入地瞭解嚴譯《社會通詮》中所反映出的思想主張，認識嚴復先生的書法藝術及美學思想等，提供了一個寶貴的原始稿本，是嚴復研究乃至中國近代思想文化史和中外文化交流史上的一件大喜事，值得慶賀。

二〇二四年九月於北京清華園

注釋

〔一〕陳三立《讀侯官嚴氏所譯社會通詮訖聊書其後》，李開軍撰：《陳三立年譜長編》，中華書局，二〇一四年，第六四四頁。

〔二〕參見《賀葆真日記》，鳳凰出版社，二〇一四年，第一二〇至一二一頁。

〔三〕以上主要參考 L. G. Wickham Legg ed.: The Dictionary of National Biography, 1931-1940, Oxford University Press, 1949 所收『Jenks』條。有關甄克思的更詳細的生平，除可參見上書外，另可參見 R. W. Lee: Edward Jenks, 1961-1939, in Proceedings of the British Academy，Vol. xxvi，1940.

〔四〕The Temple Primers Forming an International Primer-Cyclopaedia, in Edward Jenks: A History of Politics, The Macmillan Company, 1900. 此序爲初版所載，而爲以後各版所删。

〔五〕參見 Preface, in Edward Jenks: The State and the Nation, New York: E. P. Dutton &. Company, 1919.

〔六〕據一九二二年版的《廣學會書目》載，此書的譯者是李提摩太，但李氏在序文中已明確說明自己不是譯者，而只是『囑』譯者，真正的翻譯者是其『華友』。參見 Christian Literature Society for China: Catalogue of Publication in Chinese and English, Shanghai, 1922.

〔七〕〔英〕甄克思著，張金鑑譯：《政治簡史》，上海：商務印書館，一九三四年。

〔八〕參見張金鑑：《明誠七十自述》，臺北：『中國行政學會』，一九七二年版。

〔九〕Preface, Edward Jenks: *A History of Politics*, Richard Clay &. Sons, London &. Bungay, 1903, p.v.

〔一〇〕參見 Edward Jenks: *The State and the Nation*, New York: E. P. Dutton &. Company, 1919, pp.1-15.

〔一一〕Edward Jenks: *A History of Politics*, Richard Clay &. Sons, London &. Bungay, 1903, pp.3-4.

〔一二〕Edward Jenks: *A History of Politics*, pp.8-14.

〔一三〕Edward Jenks: *A History of Politics*, pp.66-70.

〔一四〕Edward Jenks: *A History of Politics*, pp.71-77, 134-135, 144-145.

〔一五〕嚴復：《譯者序》，〔英〕甄克思著：《社會通詮》，嚴復譯，上海：商務印書館，光緒甲辰（一九〇四）四月再版，第一頁。

〔一六〕Edward Jenks: *A History of Politics*, Richard Clay &. Sons, limited, London &. Bungay, 1903, pp.3-4.

〔一七〕〔英〕甄克思著：《社會通詮》，第四頁。黑體部分文字爲嚴復所加出，以下所引嚴譯《社會通詮》文字中其他黑體部分均同此，不再一一說明。

〔一八〕詳見 Edward Jenks: *A History of Politics*, pp.13-14. 爲節省篇幅，本文中英文原文一概省略。

〔一九〕〔英〕甄克思著：《社會通詮》，第一四至一五頁。

〔二〇〕Edward Jenks: *A History of Politics*, pp.155-156.

〔二一〕〔英〕甄克思著：《社會通詮》，第二〇〇至二〇一頁。

〔二二〕Edward Jenks: *A History of Politics*, pp.1-2.

〔二三〕〔英〕甄克思著：《社會通詮》，第一至二頁。

〔二四〕Edward Jenks: *A History of Politics*, pp2-3.

〔二五〕〔英〕甄克思著：《社會通詮》，第二至三頁。

〔二六〕Edward Jenks: *A History of Politics*, pp19-20.

〔二七〕〔英〕甄克思著：《社會通詮》，第二二至二三頁。

〔二八〕〔英〕甄克思著：《社會通詮》，第二三頁。

〔二九〕王栻編：《嚴復集》第五册，北京：中華書局，一九八六年，第一二五一頁。

〔三〇〕王栻編：《嚴復集》第五册，第一二四三頁。

〔三一〕Edward Jenks: *A history of Politics*, pp.31.

〔三二〕〔英〕甄克思著：《社會通詮》，第三五頁。

〔三三〕Edward Jenks: *A History of Politics*, p.127.

〔三四〕〔英〕甄克思著：《社會通詮》，第一五四至一五五頁。

〔三五〕Edward Jenks: *A History of Politics*, p.144.

〔三六〕〔英〕甄克思著，嚴復譯：《社會通詮》，第一八一頁。

〔三七〕〔英〕甄克思著：《社會通詮》，第一一五頁。

〔三八〕〔英〕甄克思著：《社會通詮》，第一一五至一一六頁。

〔三九〕〔英〕甄克思著：《社會通詮》，第一二二頁。

〔四〇〕〔英〕甄克思著：《社會通詮》，第一八六頁。

〔四一〕〔英〕甄克思著：《社會通詮》，第一九四至一九五頁。

〔四二〕〔英〕甄克思著：《社會通詮》，第一九〇至一九一頁。

〔四三〕〔英〕甄克思著：《社會通詮》，第一九一頁。

〔四四〕〔英〕甄克思著：《社會通詮》，第一九三至一九四頁。

〔四五〕Edward Jenks: *A History of Politics*, p.135.

〔四六〕〔英〕甄克思著：《社會通詮》，第一六六至一六七頁。

〔四七〕Edward Jenks: *A History of Politics*, p.140.

〔四八〕〔英〕甄克思著：《社會通詮》，第一七四至一七五頁。

〔四九〕Edward Jenks: *A History of Politics*, p.119.

〔五〇〕〔英〕甄克思著：《社會通詮》，第一四三頁。

〔五一〕〔英〕甄克思著：《社會通詮》，第一四三至一四四頁。

〔五二〕Edward Jenks: *A History of Politics*，pp141-142.

〔五三〕〔英〕甄克思著：《社會通詮》，第一七六至一七七頁。

〔五四〕〔英〕甄克思著：《社會通詮》，第一七七頁。

〔五五〕Edward Jenks: *A History of Politics*, p142.

〔五六〕〔英〕甄克思著：《社会通詮》，第一七七頁。

〔五七〕〔英〕甄克思著：《社会通詮》，第一七七頁。

嚴復書法淺識

葉培貴（首都師範大學中國書法文化研究院）

嚴復是清末民初特別是維新運動時期最爲重要的學者之一[一]，同時也對書法傾注了不少心力并有一定的創作成就，但與同時期很多重要學者如康有爲、梁啓超等不同的是，長期以來他基本上没有進入書法史寫作者的視野，各種史書中鮮有涉及。這當然有他本身的原因，比如主要致力於譯著，對本國傳統學術著墨不多（或者雖著墨而影響不廣），對於書法的論述也主要散見於書信往來，較少參與書法類的重大活動等等；也有書法研究自身的原因，比如書法的現代學科建立較晚，對它進行具有現代學術特點的系統研究，遑論對於近現代，即便對於古代，也主要是近幾十年以來的事情，時間短，史料多，對書法參與度并不高的嚴復想闖入研究視野，顯然是小概率事件。

近半年來，因爲特別的機緣，有機會觀賞了嚴復的一些墨迹，進而初讀了若干材料，深感關於嚴復（以及同時代同類型的不少人）書法及其被書法史寫作所遺忘這個問題，仍有進一步追問的餘地。由於尚未系統研讀嚴復全部已刊著述，這裏的追問是非常粗淺的，最多是進一步思考的引子，請讀者諸君批評。

一、嚴復的書法知識

由於少年失怙，嚴復不得不在十四歲（一八六六）時即從私塾教育轉投與科舉考試没有太大關係的馬尾船政學堂學習輪船管駕，自此至二十七歲（一八七九）從英國樸次茅斯海軍學院結束留學回國擔任教員，有十三年時間以西學（尤其是與海軍有關的技術和學問）爲主。但童年時代打下的傳統學問基礎并没有被他淡忘（儘管有所耽誤），回國後甚至還非常自覺地在彌補各項知識，比如向吴汝綸學習古文作法[二]。他的書法知識，從現存材料看，約可歸爲兩類。

第一類，關於技法和學法。主要見於給子侄輩的信件。如一九〇六年十一月三十日，與外甥女何紉蘭書：『凡學書，須知五成功夫存於筆墨，鈍刀利手之説萬不足信。小楷用紫毫，或用狼毫水筆亦可，墨最好用新磨者。吾此書未佳，正緣用壺中宿墨也。至於大字，則必用羊毫，開透用之。市中羊毫多不合用，吾所用乃定製者。第二須講執筆之術，大要不出指實掌虚四字，此法須面授爲佳。再進則講用筆，用筆無他謬巧，只要不與筆毫爲難，寫字時鋒在畫中，毫鋪紙上，即普賢表弟所謂不露筆屁股也。最後乃講結體，結體最繁，然看多寫多自然契合，不可急急。鄧頑伯謂密處可不通風，寬時可以走馬，言布畫也。』第二天，又給何紉蘭送了兩種字帖，『今送去趙松雪《蘭亭十三跋》及文待詔《千字文》兩種』，『勤習之，久後自有進步也』。（《譜》第二四一頁）這裏所説，基本屬於常識，如果一定要指出其可貴之處，或許在『不要與筆毫爲難』『所謂不露筆屁股也』這兩句上，蓋清人於筆法有各種複雜的講究，而嚴復則置之不理，且這兩句話透露出一種特別務實的態度，非常難得。或曰：『説明他對此没有研究。』這却不然。他與鄭孝胥、林紓等精於書法的友人過從甚密，與熟知碑派書法的梁啓超等也有不少接觸，上文引鄧石如『密處可不通風，寬時可以走馬』語，可見他對流行理論也是瞭解的。他自跋所藏李邕《麓山寺碑》中文説：『書法七分功夫在用筆，筆及紙時，毫必平鋪，鋒必藏畫。所謂如印印泥者，言均力也；如錐畫沙者，言藏鋒畫也。解此而後言點畫，言使轉，言增損，言賞會。』[三]結合上文給何紉蘭信件的内容，可知他信奉的是傳統筆法學説。

第二類，是書史知識。他自跋所藏《麓山寺碑》説：『王虚舟給事嘗謂：「右軍以後，惟智永草書《千文》、孫過庭《書譜》足（原文作之，誤）稱繼武。宣統元年七月十四日書。」』『汪容甫《雲麾碑》跋尾謂：「北海書法，出於大令，變本加厲，益爲勁險。其於用筆之法，可謂發泄無餘。米元章、趙子昂、董玄宰各以書雄一代，其實皆從此碑得法，故是碑實法書之津逮也。」』『此書用筆結體，雖出晋賢，然多參以北碑意境，若《鄭羲》、若《刁遵》二碑法，於行間字裏，時時遇之。』（《譜》第二八八—二八九頁）他對古代書法的熟悉程度有時可能會出乎我們的預料，如一九一二年四月一日他在答熊錫育書中説：『囑撰祝辭，數番臨紙，亦以不能用思，無以報命。愧悚之至！憶羲之有云：「吾老不堪事，即作此書，便大頓。」真不佞今日情形也。』（《譜》第四三一頁）引用的王羲之語出自《想弟帖》，原文爲：『吾不復堪事，比成此書，便大頓。』微有不同，可見出於記憶而非抄書，這至少説明他對王羲之帖是相當熟悉的。儘管如此，從《麓山寺碑跋》的這些書史知識可以推知，他的書法史知識顯然主要不得自於自己的研究。

這是很有意味的一個現象——作爲維新運動最重要學者之一的嚴復，在書法方面没有創造出什麽新知識。我們當然可以簡單解釋説，這是因爲術業有專攻，他的精力主要在翻譯，無暇顧及書法，不奇怪。但事實并不這麽簡單。他自回國至去世的四十多年時間裏，除了教育（執掌天津、安徽、上海、北京的各類學校如京師大學堂等）、翻譯、辦報等之外，還用了不少精力研究中國學問，比如批註《老子》《莊子》《王安石詩集》《古文辭類纂》等，并且購買碑帖，臨習經典等事也幾無懈怠。顯然，精力不是主要原因，主要原因應該是他的書法立場。

二、嚴復的書法立場

嚴復的書法立場，可以分解爲兩層：定位和審美傾向。

關於定位，嚴復似乎并没有明確的表述，但從他的言行可以略加推測。他自己對書法是頗爲投入的，對書法『創作』的甘苦難易也是深有體會的[四]，且書法在他的生活中扮演了比較重要的角色。一八九三年十月二十三日原配王夫人去世後，嚴復『創巨痛深，百般悔恨，所以都無好壞，日唯臨池看書消遣』（《譜》第六八頁），一九二〇年六月十日答熊純如書説：『還鄉後，坐卧一小樓舍，看雲聽雨之外，有興時稍稍臨池遣日。』（《譜》第四三二頁）其時距他去世已不過數月。今存福建福州嚴復翰墨館的臨帖作品，可以窺見他日常臨習的勤奮和廣泛，所臨既有《閣帖》，也有唐宋元明各朝名家，并且都非常嚴謹，而非游戲，所用功夫及形神表現能力，即便與書法名家相比也毫不遜色。他的毛筆消耗量很大，一九〇三年曾自述『複月需秃管兩三支』（《譜》第一六七頁），而且品質要求很高，前文與何紉蘭書中可以看出專業程度。一九〇一年他曾寫信給得意門生熊元鍔：『平生用長沙筆匠花文奎所製大小楷羊筆，甚爲應手。今自天津南來，乏筆可用，欲得花文奎製小楷羊毫三十支，中書羊毫十支，屏筆、對筆各二支。不知於湘友中能爲致之否？』（《譜》第一三六頁）而且，他對於不同批次的毛筆品質非常敏感。一九〇三年與熊元鍔書説：『前惠湘筆數十支，至以爲紉。惟此次所選毫足而硬，頭次所購毫熟而單。』表示不太滿意，後來甚至具體提了不少要求（《譜》第一六七頁）。這些筆當然主要不是用來臨帖和『創作』的，而是用來書寫文稿的，但越是如此，越説明他對於書寫的講究。他的很多文稿完成後都需請人抄寫再送到出版機構[五]，由此或可推知，他的講究不全出於字迹是否清晰、是否易於辨認等，而包含了對自身書寫水準的某種期待在内。一九二〇年一月八日，他與柯貞賢書中稱：『病後復書，不成字，死罪死罪！』語氣如此自責，出人意料，可見這種期待的力量（《譜》第四三二頁）。與此同時，他對於書畫類的雅集交流，一直也保持著濃厚的興趣。一九一三年四月九日舊曆上巳，與梁啓超等四十人雅集，有詩：『暮春值癸日，遐想山陰游。……借問王右軍，感慨猶此不？』（《譜》第三三七頁）一九一九年四月一日舊曆上巳，在福州西湖宛在堂參加禊集，有《題宛在堂》詩（《譜》第四一〇頁）。至於與鄭孝胥、林紓等人書畫往來，則更常見了。能看出他對書法的重視程度的，還有他對家庭教師的選擇以及子女日常生活的安排。一九〇六年八月二十三日，姚永概函告：『囑求中文師席，再四思之，有全椒金君子善，其詩、畫、駢、散、字五者俱佳，人品尤高絶。』（《譜》第二三四頁）金子善從此一直在他家任教直至去世。據研究，嚴復三子嚴琥在書法、繪畫、篆刻等方面是識得門徑的。四子嚴璿七八歲時，即『樂觀地認爲，嚴璿「他日必以書法名世」』。一九一八年他將十五歲的嚴璿送到唐山工業專門學校就讀，并對學習生活作了各種規定，其中即包括臨習古代法書[六]。一九一八年十二月十六日，書諭五子嚴玷説：『先生年底回南，汝能自温習書本或學字，最佳。』（《譜》第四〇八頁）可見，無論是在自己的生活還是子女的生活中，在嚴復看來，書法都是不可或缺的。

但是非常遺憾的是，在嚴復關於社會教育的設想中，卻没有書法的位置。他認爲美術（根據他自己的解釋，包括辭賦、歌詩、圖畫、刻塑、建築、百工等等，没有書法）非常重要，是『教化之極高點也』，因此特意花時間翻譯了《美術通詮》[七]。在與外甥女何紉蘭討論創辦上海女校的設想時，提出『此校重漢文、科學、衛生、美術，而西文則兼習』，仍然没有書法（《譜》第二四一頁）。至於早年爲其他類型學校設計教學科目時，更没有書法的位置了。

是不是嚴復没有認識到書法的審美價值呢？顯然不是。對書法，他有清晰的審美取向。在《麓山寺碑跋》中，他説：『李北海書結體似流漫，而用筆卻極凝重，學其書者所不可不知。若以宋人筆法求之，失之遠矣。』『唐書之有李北海，殆猶宋之有米南宮，皆傷側媚勁駃，非書道之至。』又引前人語云：『右軍書正如德驥，馳騁之氣，因而存之。虔禮以譏子敬，元章之議張旭，正病其放耳。』（《譜》第二七八頁）一九〇九年三月十八日得友人書屏，對其『筆意寧静淡泊』大爲欣賞（《譜》第二七八頁）。可見他在審美上偏重的仍然是比較傳統的書卷氣，這從他自己的創作中也能看出。有趣的是，前文講他曾在一九〇六年送給何紉蘭兩本字帖，但到一九一八年給嚴璿規定書法學習内容時卻説：『唐代鍾紹京與元代趙孟頫的字帖，結體散漫，不適合初學，宜先臨唐代歐陽詢、柳公權或裴休字帖（如《圭峰碑》），將字體打得蒼勁遒緊。』[八]講書卷氣，還十分注重嚴謹。

爲什麼於私如此重視，而於公則又如此漠然？簡單的解釋也許很容易給定，比如書法沒有西方學科作爲參照，無法在教學設計時給予位置。但是，如果進一步探討他心目中的學問和技能體系，也許會發現，他對『美術』本身其實就是矛盾的。一九〇六年六月十五日在上海青年會演説《教授新法》中説：『自物理、美術二方面而言，則偏於藝事，短於物理，而物理未明，故其藝事亦難言精進。』（《譜》第二二八頁）因此，他提出的教法是：『發蒙之始，自以求能讀書寫字（按文意，非關書法）爲先。然於此時，便當教以觀物之法，觀物以詳審不苟爲主，欲其如是，莫若教之作畫。作畫不必遂成畫家，但使粗能，已有大益。蓋畫物之頃，童子心不外馳，而求肖物，則必審物，此二者皆極有用之心習，而其事又童子之所欣，而不以爲苦，故可貴也。』（《譜》第二二九頁）在這裏，『作畫』不過是一種工具。而不是工具的東西是什麼呢？是『物理』。爲什麼是『物理』呢？因爲『道在必使學者之心，與實物徑接，而其用自明，不得徒資耳食，因人學語』（《譜》第二二九頁）。然則相比於根本的學問（道），即便『美術』也不過是工具而已。不難看出，這其實就是傳統的『道器觀』。這種態度，還表現在著名的『術鵠論』中。一九一〇年二月，他爲商務印書館《涵芬樓古今文鈔》作序：『（蓋學之事萬途，而大异存乎術鵠。）鵠者何？以得之爲至娱，而無暇外慕，是爲己者也，相欣無窮者也。術者何？假其途以有求，求得則輒弃，是爲人者也，本非所貴者也。爲帖括，爲院體書，浸假而爲漢人學，爲詩歌，爲韓歐蘇氏之文，樊然不同，而其弋聲稱、網利禄也一。凡皆吾所謂術，而非所謂鵠者。苟術而非鵠，適皆亡吾學。』與『鵠』相比，連詩歌及韓歐蘇的文章都不過是『術』而已，何况其他？！值得特別注意的是，他通常談及書法時用的是『書法』『書道』，指導子侄輩時則有時用『學字』，但在這裏被他歸爲『術』行列的，却僅僅是『院體書』。

由此，嚴復的書法立場其實已經可以看出來：它是個人學養的一個重要成分，不同於院體書這種『術』；其功用至少可以『遣日』；在審美上，偏向『凝重』『寧静淡泊』『蒼勁遒緊』。這是地道的傳統文人式的態度。對碑派并不缺乏瞭解（甚至引用過也實踐過）的他，却沒有采用太多碑派的態度。這種文人式態度，從這句話中可以看得更加清晰：『書法七分功夫在用筆……至於造極，其功夫却在書外矣。雖然耽書，終是玩物喪志。』（《譜》第二八九頁）在這樣的立場上，未能創造關於書法的新理念、新知識，是不奇怪的。但不產生新理念、新知識，既不妨礙嚴復個人對書法的沉迷，也不妨礙後人欣賞嚴復書法。面對嚴復書法，我們仍能對其筆墨的清健和純净產生足夠的感動，仍能真切地感受到他在臨摹經典時那種心無旁騖的澄明之境。

三、書史寫作中的嚴復

梳理至此，看了嚴復書作的讀者都會在心裏產生的一個疑問也就自然浮現了——爲什麼近代以來的書法史寫作中，嚴復基本上是缺席的？

回答并不難：一個沒有創造新知識、新理念的書法家，自然無法進入歷史；退一步説，即便站在傳統書法的立場上，他也并未出色到非寫入書史不可。

這個回答在學理上不應指責。歷史寫作總是有自己的立場的，以創新與否和出色與否作爲歷史的選擇標準，是歷史學家的權力，也符合一般藝術史觀的要求和藝術史讀者的期待。

問題是：人們寫作歷史時并不總是堅守這兩個標準。反觀宋元以來的書史寫作，就能看得非常清楚：宋元明清乃至近現代均有大量創新不足也并不出色的書法家進入了書史。他們進入的憑證，有很大一部分原因是身份而非書法本身。大體而言，宋元明時期，只要是著名文人（官員）且有作品傳世，就有機會進入書史；明清以後，情况發生變化——面向市民的邊緣化文人身份也可以成爲進入書史的依據。

於是問題實際上已經轉换了——在清末民初的書壇上，嚴復（以及與他身份相似的一批知識人），是不是可忽視的一類書法人？這類書法人的典型特點是：自然傳承當時文化教育體制下提供的書法知識和技能，并通過自己的努力或天性，在古典書法的傳承上具有自己的一定特色（但未必是重大創新）。與其他群體尤其是創新群體相比較，這類書法人的數量也許是最爲龐大的，他們反映了書法在當時最爲普遍的一種存在狀况。這一點本文無法展開論證，但看看當下拍賣行裏不斷涌現的清人尺牘，實是一目了然的。

至少從宋開始，文人以書畫爲餘事，强調向内，追求内涵（學養、人品）在筆墨中的寄托，這是『古之學者爲己』式的追求；而明清以來的職業化書畫家的追求，則可以用鄭板橋的話——世人好奇——來概括，要求向外，在筆墨上、視覺上找到打動世人的方法，這或許可以説是『今之學者爲人』。嚴復的書法，無疑屬於前者。這兩種，哪一種是更根本的中國書法的精神？即便不輕重於其間，我們是不是也需要對一定程度上有所忽略了的前一種重新給予關注？他們誠然并未創造書法的新知識、新理念、新技巧，但在傳承的基礎上，却也常常因爲學養、個性、經歷等等原因，形成了一定的個人風格，在審美上有著自己的價值。更重要的是，他們整體性地昭示著，中國書法至少在清末民初，仍然給大量知識人提供著精神逍遥的園地。這種逍遥，沒有因爲維新運動而喪失其生命力，沒有隨著辛亥革命以及近現代以來一系列風雲變化而中斷，反而在二十世紀七十年代末推動中國書法迎來全面復興的大潮中，各種新風格不斷涌現，但傳承仍然是主調之一。在弘揚民族傳統文化重新成爲時代主流聲音之一的背景下，嚴復的書法，值得我們反身思考——爲什麼一個對西方如此熟悉的維新人物，却始終堅守着書法的傳統？要講好當代中國的書法故事，不能只維新、不思舊，而要深入研究這些現象，避免導向上的偏頗。他們没有因維新而遺忘歷史、遺忘傳統文化，歷史和傳統文化也不應該遺忘他們。

四、嚴復面對的文化難題

這是本文的餘論，而且準確地説不是嚴復自己的難題，而是嚴復面對的時代難題。這個難題，是書法相關文化門類的變化。兹列舉一二如下：（一）新舊曆問題。一九一九年九月二十日嚴復誡三子琥：『刻下新舊兩曆并行，凡作家信用新則純新，用舊則純舊，不可乍陰乍陽，必致迷亂誤事……又如朔、望、弦、潮及初幾等字，皆舊曆有之，不宜以書新曆……汝方努力學爲有章程踏實做事人，此雖小節，亦有章程人所不苟者，不可忽也。』（《譜》第四一八頁）（二）稱謂問題：一九〇七年八月，嚴復曾爲人書一條幅，因落款有誤，導致稱謂出現問題，特意致書加以解釋（《譜》第二五六頁）。（三）文字問題。一九一九年十一月二十九日，嚴復諭三子琥，批評他『故多訛字』，如『辛』『幸』誤用等，説：『閉門索句，甘苦固非朋輩所與知，而非經一番戛戛其難之候，終身没出息矣。』（《譜》第四二一頁）一九一八年十月二日，諭四子璿：『今日國中無論何等學校，皆非學習真正國文之地，要學習須在家塾。』（《譜》第四〇六頁）這些問題的出現，離停止科考、開辦新學堂不到二十年時間。它們意味着嚴復（以及與嚴復相似的一批知識人）必須面對書法所依賴的傳統知識基礎的逐漸解體乃至被全面替换的局面。嚴復本人的很多批註已經不再使用毛筆而是硬筆，他給侄女的工具建議中也已經有『水筆』等新事物。相比於工具替代，字法、曆法、稱謂尤其是國文的日漸不地道，才是更根本的。

也許是因爲對維新以來的整個文化發展趨勢懷有憂慮，嚴復在一九一三年提出：『讀經自應别立一科……至於嘉言懿行，可另列修身課本之中，與讀經不妨分爲兩事，蓋前者所以嚴古尊聖，而後者所以達用適時。』（《譜》第三四五頁）一九一七年四月二十六日致友人書説：『鄙人行年將近古稀，竊嘗究觀哲理，以爲耐久無弊，尚是孔子之書。』（《譜》第三九〇頁）一九一九年致友人書又提出：『寒家子女少時，皆在家塾，先治中文，經傳古文，亦無不讀……如祖父顔容，總須令其見過……至於從事西文西學，極早須十五六方始。』（《譜》第四一三頁）一九二一年十月立遺囑時，第一條即説：『須知中國不滅，舊法可損益，必不可叛。』（《譜》第四三五頁）嚴復絶非一個守舊之人，他的這些意見也絶非爲書法而發，但在所謂『書法熱』已近四十年的今天，上述問題和建議是不是仍然應該引起我們的關注呢？文字、曆法、稱謂等，至今仍是書法界揮之不去的痛。啓功先生曾開玩笑地説，應當建立一門『豬跑學』（指傳統文史常識之學），正是針對這種痛而來的。書法不是孤立的筆墨存在，它關聯着一系列文化門類。由相關文化引起的變化，目前我們看到的只是可見的硬傷，而内涵上、氣質上有没有相應的值得反思的變化呢？對此，我們的思考未必已經足夠。嚴復作品呈現出來的那種寧静而自在的氣息，也許就是反思的一個方向。

（本文原載《中國書法》二〇二三年八月，總第四百一十二期。本書有所修改）

補記

甲辰七月，書寬發來中國嘉德古籍善本部嚴復《社會通詮》稿本，云：這批手稿的總體量在四百頁，其空白處尤其是背面有大量日課習字，希望略作分梳。回視前文《嚴復書法淺識》，發現所論偏於思想觀念，而於嚴公書法基本没有涉及，是一憾也。於是不揣譾陋，勉應雅命，作此《補記》。

根據嘉德古籍善本部製作的日課習字目録，得三十九種，其中有八種重複了兩次、一種重複了三次，則總計實際上是四十九件，具體名目這裏不贅。類型可分兩種：其一是臨習古代法書，其二是自書古人詩文。

綜觀這些材料，從書法實踐以及書法史寫作角度，有幾個基本判斷是可以提出來的。

第一，嚴復一生都在尋找自己的書法語言，但主要視野是文人傳統。他以王羲之與顔真卿兩座高峰爲統領，以唐代褚遂良、孫過庭和宋代蘇東坡、黄山谷爲主脉（如果結合鄭志宇先生所編的《籀古繹新》《嚴復翰墨輯真》《嚴復書法（一）》等更加豐富的材料來看，則還包括米芾、趙構、趙孟頫以至若干明賢。但無礙於褚、孫、蘇、黄爲主脉這一特點），合起來就是晋唐傳統。時下多以王羲之和顔真卿爲兩個系統，但至少在蘇軾眼裏，顔真卿也是以王羲之爲根基的，所以是一個系統。嚴復所處的時代，所謂『碑學』已成規模，西學也在他本人的手下日益東漸，但在嚴復的毛筆下，這兩方面都幾乎看不到。鄭志宇先生主編的《嚴復書法（一）》曾收録『南極老人應壽昌』下聯，是北碑寫法，如果不僞的話，可見嚴復也涉獵過，但不是主流。晋唐傳統在嚴復時代也可以籠統稱作文人傳統，他不僅没有受到多少篆隸北碑的影響，而且絲毫看不出來自西方藝術觀念的影響。這一實踐情形，與《淺識》中指出的他在理論上没有創造多少書法新知識、新觀念、新思想，是一致的。

第二，嚴復尋找自己書法語言的過程，是十分投入而且自覺的。在這些日課習字裏，我們不僅可以看到同一碑帖的重複練習（如果結合上述鄭志宇先生所編輯的其他材料，則更可以知道，許多碑帖如孫過庭《書譜》的臨習次數，絶不遜色於一般專業書家），還時時可以看到臨習或自書過程中的單字重複操作，有的字甚至一口氣臨習或試寫十來遍，顯然是在反復尋找感覺或者探索更好的方案。從書法藝術規律來說，這樣的訓練方法是有局限的，一方面是這樣的重複未必成效就好，另一方面則是因局部而犧牲了全局，妨礙了整體訓練節奏的展開。當然，考慮到他是在稿本邊角或者背面臨習或自書，帶有閒暇中隨機訓練的性質，目標并不非常完整，所以不應苛責。在比較正式的臨帖訓練中（如前舉鄭志宇先生所編輯著作中的臨帖作品），這種隨時打斷臨習進程而進行單字重複的情形就幾乎不可見。我們由此更應該指出的，恰恰是這樣的訓練情形，反映出嚴公對於書法學習的癡迷，已近廢寢忘食的程度。考慮到他的求學經歷、工作情況和學問背景，可以說，這個情形直觀而深刻地反映了民族優秀傳統文化的强大生命力，當然也反映了嚴公對於民族優秀傳統文化的高度感悟力。

第三，應該説嚴復已經找到了自己的書法語言，特别是他的小字手稿。《社會通詮》刊印於一九〇三年，嚴復時年五十，雖非人書俱老之年，却是精力彌滿之際，書法的基本架構完全成型了。略作辨析，不難看出，嚴公之書，以顔魯公爲基本骨架，筆法則可謂兼顔魯公、褚遂良而用之，以攏毫合鋒爲主調，故細處圓而健，鋪處字偏側，長且細勁而圓潤的筆畫頗似褚書，轉折處、鈎挑法和轉折後的鋪攏則神似魯公，而短筆畫及普通使轉，又可見二王以至孫過庭以來行草之法。整體看來，嚴公將顔真卿的骨健神寬、褚遂良的柔中寓剛、王羲之的神清氣朗、孫過庭的流動暢達等氣質及其相應的手法融而化之，形成了很有辨識度的自家面貌。

第四，但非常遺憾的是，他找到的這一書法語言，置諸他的時代，至少要遭遇三個方面的評價挑戰。第一是碑帖兩宗并峙下的評價尺度選擇；第二是大幅作品已經較爲普及後的實踐狀况考量；第三是東西二學碰撞背景下的審美趣味變遷。就第一點來説，較少涉及篆隸北碑顯然是很大的制約；就第二點來説，他的大幅（大字）作品客觀上大大遜色於小字手稿，難以在翰墨場中凸顯出來，手稿、尺牘畢竟是私人性大於公共性的；就第三點來説，他的筆墨形式完全是傳統的，没有得到任何西式觀念的加持。三個方面綜合起來，也許是導致他較長時間不太被寫進書法史的基本原因。然而，如果把他的時代前移五百年甚至只移到清代中期，放在傳統文人書法體系中進行審視，他的地位肯定會高得多，因爲無論是從基本技法還是從核心氣質來説，嚴公在《社會通詮》稿本中所呈現的這種風格，都不僅是具有獨特個人特徵的，而且也是具有很高審美品質的。换句話説，如果我們對整個評價系統進行更加細微的劃分的話，那麽嚴公的書法語言，至少在其中一個子系統中是理應占有重要的一席之地的。由於書法學科化的歷程尚嫌短暫，我們的歷史寫作尺度總體上來説仍然較爲籠統，但我相信，隨着學科建設的不斷深入，我們的評價體系將會越來越立體，越來越多元，越來越細膩，嚴公以及與他相似的一大批曾經被書法史寫作所忽略的書法家的價值，一定也會得到越來越多的關注，獲得越來越符合其貢獻的評價。

在近代以來的巨大世變中經歷了坎坷曲折的書法藝術，在新時代已經徹底迎來了全面復興的局面。隨着越來越多的遺迹被世人所關注，不曾有負書法甚至在某一方面有自家創造的嚴公，必然也將隨着這種關注，贏得更多追仰。

注釋

〔一〕皮後鋒：『一言以蔽之，嚴復是維新運動時期對西方世界認識最深刻的中國學者。』見皮後鋒《嚴復大傳》，福建人民出版社，二〇一三年，第一〇三頁。同頁引王栻先生《嚴復與嚴譯名著》語：『一八九五年（光緒二十一年）時，這一位四十三歲的北洋水師學堂校長，對於西洋學問造詣之高，對於西洋社會瞭解之深，不僅遠非李鴻章、郭嵩燾、張之洞等洋務派人物可比，就是那些甲午戰争前曾經到過外國的維新派人物，如王韜、鄭觀應、何啓之流，甲午戰争後領導整個維新運動的人物，如康有爲、梁啓超們，也都不能望其項背。』這是僅就其西學造詣而言。梁啓超則説：『嚴氏於西學中學皆爲我國第一流人物。』見《新民叢報》第一號，轉引自孫應祥《嚴復年譜》，福建人民出版社，二〇一四年，第一五一頁。陳寶琛所撰墓志銘也説：『君於學術無所不窺，舉中外治術學理，靡不究極原委，抉其失得，證明而會通之。六十年來治西學者，無其比也。』轉引自《嚴復年譜》，第四三七頁。以下正文中轉引自《嚴復年譜》者，如僅涉及頁碼出處而無其他需要説明的，不再一一出注，僅以『《譜》第某某頁』的形式隨文括注頁碼。

〔二〕曾紀澤在《出使英法俄國日記》中曾説：『（嚴復）於中華文字未甚通順。』轉引自《嚴復年譜》，第四四頁。

〔三〕《嚴復年譜》，第二九八頁。按，原書『言』均釋爲『定』，誤。

〔四〕嚴復一九〇九年三月十八日致友人書：『蓋行草實易揮灑，不若朱闌真書之勞神也。』轉引自《嚴復年譜》，第二七五頁。

〔五〕嚴復一九〇〇年與張元濟書云：『今擬分卷隨抄隨斟隨寄……敝處寫手李生和度（嘉璧）受書法於武昌張廉卿，號一時名手。』轉引自《嚴復年譜》，第一二六頁。

〔六〕《嚴復大傳》，第四〇二—四〇三頁。

〔七〕嚴復譯（英）倭斯弗《美術通詮·古代鑒别》，載一九〇七年六月版《寰球中國學生報》第五—六期合刊，轉引自《嚴復大傳》，第二四一頁。

〔八〕《嚴復大傳》，第四〇四頁。

目録

手稿正文

原敘社會通詮原序

十年以往，吾英政治家波洛克 Sir Fred. Pollock 撰著政治學
史略一書，行於世，政治之學，盛為學界之所寶貴，然其間
有政治學問政治之說者，信論未以書為他科之學者，今不徒
是書為而典，前此論著者異者凡數，而述詣之見並
間政治之實跡，但著於古今人之思想，至而欲為而
未及擘不及焉。或曰思想者事業之母也，故政治之言治
術不願置前人而思想者，則不俟應之，曰是固然，然而
人意之所嚮，而嚮之人事之所果立者，不可一也，取其所果
立以視向之所嚮，已著觀善惡之象，何以真得失
之林，而言治道者之所有取也。或曰社會域中大物也
為之國論而著者於古者，乃專於一數十數國而紛
於斯可觀撰吾之跡且偏也，則不從應之，又曰是固然
然而語不以專象國閱則言於信，此其言之所識者而此
又令日著作者而同為之閱歷也。夫學有通有微，通者
擇偏維跡，迄支以明之大凡也，微者剖體分支以詳之

一曲之趣者也々某篇通也非敝也學者欲致其徽則有不
備之歐羅巴中古政法論於一千九百年孟陬金克思序於
鄂斯福國學

社會通詮目錄

開宗

社會形式分第一

蠻夷社會一

圖騰羣制分第二

宗法社會二

宗法通論分第三

馴豢禽獸分第四

種人羣制分第五

耕稼民族分第六

工賈行社分第七

國家社會三亦稱軍國社會

拂特封建分第八

國家初制分第九

產業法制分第十

國家刑法權分第十一

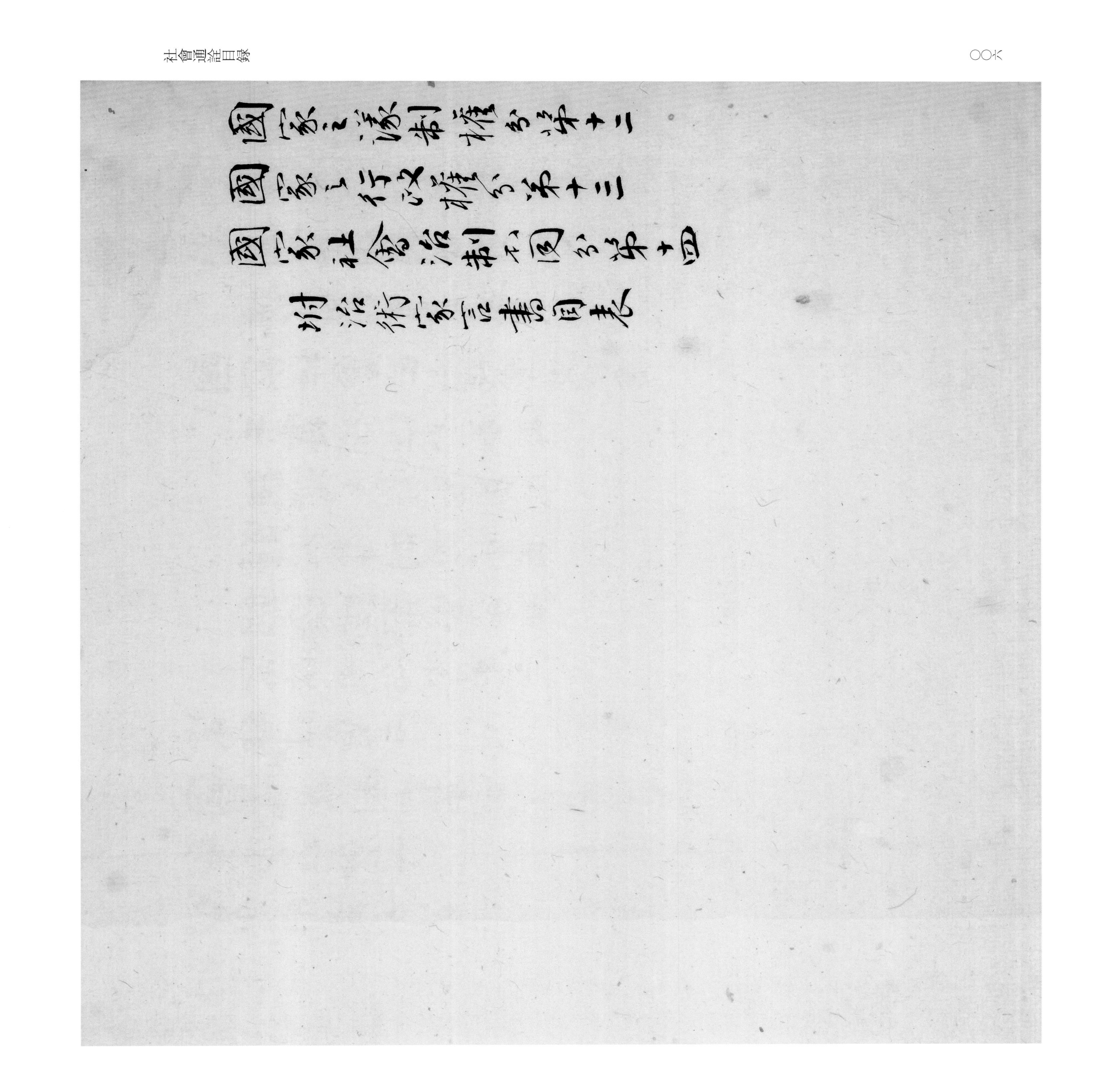

是之社會無間其為大小公私也，皆必有其制度要約以部勒統完之，而即謂為政制，可謂言也。然而便事之故，特區政制之名以待民生最重要之社會，是社會之宗旨非為所教者之區區一二事業而已，其成長滋大為秉於自然而為人道所不可離，養生送死，身心咸若胥視此以為著者，故民之入此社會，非其所自擇也，自有生而已定，所不可以避就去留，其可以去留者特較近世，如是者謂之國家。國家者社會之完成尊大者也，為大不列顛，為法蘭西，為和蘭，為德意志，為斯班牙，為鄂羅斯，此外衆甚，皆是也。數十國之所為所守，所以著謂之政制，此今義也。雖然，使自其說往而觀之，則是社會者古實夥於今而亦如物其强弱大小殊之，其所以制度要約之者亦大異。

近世社會○自其制度要約與其所以係屬者而觀之，則古今社會邦國可約為二種。故近世之社會國所以係屬其民者言之，謂之軍賦，以法言之，彼國之戰守以

又三百年以往之蘇格蘭山部，[illegible]同種復來邦族，凡皆以宗法種人為其羣制者矣。

古昔社會，先輩治國族之學者，皆以為起於宗法。故種族繫民之制最古。泊夫輓近，稍稍以為不然。五十年來，新知日闢，乃悟宗法之制尚有其初，所為學者之所忽。吾論此之書，亦不少概見。蓋其事為難言，爾欣其理所閟甚鉅，因於史界無異新通之壤。又以見人類天演尚有此一層，皆汲汲於此。其詳固不濟，因而章討者之勤，嘗觀歷[illegible]冒札尊勤，以驗其支。今其情狀較然可述，然其名義尚難定也。治其學科者命之曰圖騰社會（圖騰譯言徽幟，北美土番常畫鳥獸之形以示其種之所由分，猶國之有徽幟也）。但圖騰之名稍不違於俗用，故亦即標之為蠻夷社會。學者須知此名絕無鄙夷賤惡之義，所以名此者，特以見其為最初種人，出於[illegible]之世云爾。

故民生社會，上稽歷史所制，有三：曰蠻夷社會

[illegible]

之爲用大也。晚指之言曰：於千百吾得其二三，於二三
獨得其要於千百，此晚近世學所必由之塗術也。
本書家法〇今欲於國家歷史爲溯源循流之討，而有
所發明乎，則不可不先定吾書之家法。蓋使
不先定其家法，將宇宙之大，民族之多，言其統紀而
挂漏紛紛，不得要領，而終之同於其迷也。顧宗家法
垂而宜何道之由，行於北部森林之中，而其指南
經緯古牒，變遷闕可也。
制度〇雖然，設審於國家制度之中，家法處我
宗旨。今夫社會之立，則莫不有其歷史者，而所
載社會之發達演進者也。顧歷史所載，有去而不
留者焉，有立而長存者焉。夫去而不、
留者，非於社會無後驗也，顧或渾而無跡，或微而
難知，而其立而長存者，則涵孕輪囷，歷千祀而其

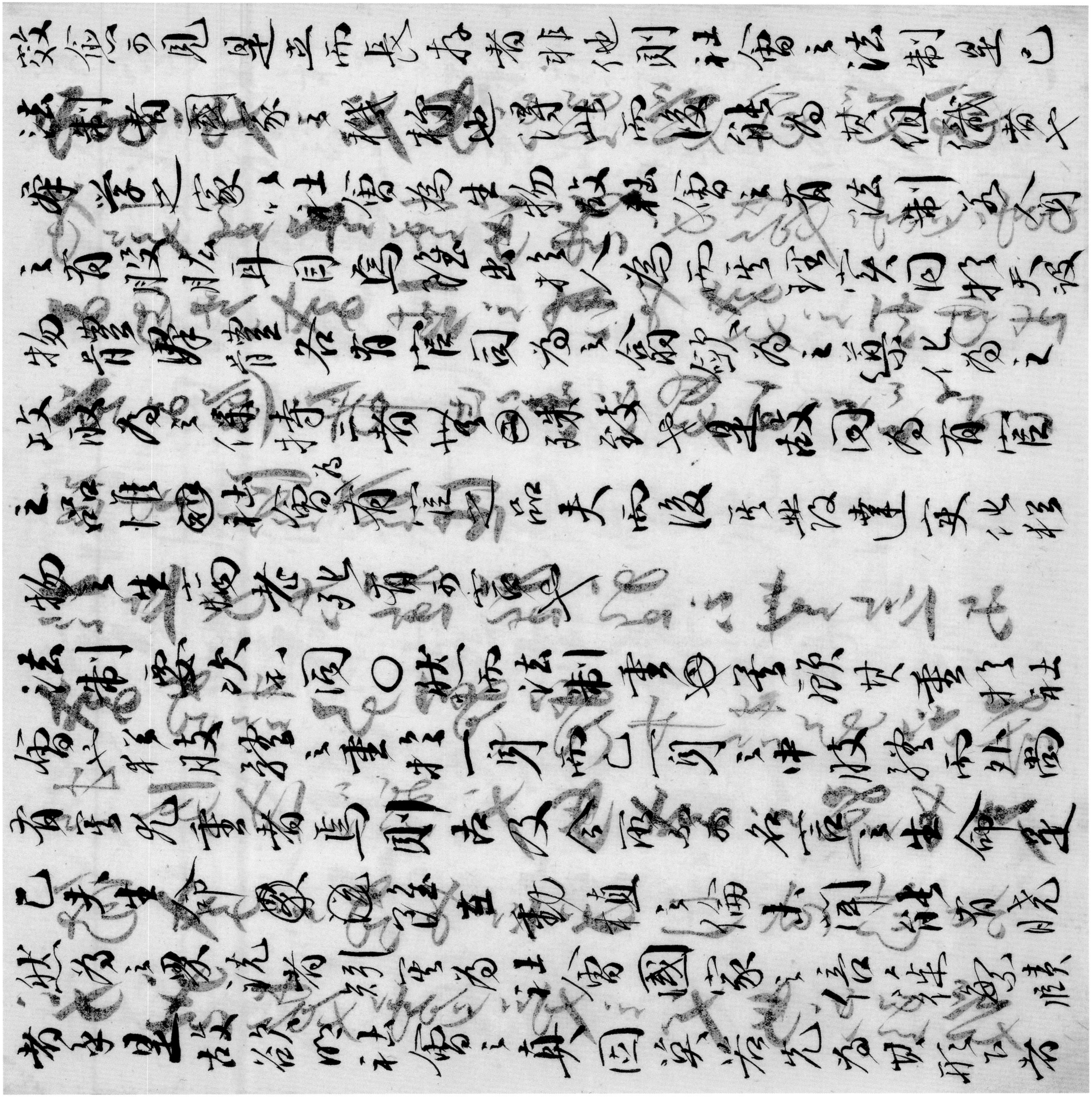

故於形上形下諸法制是已使識其爲象之能而於
法制之所以發生進長變化而漸即於今形者
至所深論而尤於國家之所以爲存者
詳於演究備之人羣爲法制之至衆而備
盡所有者生養禮祀有與教育諸如倫使
之而及之則國一科之學所未精也吾所欲明者國
家學也國家學以治制取舉爲要義是故其爲
政論尊於治理之法制猶四史演之程而最
初之制法於今有者是則本書之義法云爾
[illegible]
[illegible]
[illegible]

第一類 蠻夷社會
第一論 蠻夷社會發達
蠻夷◎百年來舟車大通坤輿之上無險不探
靡不顱骨彩目之倫悉盈西字窮致而
之種族者獨至微也若印度孟加拉安丹滿尼若
摩洛拉之山族若鄂里沙之黃種若錫蘭之武
額達若非洲之阿曼林族木客若北美之可羅拉
都若南美巴西內地之嚨九迦若婆羅洲之猶棠
若北極拉布拉多青島之亞斯基摩皆此類也若
澳洲達斯馬尼亞土種之真純全而雜之蠻夷特晚
近來漸歸澌滅而澳斯大利土種為地球最羅之
蠻族遠居大陸中北一部風氣不通雖就地球大
勢而論更種不久將終於澌滅亡而今者然不鑿之
渾沌也歐洲人士雖欲窺其真以漢人更阻恩考
得人類最初之真形更最著者則有算郝咸德

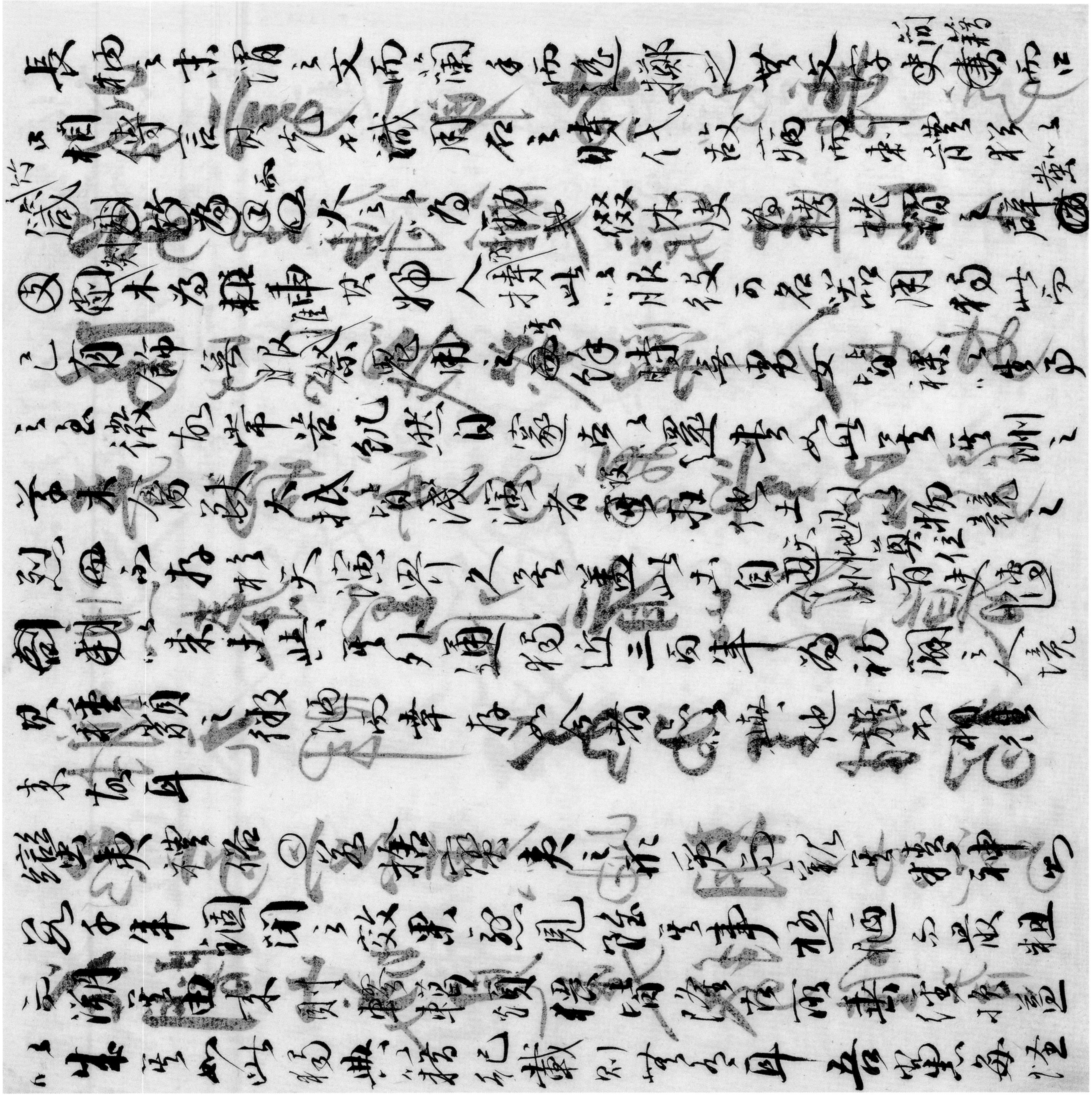

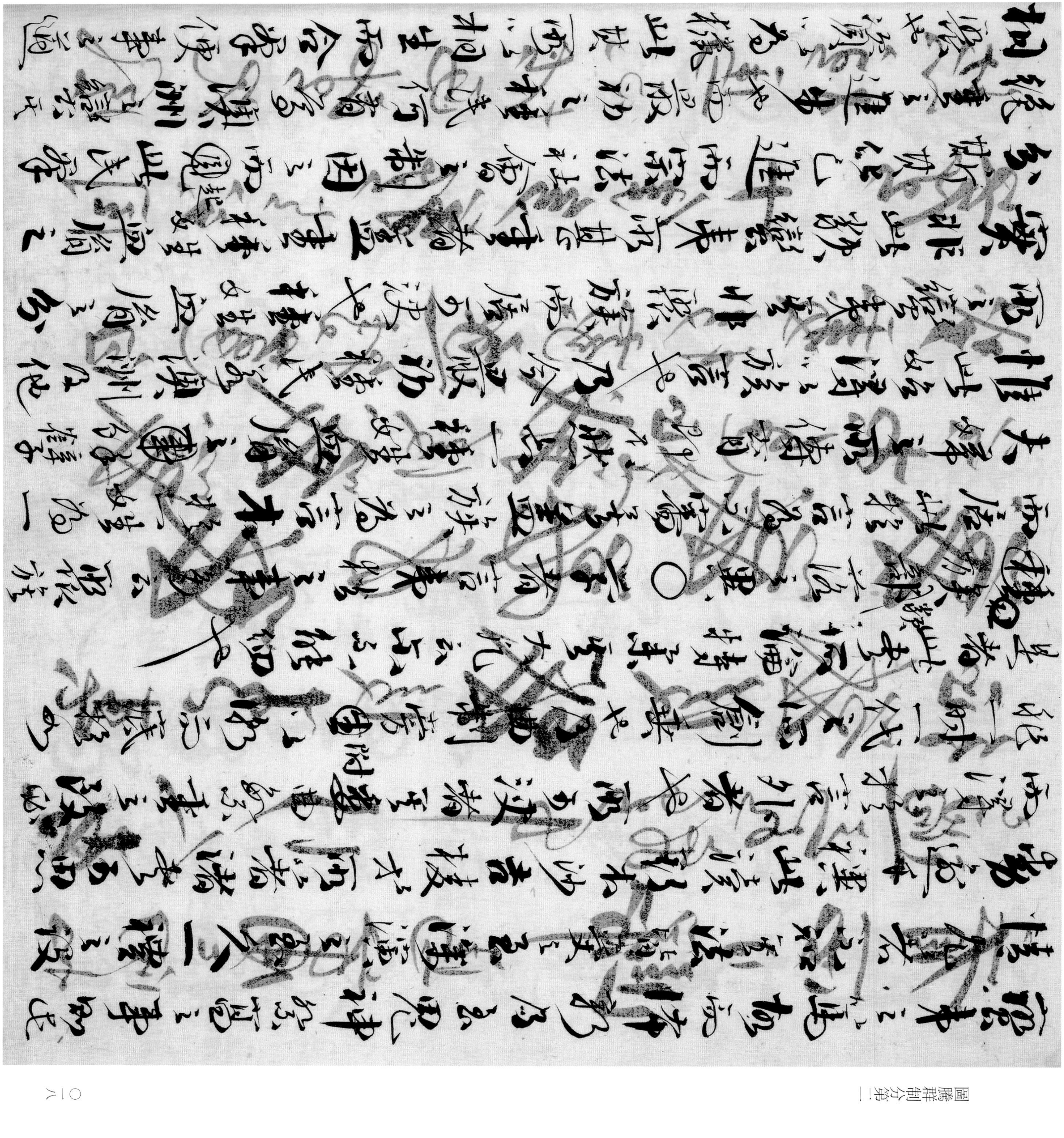

[illegible]

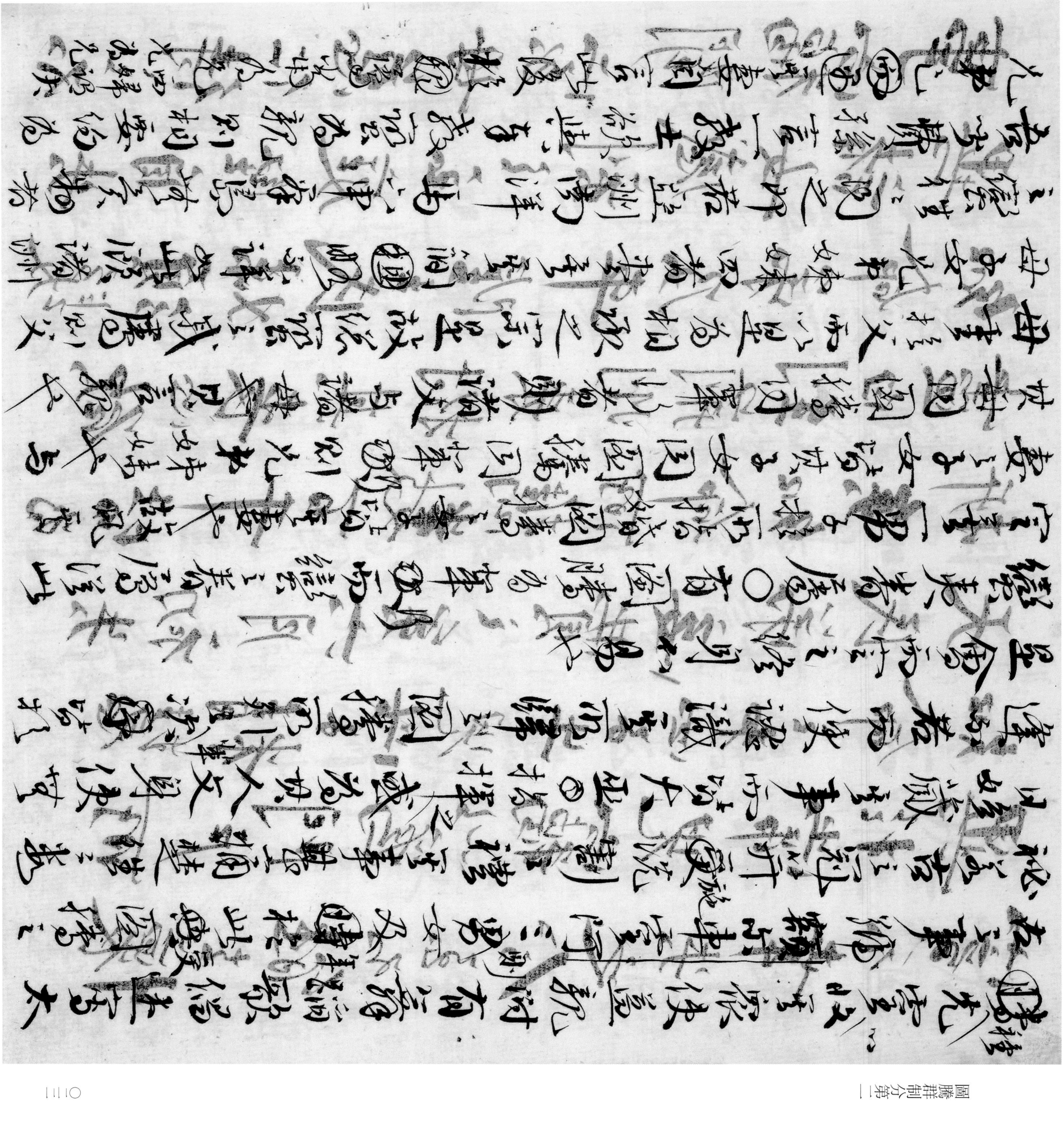

則崇拜至天之一神，是神者，必為人道、天道所為首之
至誠力能事物氣質，與己實也，而形曰式，感通則與己又
合。此宗教之所指而言，天演之階次也，於澳洲之蠻之
圖騰則同，第一期之現象也。大抵澳洲之民，其於鬼神
也，多以為兇祥之職同者，疾病與死亡，常謂出人之
血，彼蠻夷之由是此思想者，亦不其多變者以為怪也
彼見同類之中，脫有強禁者，超絕倫位者，則其勢
常出於恣睢暴戾，而復為其眾所怖服焉，且於死
神則亦如是，而加尊焉爾
禮刑之始。○所謂蠻夷刑律之意，亦由此而萌芽
者，蓋蠻夷刑律，思想多負面，宜忌之，彼所謂答
布者，其他凡所禁而不得為者是已。且其立禁之
始，往往多可笑者，顧審其情，皆本於防患扞災
而設也。佐有人焉，行於林薄之際，而為所枝飄之

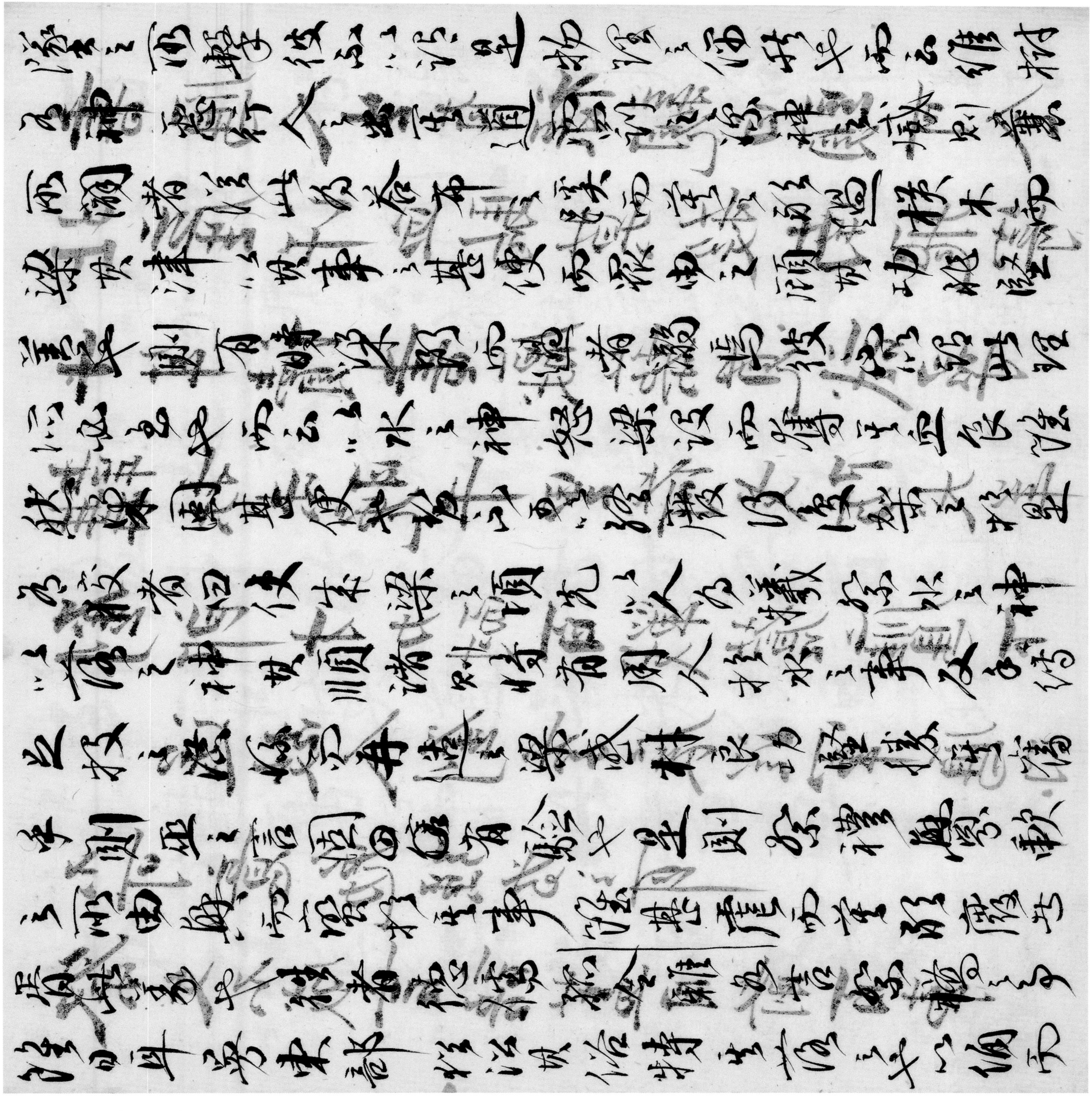

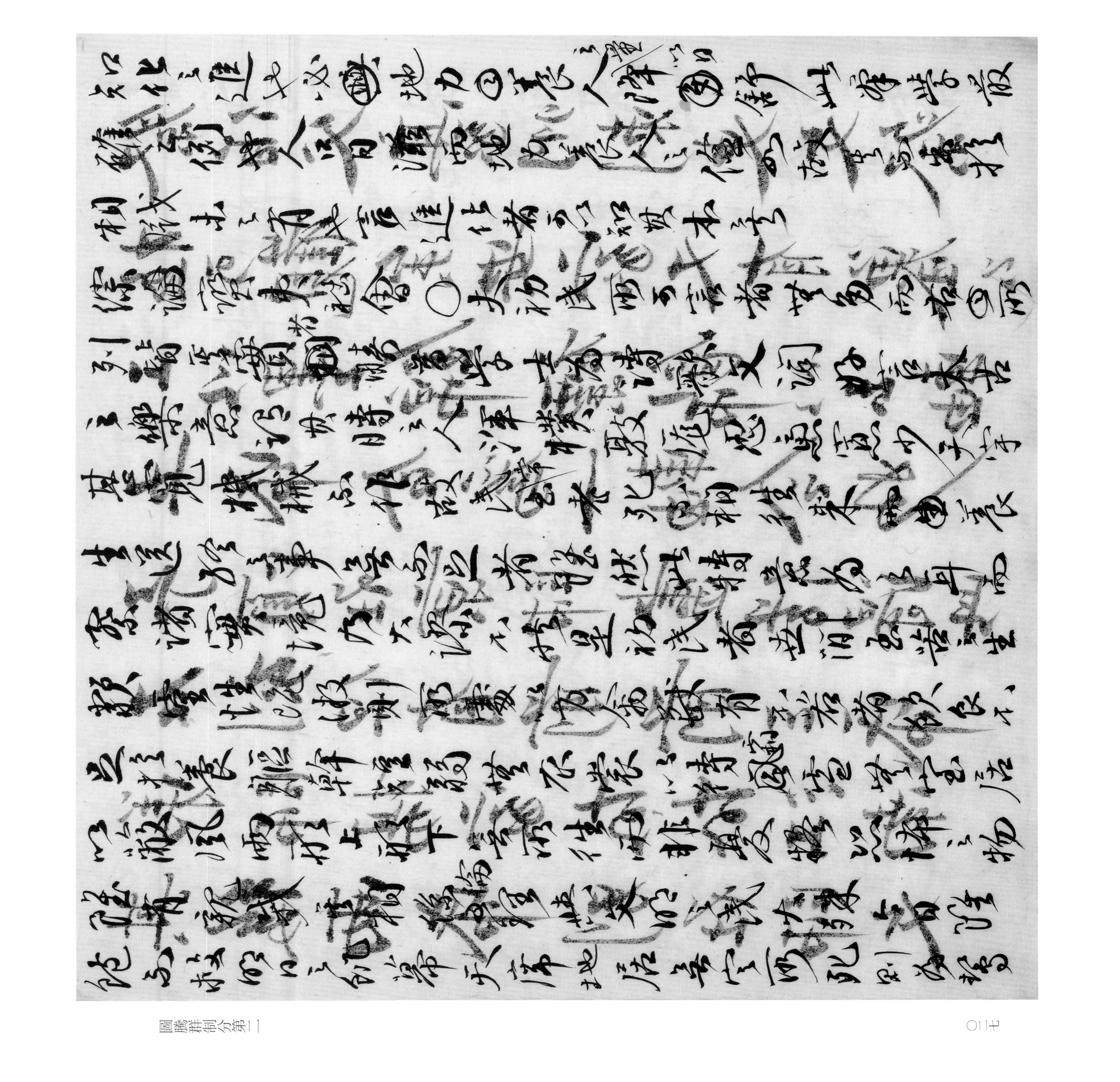

以下第二類宗法社會

第三總通論宗法社會之

特異之形式制

特◯篇所論乃民群演進之第一蠻境是名宗法社會既與蠻夷社會異者固民相系其之情有統而不渙相附而益親於中生眾之制愈◯益盤密其進於蠻夷社會者之實今試求之

特別形式而與前後社會殊者如左

一曰男統◯往者蠻夷社會紫言之可言強為言之為繼採而縱之蓋其事特言以為之而微乎實之可指者也其所血脈傳次◯以女而不以男而軍行為大匠之所屬者至於宗法社會斯族姓之家門皆民之相與為親於人之遠祖於男子之存焉其中事之傳而不息而能由天設此而繼統慎給之最顧社會之有此改以見宗法之所以蕃

也。夫宗演繹，由圖騰而入宗法，其間次進之積漸斷難言，然必當以有精之實合始於此而言，其最顯而易明者，則必自夫婦有別始矣。

二曰婚制。㊀夫使夫婦有別，必有一定之禮則。宗法之社會，未由此演嬗之，蓋知有母而不知誰父者，必女子縱於一夫，而後父子之倫有可指者。此有夫婦而後有父子也。雖然，配偶之事，而無正夫正婦者，未入之日之社會，有則父不能保其女子，則縱於一夫，而男子則可兼多婦。此上古宗法社會之通制也。必俟演而益進，而後合之制，乃爲盡善。當時最重者在男子，丈夫血統，而婦雖孤，據於宗系，因其由家且有時以生殖之亟，社會以嫁女之多，方得此而宗法愈分明也。雖然，婚制定其使嬪君之權者宗法時久而不絕，故其三則有家法。

三曰家法。○方氏宗之為宗法社會也，為始祖承宗之

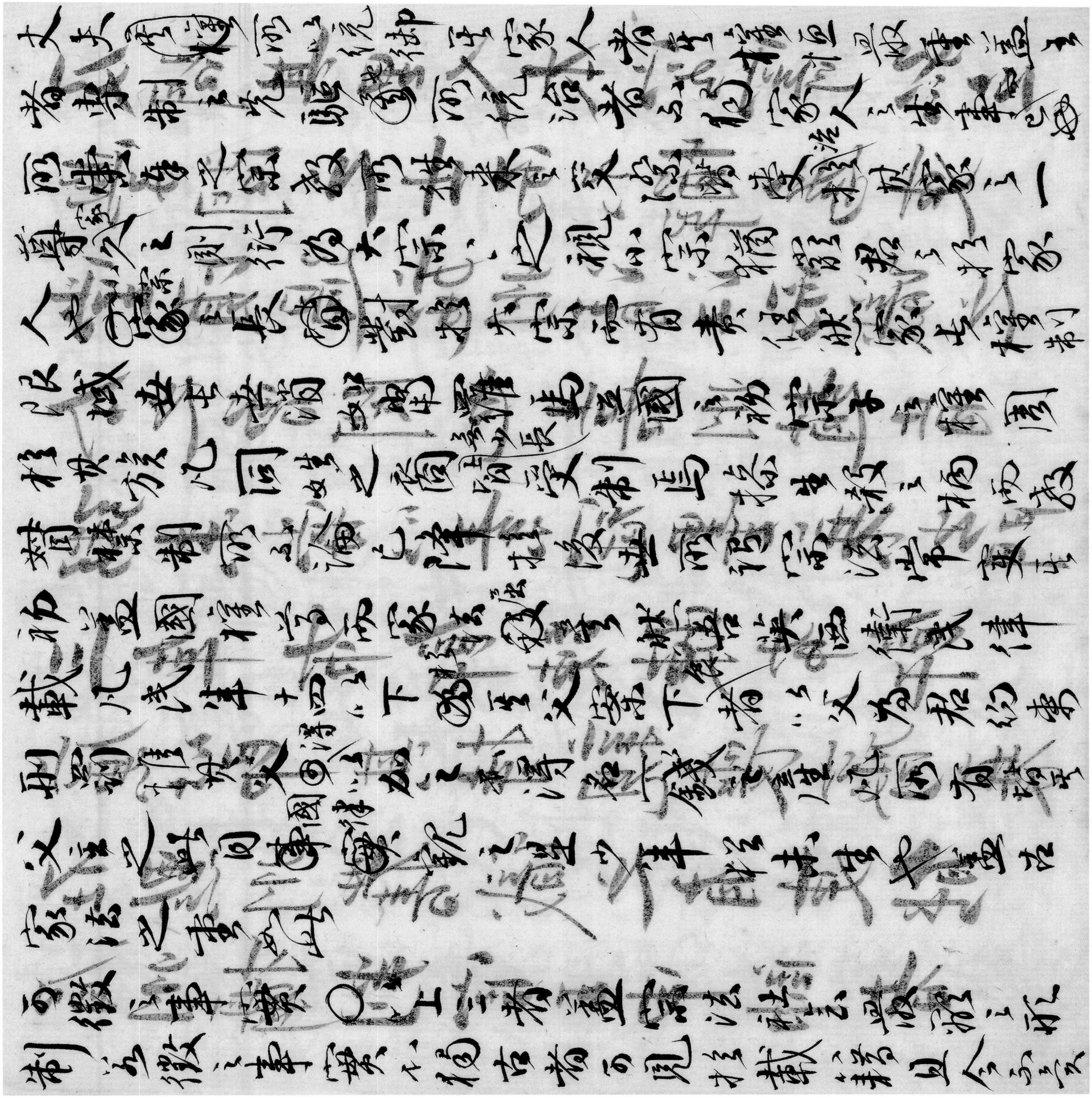

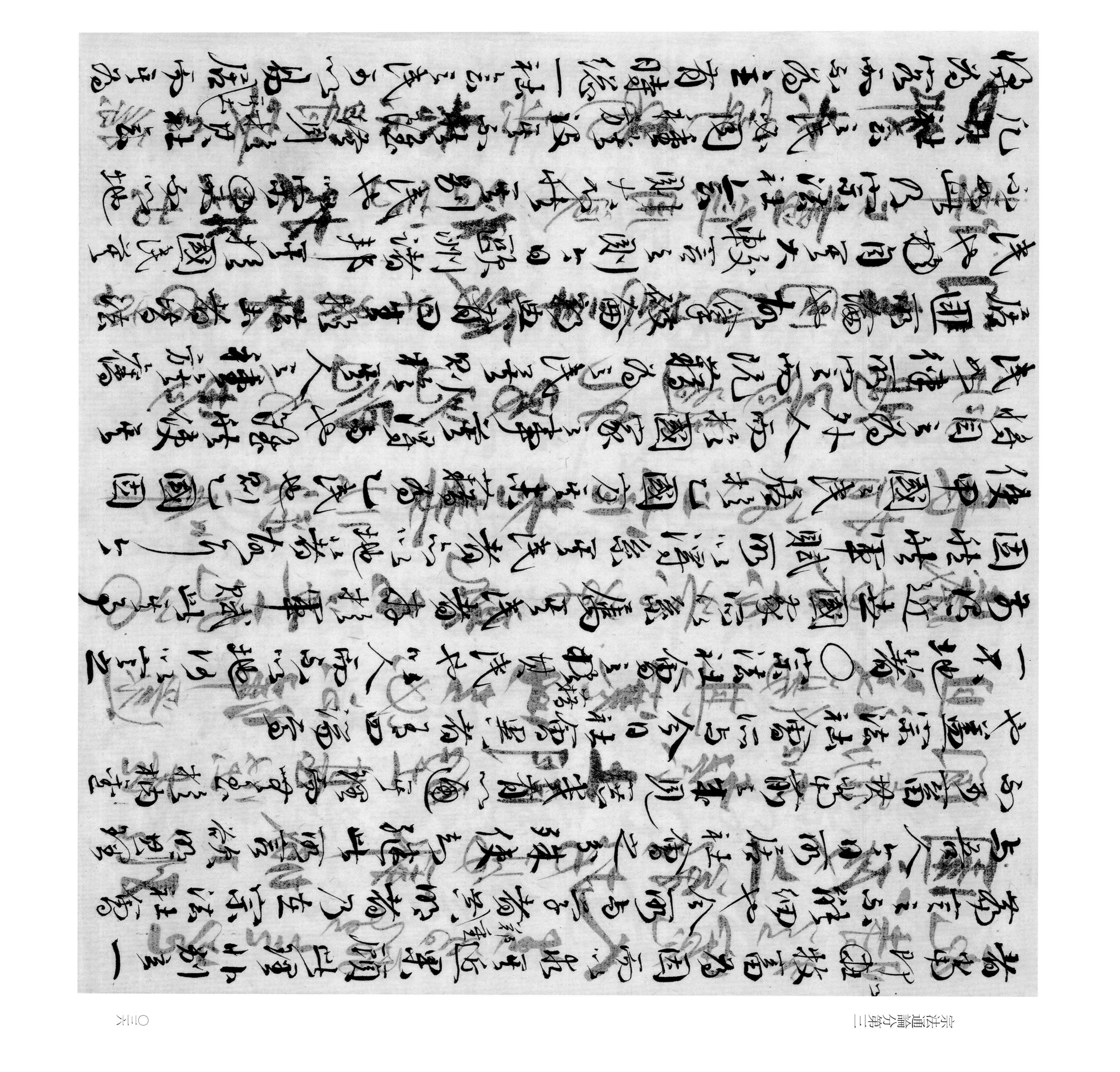

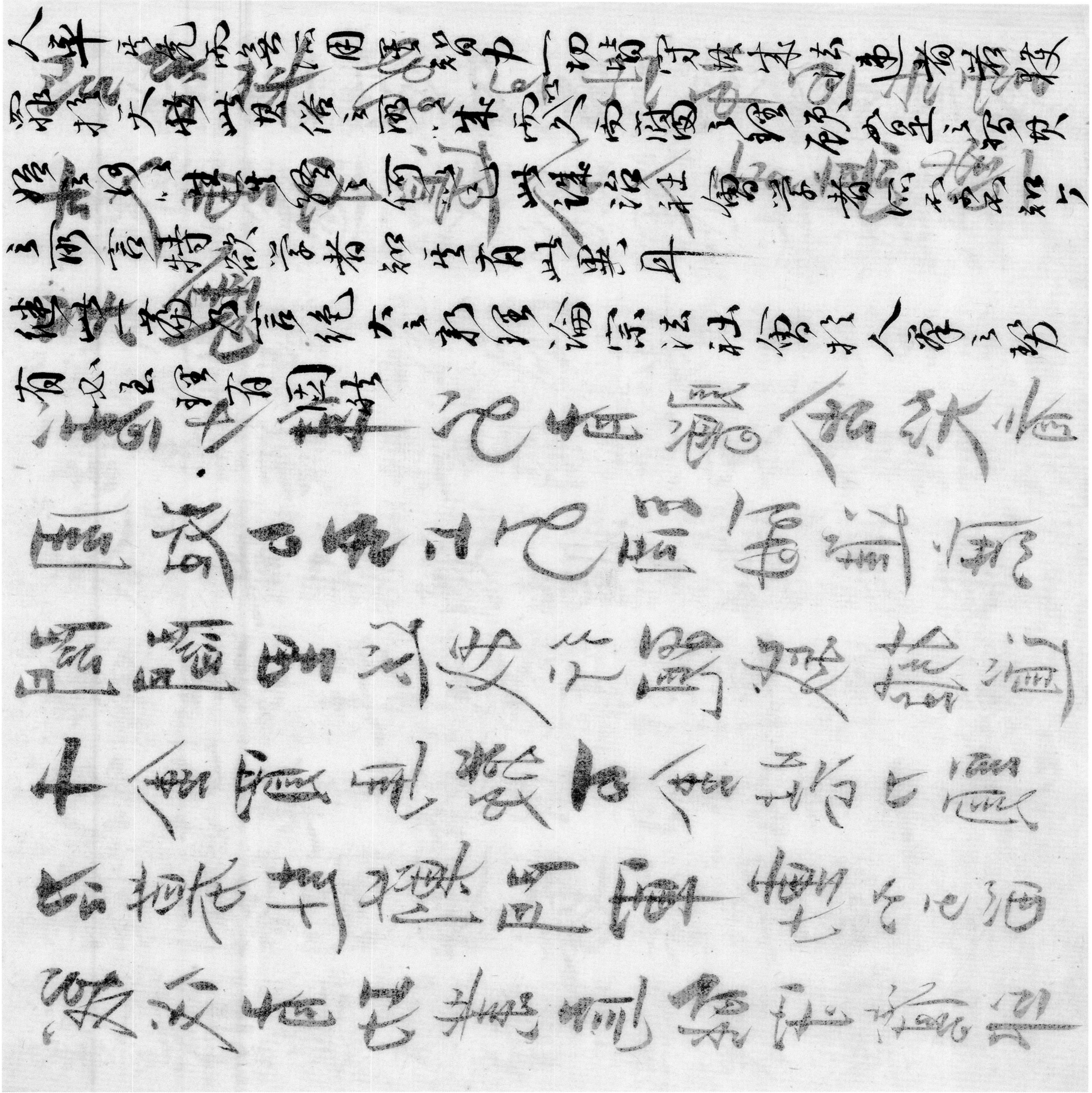

蓋西言牧畜之始
家之有畜非原始而然也既始也人獸並生於兩間取而
擾之使利人事焉此實閔據學之進化也至起有馬貓
牛豢（馴）狗畜羊之事歸諸古之聖人不可謂過以知其能
始而然者蓋遠之上尚有實更不知牧畜為何事
也則澳洲之土人是也足知蒙昧社會所得止如今
日此（此牧畜）是一大因也夫作始於古而人道以視以進化者眾矣
顧其時地各殊常滯寡而不知即有之常慕誕雖信此
後之人所以飲其德而莫知其深也雖然天演之事時至
則常有興者有起而達其樂也至奈何天時地利人功
凡所以為外緣者有以相倡而導起之是已
馴擾之初〇夫始馴畜者其姓名時地固不可得而稽考
而生所以馴擾之術則微而道也今夫擾而畜之其最
利於人者固莫牛羊犬馬若矣而牛羊犬馬其始皆野種
也或夫以畜由野（家）而家而可以言也能
今者之不然觀者則不能指實其之術馴擾何

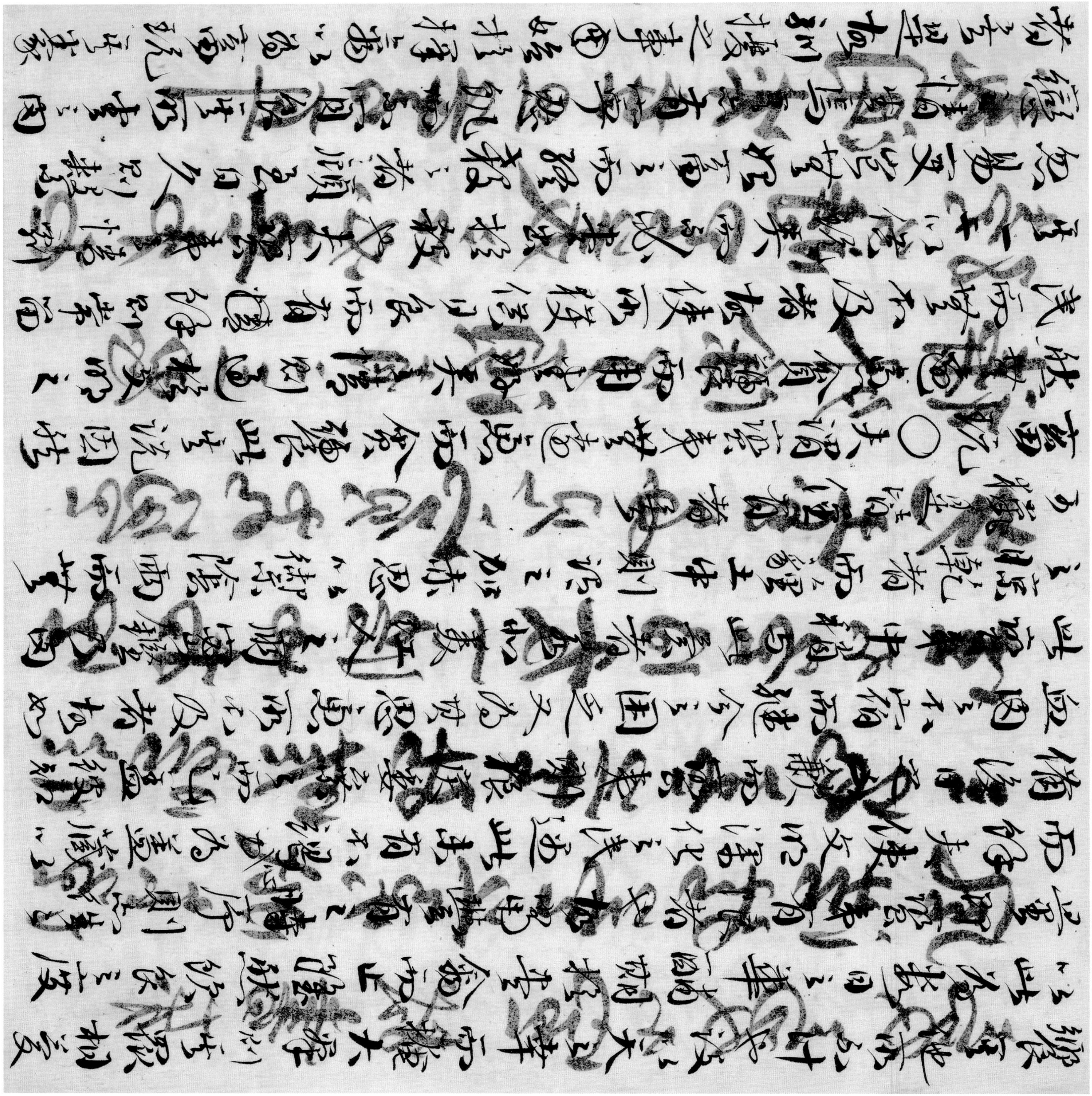

馴豢禽獸分第四

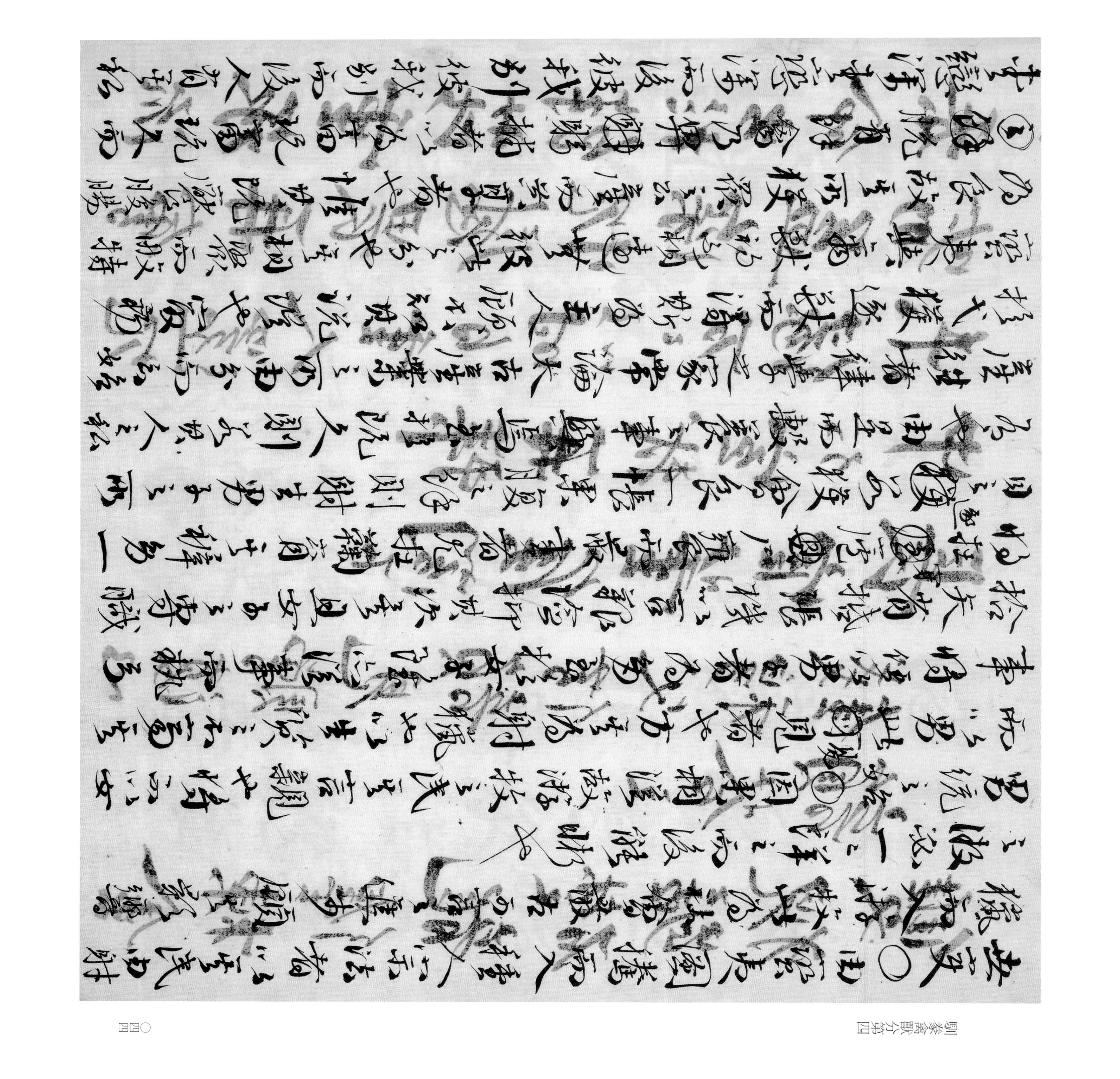

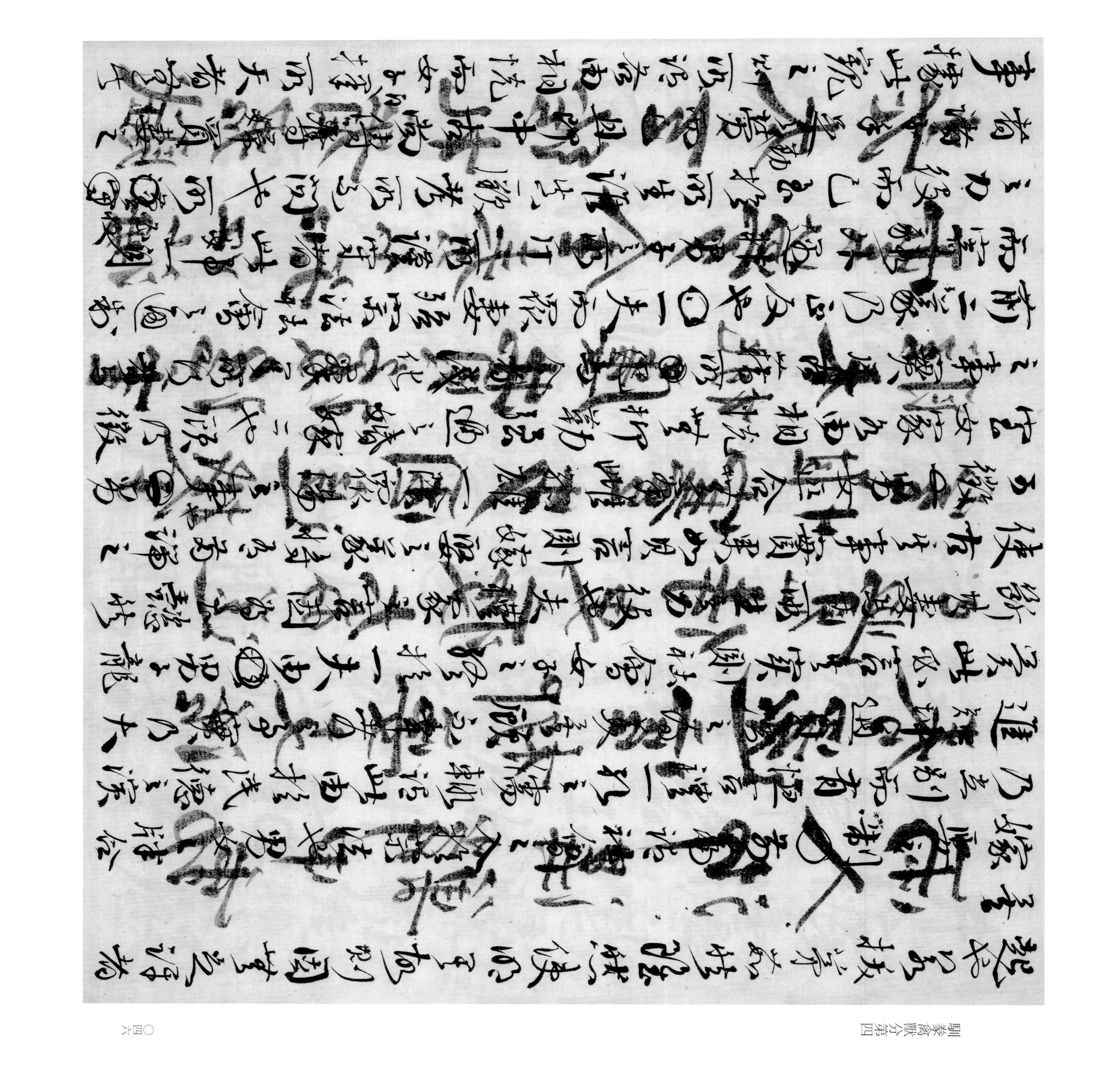

子朋後奪婦者男子猶以強力劫奪鄰部之女子以為婦
也往有地此俗久亡而尚存其意於禮俗或且謂女子
怡狩媒歸而其待於強通遂者軍事為可報之今歐
俗凡嫁娶為男子償相者謂之良士此於古為助人奪
婦者為女子採者謂之扶娘此於古為助人擇賊
者也否已合則婿婦相將外遊踰時乃返謂之蜜月
此於古為避女氏之鋒而相與逃遁者也益其事跡
之而言如此第乃夫婦之以財此謂吏勇之道則女子之
男子市物然評以之寶貴而羊豕鐵器雁以酬失女
之家此亦間有之力役而起蒙者有故至今文明之俗
尚有納采聘金之事特以昇平之世家則而
已寡婦再載於若仍婆婦按身為價庸酬之此為僅
見總之古社會女子之所以安者即以力役供措之故
也東是之時使一家之長得十數壯役美好女子兒此等
人固儼然富翁也
奴勇之制○奴虜他戰勝餘所殺之俘獲

也方其弟之罪為射獵而未進於游牧也則往々以食
少而出於戰々戰而人相食者有之乃至游牧只豢畜之
生存於鋤人而禁取糧食而始時方役為奴則係
纍而奴畜之也蓋夫以人為奴者牛馬於此分無以
深護而殺者也縱之為蓋猶乎豢牧獸畜所
得善惡是平時之所當此治事學者所不可不通之處
一義奴虜見主然於家僕之事且由是
而知人道之日蕩也雅由遂德心而導起於我使然也
俗義者進化之果而必非宜制之因也
游牧種人〇由奇親之溫夷之奢競而生事淑惰之
彼其所以能有家族夫婦之倫而父子之道立者其自轄
為游牧之俗於養羊婦人去其所生之部落以嫁於其
夫奪婦買妻之俗延而有內之近親及自競而毀其初
物蓋同姓不婚之義自太古而民知〇重之其所注尊
之部落所由買之家固皆以親疎而定其所取者雖法
恒事勢為出入者亦於一家之中丈夫之權為其二上
視

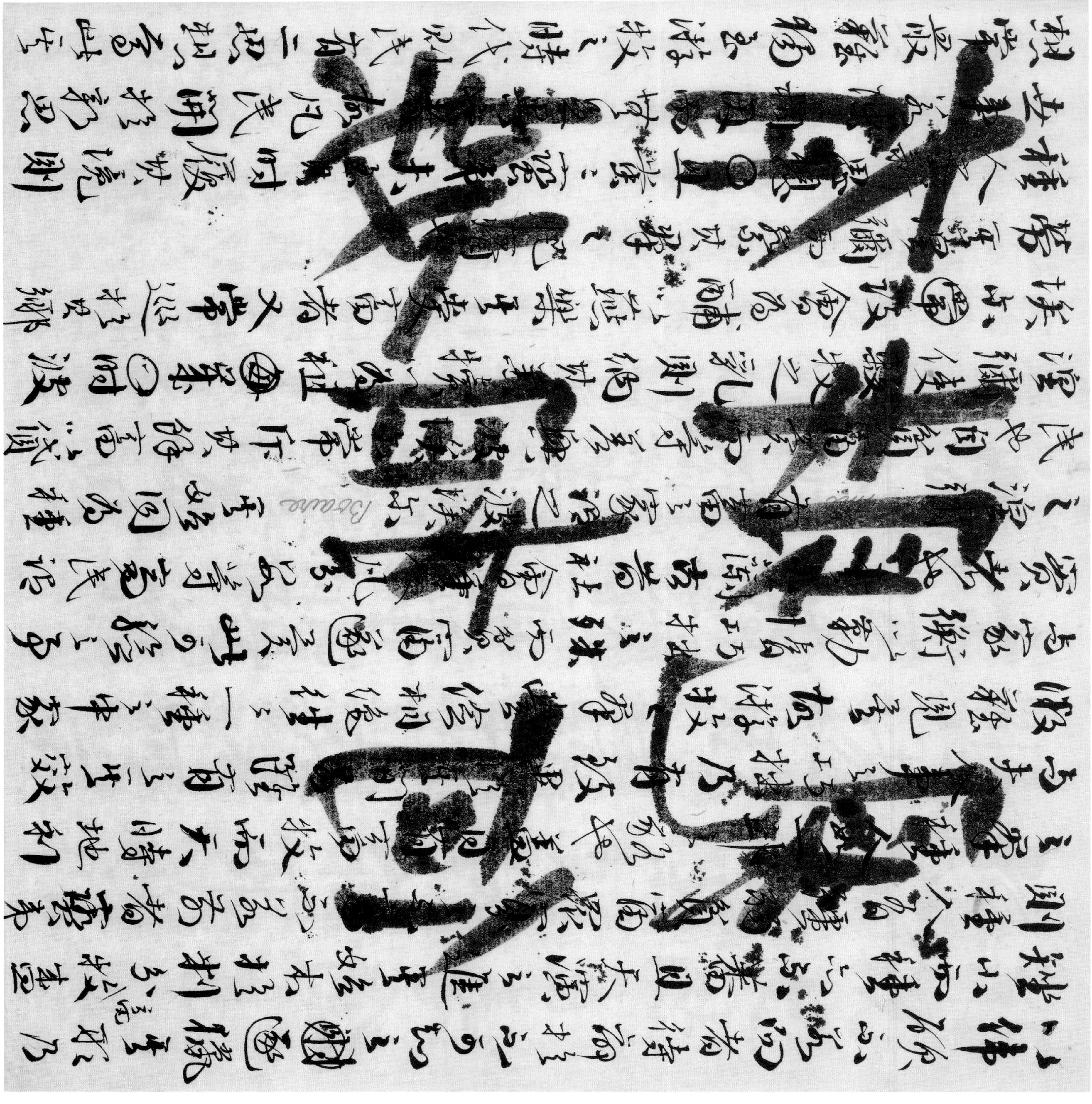

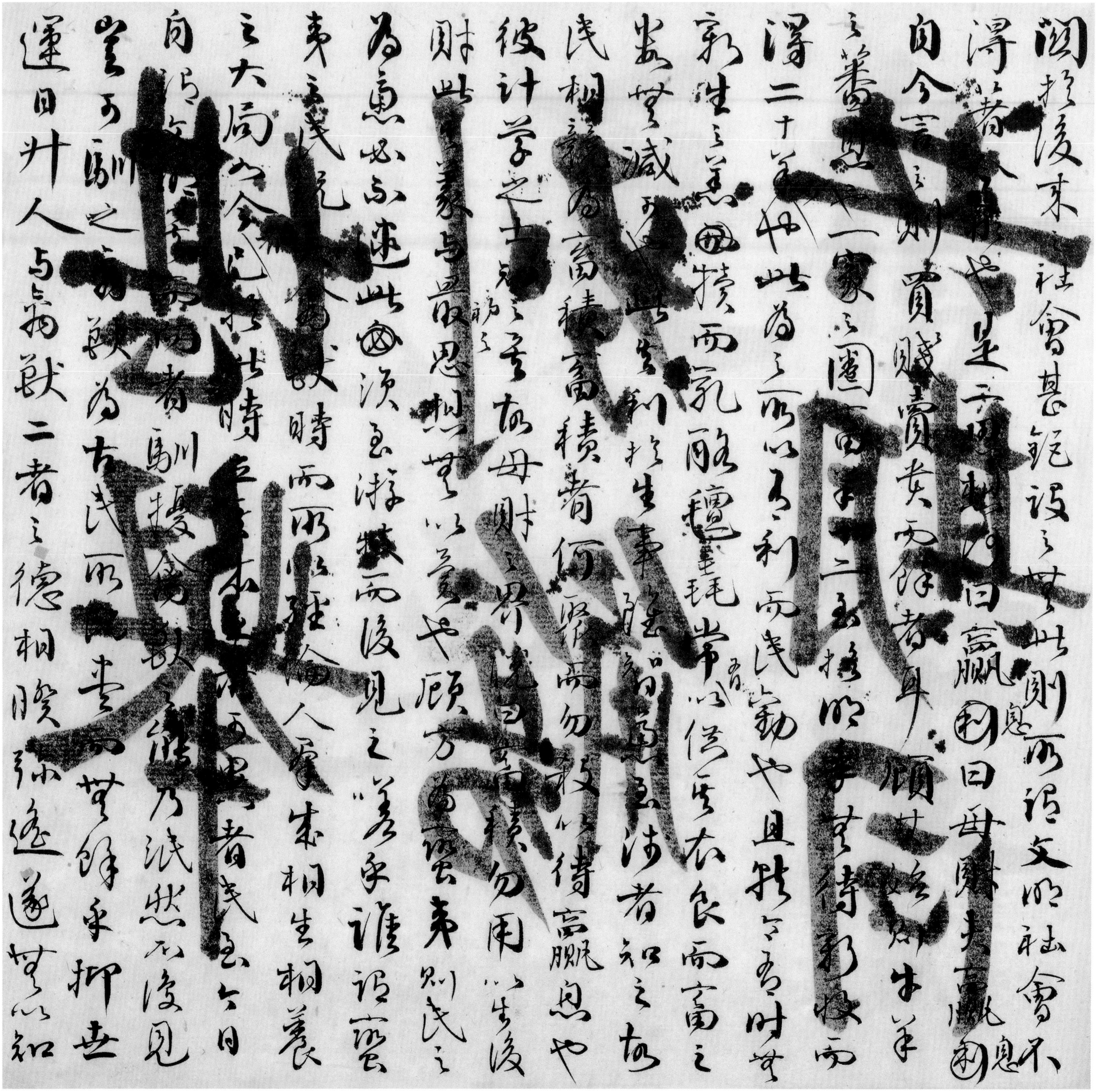

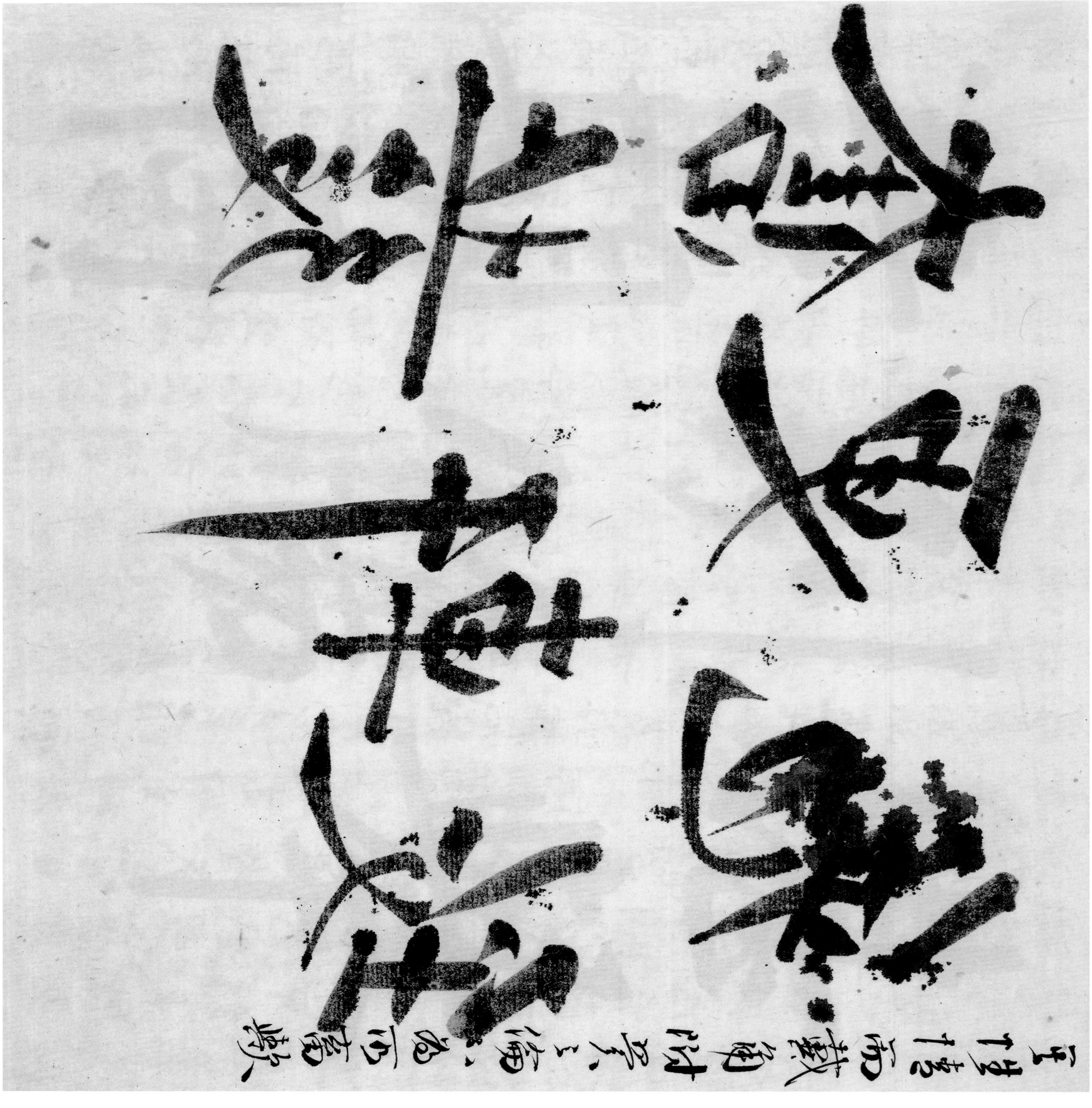

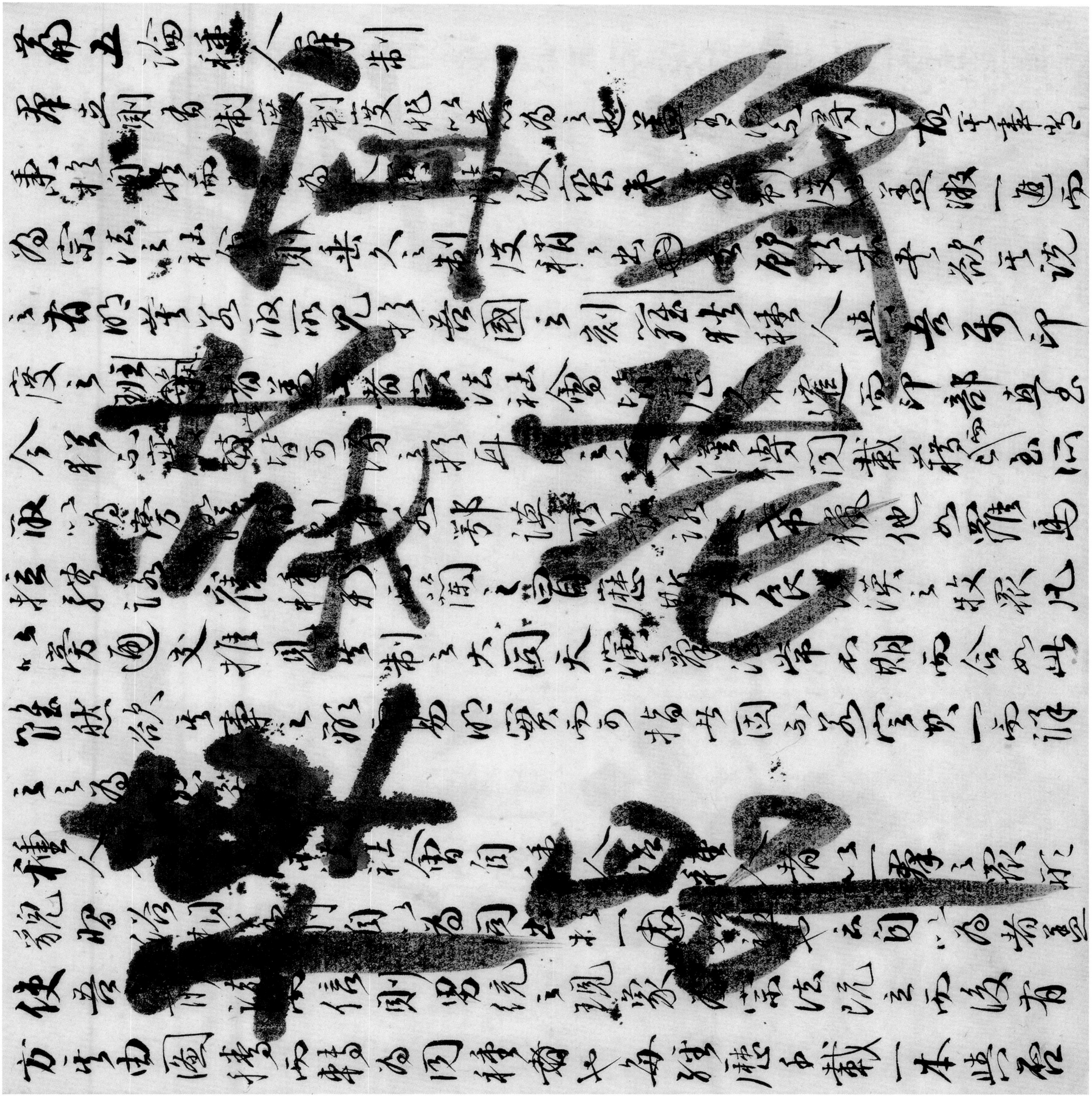

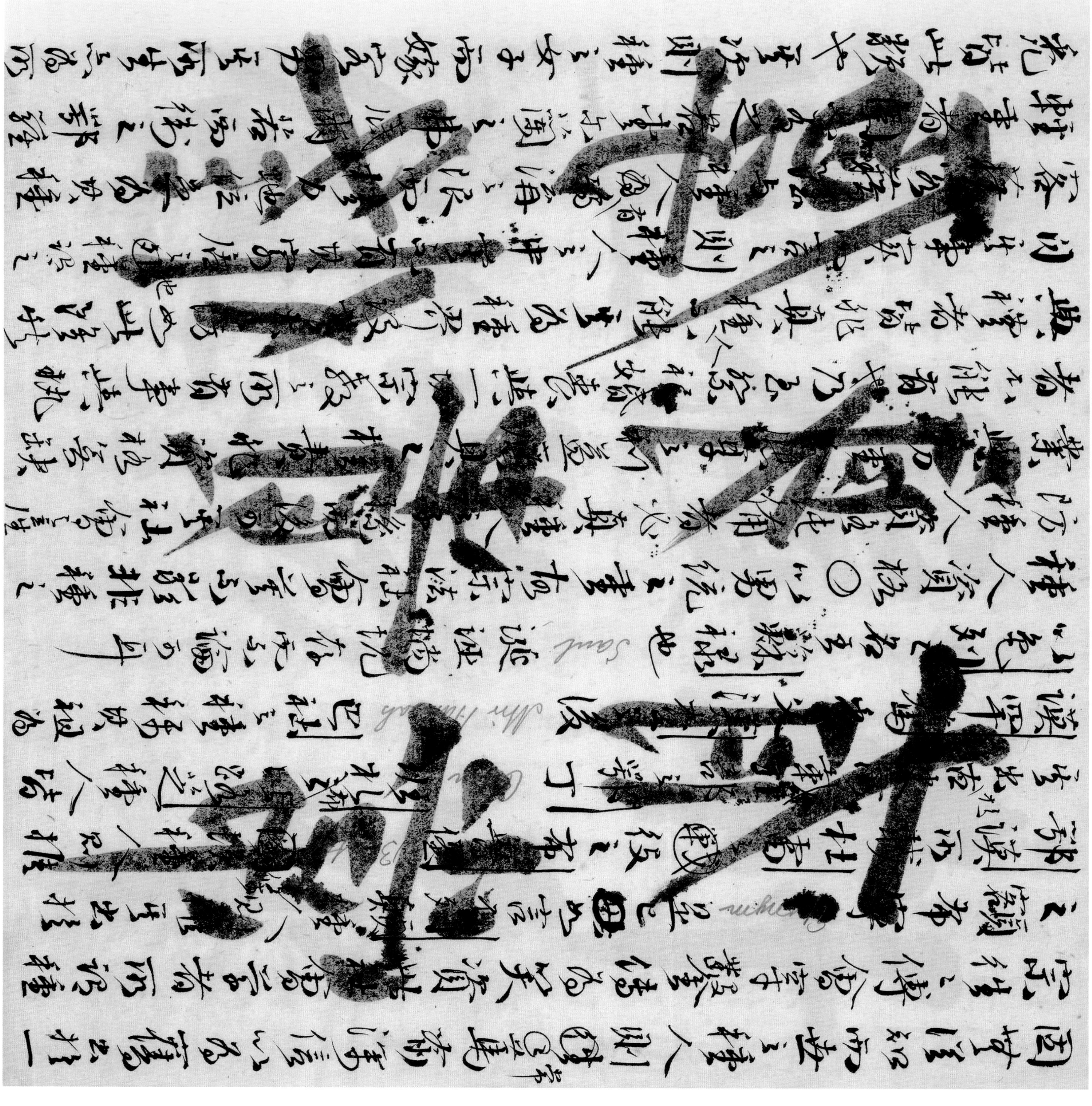

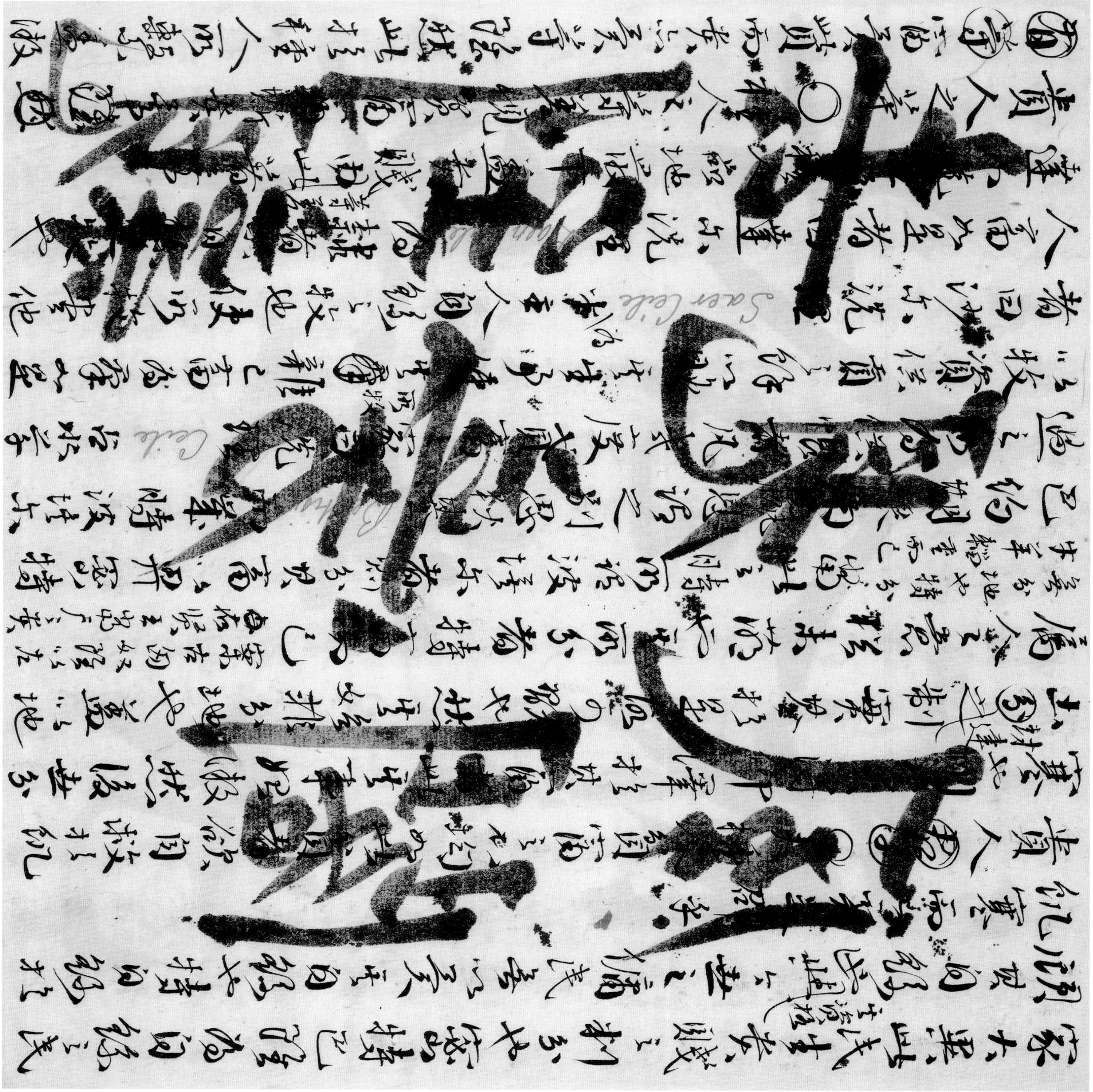

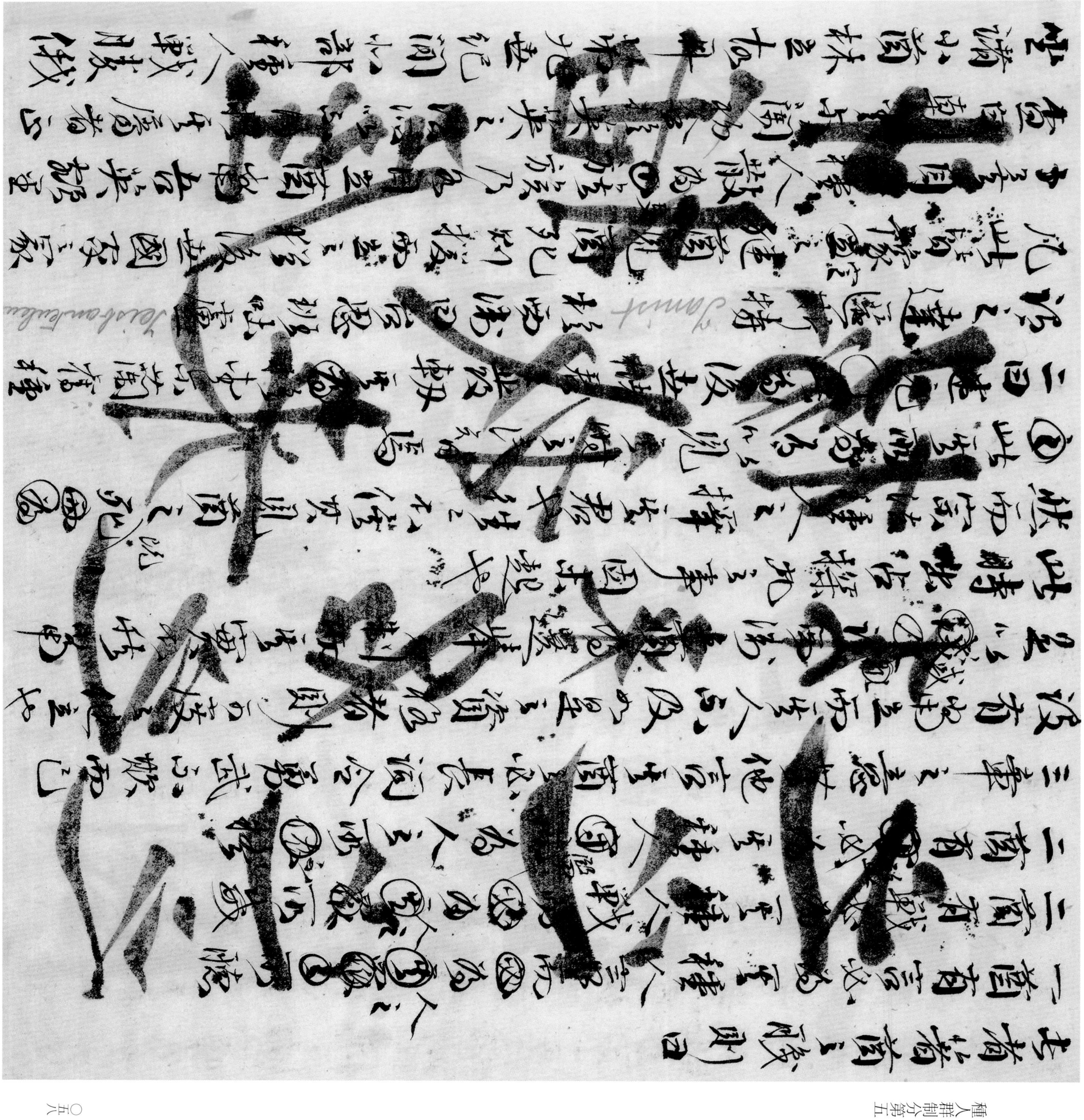

種人群制分第五

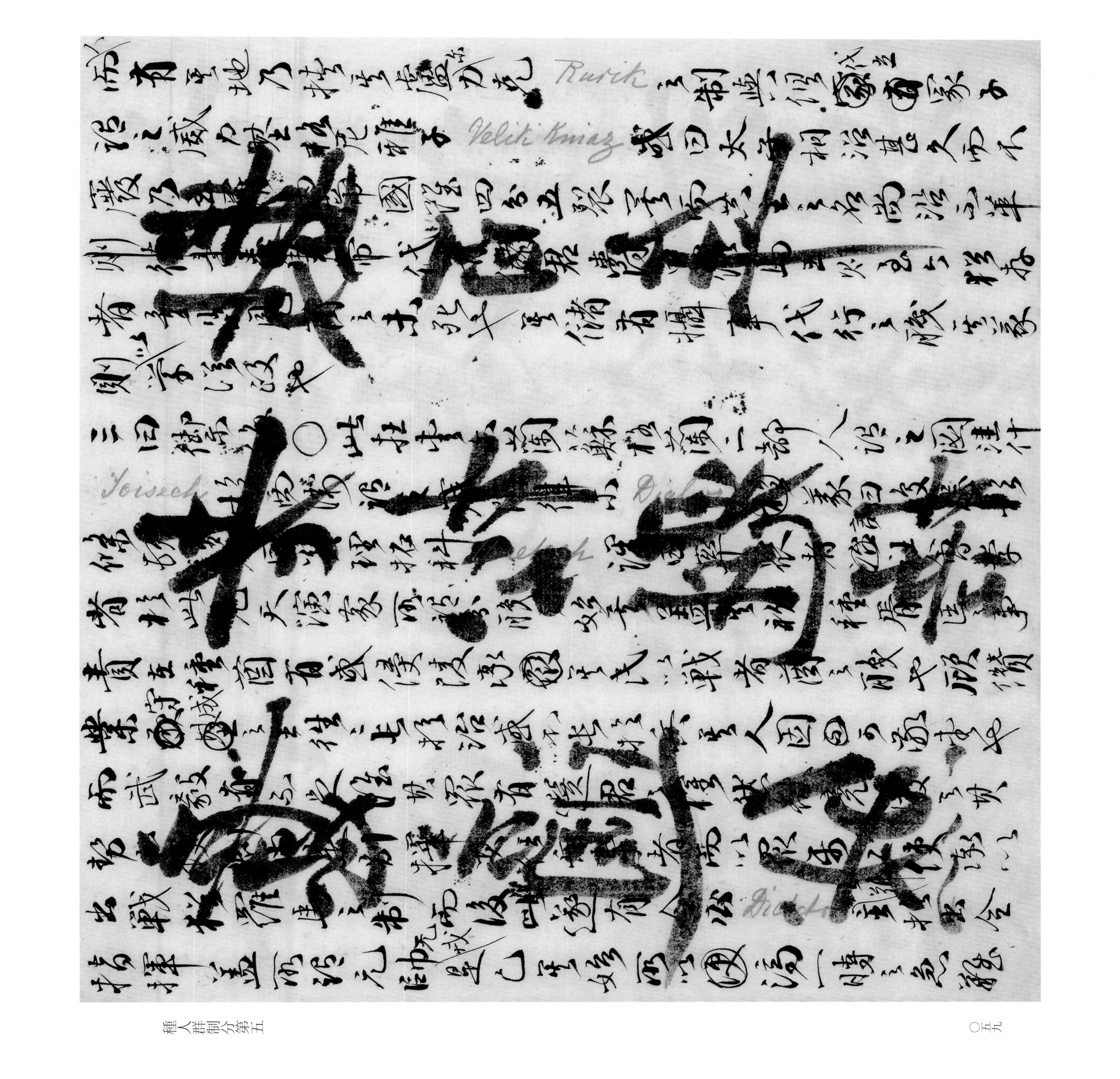

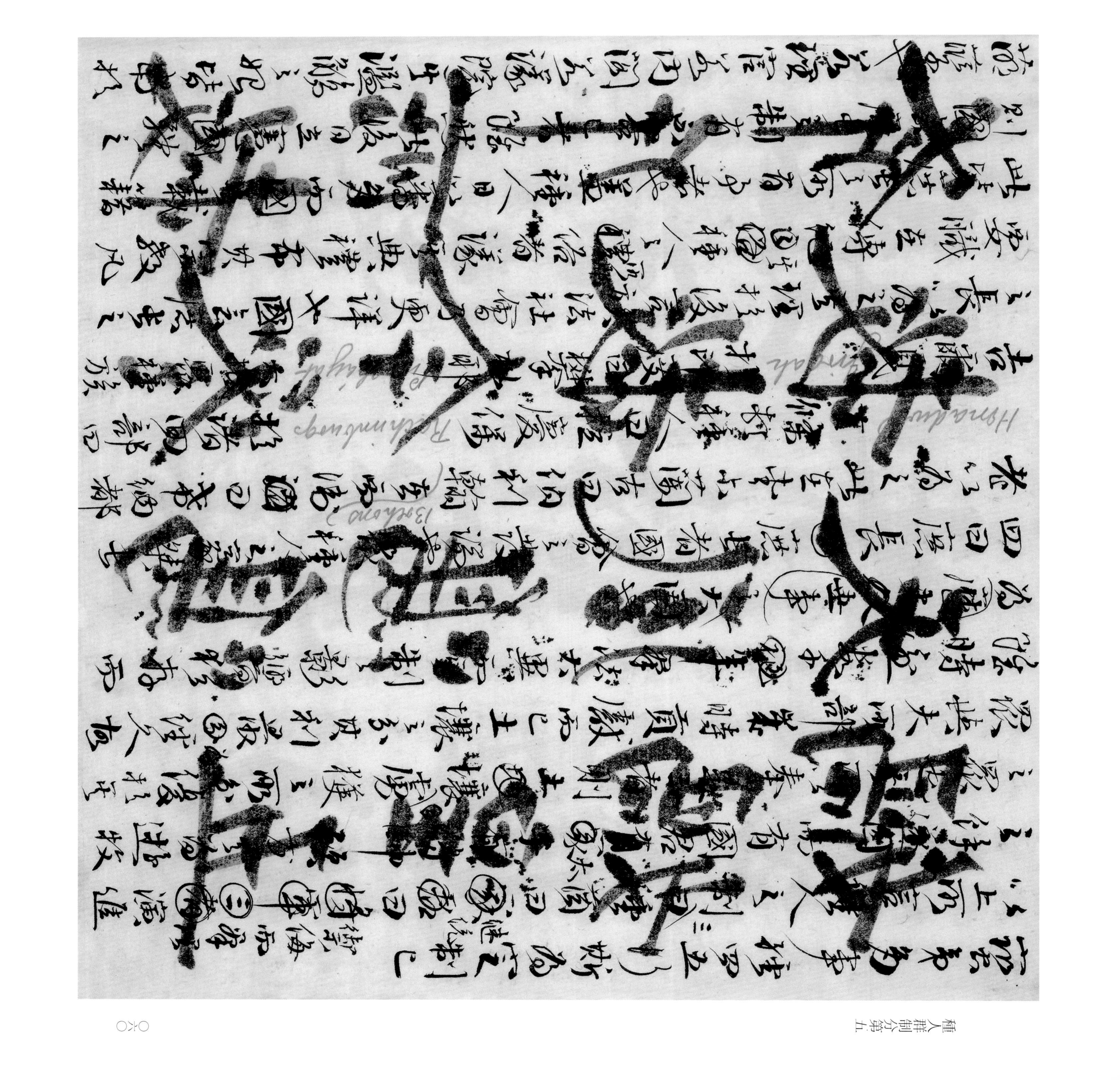

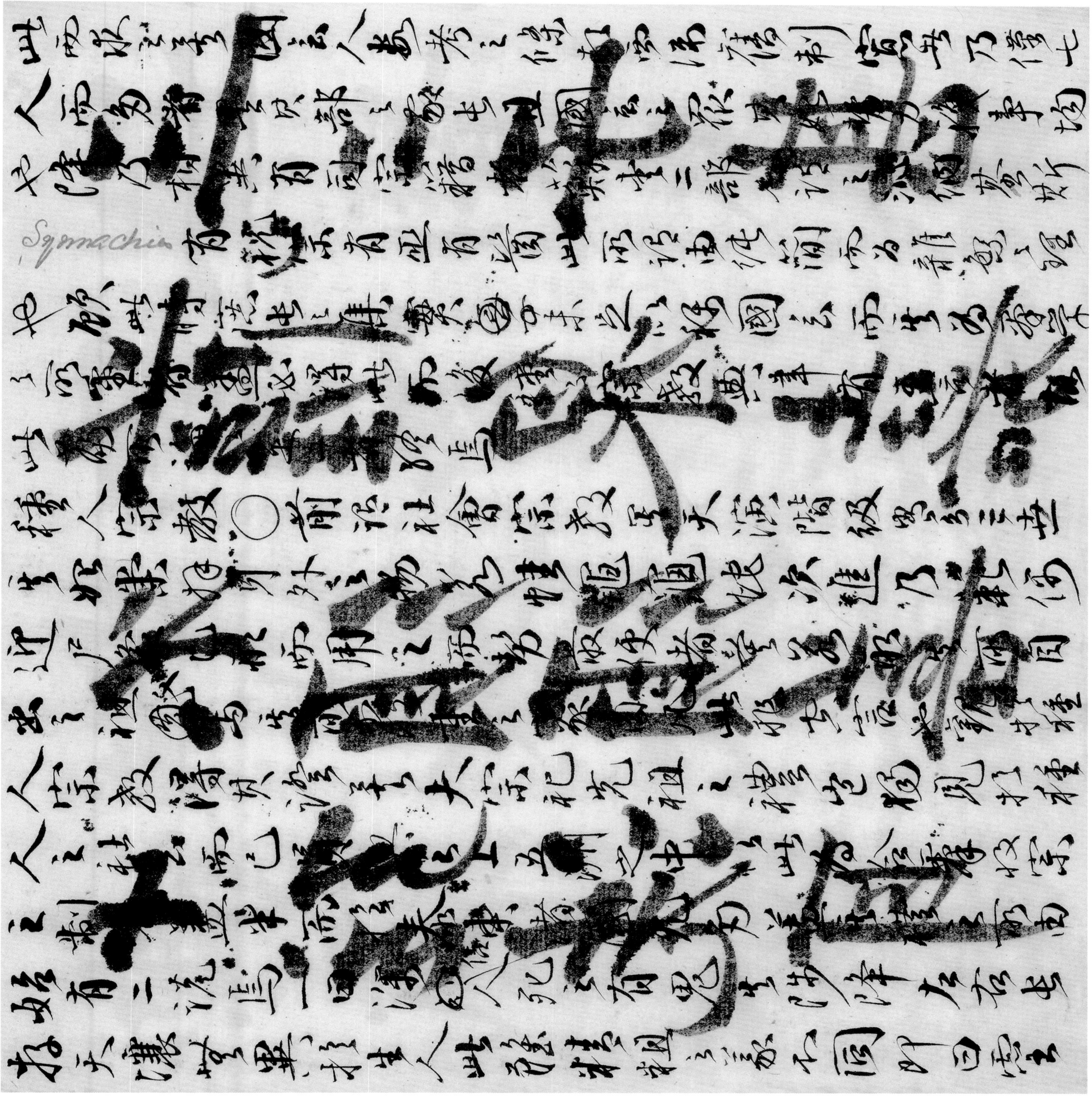

種人群制分第五

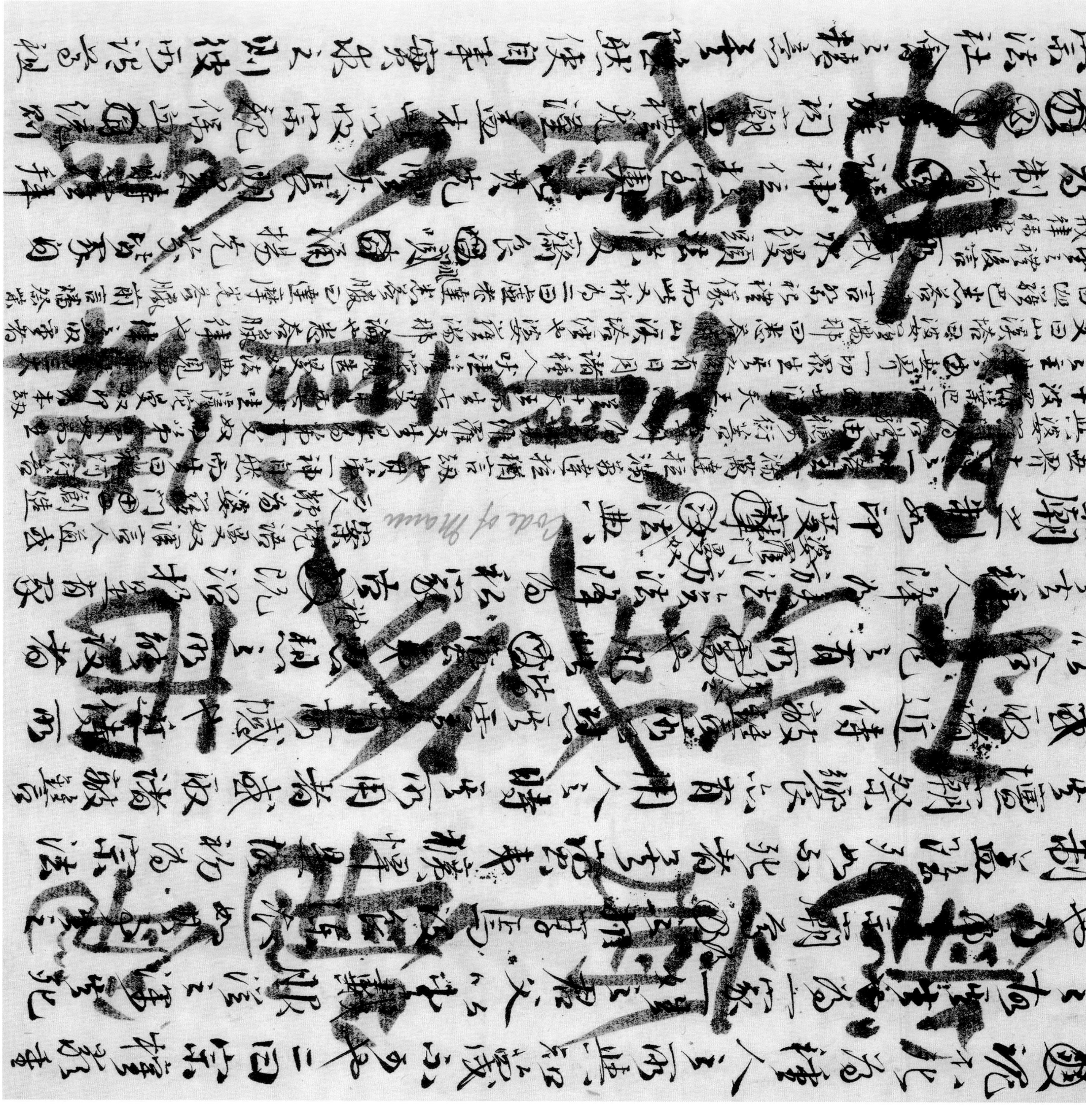

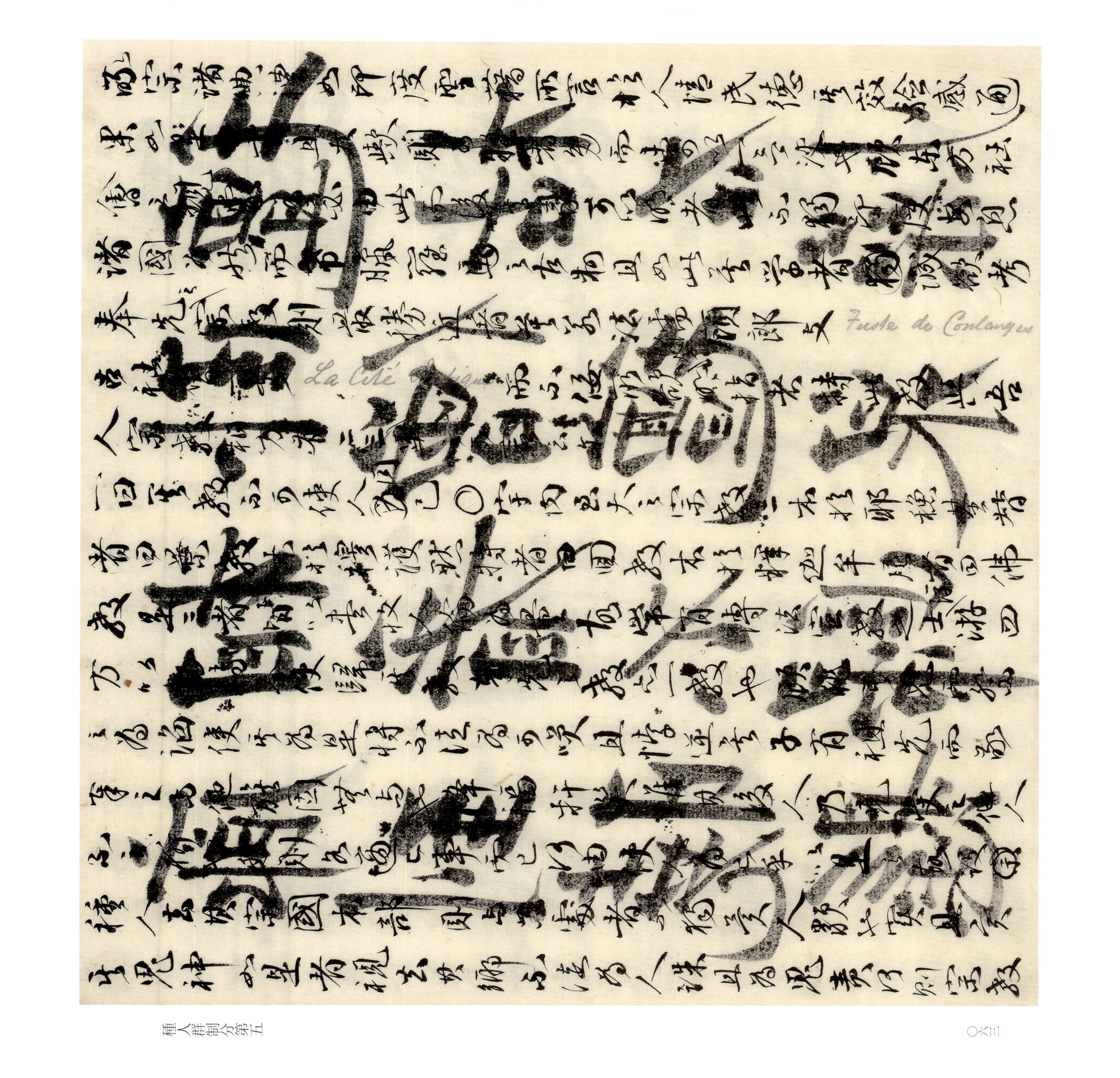

Fuste de Coulanges

La Cité antique

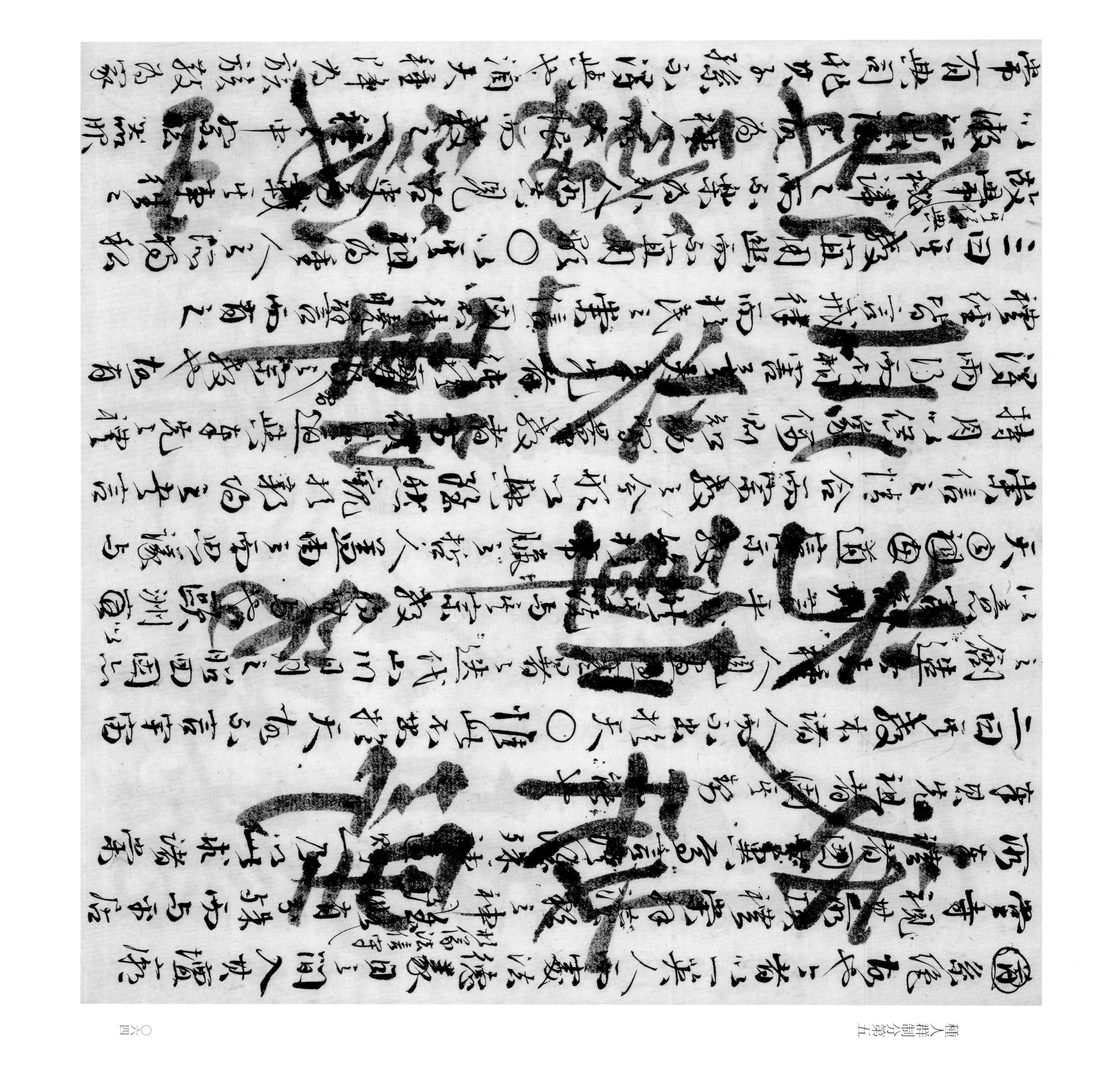

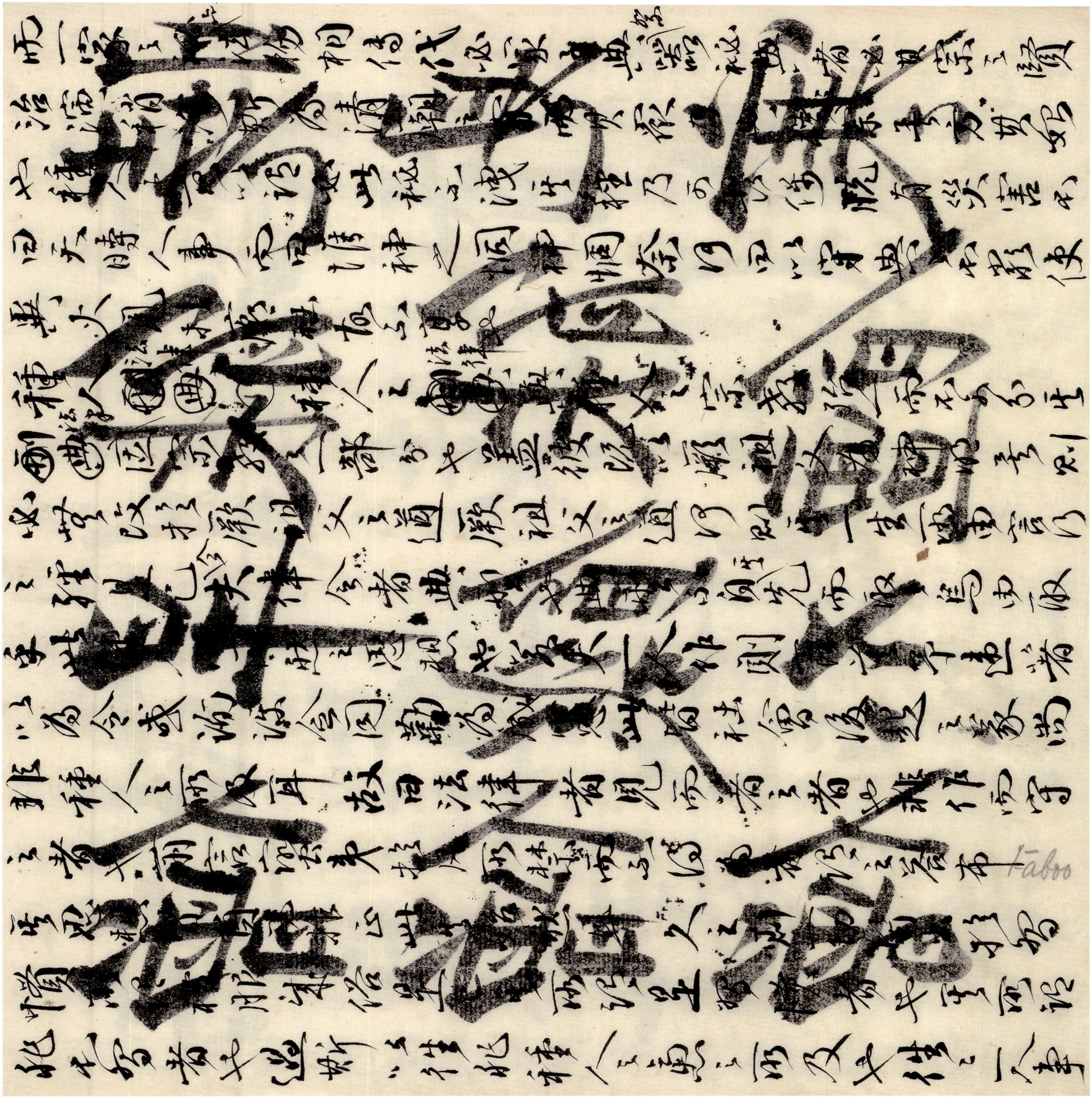

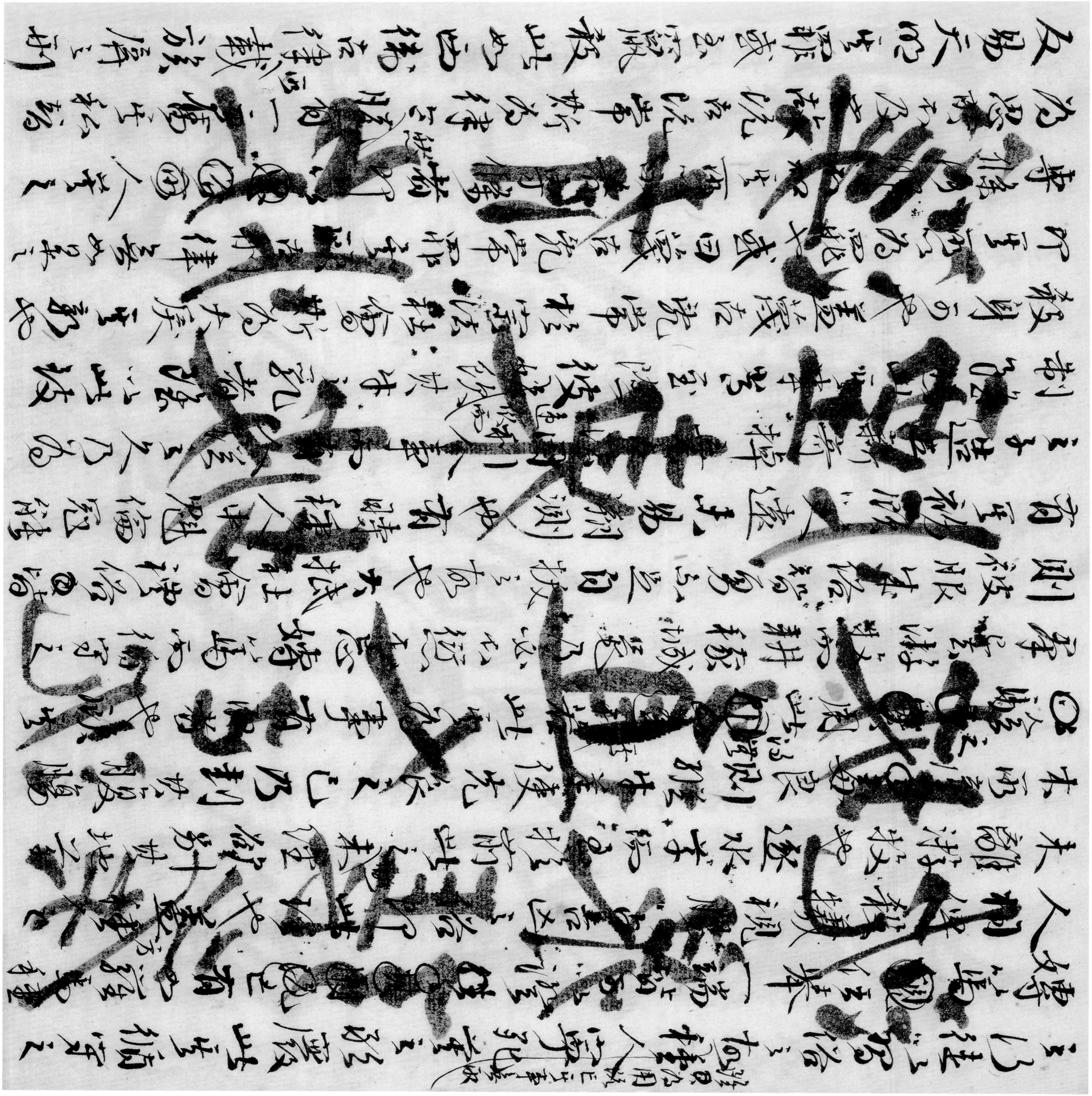

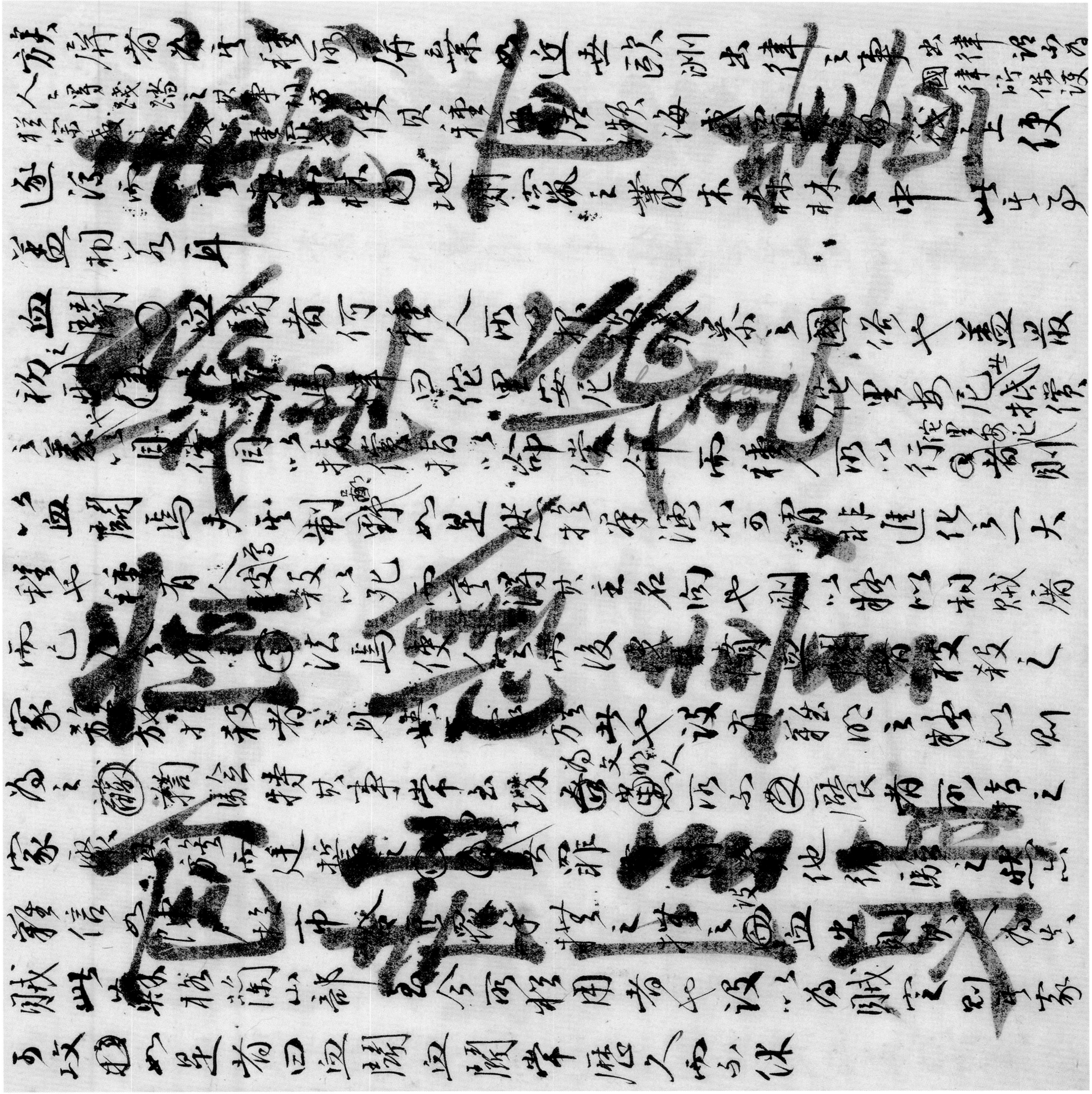

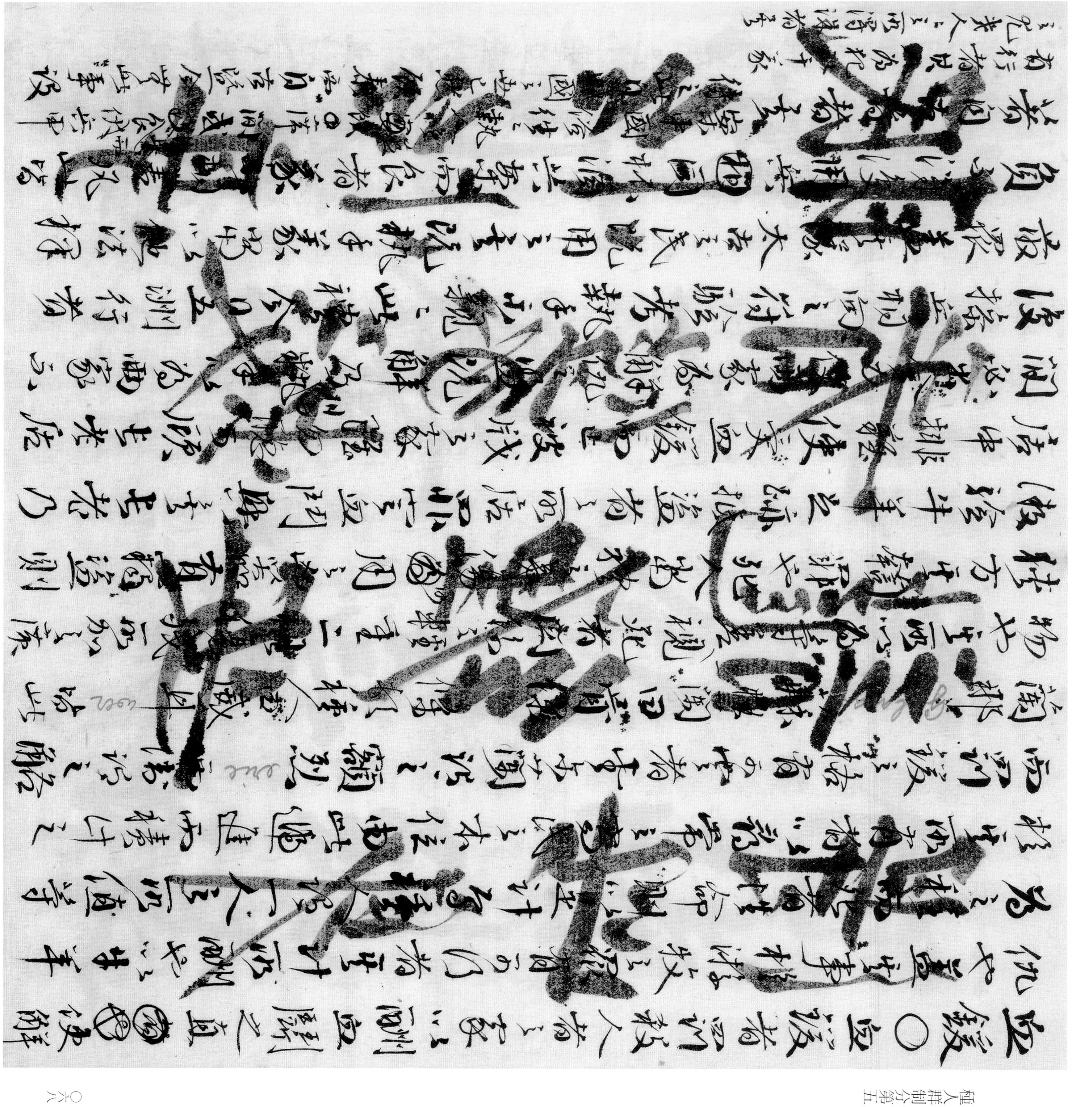

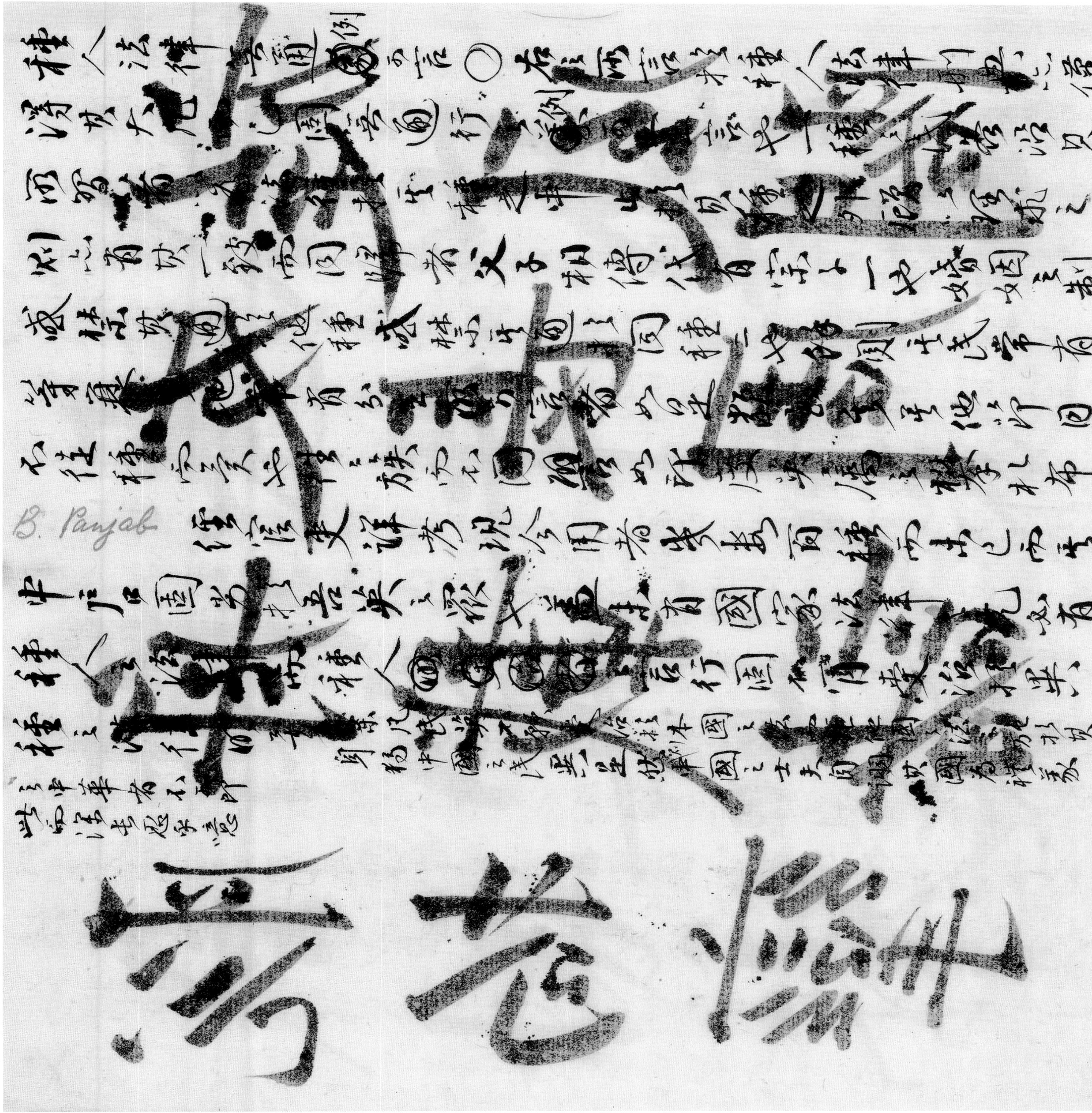
B. Panjab

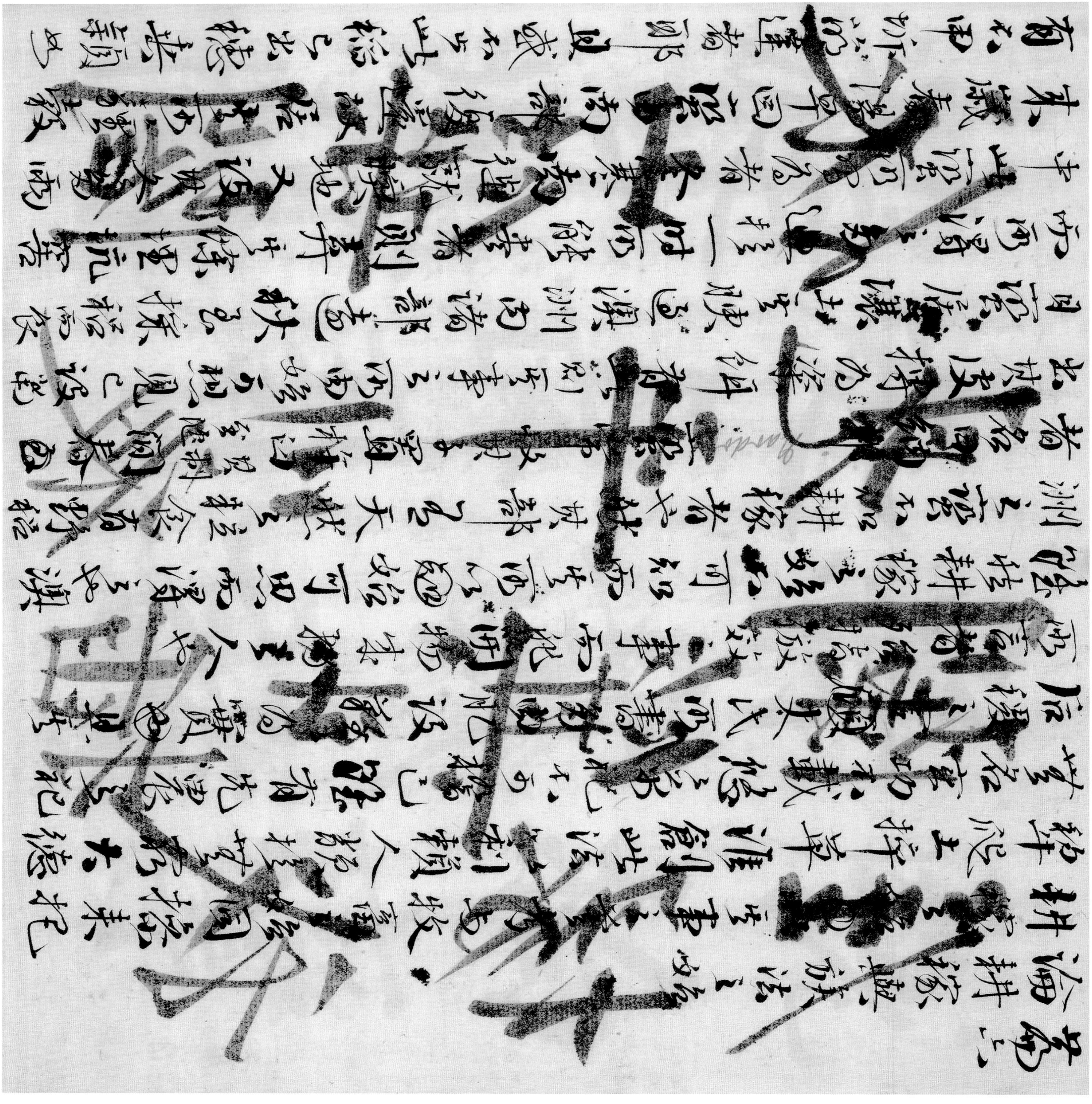

耕稼民族分第六

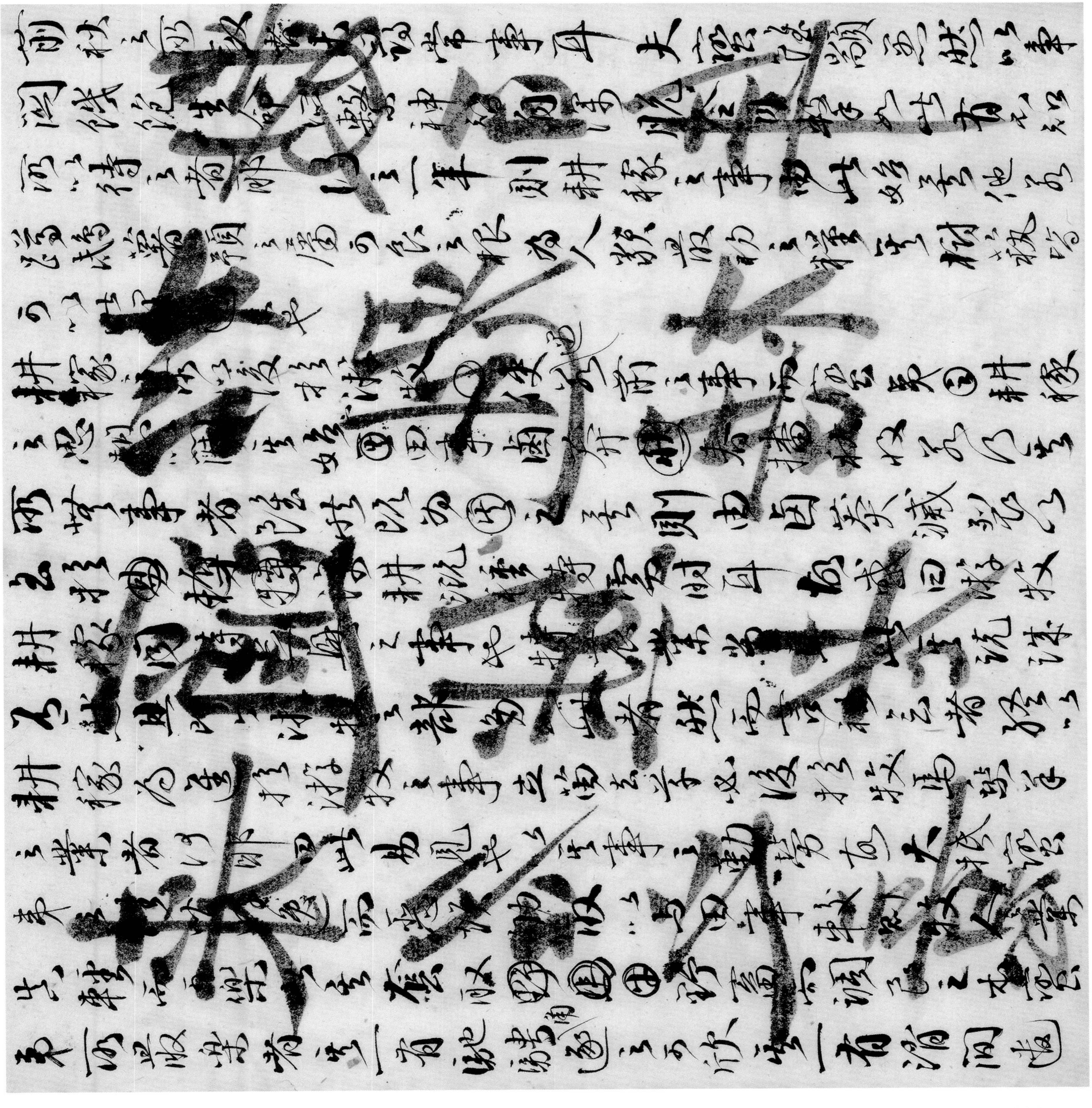

耕稼於亞與埃及尼祿河口之洲渚，其人安息之默
素樸，其諸部之居亞洲者斥鹵之地，游牧
蓋兩河流所被，土肥而地濕，於種殖宜，用力微而收
利廣，由此西北行，以及安息，西漸歐洲，其與之遷
早，見民族之蕃殖也，亦最大載之興，興之撒言
日耳曼，種獨甚，其他日耳曼為北部，亦
知也，轉轉來則犢肉酪漿，意於來年而後
之餘餚，斗量亦蘭之耕，截然有日種，其業德斯
冷，而後其年以前也，亦滿膝日而之人家稠密，而
後世面閭，何其少由此可見人之蕃多牧場
要為田疇之次第，蓋更亦蘭佳之為游牧國，因其
轉變而有廢，謹書也
太古典之民之日蕃，能耕稼，則民之遷於由游
牧而轉為耕稼，強於古之耕稼於夫人
之耕稼之事，雖無之改良，要革而後來於今
制此者，屢覆曲折之致，乃可得而言者，請試繼之言

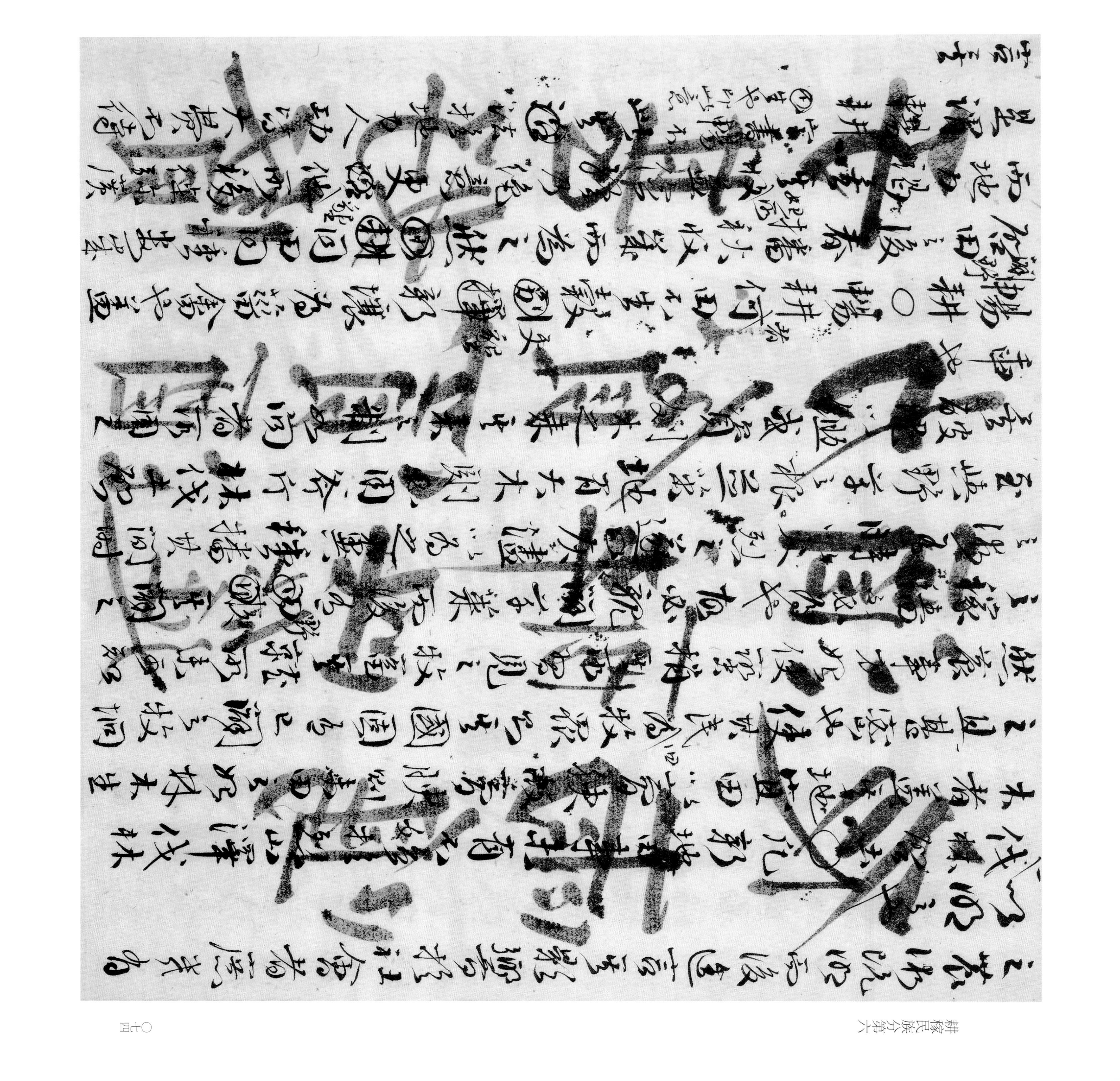

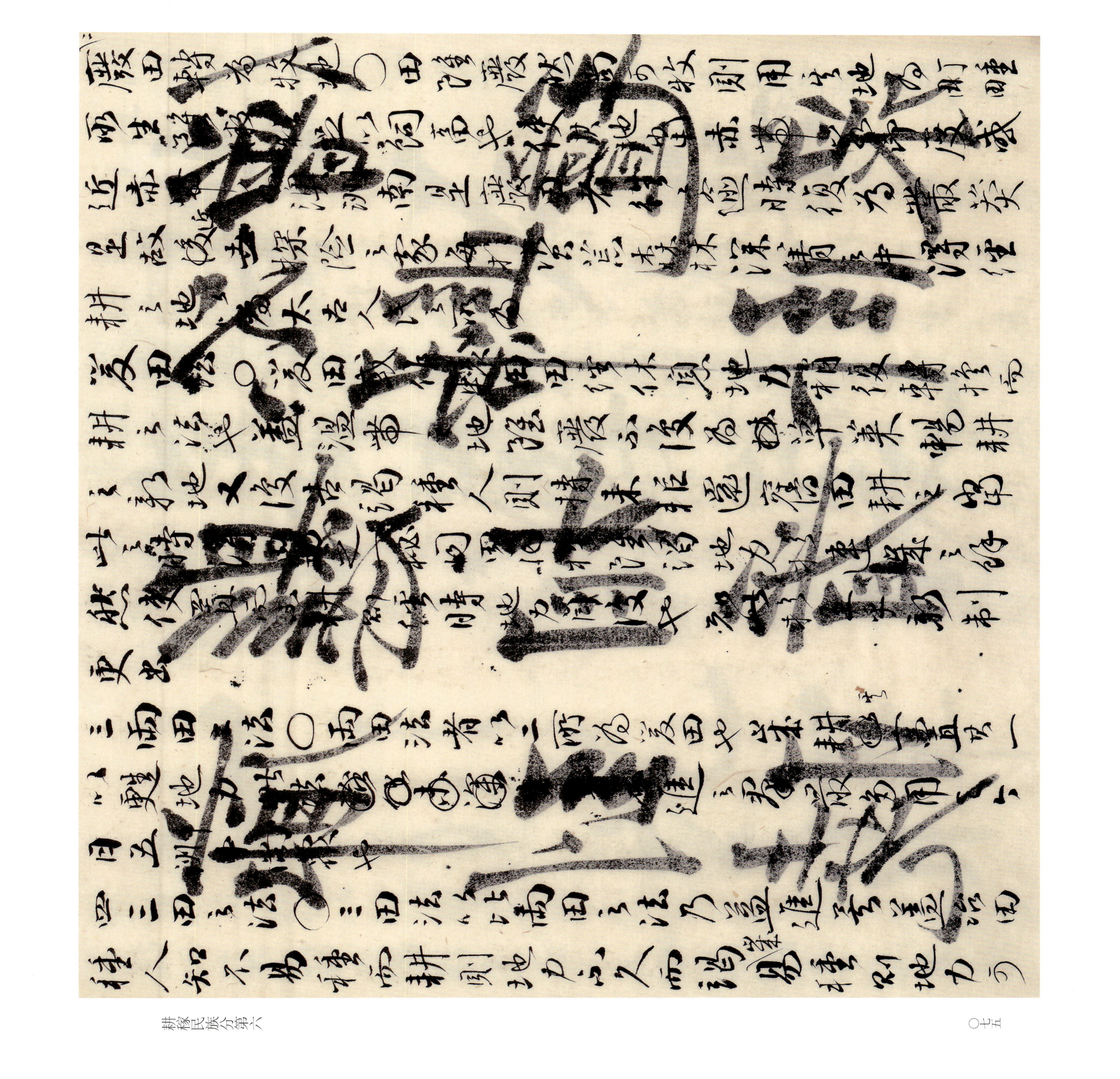

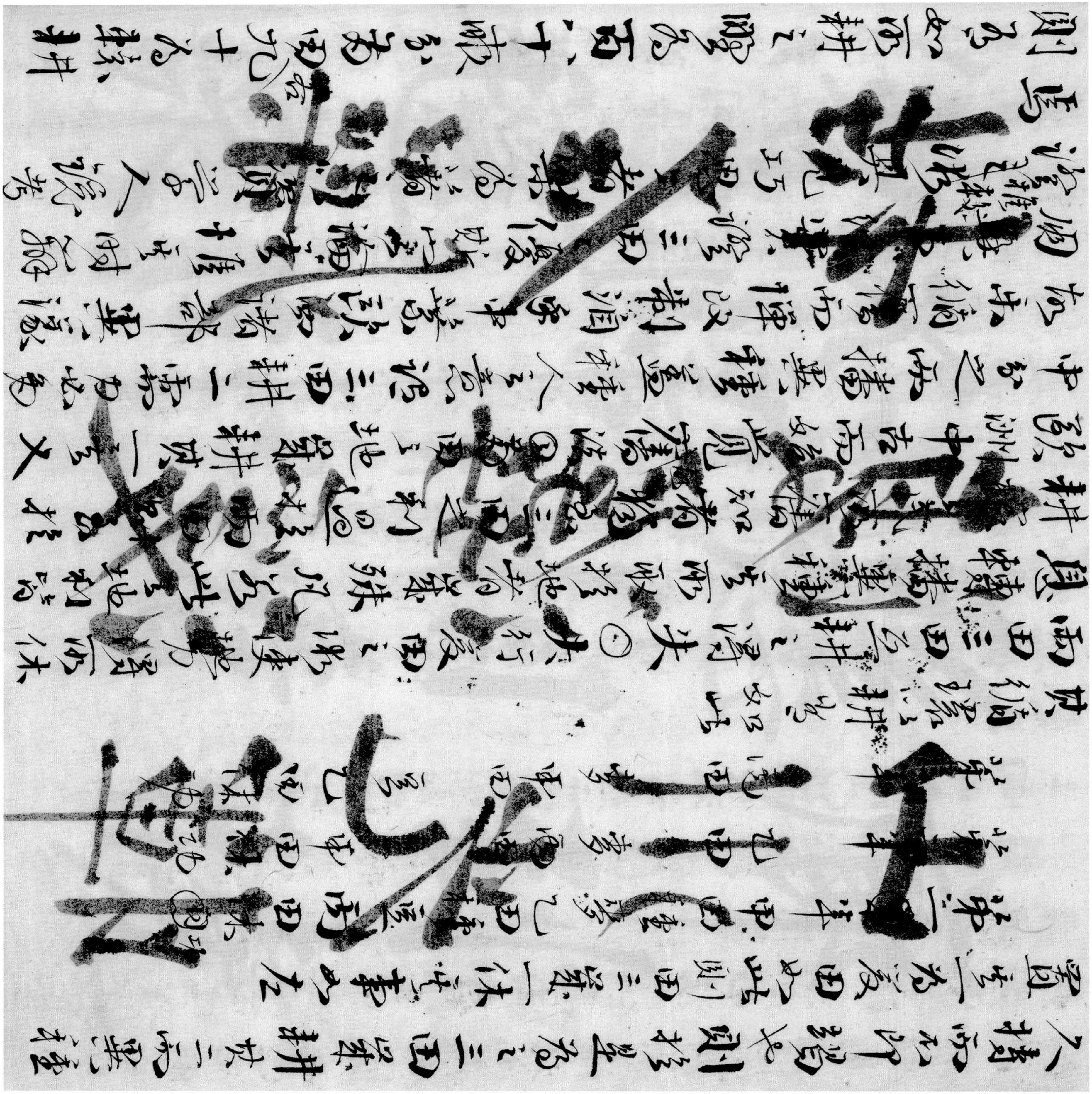

市篆休男一盈現下主耒休若人中台之為南此畦為西
五甲畝為子為國時而種戎之耕而此種藝
然則通一家之田分為而計之

甲田	乙田
甲此畦	乙此畦
甲南畦	乙南畦

秋乃因耕甲之一而耕四十五畝
春耕甲南畦而耕此畦之田十五畝
夏之用乙田之南畦耕而為之乃田

為耕其田之而耕再之十畝也
備以之田功之用而田法也而耕若之三四十畝
乃試法之若而加耕為耕若以國甲之

乙田之畝
甲田之十畝

秋九甲田之法而耕二十畝
春三月耕乙田之法而耕十六畝
夏之月耕乙田之耕而耕三十畝
而以田法以加之若干而四十畝
然則用三田法以上為家以家子之若干畝之田功大過乃而
收計之用五田法若以家得力十畝之家亦已而用三田法

圩甸周壟竅之觀蓋其事因於園田之宜而後有都圍
田之制也據後世詳之此其事以理言之不必因農術
之變而生頃畝之異言則由農術之變也
二曰均畝○後世田疇大小不均頃畝古鄉社分地之制乃
大義此田畯農功各有其所其所要地得之當均大抵每
夫受田約三十畝其中一二所分給大則四倍所出
受者為田畝比之其制此外則等菜散地之中適
意墾闢此則其鄉賤者之所為也給當之一鄉社中常有
大人者有宮居有林園之種於野之中主甚廣之田也
三曰賤役○由前說之則知古鄉社民有貴賤之等其乃
吏詳考見其中常有二等賤民為要人執其田役其耕
役非為後世之受庸也乃以為賤王良毛之類前所謂一
鄉大人者歐謂之維持德波所謂之阿格合
印度名曰札命渚因事凡變遷之民例當為此輩
執力役此所謂竭特查是已其有加斯一等為其
社之常農音英曰匪德林者其為雅德社之力

耕稼民族分第六

凡分田之政皆鄉社之長行之
五曰卒舊○中古田法既定於六如此古來勢能謹守
舊制行之蓋鄉社之禮俗一之皆受於先民延緣太古而
未至[illegible]之例故授受分合時日人事皆有定程如此六者
農夫攬田於地主[illegible]依約[illegible]他播種之早晚[illegible]周流之
穀種皆可求之[illegible]而待良陪與他農絕殊[illegible]也
此隣自餘豪伸然之耕地相絕不相涉故耳中古之農所
治之[illegible]莊不[illegible]居則[illegible]可便此[illegible]田
制定古最難而農術甚不半年為進甚寡惟此其一
大曰內也夫一農政術能鄉社之[illegible]別不[illegible]何
怪舊弊[illegible]而貴達[illegible]
六曰設官○今世郡鄉之村莊之中官吏所有者一替
郵[illegible]一村之[illegible]郵常[illegible]國都邑所遣[illegible]左官之保[illegible]
而村之稱麥爾[illegible]里正[illegible]夫中古之鄉社
不[illegible]官吏役甚[illegible]為鄉社[illegible]最重者為[illegible]
蓋鄉社之[illegible]奉田以為一社之代表者贊力役責[illegible]章程

[illegible]

Ceile

The Flaith

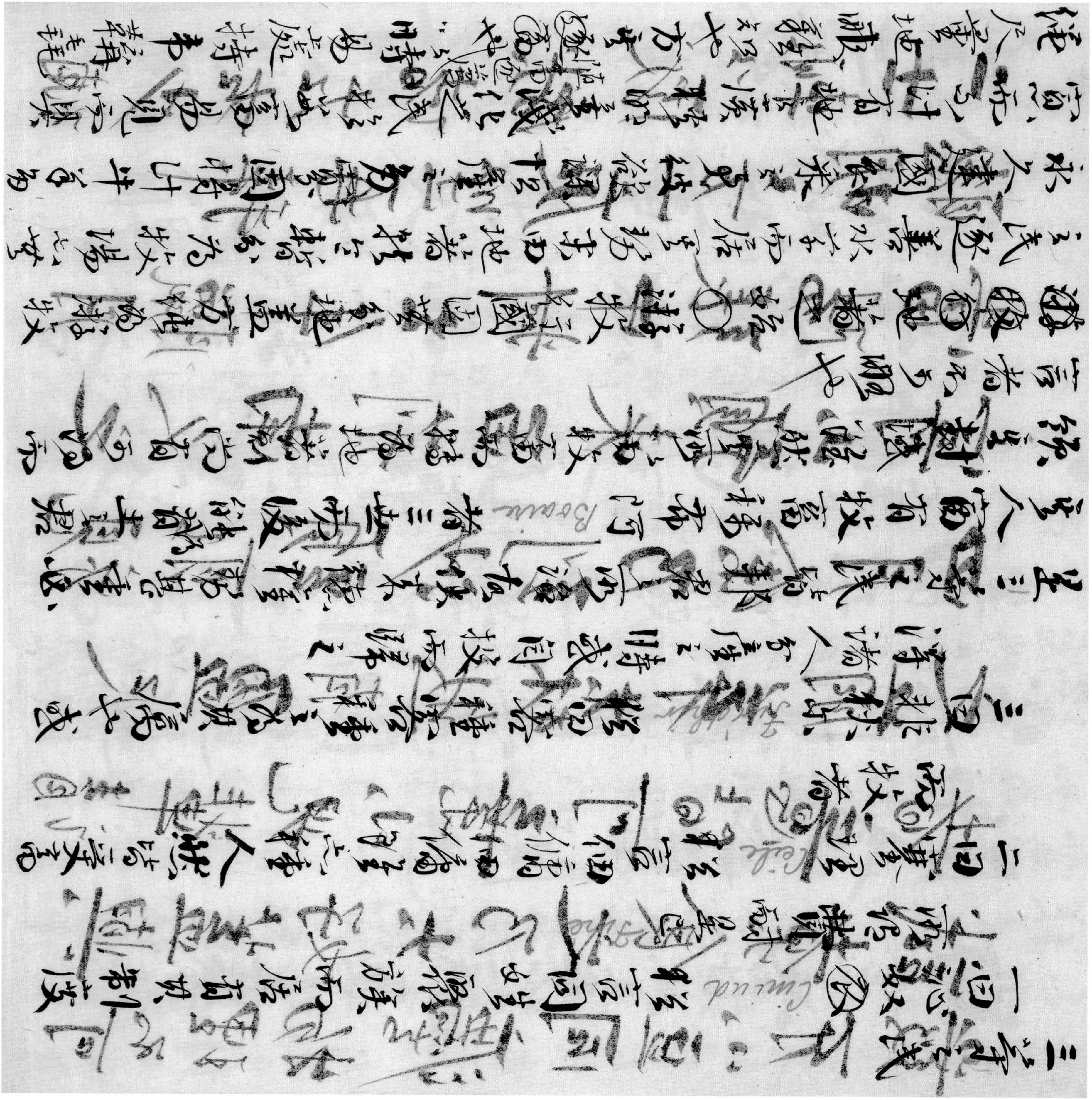

[illegible]

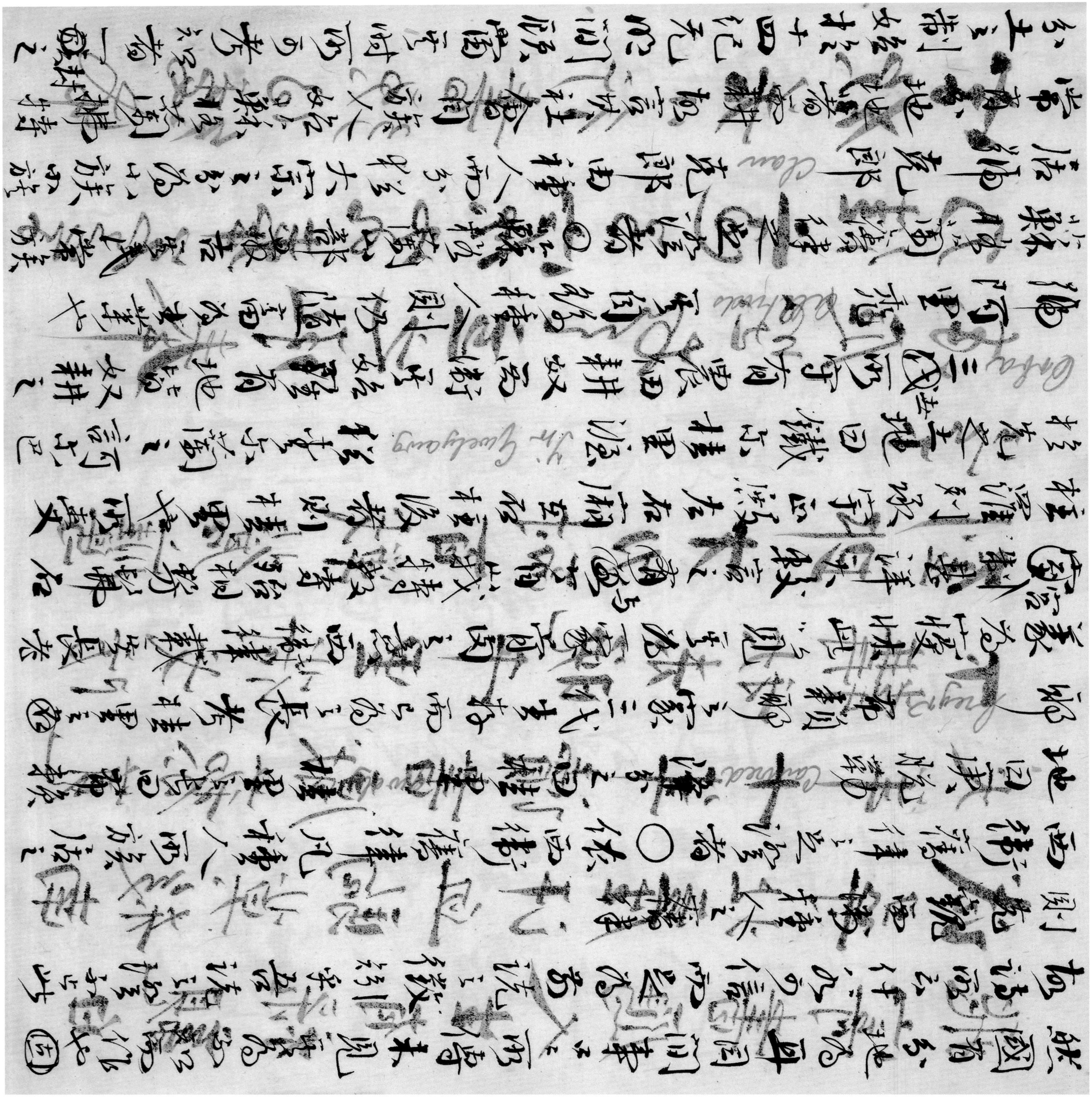

[illegible]

Steelbow land

Kinsteston

Tenandries

Servile land

君臣之起，起於力作者乃奴隸，而非民族，此其說亦非無所
見，而亦有非也。依之地，地有主，而分地皆為一族平等之民，
則凡通耕稼，始為地著之衆，其中莫不有租稅貢助。
何邪？即謂吾契丹者律，田部之克希拉支
為後起之制作，於是二者皆非地著，於後為語之，然而業時之從帳幕
時之狀，納五見為而由個儲，雖多非地主，由地主、率諸部種商
與小部之所以輸大部者，皆無平等◎，非奴隸之說不兩
立者，蓋大抵一部之首與一族之長，皆有所私之封地，雖
亦自耕，則以授人，而納分焉，業入此游牧，而種人之無塞
理。賓牧宮者之牛羊，而有獸納與從帳，乃且事之其可
移者，喻地廣民寡，時彼積人自以悍[illegible]親[illegible]
菜者，皆有一群之衆，從之遷居於其新地。如此則彼
為其地之主人，而餘衆為其臣屬，其勢豪[illegible]所以
由前之說，則於地著族居之始，而得民群演進之二大家
焉。民之服從必有其民族，此所以為其親之親，古[illegible]
而其群以和民之衆也，又必有其主奴，此所以為其[illegible]矣。

之功不然。所執者石斧木椎而已，烏遑事爭使其有高才出，學之夫彈年月之精力為考社會識作演進之源流。此其於各國民俗進化之因思過半矣。欲即今吾華所目得者已可以通其故，而怪其俗。然吾歐中古以還，是中冶鑄之業，操以容民者號其術，其不輸於也。是窮民者蓋即今之吉卜賽及布施之祖宗，其所操業皆不淨，秘又常誘幻以為神奇，故相傳怪語於鐵工冶業獨多。此皆可考而論其所以操之故者也。夫國及希臘人貝蓋歐西一種言。(四)冶鐵之始，貝意因與異民學士同科矣之源也。

(四)東來之術也。

工業判分○阿利安一種之民，其所以澤而益光而發為五洲民族先進者，其他故烏同游天演之中。獨善體合諸新而已。以蓋體合之民見冶鑄之利，用未有不學而得之也，未有不既得之而著出藍之美者也。觀之吾與在英為斯密特其德，音因而拼切相貫為夫法德諸國以鐵工為姓氏者最多，在法為法夫，可知操其業者之至眾。其由此而他端之皆識工之名稱也。

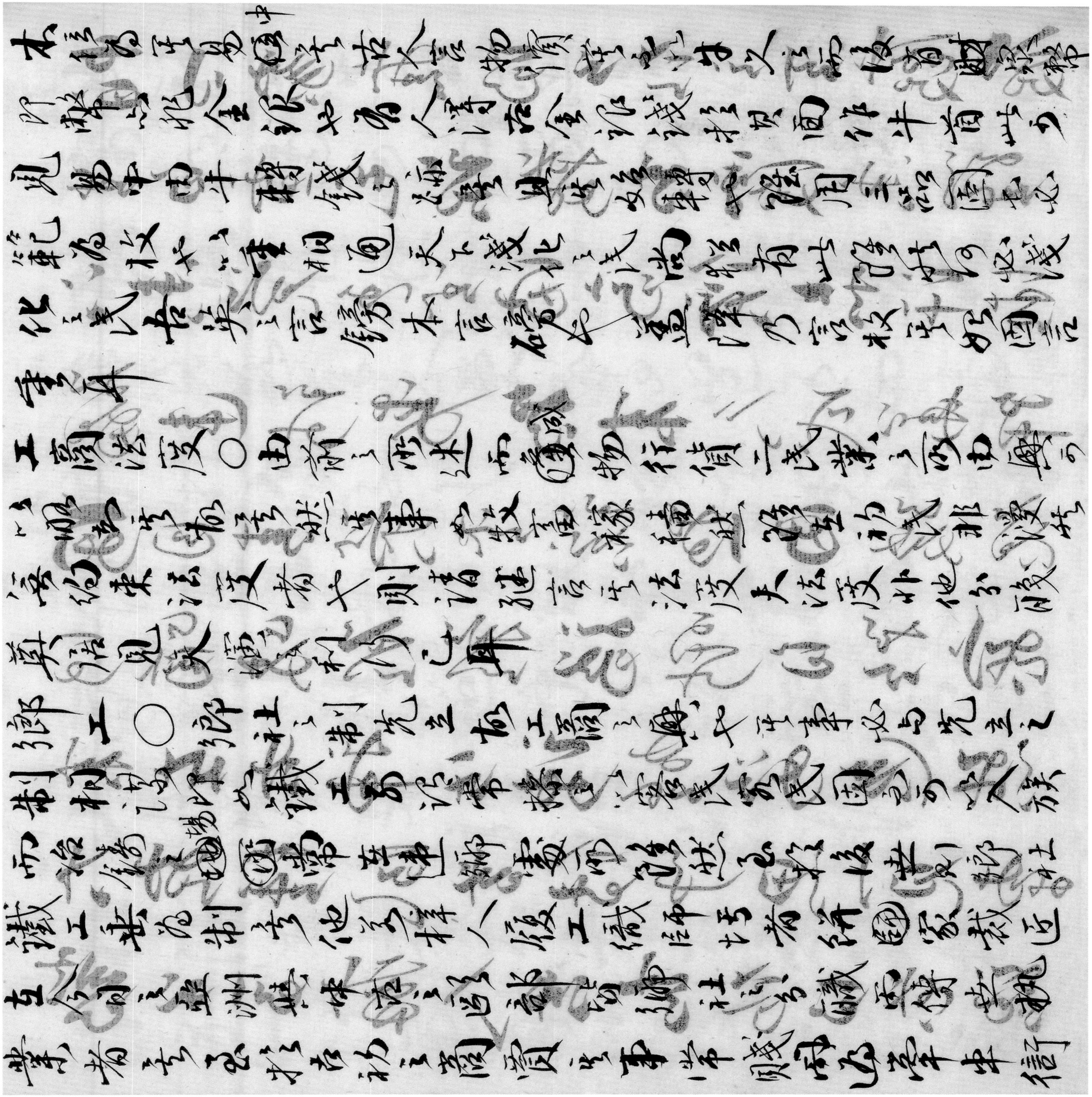

鬻㊃民行賈諸郷以覲淑利故其人於郷社㊃靡而
社者常以定業為行
專屬而為朕系派轄之人
市制㊀自工業判分演而愈備圀新去故業有專
門民知百工州處於其事便而發達易也於是乎有市
肆之現象而成物以供民用者咸於而其勢自集此後
代工商之發軔也㊁社會學者有謂工賈漸合而後來
方者為謂市肆立百珠瀨之可保而後工居之者二者
衆說之説也然其所以論而均於可者則古者邑居之
制肆在其中而工必侍居肆而後其業益興而已一方之
郷社以田野之產物固不必赴市而後能得之不工賈之
所供則紀適肆業之所得也
故市肆之地所與他地絶殊者以其為局外之公地殊可郷
異族之衆來於其中皆平等而各主客之勢地位之
見侵英語謂市曰馬梟其字源於馬克
拱郊鄙也蓋和平之地非戰爭之場今行古市制凡市
之橋欒為恒形若干字此以見其歸教會而保護者乃

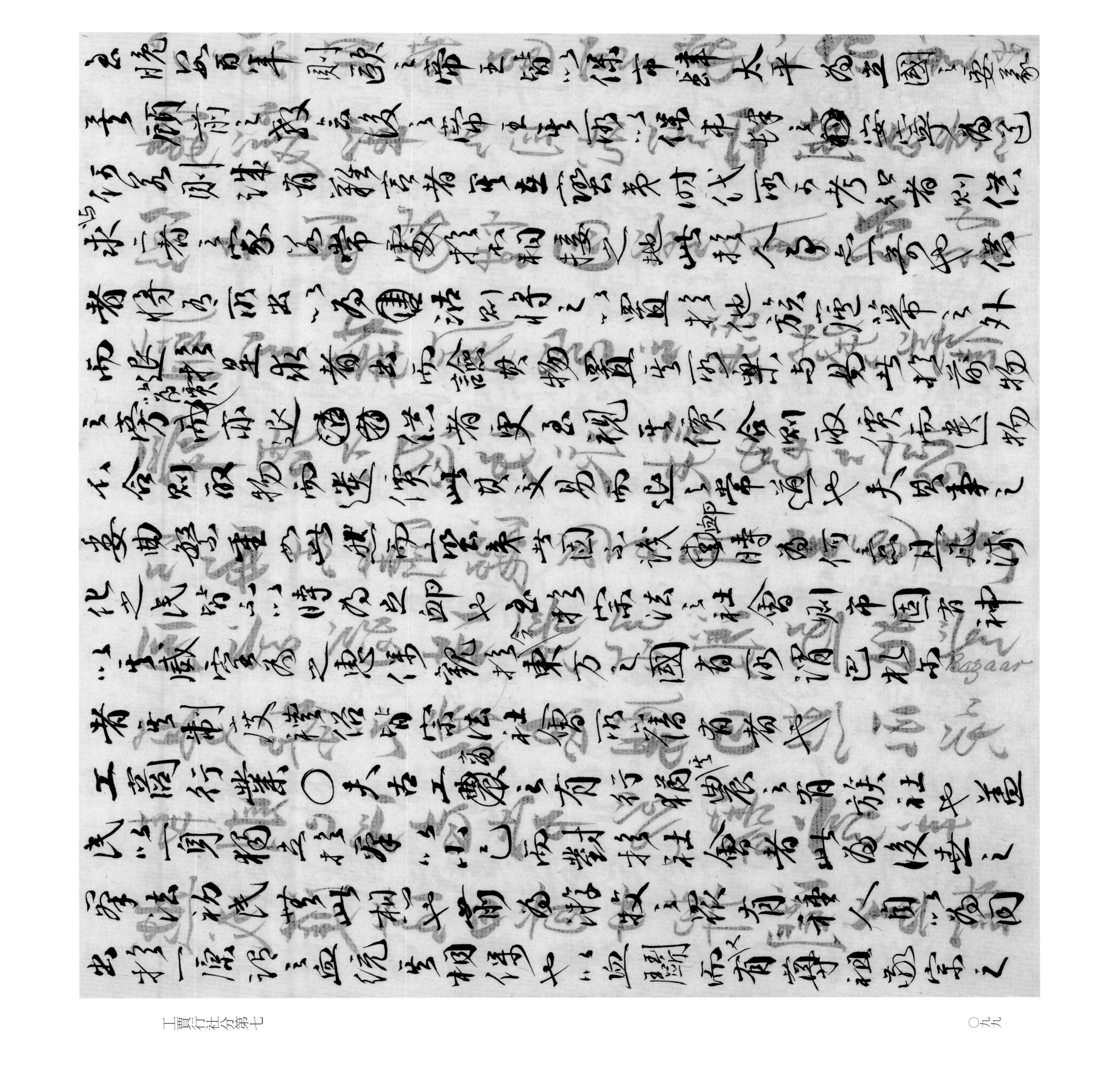

事以穀宗睦族收其種人浸假由游牧而進於耕稼以
其民之蕃滋由是種人而分為族法一家之制乃爲分土
授田其制愈密有長幼主僕之制而保護服從之賤
分焉凡此皆以國族為社會之合適而非以一民為社會
之合適者其惟工商之制以團而其所統系之者曰
基勤特基勤特者猶今之言行業持其制加密
而相與之情加親而已一工之有入於異地爰其自保而
為強者侵也則約其同業之人為一門其相與之道猶而
若之一族其始特以保其身家之財產已耳乃繼之而有鬼
神宗教之事於族社之祀其祖宗蓋中古之行業莫不有
其護業之神至支那則移祖師其業各有祖師之
所傳因其為神莫之如此其且謂其業皆神之子孫社
會之事日張行業之設亦以日備則定工作物價之章
程其同其度量視其市肆而團外來之羼雜皆其事
也使欲爲之行業而歸論樽見其制此族社者極嚴若
操業者父子相傳使其父為行規則其子亦入行不待論也

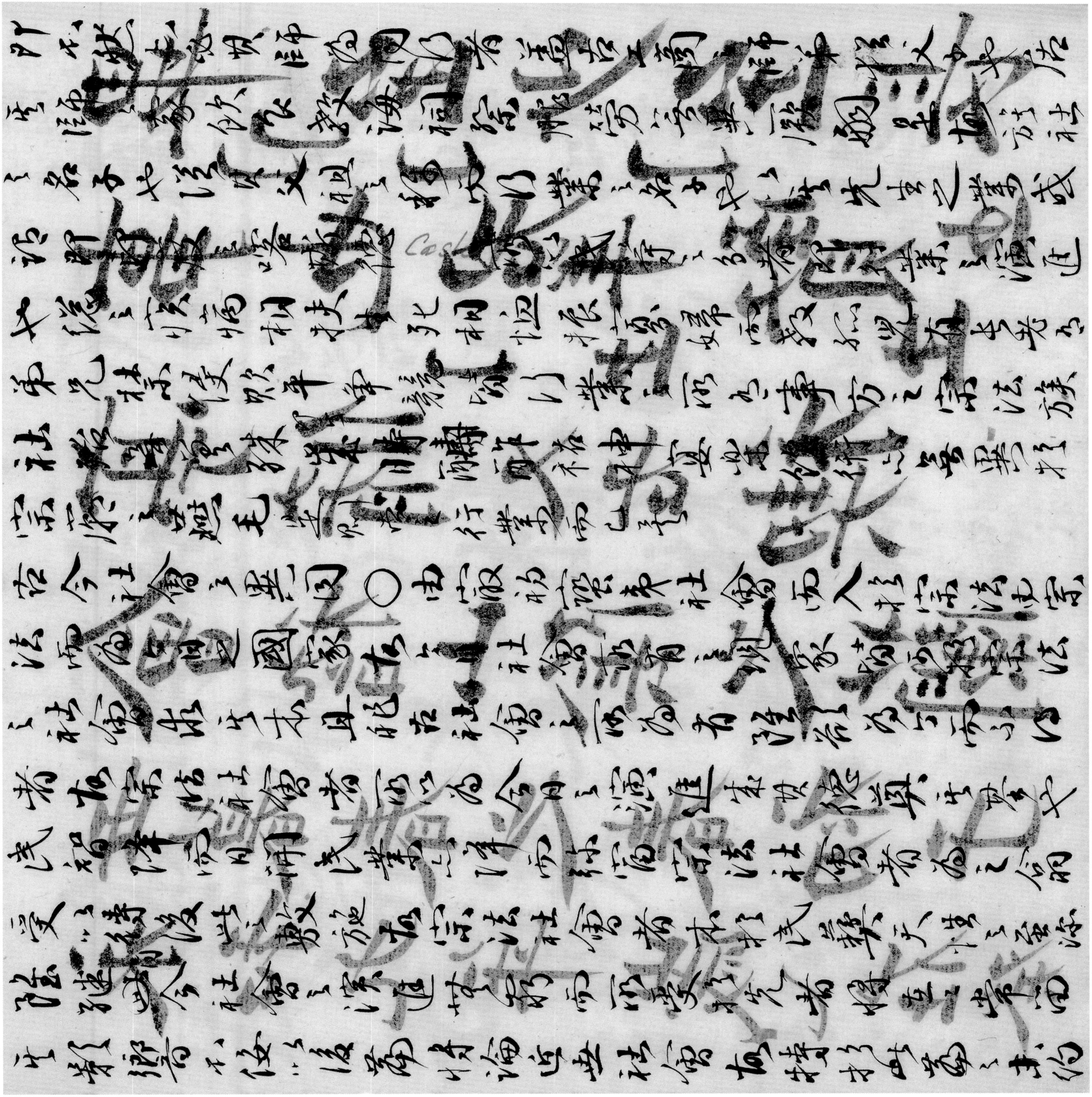

采宗法軍制古之二社會之分殊，使学者於此審有所明之
曰社會一切現象，皆至雜通之故者難言
一一之宗族為一國之基也。○歐洲言社會，一切基於國土，故近世法典言
凡產於土者，即為其國之民，宗律與地相係始，而古之社會乃
大不然，始為游牧行國，隨畜居善水草者，其論已，即在耕
稼地著之種，其言宗法，皆以種族為國基，非以地也。乃至工
商行業，亦有兄弟一本之誼，其以所居之同方、強同業者常
州處於一廛一市之間，然彼之同行業而居比鄰，本當以
居之相近同於業也。夫工商行業如此，則所謂種人族
法者，其社會之以人，而不以地，無可知已。
二以雜為屬禁。○雖然，社會之地而以人，故其國俗常以
雜種為屬禁也。方民之為宗法社會也，欲人含其婁而為之
一分子，捨生於其中，莫他道也。其次則螟蛉異族之事，然
必禮經嚴非其例，食者不得為也。使古之種人見今日歐
國之所以受異種者，將九廟為之震動，而以為神所殛絕者
蓋今日社會之以廣土眾民為目的，所大異於古者也。類

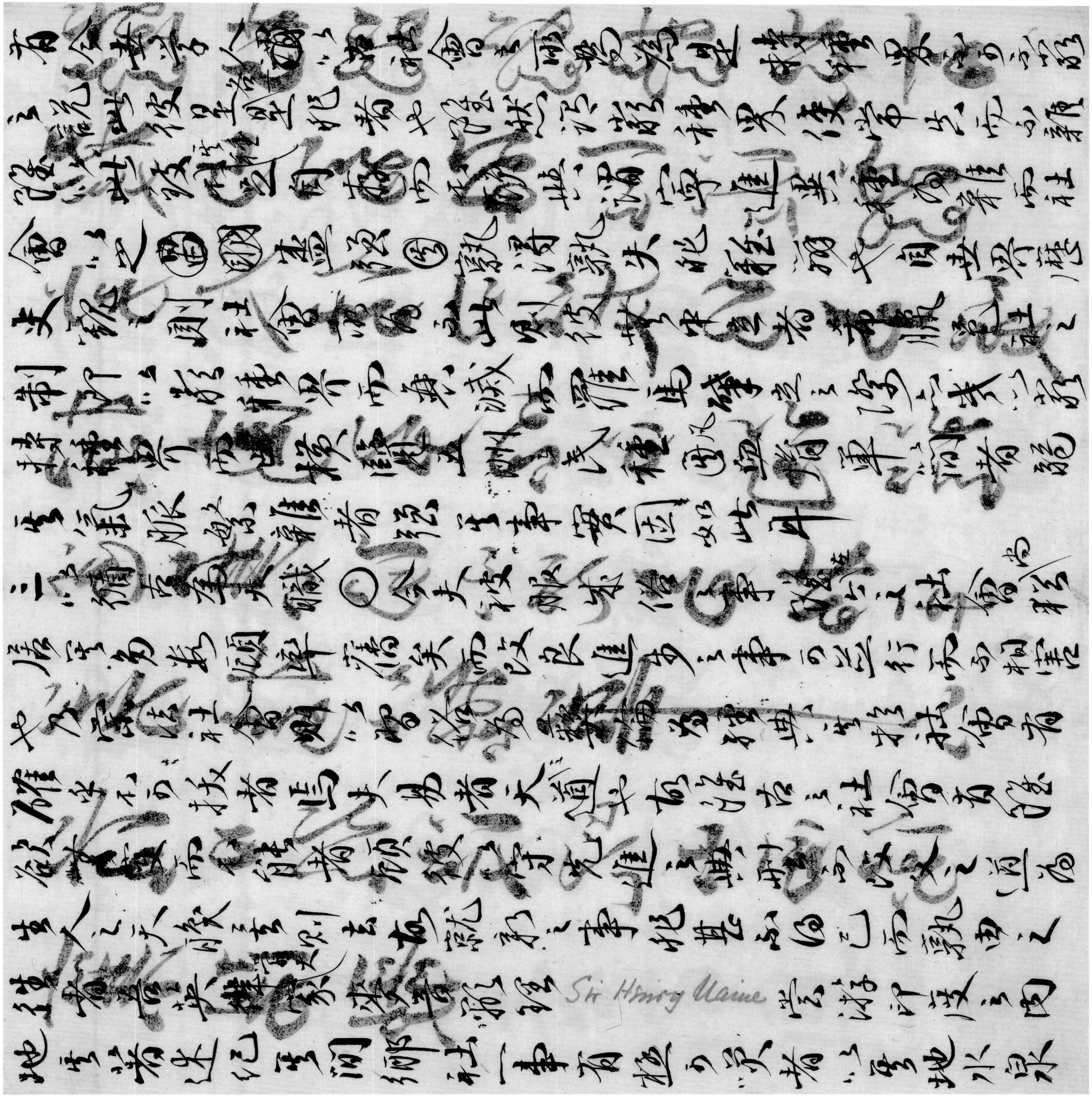
Sir Henry Maine

之濁而不甘吳官治其地者乃有良水公司之設為章程
澄閘園而室之而納之資者為法甚平使有行之吾倫
敦之東郭者倫敦東郭貧民所居民見水甘價賤如此未有不驩訢
是說以來為幸福也頌此之鄉社不然也且以印官
以一紙文書毀數千年之舊俗為大怪適有黠者告
長老曰是吳官所為能新法也乃不知古法之失傳
考諸典故復而用之耳鄉之人乃相悅以解且語古人之
智果勝今人也英印之習俗遂大工商行業守其法
度章程亦相衿以舊故而行業則宗法社會最為後起
之物其浴印度民俗所稱首崇斯德之首要者瀾所
由來則沿其宗法之舊章而後有此吾黨以不安於泰
東所永東之所以不安者惟宗法猶存耳此特言其內競外競則
且其社會稱亦安其惟其亦安者亦無競爭
常居於劣敗蓋競爭之與維新俱行之現象也同居於一社會
役競而獨存者即其所為有優於儕輩常得故者也至於宗
法之社會即有所競亦不過同遵古法而為之特良耳欲

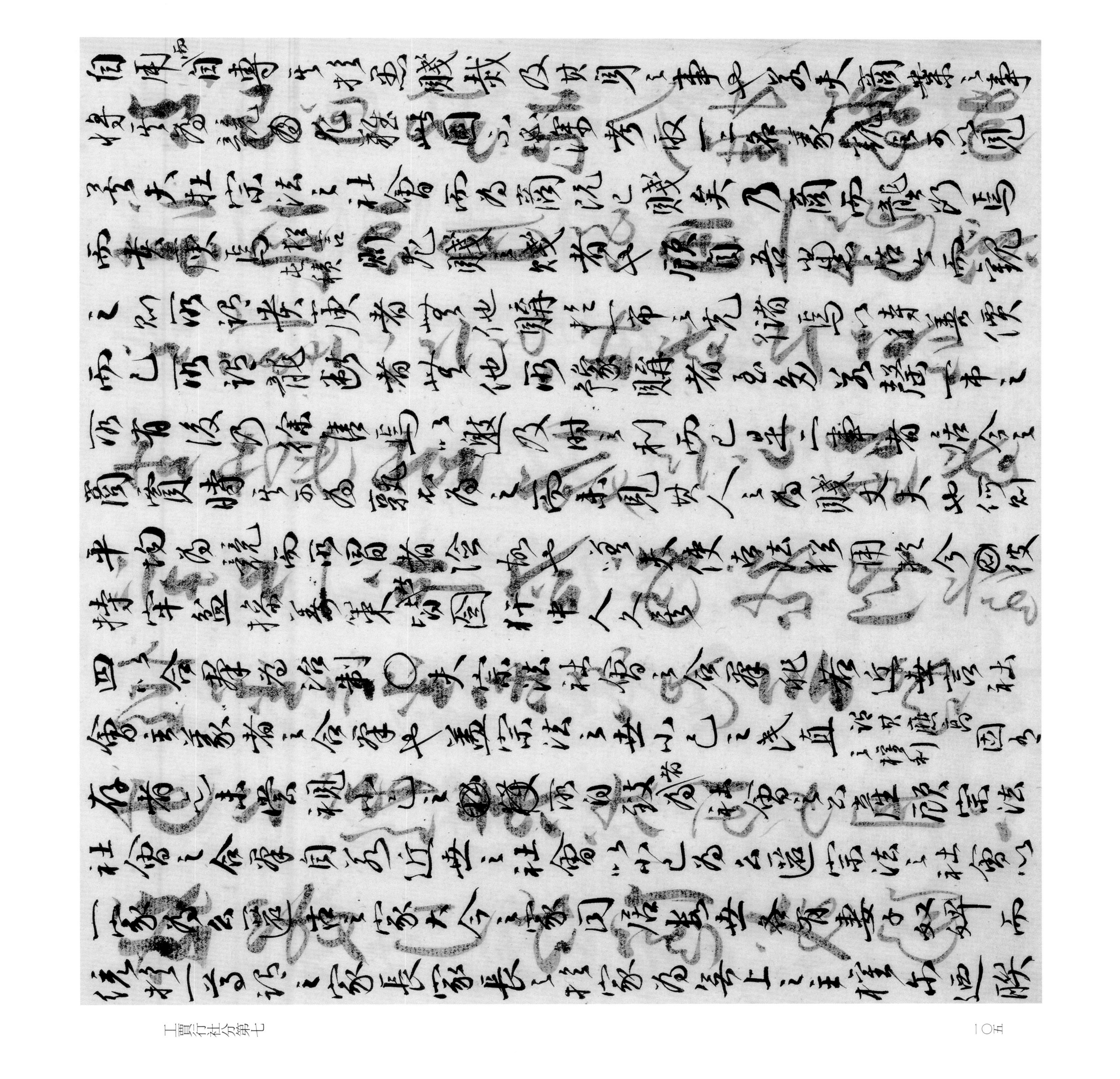

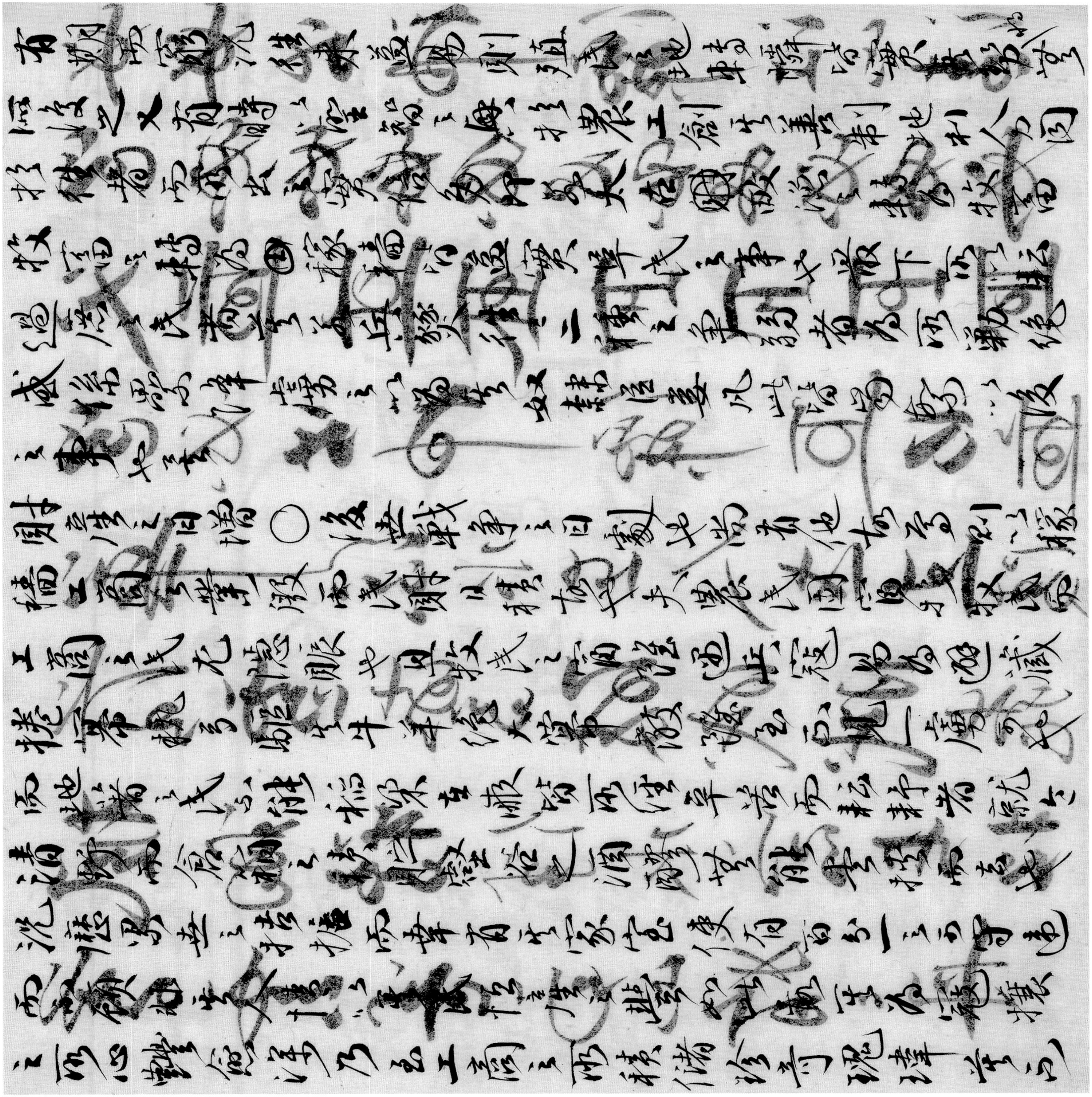

Waterloo

Blücher

Hass für Plunder

[illegible]

Princeps

dux

之制以顧而語將軍者古又稱奚里託言領軍
也所謂賢士者古又稱成師言臣僕也但使其奚里
託與其成師有守城土壤之所以久據於是以保其勢
末焉此其事自其大略言之其所以形者有二道也
一力征并兼而◎奚里託之能者既為其種人長則以
兵力推廣權勢征服旁部而為大部之酋此於唐五代間所見於英
倫者也繼累世之紛爭而小弱并兼於七部而窮於白
為之蠻因時歐之小部以能完於那威丹麥瑞
典三者乃至刻羅狄種之英蘇格蘭西衛二邦而為
六於此消落曼撒英國於立法陶以
其暴雄敢其張定西歐洲大陸則法蘭西之先祖名篤
路遂者方逞雄心欲為一統硬強盡強未乃號號
全歐洪之楚楞之蒲黑闇時代此時也蓋由小部落
以力征并兼至於米國者脱時會來至抑事之以兆
人則往之況合而後也
二轉客從而為主◯種人轉戰以入客地勝其種因以

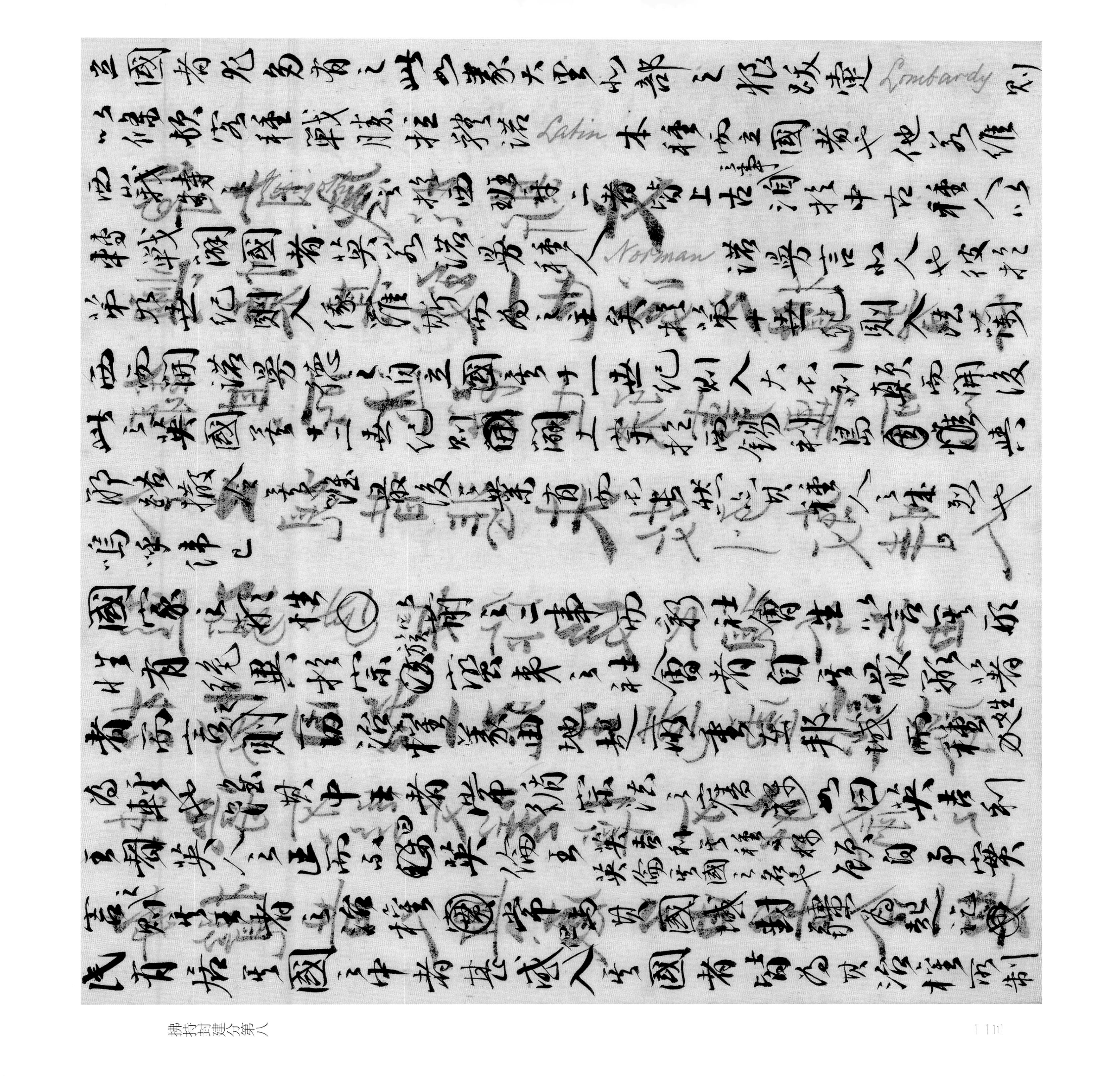

Lombardy

Latin

Norman

[illegible]

轄者故從民称東百捷　古字作東百酌禿
皆降人之家有服從上令之責任而允重者使之執兵
戰守而不得辭是故曰古二社會古之社會為種人之所
社會為國家國家之民所最重者莫如執戈之義也
則為戰入則為守雖然後世國家立於大地之間之制
人而亦為人所制此所謂弱之肉上之義也前者種族之統民
別國常自於中而為國家所不能忽厭者立國之基
不在此者以并兼轄從之事而立國於其勢不可以不
雜從之與去而弱血脈異也宗教言語服習莫一同者
為之此大邦之所以為大也且夫戰勝之君莫不擇眾民
之可安是故來不擇種歸斯要之所常者同者有利於
國文事武備之間得人才之用而已其高識遠量有
葡出之聰明才智和協納眾得於化道最利而為國之富
有己之光輝也故常大關國門以招計士武臣醫商巧
工使其與國民相摩助此後來益況於前史者固未
嘗無一時之弊與民之怨也然以其事大利於久之而

Frankish Empire

Cloud

二者有密切之關繫強歷紀不長而可語彼偉業也于時
白軒[illegible]撒遜一種人皆以範偶祀先而為景
教拂秣之所征服而尤大者則夏律芒以景教
為名驅大食沙拉先種人於佩里尼之界而
景國之界域從此與馬夫蕚尊倡教之初與其法行之
始原為貧賤等語之倫而歐羅西北諸國大業之成則
以帝王服依護法之故此又著於去策者也方吾英之為
七部也伊體魯白國王根得首歸景道為
英倫洗業先驅而七部之王國與民皆從教云然而景
教益貴於人國也以政教之權宜出於一之故
而舊之殊種異宗漸合而英倫為完國於到强之間而
國家之與教會長未並存之統系且此不獨景
教然也穆護默稱天使於加而政教亞西之諸種
亦合阿克巴告天自於印度伊斯邁里曷帝於
波斯而君士丹丁政府郎則仆羅馬之東朝而獨開大國
者也夫政教相因之變乃如此

[illegible]

知柁塞乃古書札歌舞一技之長，彼則拔之衆人之中而
置之一己之側，其（人之）國土種族地望等倫，皆（所）略時（甚）且彼知
為位之主，雖擾也，則凡可以守位者莫不為，而守位之術（因）蓋
莫（使）左右之人盡其所能，效之豪傑，便佞果毅，則不費親
譽而來之，與何種族之與有，故歐洲宗法社會之敝也
首徽於命爵之與，古封者錫爵，必首懿親，與其種
人之富厚舊家，為富之主，至是則王之所命 Royal Nobility
之貴。考條頓之舊文，知其所謂衣德林 Etheling（言承業之世爵者）
至是皆安都拉沁 Antrustion（言王所恩任者）之貴。安都拉沁，隆（奴）虜
其傷，但王視之為昆彌 Comes（猶云近侍）；且其後者英人之長
老 ealdorman，蘇格蘭之呼理 Ri、摩邁河 Mormaer，至是皆
化為耳呼 Earl（今爵三等爵），與近臣也。降有時建侯之典，亦加
於舊種之酋，此如愛爾蘭十五世紀間之阿奧尼 O'Donnel 阿
涅祿 O'Neills（二者皆愛爾蘭之舊種），至十六世紀皆膺侯伯之封。然其（主義）
則與古宗法之事（大愛）駢馳也，由此降而愈變，遂生今日之
閎規（蓋）國家社（主義）會行，則宗法社（主義）會之日微如此

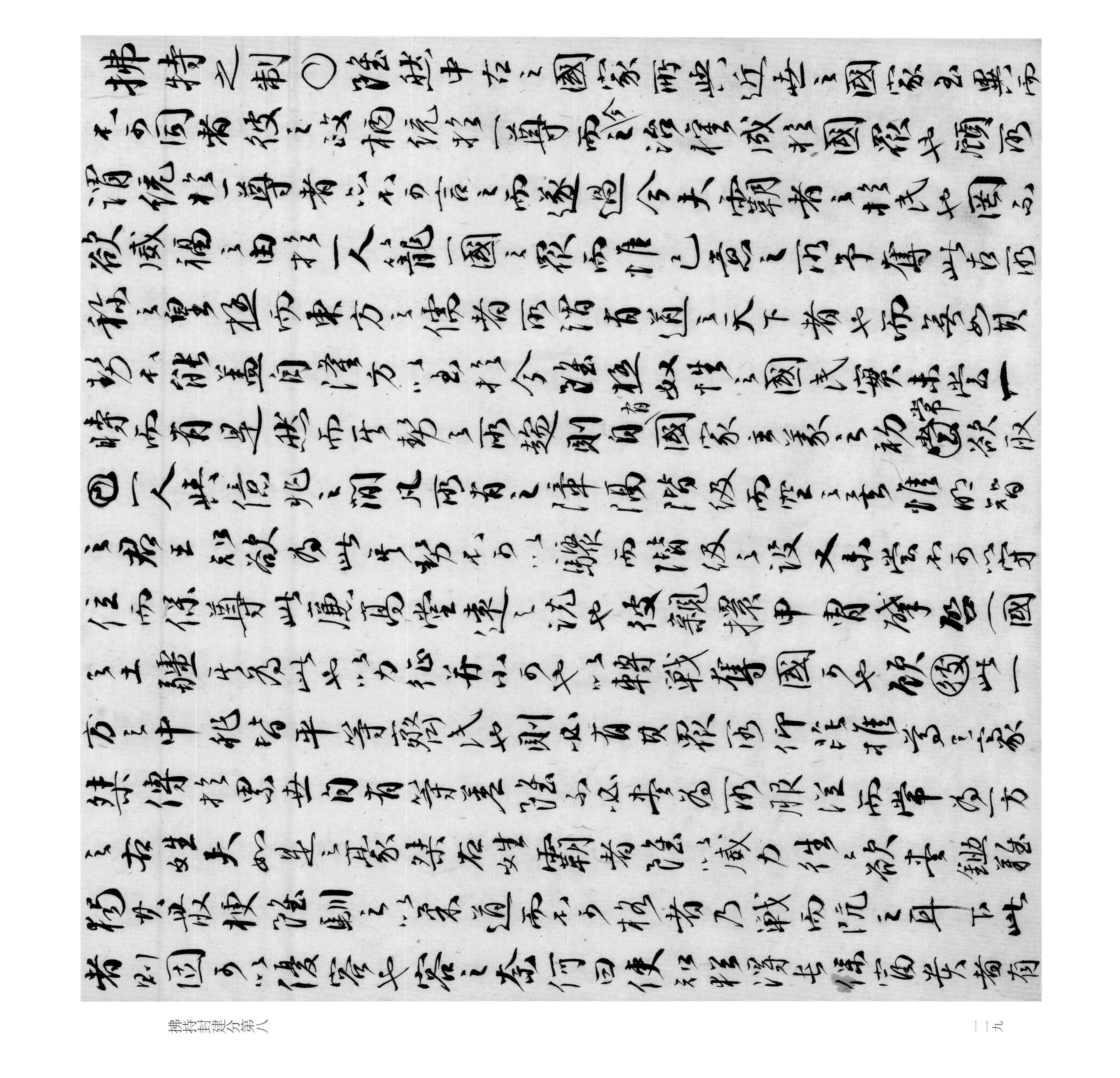

[illegible]

所自来而已則臣屬之義也以其事使之而爭在名而不以實也固其擾之也常其難即有時臣屬者而益之以貢獻賦而常戰勝之感者此難致也就令操(賁)(貢)(國)錢土良毛之說一若是種人之所有者皆受賜於新君以非種人之所欲之也蓋所重者在保其舊疆而(食)(田)耕稼者無異而已又使有所誅鋤則行賞勝庸為附鳳攀龍者之所應有而新國盤石之勢以未有時分地甚廣則自為五等者又轉以分其臣僕而以至與己為比例此歐洲中古建侯之規而所謂拂特之制 Feudalism 是已雖然拂特之制實於游牧之世而伏其根說者論債畜代牧之事則貸富矣財之勢既已懸者特至耕農地著之時土壤有其闕於民生者至鉅於是受畜之俗轉為受田而(食)錢土良毛之義以起顧其事於是虛實之辯也實者乎實為田而擾之於己也虛者乙以己田歸之於甲還後領受卸為甲田此其事在律謂之薦附 Commendation 薦附之者自薦以附屬於人也其在歐洲大陸當羅馬

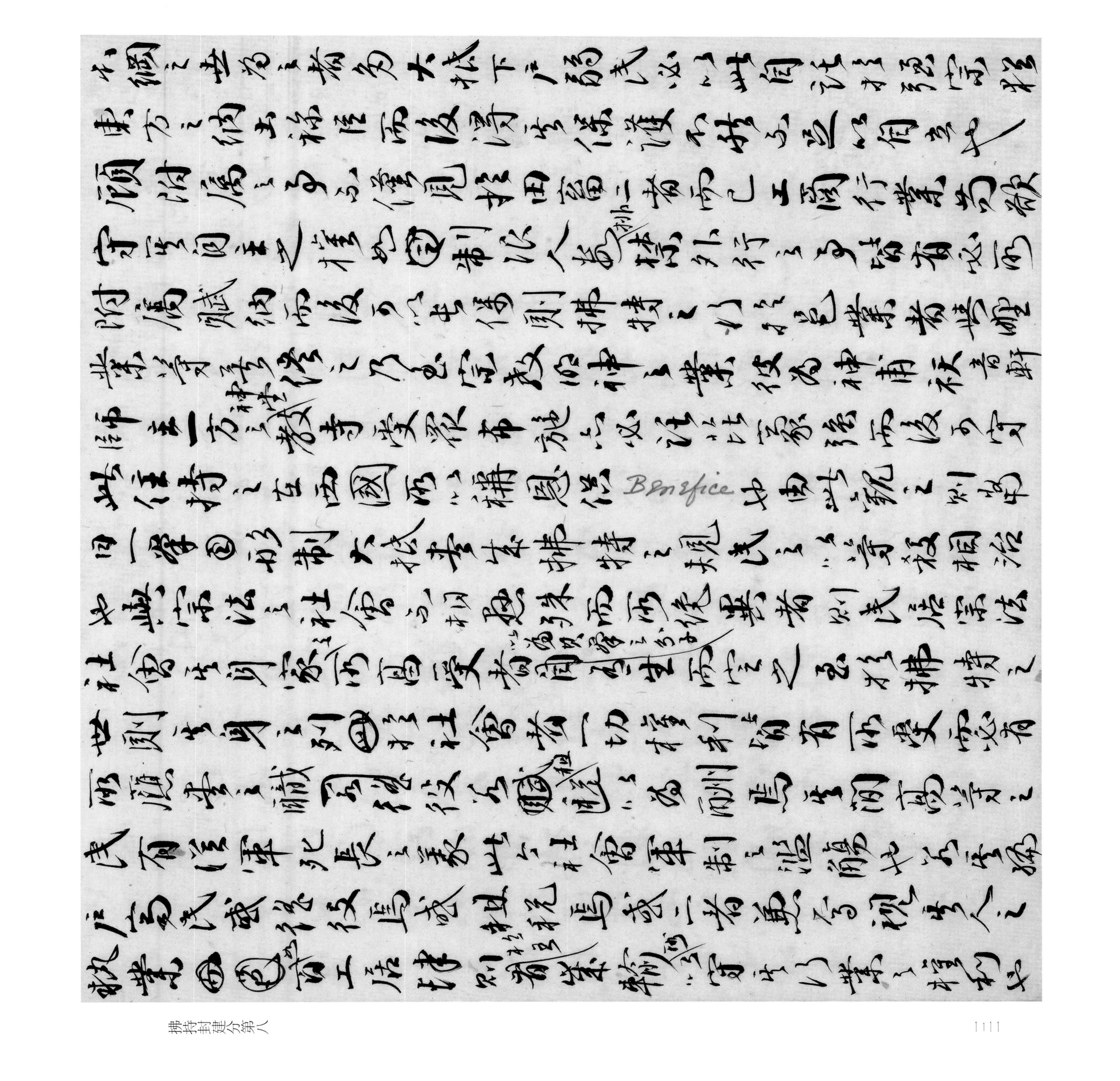

[illegible]

Benefice

[illegible]

然之跡象拂特者社會天演之階級也

第九

國家社會之初制

吾之路是論書載言一社會之所並不先明其所由

興雖乃徐及其法度與國家社會之所由興吾於前

篇既言之矣則於此將詳其法制焉法制者凡一切之

部署所以經緯國家而行其政教者也故其大而先見

者言之國莫若君之名位

一國君之名位○凡國之有王溯所由來皆由力征并兼

與轉戰攻爾二者此於歷史均然不掩者也歐十八世紀

之末載法氏舉起破壞舊制歸田政界轉輪

而前多此彼執圭當世皆據其位而臨國民者皆由

胎擐甲冑戰勝攻取者守文繼體者也隆強百年前

之衰陽傳繼之統多中絕者而新建之朝仍因舊歸

隆統異而名則存吾聞東方之儒以君臣之倫為與無

宙終始並隆不惟亦然亦可見社會之中此制之堅而難

破者矣

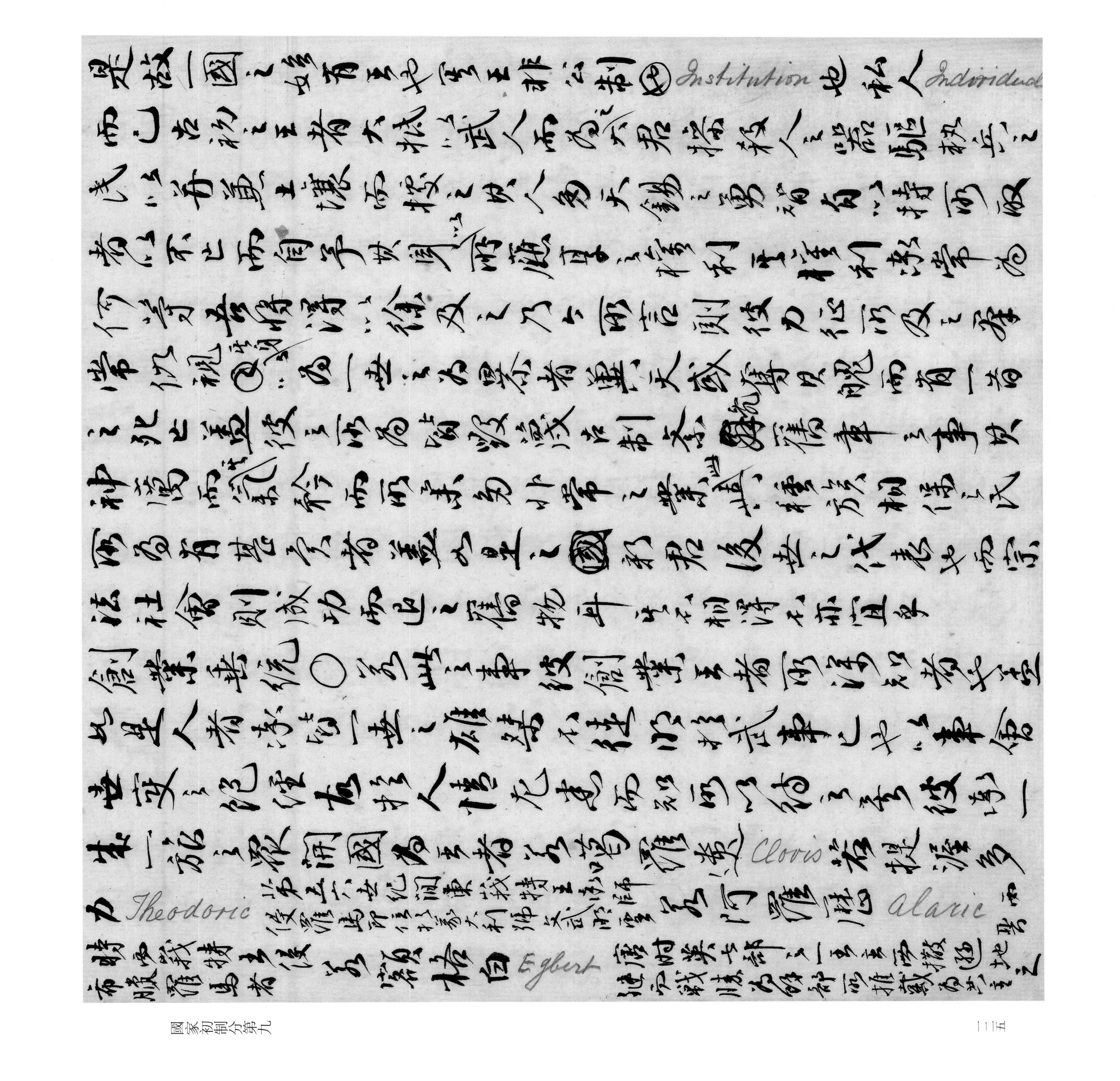

[illegible] Individual [illegible] Institution [illegible]

[illegible]

[illegible] Clovis [illegible] Alaric [illegible]

[illegible] Theodoric [illegible] Egbert [illegible]

然人皆睿智聰明超越儕侶且知馬上得者非復馬上所能守久是故強守據兵柄以逞威鎮藩而且所以奠基為而詒後嗣者則又為他道以從此又可得以論者也

收集權 ○夫創業之主者戰勝取城固是而民心不附則其功猶未長而終傾國民心之歸附不可強而致也即行仁義以撫循之至事常不必效則於是有巧之術焉是將奈何曰必自同於其種之舊君而取是民所素服者以附於一己也已之所自出必貴種也夫彼戰勝之武人雖不必為所勝之種之貴族而為鄰種之貴族胄者固時有之然亦有時起於孟浪而今所以上人者徒以戰利之故夫如是則以初民之易為誕也必為之譎偽焉曰吾固某某之裔孫是始為神人之感生垂慶錫羨維其系中微乃纘緒之以為今日之大赫也前聞者帖爾服矣故吾歐舊史所載帝王之譜牒皆遠追之以至於詩歌雖史所其述誦之神人而為某種人之所不忘而源錄抑自詡

至種即當為神人之靈初焉此等衆用而效之一術也至次
則男為新主而為其種之所不樹焉則必取其種最美之
女而妻之緣宗法社會統系於男而女子無特别之權
利願人情常重威虐在為此者種人皆以為親而樂
於歸附此又其衆用而效之一術也總之新主者破壞宗
法社會者也然欲破壞術神術必借宗法之所籠重者
以為之用為之苟得其術則可以創業垂統而繼之基
開焉吾前於篇首嘗謂西衛選立簡明於選舉之制
大前無之選舉國無今日民會推上座領袖之人
自擇丸出占諸事此前無之所無也所謂選舉者不過
宫揖讓之庸兆生而貴者耳而拂特新主之之也多
由歸附臣屬者所推戴而勸進者此又選舉之一道也且
彼擐甲胄士之人使威令果行則一家之業不可以傳於
子孫而人情莫不愛其所出大業所託非子孫誰與歸
且王位傳子之事雖出於私而自其果效言之非社會之不
幸也蓋其事與宗法社會之衆情合又以行前者之二術

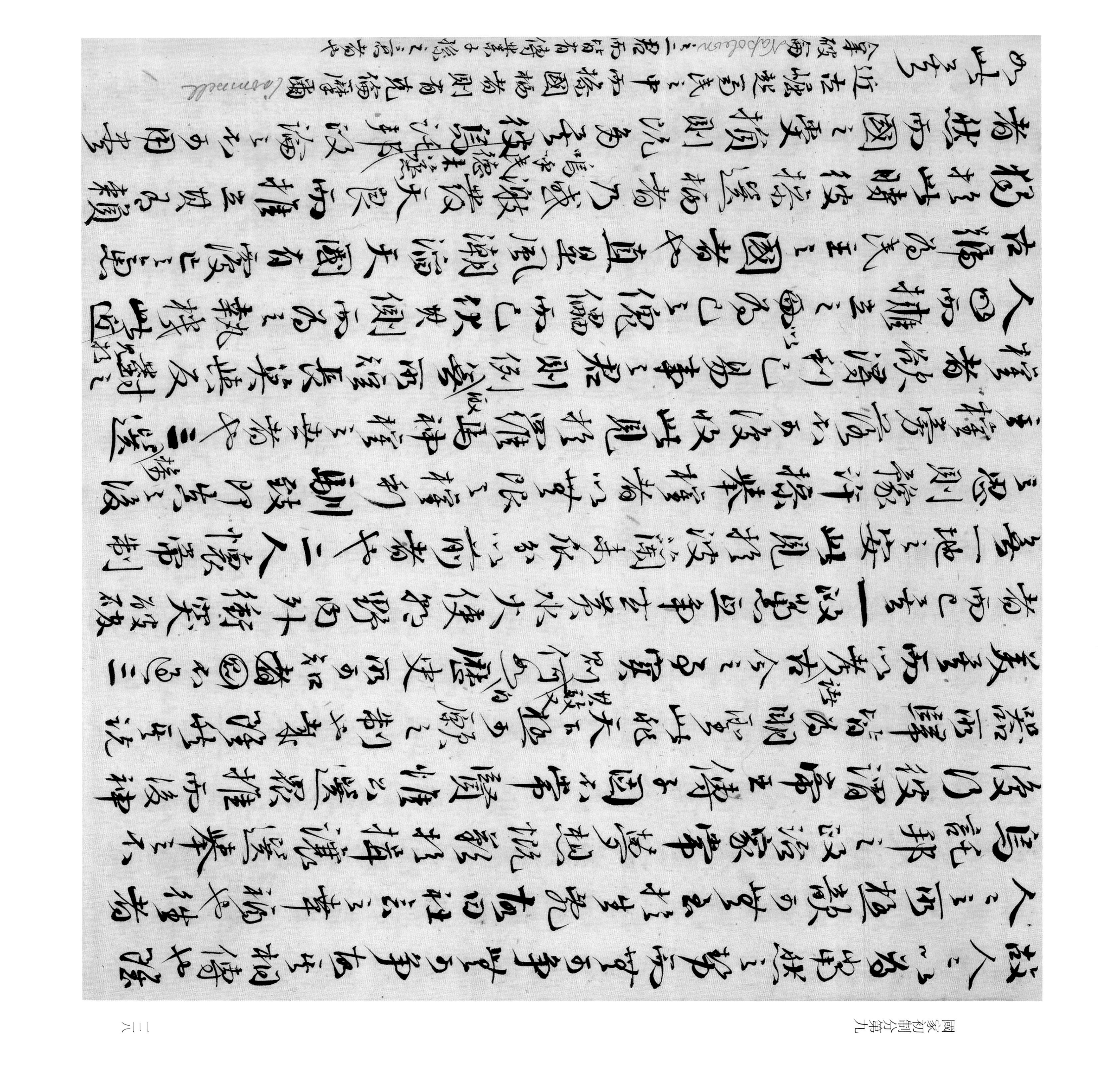

[illegible]

遂王舊制之餘波○歐洲諸國王侯陸々與古殊然其迭制
於人意猶有存者此如所立儲主為嗣然見體力之不能盛
心神之贅說則制可置之而更奉其他君之所謂傳嗣者家
取傳宗而不必傳子傳宗者傳之其家最長之男也蓋宗
法社會時王制因如此世制至後世俄國循之最久蓋已
十七世紀間而猶用者
會合神權○以前之諸術則向之所謂私人者乃々而為公
制之統御之神器守天人之大寶而為刑賞政令之所由施
而黨之之誠循其習慣遂若一有衆民則必有其治之者而君
臣之義益可逃於天地之間然而彼古王者所以保其富
貴權勢者尚有一至術焉則自附於宗教之神權而與之
共休戚也前篇言宗教之發新也固已言國家與教會為並
存之統系乃今所言則證之以歷史之事實而已方其歐之
中古也凡將至業其果教之邦其畢協 Biskop 神甫皆為王者
家親之輔弼即其權柱王室之較他黨為忠國王嘗賚
祠疊而教會所以抑之者則政王之家冕寶座而被

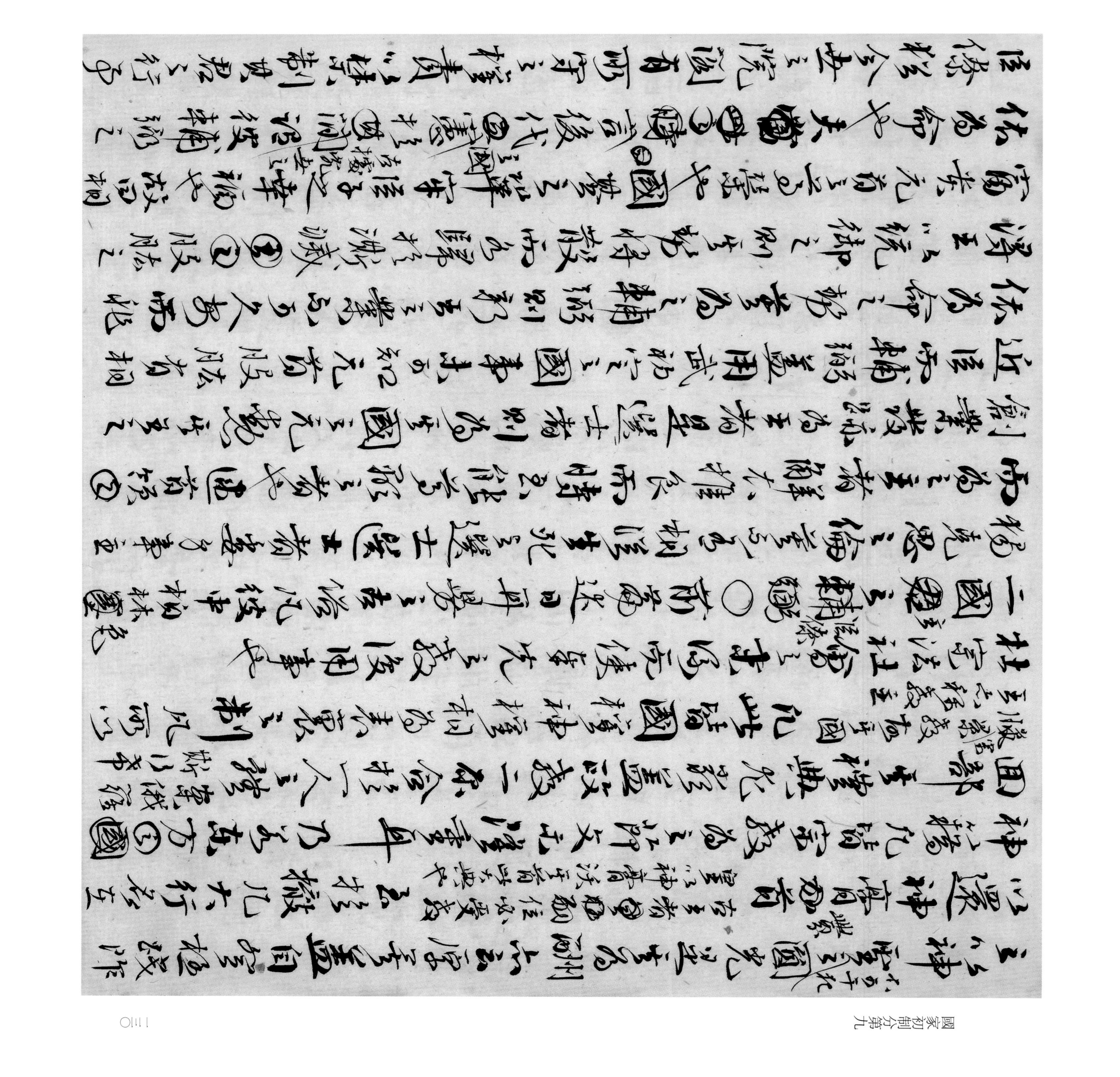

[illegible]

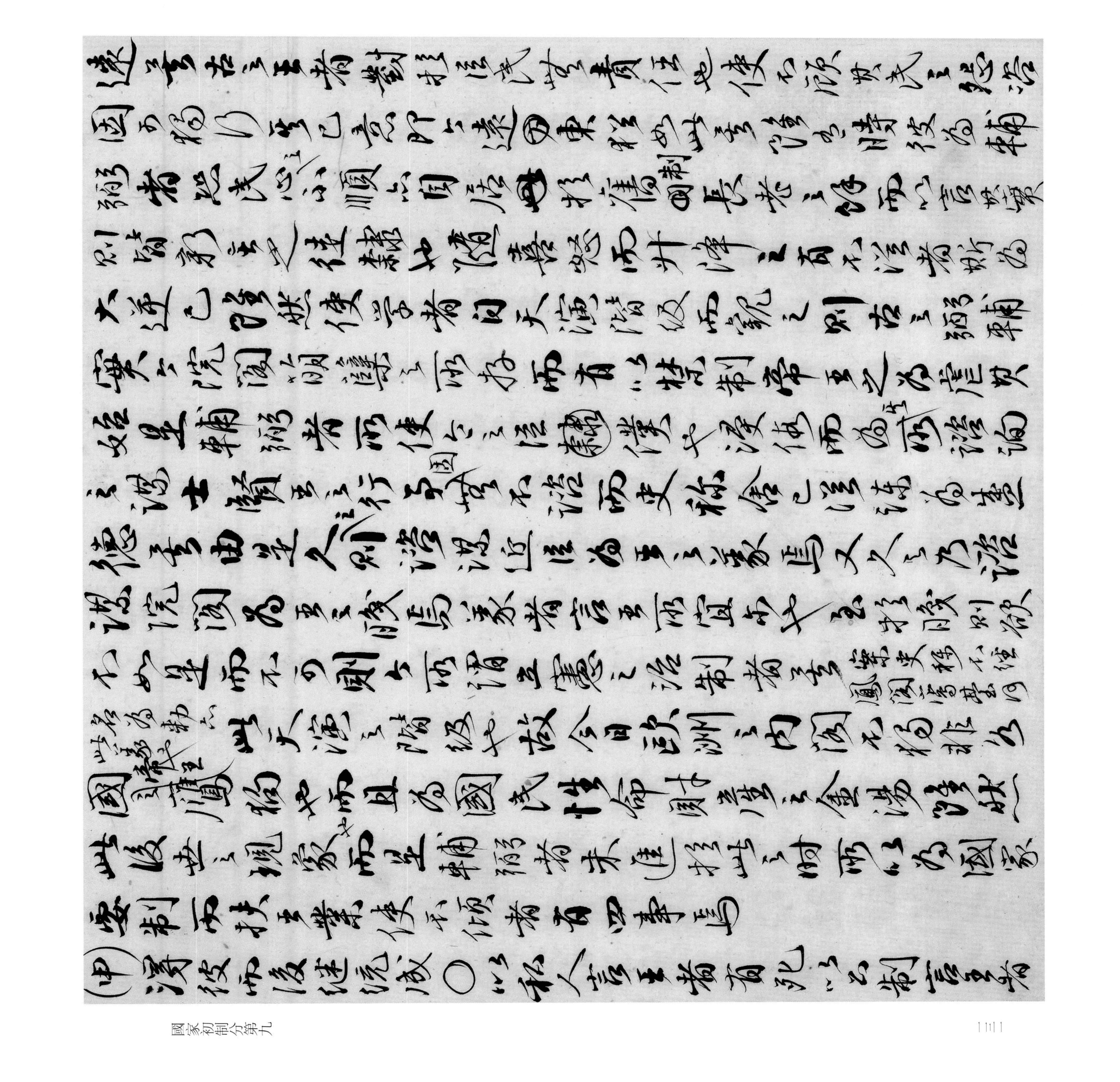

[illegible]

國莫非也使趣之者而非則必改治轉輪而後乃民生今日
見王者大行在殯纘業者負扆而於諒闇（爲）者
五尺之孤而天下不爲之振遂究則漢然以其事爲固然者
此其觀夫初民據說之世也初民據說之世每一主者
死則其國之亂前所焉爲安爲危間不容髮蓋其平
時在之皆有究機特以王者之魔力伏焉而已史有云
越望日王崩（中略）而其國究家遂見盡民情出以相
劫奪也蓋其時之人情如此初民之思不啻質簡其於事俗
也莫不以所素行爲是而所新用者爲非畏所以不救
者徒以魔力而已乃王死而魔力去言斯人之懷後古之功
而爲行具所謂是者此究之所以滋也夫一主之崩也使其
歲之果行所謂新之者直其後而興初民所謂懷之舊
習反也約而言之如禁民之爲血鬪也行（生）新宗教而使
故鬼饑也盛征徭租賦爲其舊之所無盛而弛禁推
行者（□）爲其民情之所大惡私憂竊憤叩心呼天而不
能即解其直須時日而今之時亦甚然而聞王者有崩

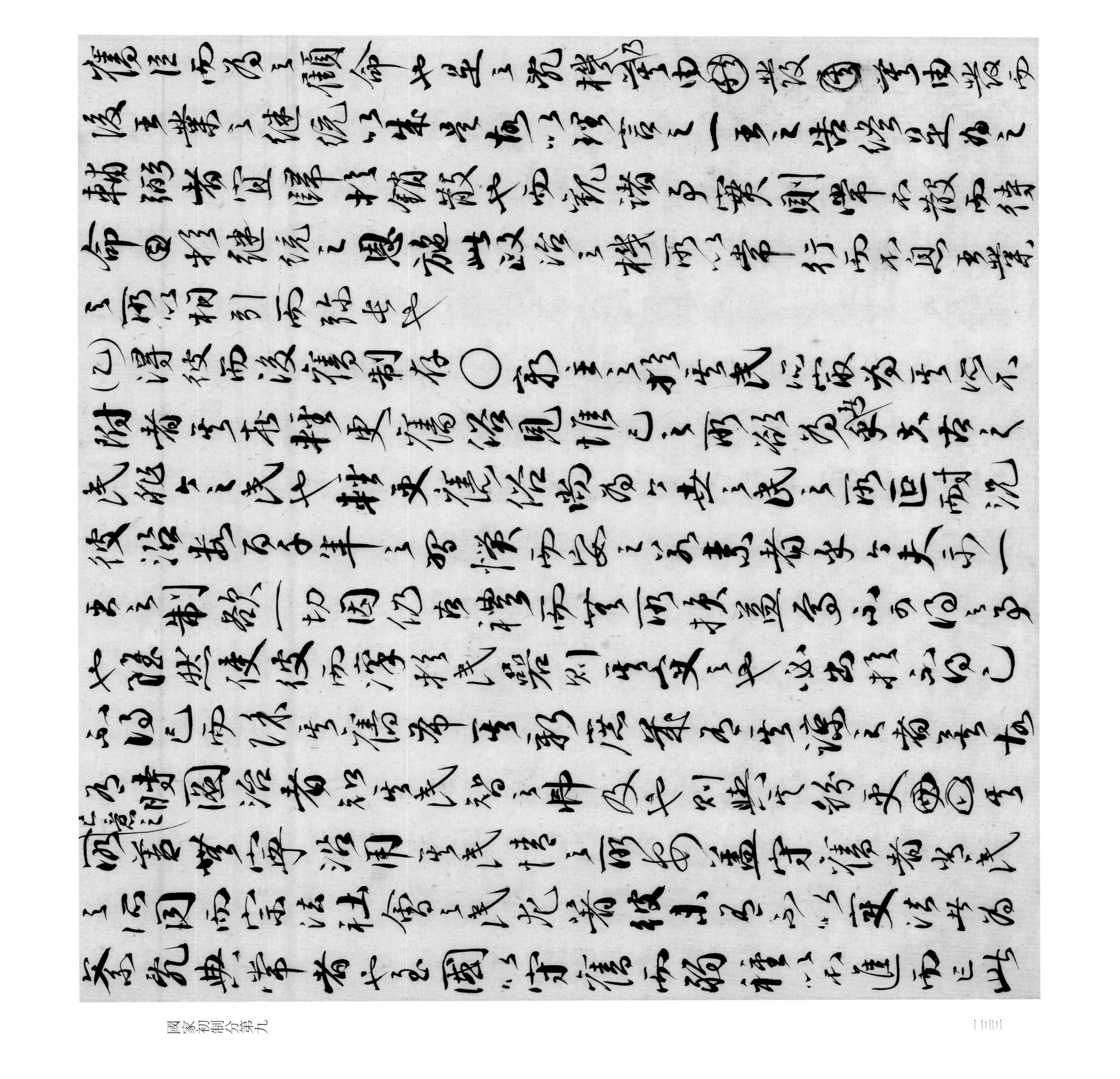

[illegible]

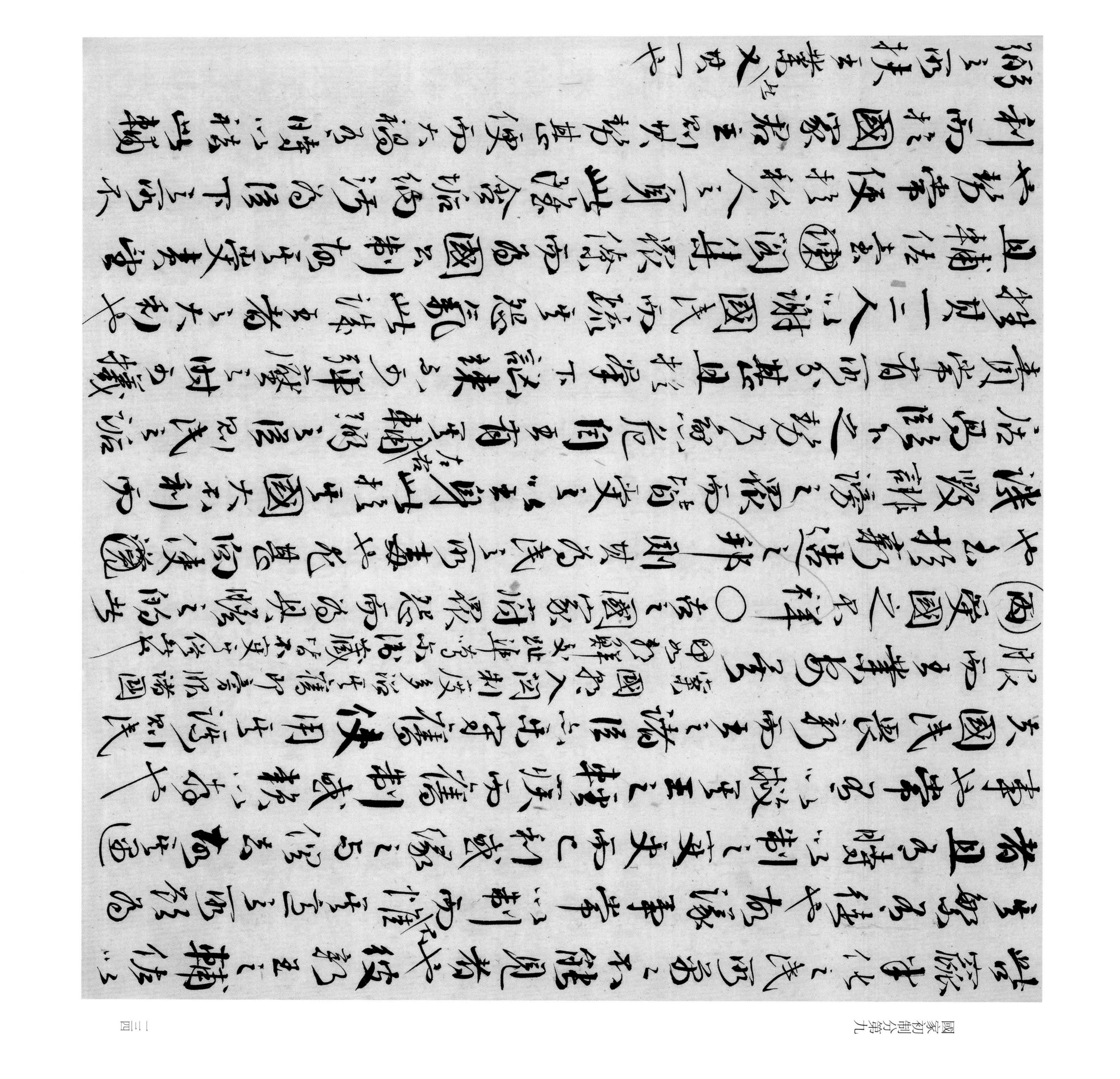

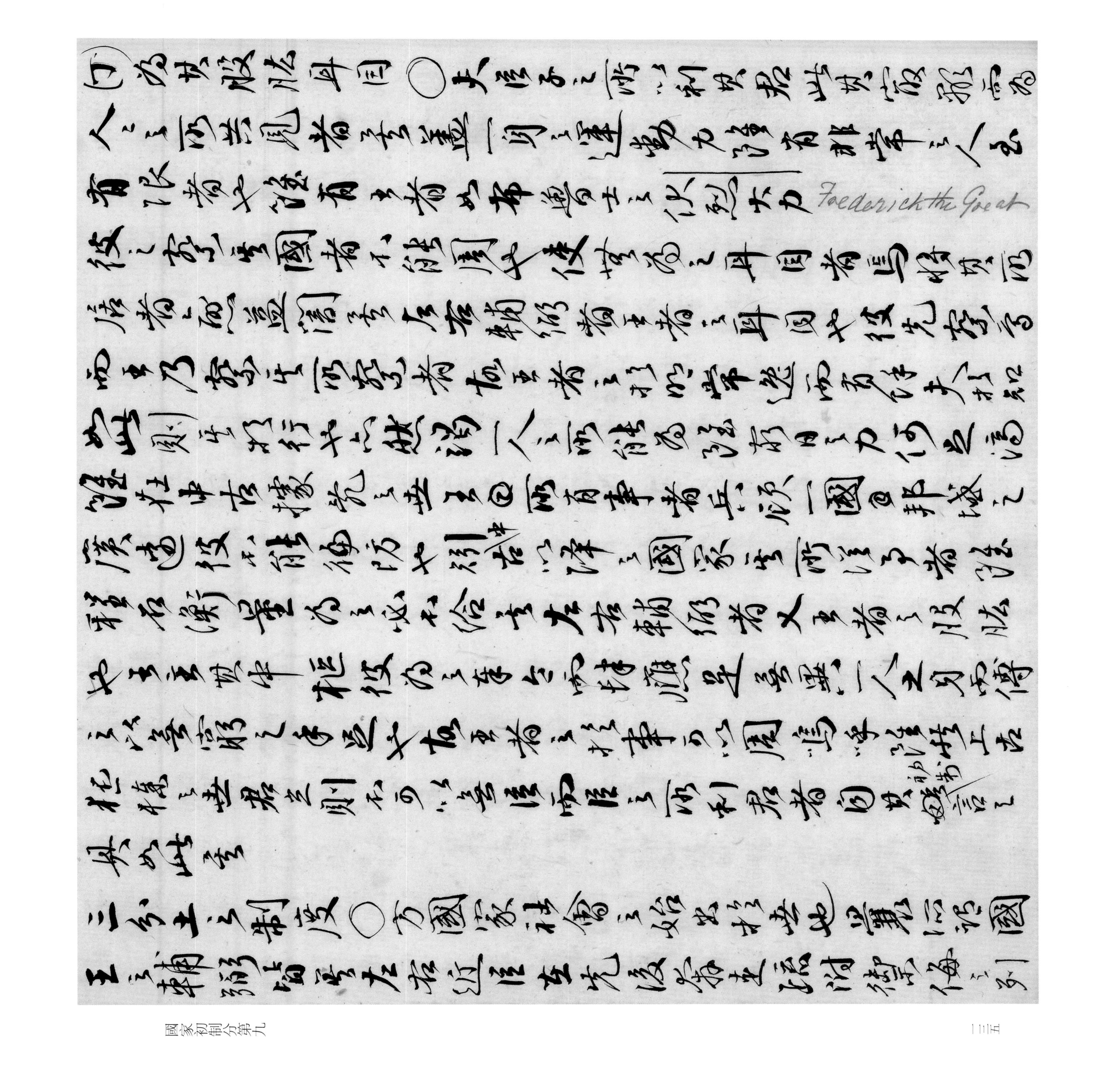

[illegible]

Frederick the Great

[illegible]

時平則在於征戰則在壓隣為瞭雖大抵不出于左
右者也今語邊士良則与王同牢居則為王之衛此隣
太古之事頗有類於今英吉利者然而使兩相關之
土宇誠廣則是拱衛親王者不獨資左右之近侍也封
域之所出皆出於心之人嘶眾建屏藩之事亦容緩焉
其勢之寂使者則為其首屬以宣宗法社會而
舊為之種酋使其誠服則因而立之使治其地而為親王
之代表此其事隣未必皆甚安然以較用武力而要誅
鋤使一切為敵其難易之勢懸殊亦有形勢要害之
地則亦稍因舊而置其親者為時以右君之近戚以
羅馭則其亦立所親任者以為守此其事亦常為之以
漸從之裁十百年有酋其一存而親政府眾畢拱極之
勢未焉然亦有更歷久遠其大可者此如吾英其中微
遠郡國有治緣在於十九世紀之初猶為種酋之所主者
則又不可以一概論也吾英之分國土也其命名有曰翁郡
Country
為狭阿 Shire 凡此皆古種人之部落也其中亦有一二

達比狹河 Derbyshire 也柏和特狹河 Bedfordshire 等乃後世之
城設險之部而所治中古以來諸部則皆聞日族社之
所居亦有降而遞析則拂特社會以東所衆建者也
錫土受封之小侯往之渭國王而為王之朝臣自爭錫土
受封之家其英王蘇曰耳哼 Earl 其大陸曰獨克 Duke
曰甸爵特 Count 國有大事例得入朝參預廷議舊制
益格魯撒遜之朝其貴族曰威丹 Witan 威丹猶云賢
者懿親而外則為會大人與民族中之豪哼德們 Ealdermen
與米師 Thegns 也豪哼德們者郡國之豪米師者王
朝臣僕班爵下者然後二類人古不必貴與於議也
此為所論乃民爭由宗法社會衛入國家之初制有王者
有議政之輔弼朝臣有分治之封爵分治者國王之代表
也所圉對於王朝有應盡之責任吾言此之該簡莫要
海漢屈林拉 Heimskringla 古史之所述者

案海漢屈林拉譯言世界法輪乃泰西極古史書

言哈羅德（美髮王） Harold Fairhair 甚力

紀述北種之事自太古神怪至於西紀一千一百十七年乃冰西蘭人斯脫魯遜所作（北宋時）

定那威丹麥瑞典三國也曰哈征服爭雄而定之以賦稅徭

役統馭之王制，而後取是三者而分釋之，則拂特之制庶幾
明矣。
(甲)賦稅 ○ 夫強之所以陵弱，衆之所以暴寡，人必為奴隸，而家
為帝王者，求富貴第一義也。是以戰勝之家，莫不貴倖人之
賦稅，西方史家或謂古之相攻以要求樂於戰鬭之故，此舊
說，亦間有然者。(四)如新西蘭島五十年以往之瑪兒理[Maori]
種人，視接鬭激昂，天下之樂無逾此者。(兩)強無所得而
即事可欣，顧以常道言之，古今數國戰爭，或出於辯怨，
或由於侮奪，而侮奪之事，先假以夷狄多貪故也。然貪
蓋或以目前之小得而廢長之如歐。(乙)古昔部懷金種人
是已（指唐末五代間驛騷；北海諸部於中國前之孫恩，空循明代之倭寇），或長計遠覽，以求擴
注於其前，夫以是則籍其土地而守之，以責其地之居
民出常賦，蓋此其大較也。夫古之梟雄(隨)(兩)(?)暴厲
恣睢，幸月之惠，固也；而長人制衆，操萬億殺生之
權，亦其心之所甚樂者，而其養民扶世，治人者乃求
利所治之人，則於民之王其能達此義者寡矣，觀於東

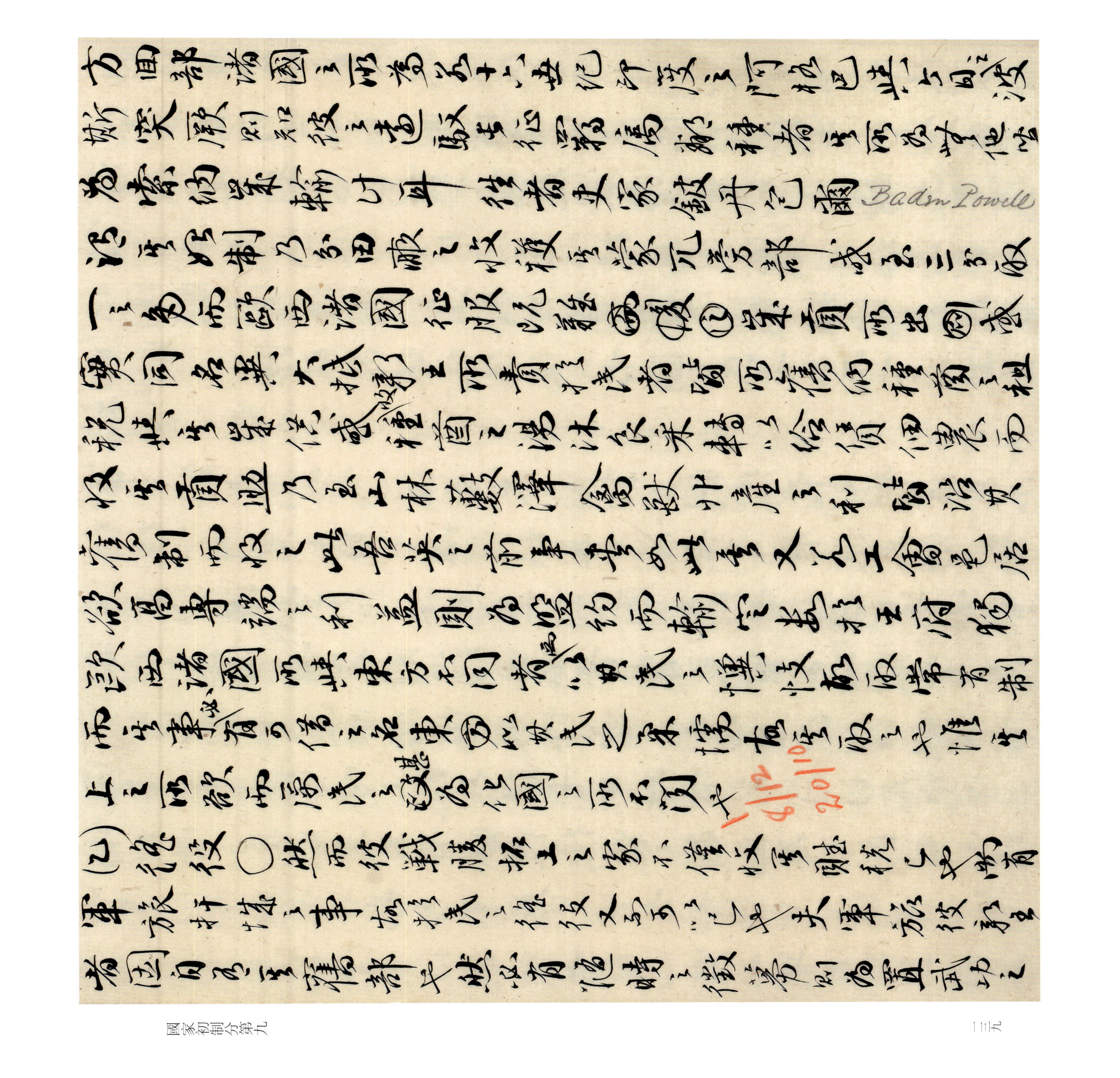

Baden Powell

壽賞之于民之勇諒健捷者皆以難而樂出於門閭且
此於門而戰者也尚於居而守者而後可以鎮撫反側
備非常焉於是乎有賦役徵發之制凡為其民家不得
避其革有其呼之執兵往其壯者當前門為戰守其
老且弱則有道路橋梁堆壘之土功且欲人知執戈衛
國為至榮之業也則籍者必責胄良家子而賤業左
道之民不得與廁其列雖然是亦為廁其列者非但已也必重
租稅以固厚之自其法行於是乎後世有雇役出財輸
軍之制盛而世以往有定公之新王則徵發之制後焉而
輸軍之財也故

（丙）駁統 ◯ 雖然欲賦稅徭役二者國之民共出而其所逃是
非統駁之術得固不可也以古者道里之弗順傳之不精故
雖有中央政府而其勢不足以操通國網也則於是有向
者封建之制為盛封其所取或因於其故凡以輔其主治
非民也故自主而言之則諸侯皆臣僕也自幾土之士庶而國言
之則列服皆其主也欲使收其地之賦稅薄其地之徭役而其關

Police Powers

王制之始也。蓋王臣者，所罰加蓋平民者三等，稍降申前律
有能舉手抗其地、雖德者，至刑之加等同之。夫收其地之
賦稅，徵其民使為兵，而又有統馭相臨之形制，則一國之
前於至他部，臨同為種前實之者也。此王制之濫觴云
即為後世國家之前蘖，吾所以釋海漢之典言者，其也
此
陰然是固國家之社會，至有其載之君，至有奉職之臣
僚，而有至衆建之分治，收地產之貢賦，而寄軍政於從征
等眛經倫之足以立一朝，王之治制，此若東方王國之古阿叙利亞
據及印度，要如此。蓋使其民馴服，因東良樂曰循悍奮發
徒之有數百年之統緒，而積府庫之蓄，然而國制非可久也
腐敗而已矣，而况復大之規至極末流，往輒腐敗。一夫
作難，而大命以傾，乃若所治國家民強悍於韃靼若西歐，則
至若不可以人權至進演，蓋變代有維新之制者，乃足以相引
而弥長，是雖新之制所聯，乃得次第而及之

篇十

論國家社會之產業

今夫國家制度立衆皆至因於民生最重者莫如產業而古今辯說紛紜亦莫適產業者有財物而可以意為說也必考諸歷史人事之所經以徵其實亦得本一先生之義以為之是非也而喜惡好厭之情牽而得雜所著者特其事實而已

今欲取其物而論釋之並指其天演之變遷也法必自知其物之實義始然則產業果何物耶乃為之淺而易明之界說曰產業者生人一己一衆之所獨享權利物有利用而為一己一衆之所用者皆產業也

權利○雖然產業之界說如此而其中所標之名義尚有待於釋論而後曉然者則如所謂權利者又果何物耶曰權利者其有之以衆意之所同許也所謂衆意同許者依吾出資而購一書或一田其授受也莫而遂默揆則是書是田為吾之所用而固衆情之所共許而莫與

争當太古初民之世，是非許之，寧情乃著之於一時之國
俗然（無譯）其形也。至於後世乃犁然有法典質劑之可徵
而國家（有司團體）有為民責守之天職，隨有時一權利之施行為犯
情所不附而反對者，則常以事勢遏然，以至施行無為犯
害，或情（無異）隨予遷，民情以異，而言其大理，則權利予奪固
以衆意之然否為（大）基，而至所謂衆意者，見於今可考見
於已往者可也。
惟人有產，○界說又謂產業者，乃生人己身之所有
者也。至蒙又何居？蓋產業須置積之事
翕然，有為之說曰：物之理肯積之窮果，然後之屯糧
安能置積？非物業然人不論物積與蠶為有產業
則彼未有衆意之所同者也。夫犬死莫之以蓋，馬死莫
之以帷，而耕牛橐駝凡於人有服乾之勞者，蒙謂有豆
芻之養，故古語曰：道藥穀之性，勿可播其仁，然此可以為於酬
不可以為應得，即可以為應得，必不謂以為權利，主人相時
之宜，絕其豆芻，殺其軀命，此固人之所行之而不能為之而每

四訂者也而曰産業權利惟人有之嗚呼奴隸不得有其産
業者如奴婢隸人之資格同禽獸也
凡産皆私○界說文語産業為一己為衆之所公者蓋
産業之義即起於私為一己衆是産業之主人所必
有限而非共有英文産業曰普羅波諦 Property 其名之本義
即為專有而中文産業則指某人之所獨治而得之財貨則家
所待命者也無論有以産之稱此於文義精而言之乃為適
及夫産而稱以此名異言也非任何人所得私非任何人所
得私則非任何人所得用然則以産之言指某産者如吾
英法典之文凡言一物為甚衆之人所同有者例不稱産業而
常用他名義與産異此如言大不列顛為英民之國土以
曰公産住其公於時吾國之民不得私尺寸之土此其非實際
三尺之童子知之矣
産業有形○所以云物者美利者蓋必有形之物而
後其美利為可專今無言文物者固亦有意念産業
之名稱夫一宗一謀或一新理方術為某人之所發明者五

文明之國亦得擁其美利而有之此如校檣専利諸物是已雖然其事亦必注於有形之物而後可使其所質則其物其從以保持其從保持即從產業夫意想觀念之事理由其哀樂甲得之乙或同有其當同起於不期而不必在劃窮勤艱者也且其方體其起訖其方體其起訖之物能為一人一眾之所獨保雖已完全權利〇累說又曰為其所易保用為者此又何家那蓋一物而為其人之產業則必其物所能出之美利或取或德或己或將而皆為其之所獨有者而或後合於此稱也此一節而為言產業者所宜雖明而即為者論產業與桐之秘鑰是以近世法家謂產業者乃完全龍統之權利譬如吾備他人之馬而欲之以由備牧而往卜德泥 Pothier 不謂此馬為吾產也於其用之竟年亦不曰是為吾有吾得視此馬為吾有者必待吾於此畜可騎可驅可耕可磨可質可贈可殺可生凡惟吾之所欲為皆眾意之所謂於而其有之謂吾後者夫而後此馬為吾之所永保而用享永

保而用邑大而後可以産業稱也惟物固爲易主之時乃弱
來易至所爲之權利固完全而無玷也吾歐自奴婢法廢
以來律例以人類爲業産雖然人之於人特其此完全
能統權利耳若夫特別之權利則時爲之此若主人之於
傭賃丈夫之於其妻凡此皆（於其人之身者）特別權利者也以上五節皆
論産業之界說者必通此五者乃識産業之果何物也名
之不可以苟如此

産業爲近世思想○故産業一言涵有所論種之義
意者乃文物聲明社會演進以後之思想而古代雖有
其言不必如是之縝密也夫以近世之義意律古代之名言
謂古所爲其異於今者此學者之謬也是故今言古爲
一矣以而已非者如問當古之時誰主産業是也不知所通
當問於産業之誰屬也法當問太古之世有所謂産
業者乎必先了此而後可以徐及其餘
此自近世之學者問之特以所問者爲大謬雖然使不佞
能取證於晚今則至遠於事情斯不若此之已甚也

則為如今日之寰海範圍之廣，是真無人之所得私而據為一己一眾之産業者。蓋何以故？以其方今之利用，止通為舟船交通轉輸貨物已耳。又其墟域廣遠，足以容世界舟船之往來，無幾微閡阻之可患，是以分據各私之説無由起，而産業之問題亦無與也。雖然，此特今日事耳。至他日之將分據而為私，而區為産業焉，亦意外也。且無患能預計其所由起者，而前言之海綫之安設日以益多，而諸國釋海之漁而出者將日不贍，果爾則所謂列强者，有不畫海宇而各保之以為國域者乎？且其事亦以此。夫海既區之以為國域矣，則其物將降同於土壤，而為一己一眾之所分據也，猶南極然，以分收其所出之地利者矣。乎此何必問諸後世以為將然，以云端倪，則皆見矣。亦然則今法何所謂界水者 territorial waters 何以稱焉？瀕國之海，宣為其界以内之漁利、停泊、海軍會演、然礮沈雷之事，皆為主權，而非他人可為者也。

是故言世界産業之大源者，一事焉為之樞機，曰其為物

繫於民智之淺深而已。產業而後之廣狹視民智高下
為消長者也。夫天地自然之美利，存於太古，於今日也欲致養之初而物
所以能收以自裨者，在能盡物之性否耳。苟盡其性，則
凡可以厚吾生者，未有不欲私之以為吾有者也。由此言之，
則欲明產業之天演者，當先明民智之天演；欲明民智之
天演，又當知古今社會所處之地勢，所以使自然之利呈於
耳目，而漸啓其心知，此則不後而繼今而論者。
方太古之世，民以擊鮮畋獵為養，當此之時，所資於物之
用至寡，翁獸之所馳驅射獵之地，所居之巢穴簾幕，無所
用之。捕獲之圖畧弓弋，至其智巧，使其地有盼壞，則所
捕獵者彌多，將其所待獵者彌少，此初民之智之所及也。故
其保所馳驅射獵之林藪，而惡異族他人之闖其地，常殷
殷然至於巢穴之所託，簾幕之所張，必擇其叢者、水泉者，
是之性命之所繫也。其心寄於見聞，又不知已，每讀探險
家之游紀，其言寖衰社會也，往往詳於國民服習器
制，乃至寖衰產業之思想，凡其心於物所以分人我之殊科

者則常嘿不照及厥吾黨試為之懸擬則遂營東（近）
產業之蒙起於所常接以捕獲禽獸之兵器或不大深
於事實也　復案太古產業忽起可於中文有字得之有從又從月蓋初民所重莫若所以養生者人手中持肉即為所有此產業最初之義也　前
者蓋四黨語營夷於物分彼我生用以糧雜子然不問所由來
而觀生習用兵器以習用者也且必常為之備營拂拭以待
需而用器之人有使習扞格之異態凡此皆以定器難屬
之前因者生總之產業之蒙由物之有主而物之有主◯起
於所私而所私於常用是以營夷之◯禽獲為同部所有
分而器所常接則必分生彼我　案此說與有字之義固可兩存並翕獲跡生眾所得分而瞬割入手之時則
因名得其分而為所私者也　此營夷一己所保用之產業也乃若一眾之所共
守者則有為宗教鬼神之禮器神帶◯明旌纛豆祭玉
皆生物也隱然是之為別而若一己所得私者極產業濫觴
終在◯兵器
朔機近民初土地◯初民非不知土地之可寶也特生為意淺
而深缺而不究欲識營夷以何者為地利則即近世營民
之事而觀之北美土人之於其地◯不禁行旅過客也不禁牛

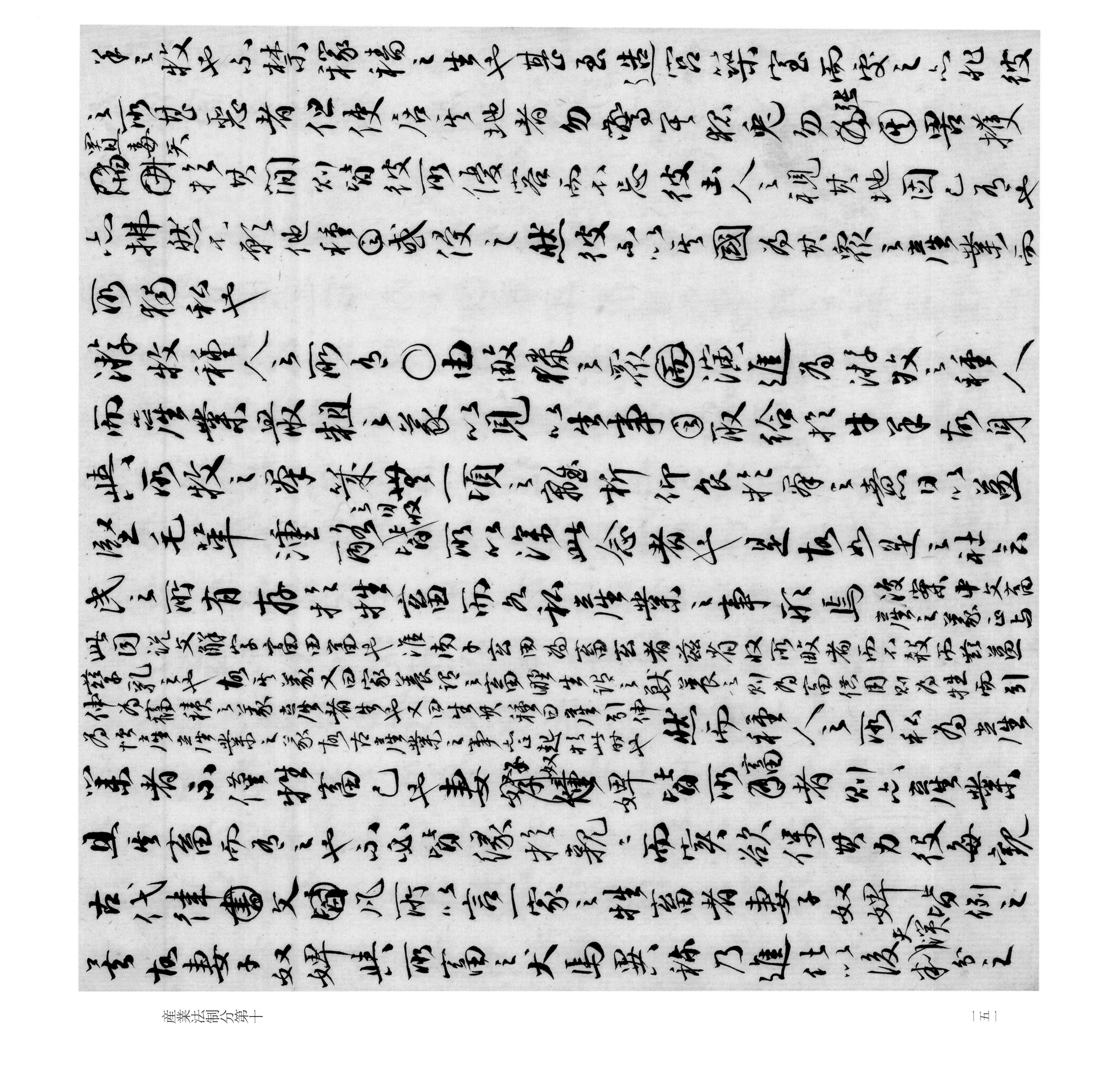

事非其始之本如是也，其始凡生於其家者，皆為其人之
產業。此其證，蒙古瑞典舊律，凡人訟其牛羊為他
人所盜訟者，必廷稱此牛此羊乃乳於其閑，飼於其圍者，
此以見其物為主人所產且畜者，而他人蒙之得奪也。後世
種人蕃而為族，由族更析而為家，則向者會稷眾共之
俗漸廢，而其人既所刻標之牛羊，得私之以為一己之俘[?]，
牧隨然[?]此後起之事也。最後社會乃有交易之事，凡其
人所持業出物相易而為之者，從此得視為己私。雖然，考
諸古籍印文字，況無是，往以易而為之者，往往為其眾之所
心物，而於牲畜牛羊死盡使其家牢圈，忽為不常見
之牛羊，輒被盜竊之惡名，業由以自解。是以古代交易必
在壹日中之市為之，於舉耳眾目之間，即今英倫律典，
所以稱市之售法為民舉得物之最正者，亦猶行古之意也。
矣
今從前蒙而觀之，則社會產業之理想，循其演進，有
可表之階級焉。

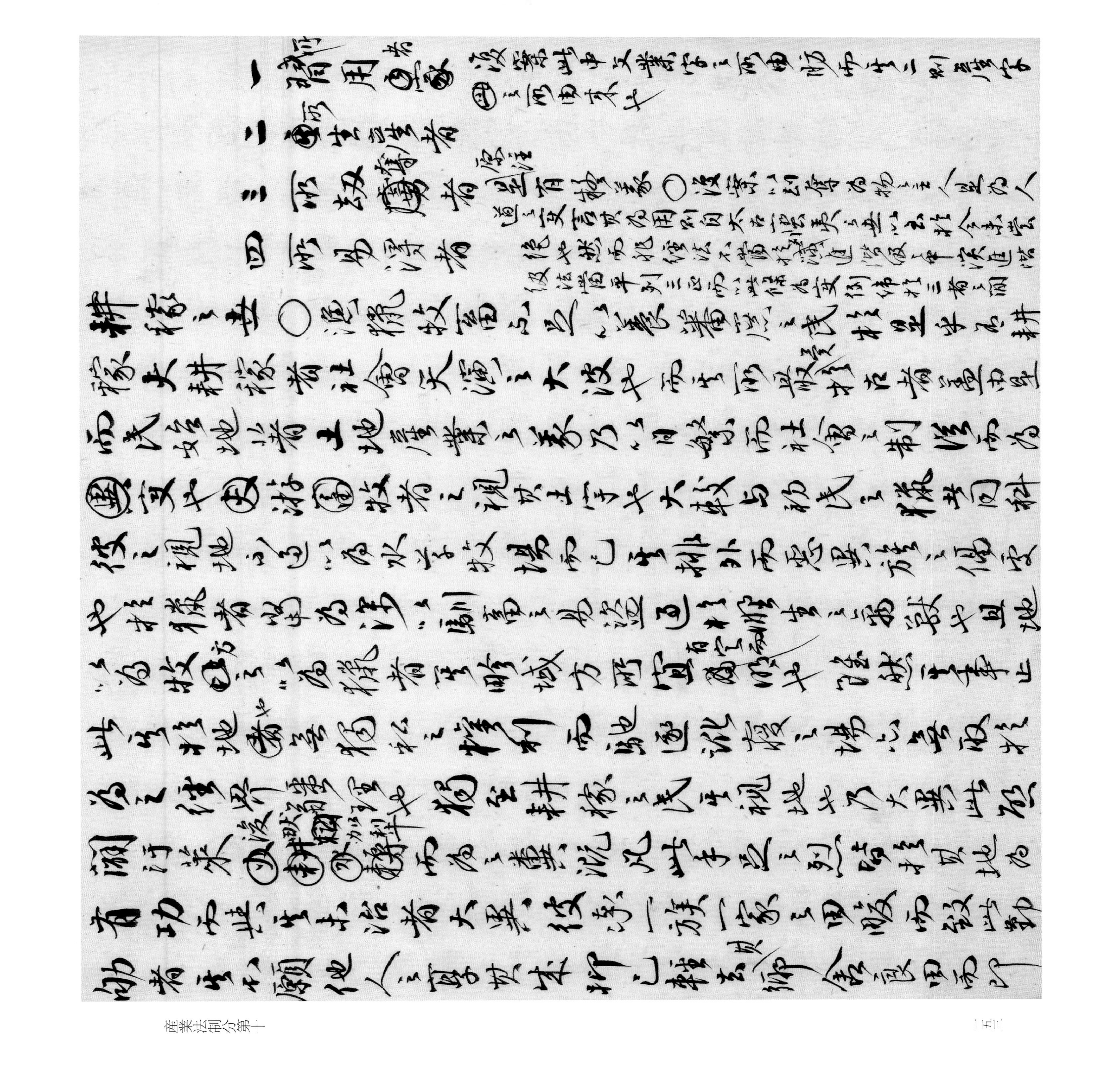

境埆所產足以供耕之地無如其常為一族姓之所私而以
時為分耕之事以歷年所更膽無地易耕以均其
腴瘠繼家有無田而膽之事廢敝後乃以一夫為田主
富者連仟越佰而貧者無立錐
近世之產業○蓋古耕稼之民於所居之土壤大異
織牧二代之所為頗以據近世人民所置田畝之產業所
差於甚遠也前者之所云云以一定之地為之一夫業為
耕播收穫於無人身死則傳無地於其子孫世業乃今
世文物之國若歐西諸于無於所無之田業又進是也
田法之掏○蓋古農之於地也隨為己之所有而田法則
所變於先而亦可以不守其地之田者常為田稼事而外亦
容為事一也夫自游牧而轉為農則廬幕之居亦變而為土
室畝之宅邑妻孥雞犬衆於其宮室之外而圍
以為園於耕特園之餘為場圃諸之嗇羅拂特
取為家雜執其家富也於而彼於其地則不僅必耕
且穫也且必耕且穫以定法與定時焉　見前所論　設彼亦為
田野制度

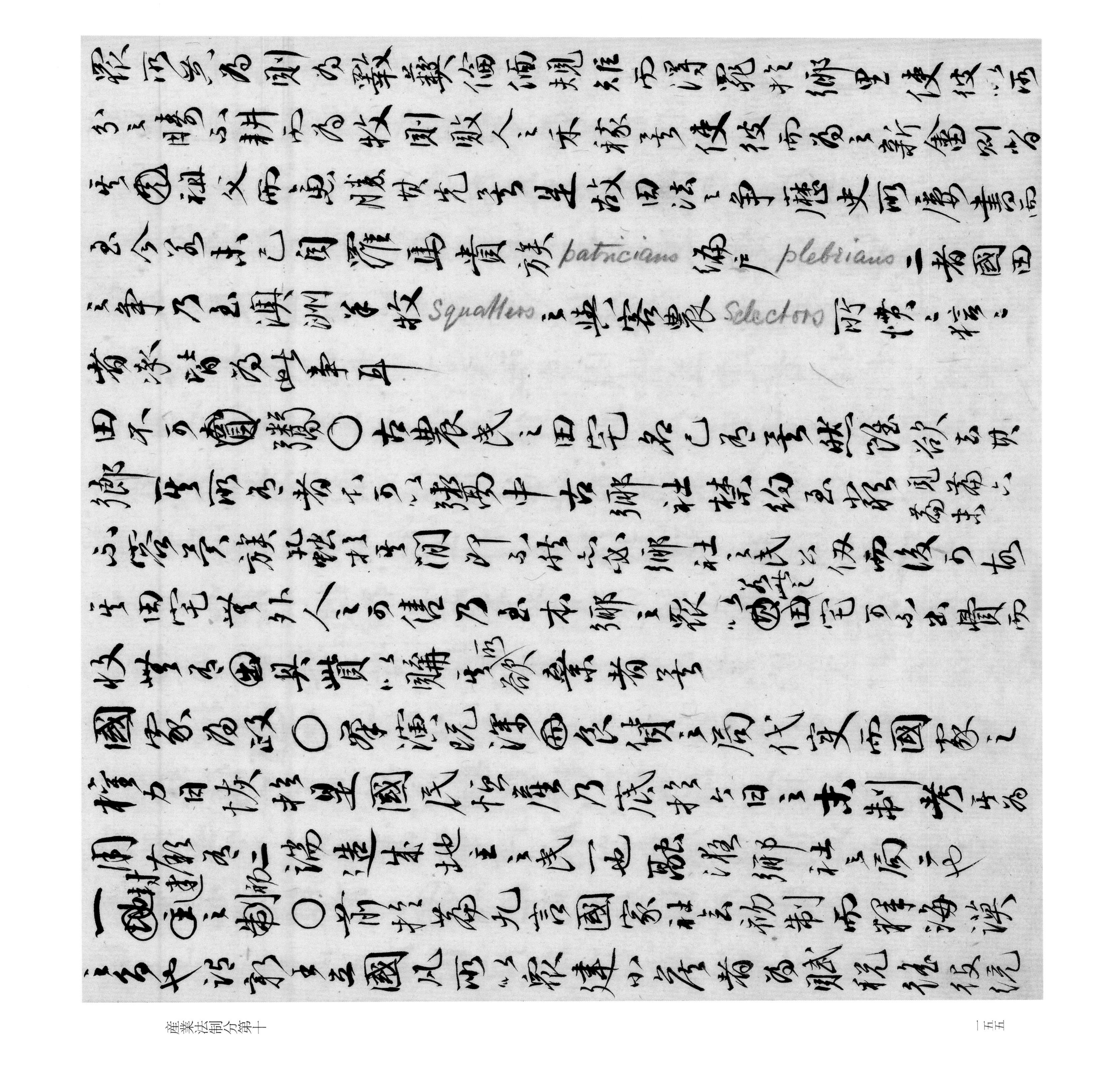

[illegible]

[illegible] patriciano [illegible] plebriano [illegible]

[illegible] Squatters [illegible] Selectors [illegible]

[illegible]

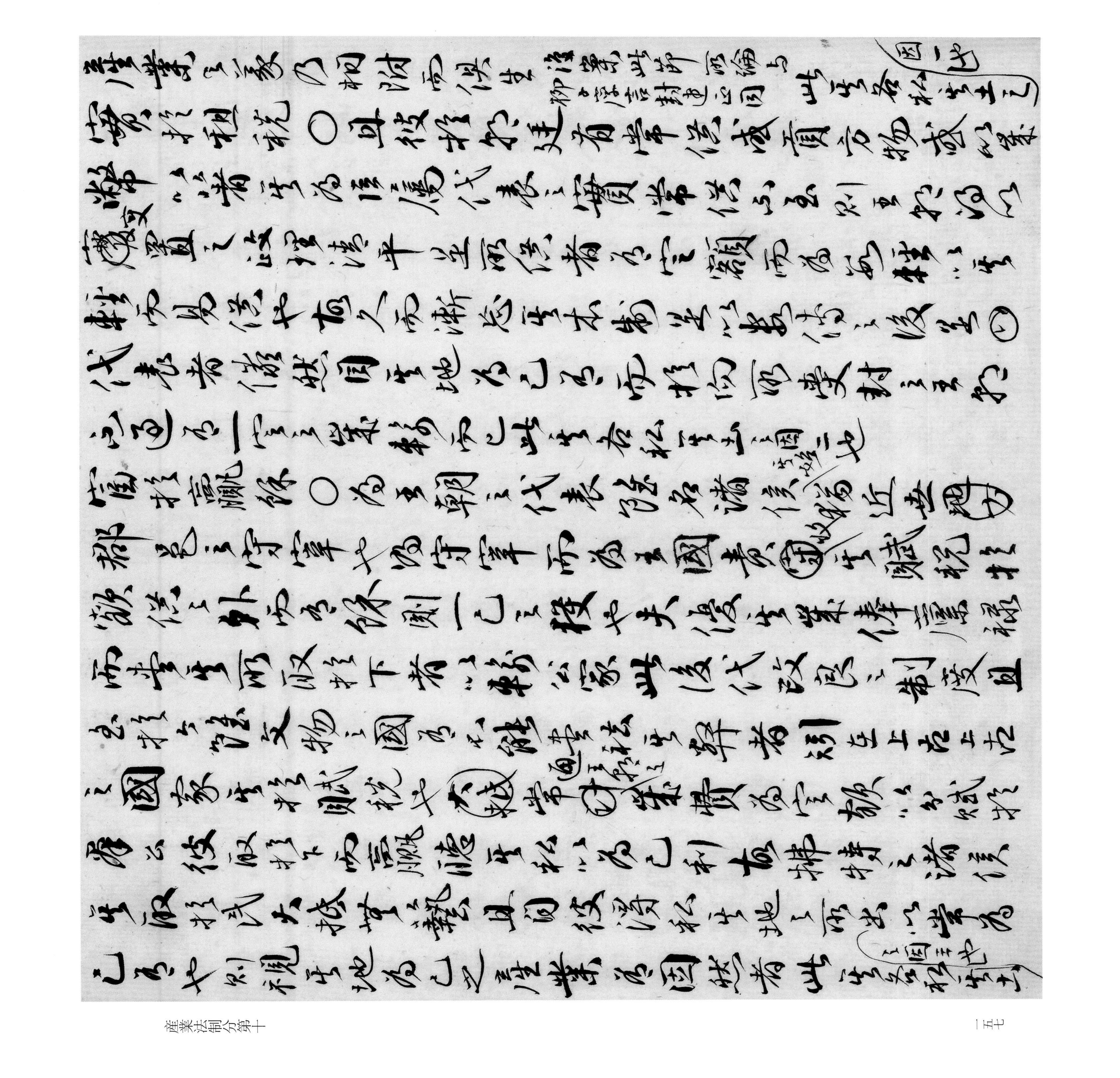

[illegible]

殊於今制〇吾黨所不可忘者古賦稅之所從出舍田
疇事之所出者無他道之可言然則賦之多寡視
國主之廣狹與息之多寡耳是以拂特代表地之寡價徵於
民也以地為之要素以地為之要素則由此而
二果生焉無益降民益蓄地益珍則是二者益著一
曰調佃二曰墾荒調佃者驅其情輸少者畀勤而多輸
墾荒者畫封內之地招徠已使其不闕也凡此皆
拂特傳為之於代表者之所指揮自其有指揮之
實乃自居為其地之主人而人亦以地為彼之所有於
是昔之封建國家之所私者不過曰收租賦遷徵發保治安而已乃
今則其子若孫則居然為之地主今之地主無古之國地主大
異者也古之所謂地主者主其地之治者也今之所謂地主者
主其地之治者但今其地為己之產業者也

後案：讀此當知秦皇廢封建之為福於中國之民之甚
量也使封建而不破壞則中國之民將至今如是耳

今制之弊〇此其事自淺人觀之一若拂特之制方之前
此特名異而實則同者彼以謂以拂特之主為田主以分地

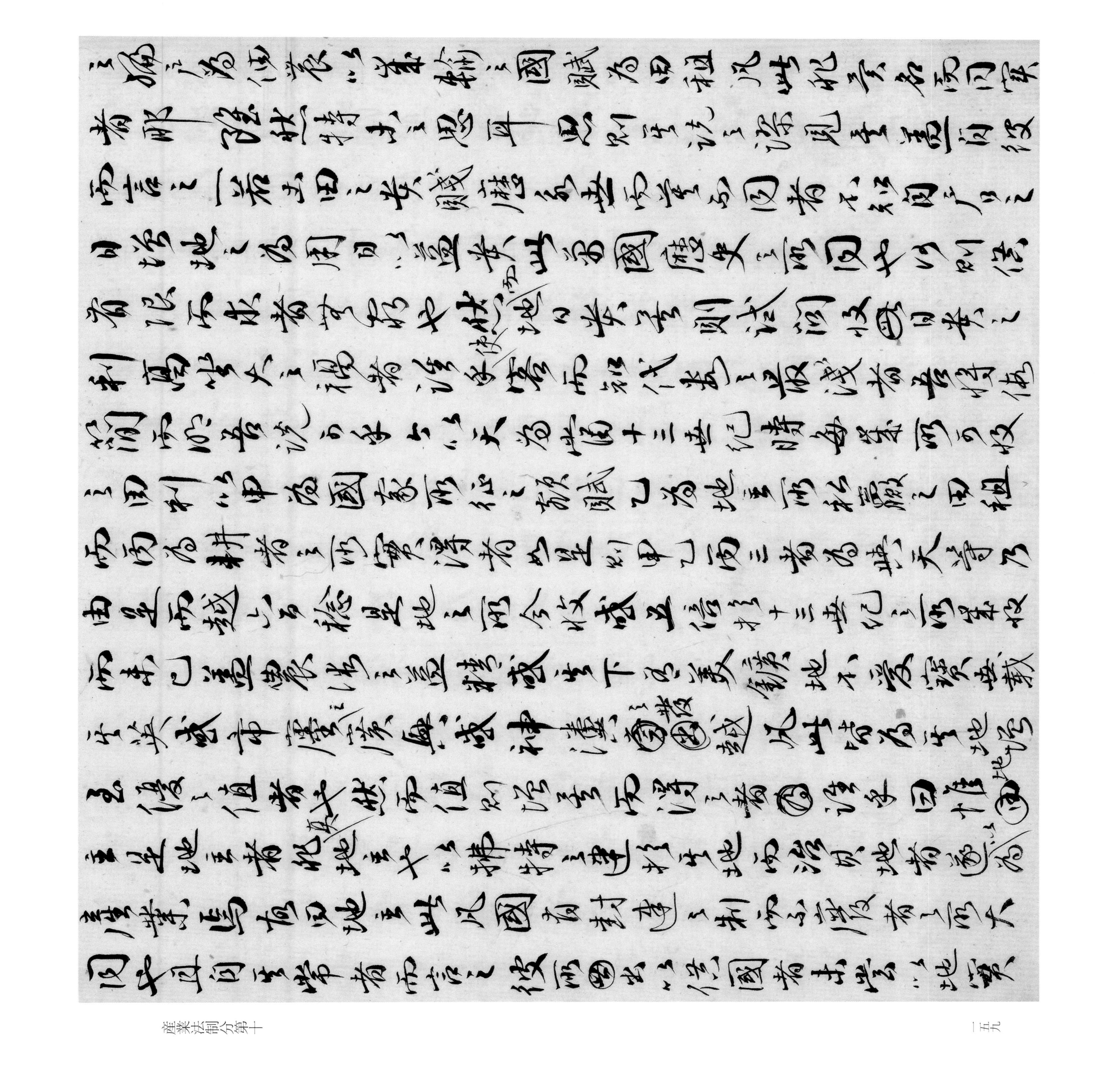

[illegible]

之進而加多也而力田之農則以地實之進租與償增漸什八九然則良於地者三等上者之國家下者之農佃於地實之進漸益而利焉而高尚大之利者惟中間之地主封殖之厚不可殫論而至國演進之疾者尤莫冥也夫積德厚者流光功高者報美彼拂特爭侯所收於社會者至優如此頗乃考其事則攀鱗附翼與一王之興焉已乃為權吏為縣長為[illegible]之乃為土地之主人為億兆蒞之所倚命苦樂進退視之嗚呼斯其乃本末不相稱者耶且拂特之東洋至於農況如此至而於工商之業又何如乎古之時地主之重於工商之業不大見也蓋至仰於地者兆徑援者隆然市租抹權名為保護而主者惡於今糧有存特所以婁索者因緣差少耳且向拂特制興以來工商之業與農僅進者也一廛之資當之十者今可以千彼名為之主人者所收之當厚可想見已

鄉社制散○隆然言土地產業之[illegible]於今制而專求其因於拂特封建者又為波羅而惱於一偏之微者也蓋

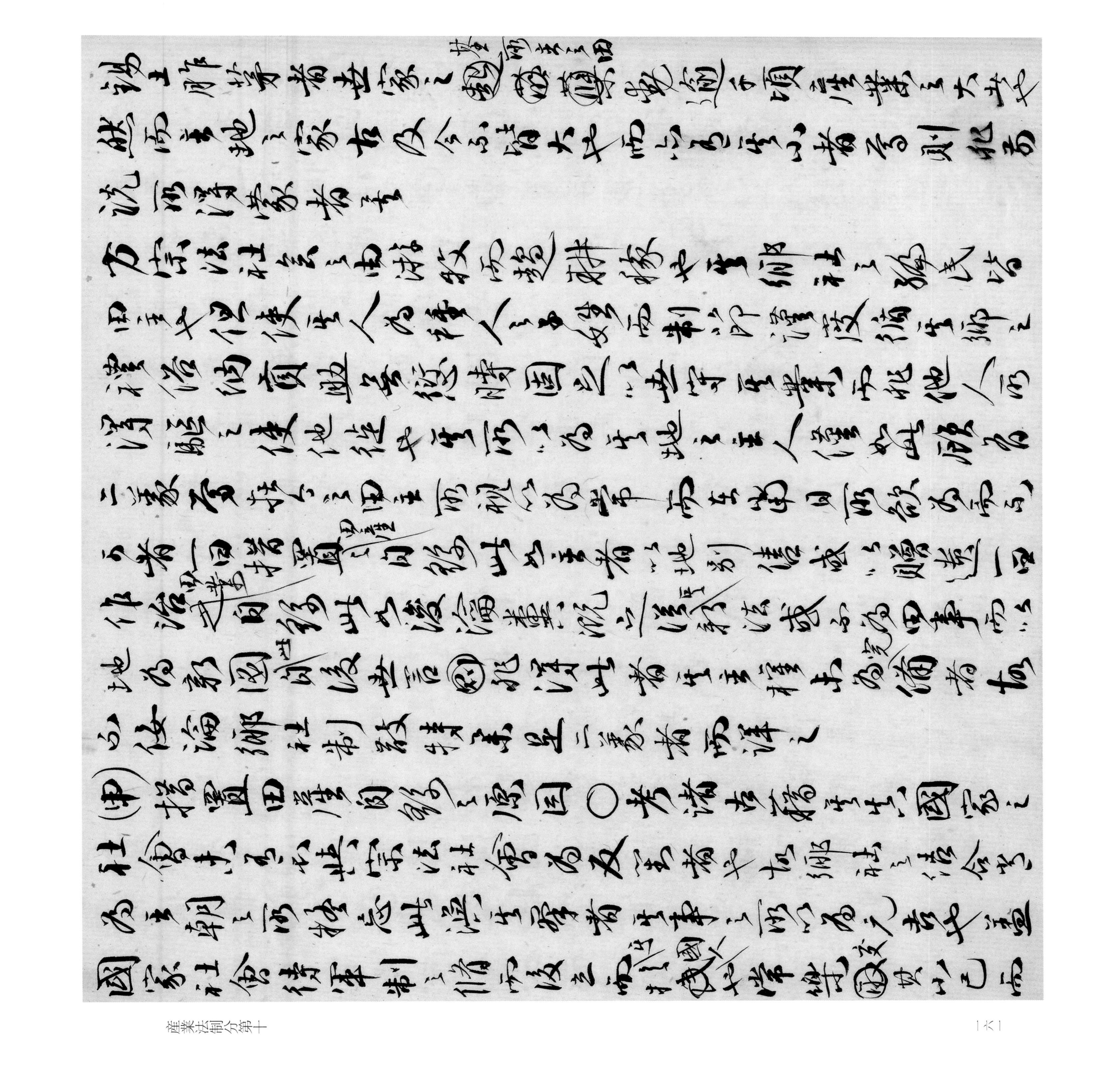

[illegible]共合羣有是四事也鄉社也亦當取種於是代表之
羅德[illegible]為[illegible]而亦有下文於鄉族以立是者
之心以為使鄉族之勢力弥固己之權力弥以不張是故考諸
前古[illegible]之法典者[illegible]於鄉社之訟獄無發皆顯
屬禁而許自專而所力争者則是朝有許民占籍之特權
而許者非鄉社而得距此是事業[illegible]之國固
多地方之雜荒土職多[illegible]一部之部大抵皆棄地也然此為
昔日鄉民之所心惡莫異今日一家之中忽來寄食之客然如
知來者非暴客奸人或為主家之傭伺者是所行事有時可
波及於一鄉而耕鑿之功或用新術而不循古制凡此皆鄉
社之所大不願者也然而國王之勢力常在違是主義而有鄉
除側目疾視不能禁也
交易路通〇尚有進者則國家許民以田售於人也考歷
史[illegible]迄社鄉社[illegible]中常有并吞之家以一人越佃建仟[illegible]
而生大者[illegible]歐洲中業[illegible]總前者
業[illegible]出四十先[illegible]為一等之民自來風氣是勢力常歸大也[illegible]夫以

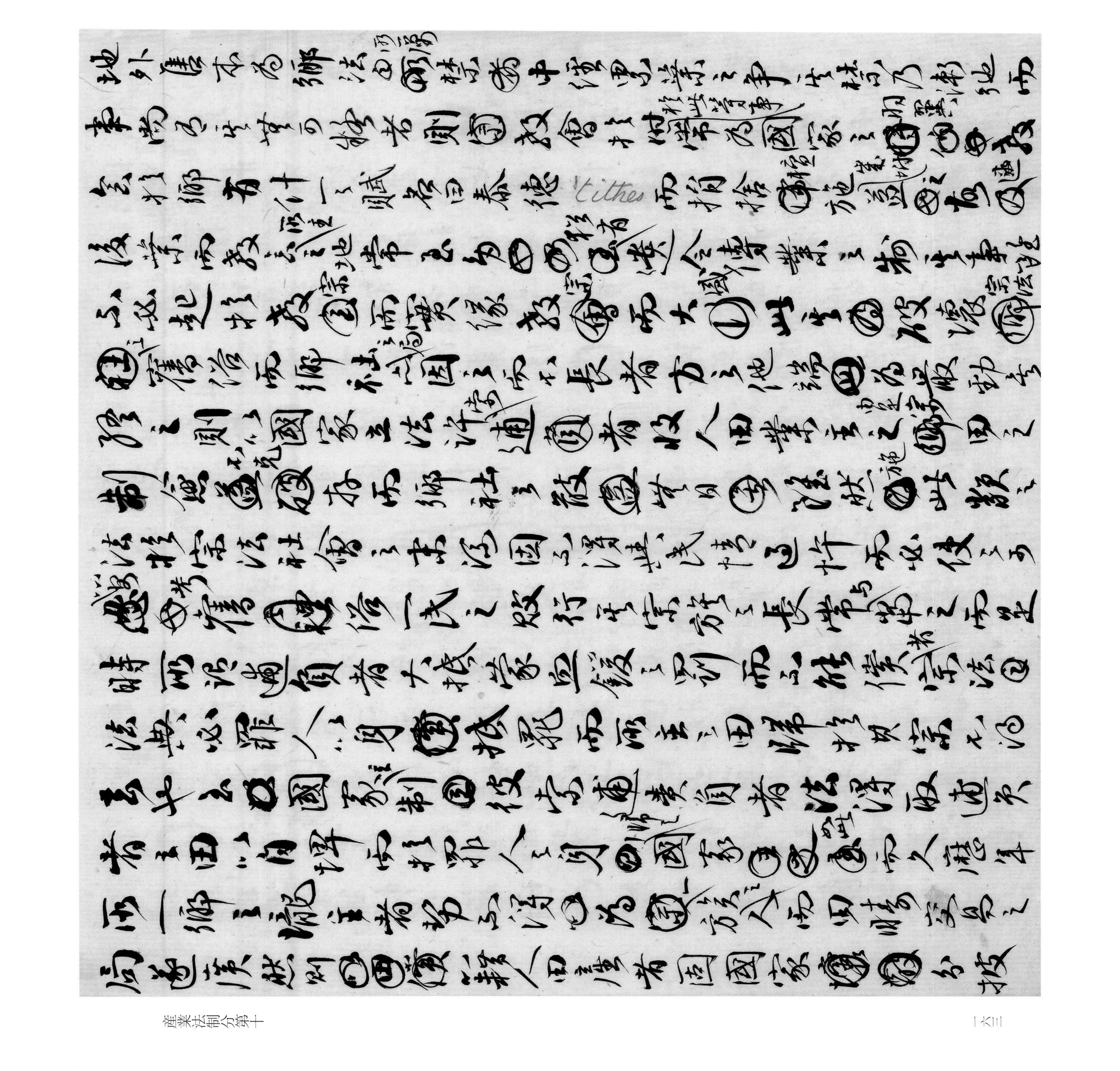

[illegible]

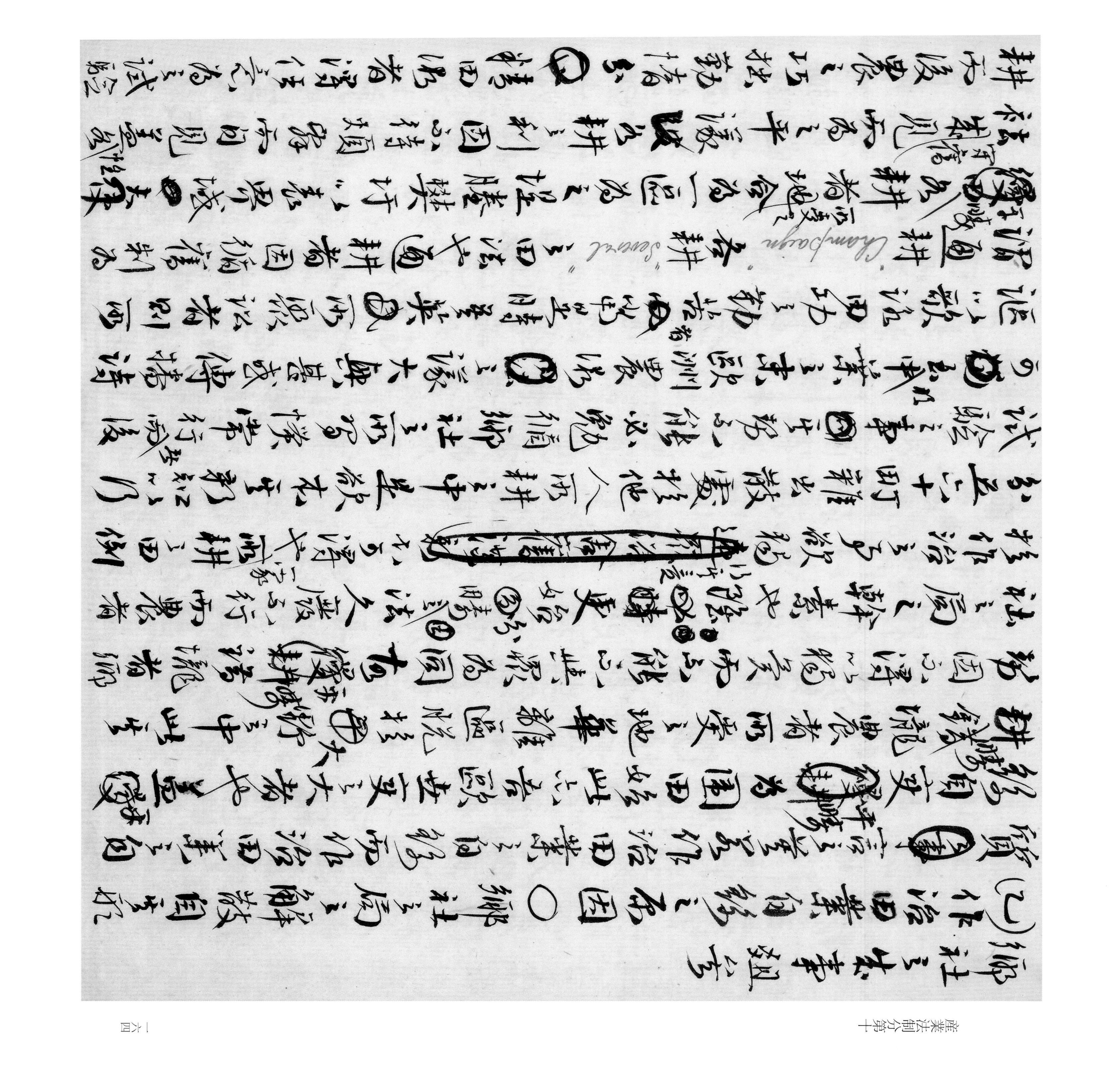

[illegible]

Champagne

Seuil

一匯者也今之由法以一人之心思為公匯者也以心思為公匯故人
人得為其意之所欲為而於其上為之產業
總是篇之所言讀者得其撰要究其得其諸國之說
而且至末附者其[illegible]然[illegible]為物國雖明也使其共究社會
之理究欲知產業天演之所由於[illegible]之家所以
至說為易之則於[illegible]病[illegible]二大義使之
係於此而能[illegible]所得以自為一以見社會產業之制能
中人力一膳所能為[illegible][illegible]指[illegible]見[illegible]物[illegible]
[illegible]以一席之語[illegible]也將其事者其因果之相生而見
於歷史者皆[illegible]其用事之[illegible]任嘗於產業之義[illegible]於[illegible]
用[illegible]產剖取交易[illegible]事乃[illegible][illegible][illegible]尚者[illegible]至守
[illegible]息[illegible]一切計界[illegible]進步[illegible][illegible][illegible]凡此皆於產業一果之
中[illegible]用事[illegible]者[illegible]二以見產業之演進[illegible][illegible][illegible]
本於天時地利所[illegible]自然之因者為多而由於[illegible][illegible][illegible]人[illegible]
者乃[illegible]眾也[illegible][illegible]人事[illegible]大於國家之治制[illegible]國家治制
為產業一果中所用事之最大因

第十一

論國家社會之刑灋

案字(書)刑罰辠也从井从刀易曰井法也蓋井者一方之法度以刀守之者字與或字之以戈守口一同意其刀部之刑剄人絶異初學記引井飲人也罰陷故加刀使畏等

解雉獸可以又灋从廌从去水以其平也廌去者觸不直者而去之考古之書之義由與西文若斯状思 Justice 之義同皆取至平有法度而證於威罰者

吾人以習慣之故遂謂灋爲刑爲國家並學者之天賦不知此等制與他端等皆經演漸來之果非自太始而已然者也譬如吾英訟獄鞫讞（从水从幷法同意）之事皆稱君后施行君后者國家之元首也然而古亦如是乎可考而知之者蓋

古民思想○第五之迷血鬭也已於刑灋最初之之家主於報讎復怨而已是故血鬭者所以報讎洩怨之塗術也夫讎怨存於私家故血鬭者私家之所乃玉淂

罪所居之群，而人之所共憎，則其衆力固足以屏逐放流之，此則公所犯私者著。

血鬭業已以仿實多，欲救其殘，乃立血鍰之罰，此乃取出懸之財以為報復者也。然其初民其所犯而見得為罪者，大抵主殺，故其為復往而於議罰者，其事亦雜而易辱也。浸假而羣演益深，於是乎民有產業之思想，而盜竊之罪著矣。案：盜之於文為次皿，次同涎，皿其字法與羨之於文為次羊正同。然次羊為羨，不為盜；次皿為盜，不為羨，則知盜之為罪，為羣演既深之事。何則？民之有皿，固後於民之有羊也。至於竊之從穴從米，正為穿窬胠篋之事，猶後於盜。二者皆非用武者也。盜所竊者，皆有所之產業，故情得則首議賠償，自然之道也。使其物已化而不可復，則鍰罰亦以當之。此雖與血鍰者情有輕重之差，而法則固可以一致者也。吾前謂考古法典，於罰鍰嚴詳，然自草昧以為等衰，蓋其事固如此。

未有理官。然而所不可不知者，當為之置吏，社會乃出宗法社會之初，固未嘗有人焉，操持威柄，執三尺法，使鍰贖之罰不得不行也。考此時社會固未有司法之理官，而所以法典者，亦一時之社議也。泰東之鄉約然。種人閱墻而相侵

奪宗之長老邑之豪桀居間排難請受鍰解仇而鍰之

歸則至未例五罰得事類相比而上患後爭者也使使受者然

滿抑施者恃勢力不聽因無如何而必出於血鬥此古之俗也

使吾黨生之見吾英有理官勤勉塞其罅隙 William Sike

英國殺人究犯私以財與而殘之家自贖塞其不聽則任其家持械

相死則倫敗一時報命議論之何誤然至事於人雖可怪而

為常日社云所實行則彰之可驗而至民未當指以為非也

罪犯公私之始○罰鍰之條勢不可行於公犯蓋前所指者

皆私犯也以是之故條於舊典稱公犯為不償之罪 bootless wrongs

謂至道犯非償財所得贖滅者也民犯不償之罪者全種國

舉族羣起眾怒相呼與譟而逐也 "hue and cry" 而逐之至二者相撲後

世因係者以經為刑典管理密 criminal 與司域尓 civil 二法之域

分管理密公犯也 crime 害之所及不有專家須待至人告發理官乃

私犯也 civil wrongs

為讞獄亭法以伸其枉者也 案泰西罪犯公私之分與中土大異我所
謂公私罪犯者惟官吏所為乃立此則私
罪其一人一身之所犯也公罪者事因其公或為他人之犯而連坐者
故大清律公罪准抵銷而私罪不准必輕私重正與此所言相反不可混也

復讎遂俗○方古之時民有受害於其鄰者則私復之是謂復讎而家族亦殺人而也欲其世相復則必有貲家長老爲之居間爲家族其請者則盟而解仇

Swear the peace

非是其仇不解此其俗（宗法時爲）係宗法之世而沿用之直至國家之事猶聞見隨爲之刑章不能絕也其最怪者則有如歐洲中葉商賈業會所有抵質

reprisal

之權利依如有倫敦賈負蒲略罕賈債不以時還者設是時倫有他商在蒲之賈業會輒執其債以抵前負其爲俗如此至於訟獄兩造相持曲直不下則得請以鬥爲決（乃以鬥勝負決曲直之言也）

trial by battle

此其事蓋沿古血鬥之俗乃至拂特制亡軍伍之家長之家猶私爲之俗之難革也

國家之刑政○自有國家其首治者乃向所謂不貲之罪犯蓋古社會之未爲國家也於其民所犯之罪有譁深驅遂之俗然即以其罪之公而非私其之誰何而罪人常去於漏网國家者主治公罪者也雖然

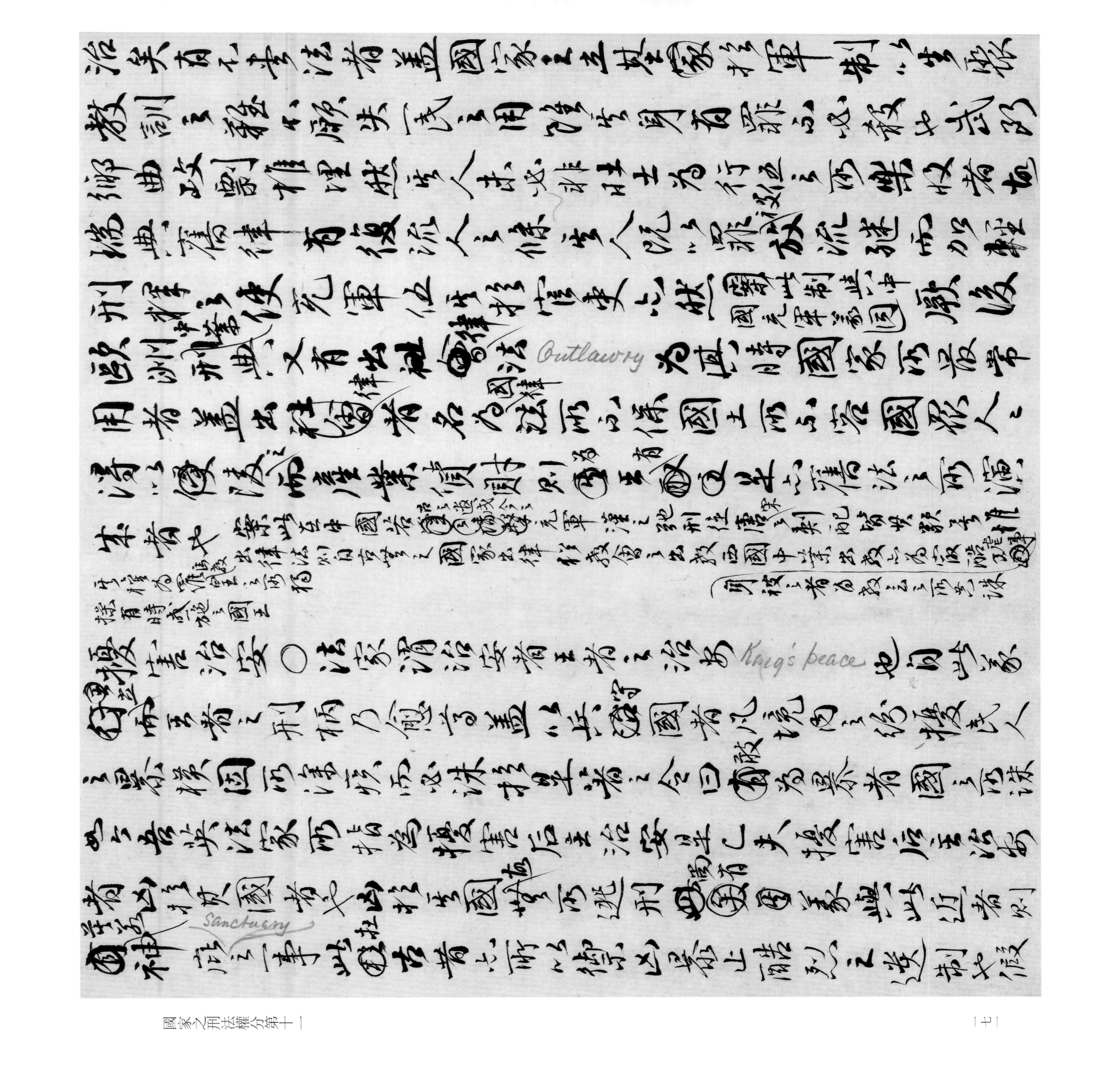

[illegible]

Outlawry

[illegible]

King's peace

[illegible]

Sanctuary

[illegible]

如有人以無心誤失而致他人於死，恐死者之家之報復也，則犯者走自逃於強有力者之家，而乞其主之護庇。此其事詳於舊約摩西諸書。古殺人誤故之分，自此始，而於法典所關最鉅。至在猶太種人，則所設神庇國惟教寺乃克為之。中葉史書謂之宗教會神庇，其時血鬪得此而熄者蓋十五六焉。然回言勢力教會之神庇，終不若王者之治安者之治安王者之神庇也。至今其俗猶盛行於波斯，往往或可嘆。蓋自電報行於波斯，民之求王神庇者陸去百千，至得以電自通國中人之有以電自通於王之權利，特欲霞電者須先付資人，有為仇家所窘，則赴官郵電局，電愬於王求得霞照守以待之。波斯有電郵，然則從事多窘欣。循舊章霞照常累日夜而後可得，然而電郵者王之廨署也，則於此得神庇焉。遁福求援者，但處其中，則其害每見。波斯民電郵中三五蜷伏，電郵中就其以時給食飲，而仇家逐之，在外環伺之，欲得甘心不可，則於乃古之遺法也。

擾害國（治）安之推概　○自擾害王者治安之說行而家眾殺
奪之事爲公罪，胥理密而國之所必誅，而自法家之舜文
則有死家暴殺奪而亦入公罪者，此胥理密之條所以日
廣也。即如盜竊等事（此），亦必皆用武而强梁者，至所損在私
家，是宜入於司械爾之私罪矣。顧執王釣之法者曰，若亦往
盜竊無間贓之得不得，皆（事主）還於（可以取）索償 reprisal，取償則用武，
用武則擾害治安，故盜竊者公罪而國家之所禁問也。
顧國家（況）問之則有費，費之（所）係事主（顧），亦得以索償所失，
情所係常甚多耳。然而盜竊與盜竊之此者，皆從此而列
於胥理密之公罪云。
叛逆　○夫國家之立基於軍旅者也，以力服人者也。以力服
人者惟恐人之不已服，故於（臣）民也最重從服之無貳，而首責
之使有物焉，誘（惡）之使貳，沮其服從，此其爲賊乃在國基，勢
必待之最重之刑法，此所謂叛逆 treason 之條是已。合以上二者
爲三科，叛逆、擾害治安之所推概，是爲國（治）公
罪，爲胥理密律，古今大同小異者也。胥理密之事把國家

隆其告發謂往問之而其他則必待有告發者而後為措其平也此西律所以大宗之所由昉也

拂特諸侯之聽訟○大抵歐洲訟獄之政可分為三階其始則一部長老集於社樹下之所聽也其後則王國理官與陪審員之所聽者也然而由其最古而來於今制非驟變者有其嬗接者焉則拂特諸侯之聽訟也自宗法社會轉而為王者之封疆而小侯有統馭之權故受於國家以主一方之治且是小侯大抵為族（種）姓鄉社之舊長故上之則為王朝之代表下之又為其種之大宗合新舊之制於一身故其民不待威而服是以拂特之理最為中古社會所歸往之其勢力常於王國抗也且彼為拂特之諸侯則常有兵力為之輔故於血鬭之俗草之甚難民有所爭必質（歐）成於其理建瀛之餘使不得為之和解則聽決於一時然為區像文（設甚解之）法則又以彼之為宗子也故於鄉社有家眾之特權為民信而素孚而不輕其屢己凡此皆其勢力之所以重於社會者吾英法家相傳（古）語謂英民之獄聽於王聽之

"trial by one's peers" 案此爾有二義一為平等同類一為有爵之人

俗常謂此指平民陪審之制此似是實非者也蓋陪審之制與於王朝為古民所与喜之新政故所謂此爾者乃指其同部同族非外人而已此其語實拂特反對抗王朝之左證當此之時凡所謂私犯者其訟獄皆拂特司李之所主持乃至公犯亦有代王朝行法者舊史但云考覈而知稍見是家其於公犯往之持之急堅守界其權於其人之微者而不以予拂特之地主則於是有鄉監協力夫[Sheriffs]之設浸假而地主徵發覺權之權歸鄉監其久之又以鄉監之權盡也於是遣行部李官[itinerant judge]專司訟獄剋捧之事更遣權使[Exchequer]以覺賦稅置特部督[Governor or lieutenant]稱王命而總部兵凡此皆數百千載以來自拂特漸變而為王國之層折也

國家與拂特之爭○歷史中有相及之一事有如拂特建制之於王國者也而乃進化之緣是王國者常與其所自為之拂特為王劃之爭（如漢之吳楚七國）有時而王國勝則為一統之令有時而拂特之諸侯勝如東周以後則其國分裂二者皆求

自存而爲爭皆烈夫佛特者王國之所衆違蕩
屏者也願歷其後則必毀之此王故所謂田里有二
流焉
一有佛特國則王國之民散也稽之歷史如中葉之日耳曼列
邦是王始皆佛特也而强朱分立之强國此王故亡易於
已盖民恒耳目之近知有佛特之君而不知有其主集王
麾下習王佛之一也梱載輸將入王府庫二也獄訟之聽
詎歌所歸三也自是之者行民又焉知有王國乎是故使
王國其主與佛特之强侯有事於疆埸彼民之爲强侯
戰其異爲其主戰也當中葉之英倫王王位曰所不傾
者前代之王嘗事勢之必然而先爲之地故也因緣事
會盖亦有天幸焉彼爲法使一國執兵之衆必爲王
戰非王命不得徵發則佛特之兵權去矣而征賦之政
又設專司名爲王征者王自取之則佛特之富厚利奪矣
終之乃并其訟獄以付於王國之司事　今所謂服者正在此事　而於是
佛特之勢大衰

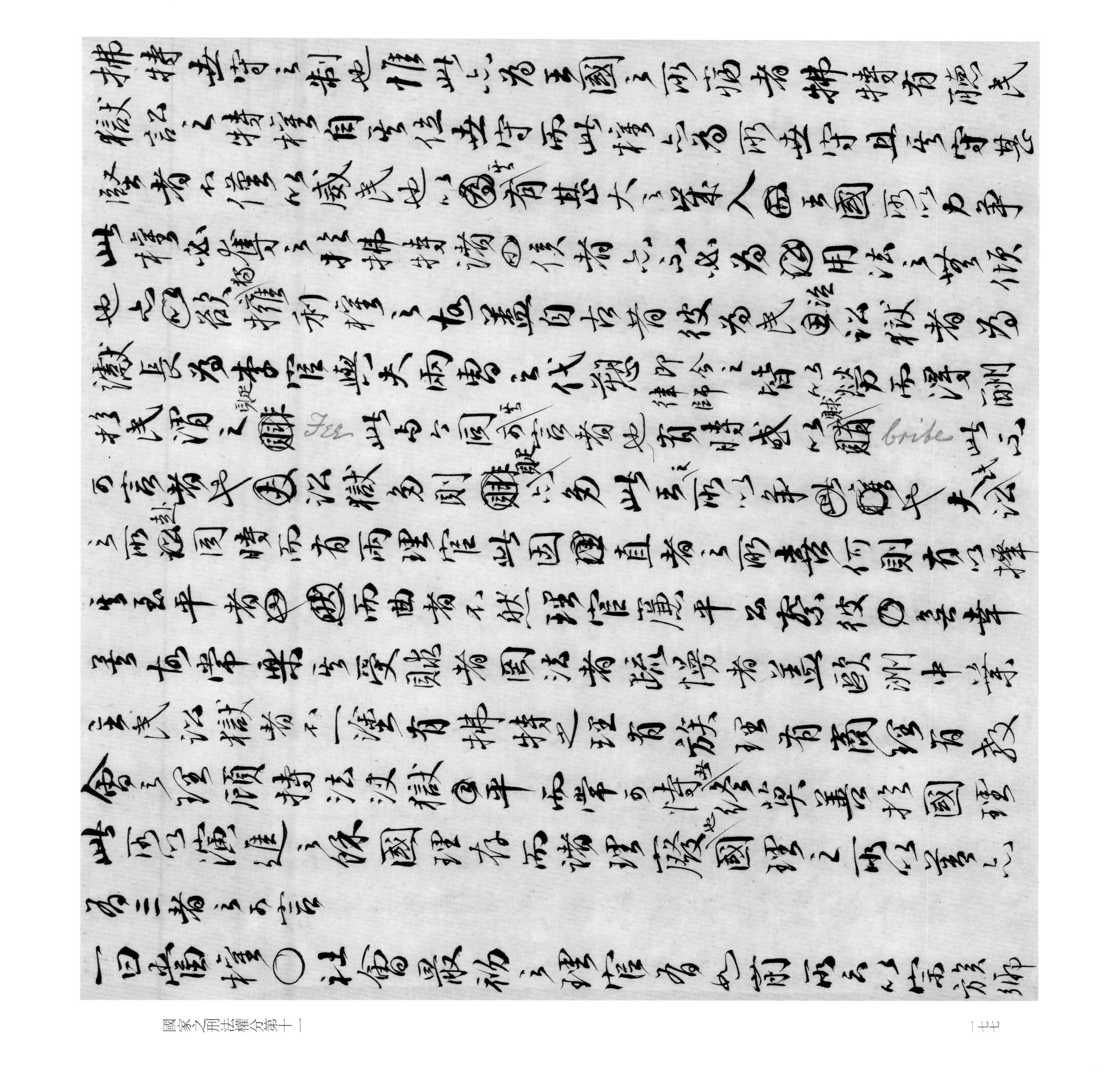

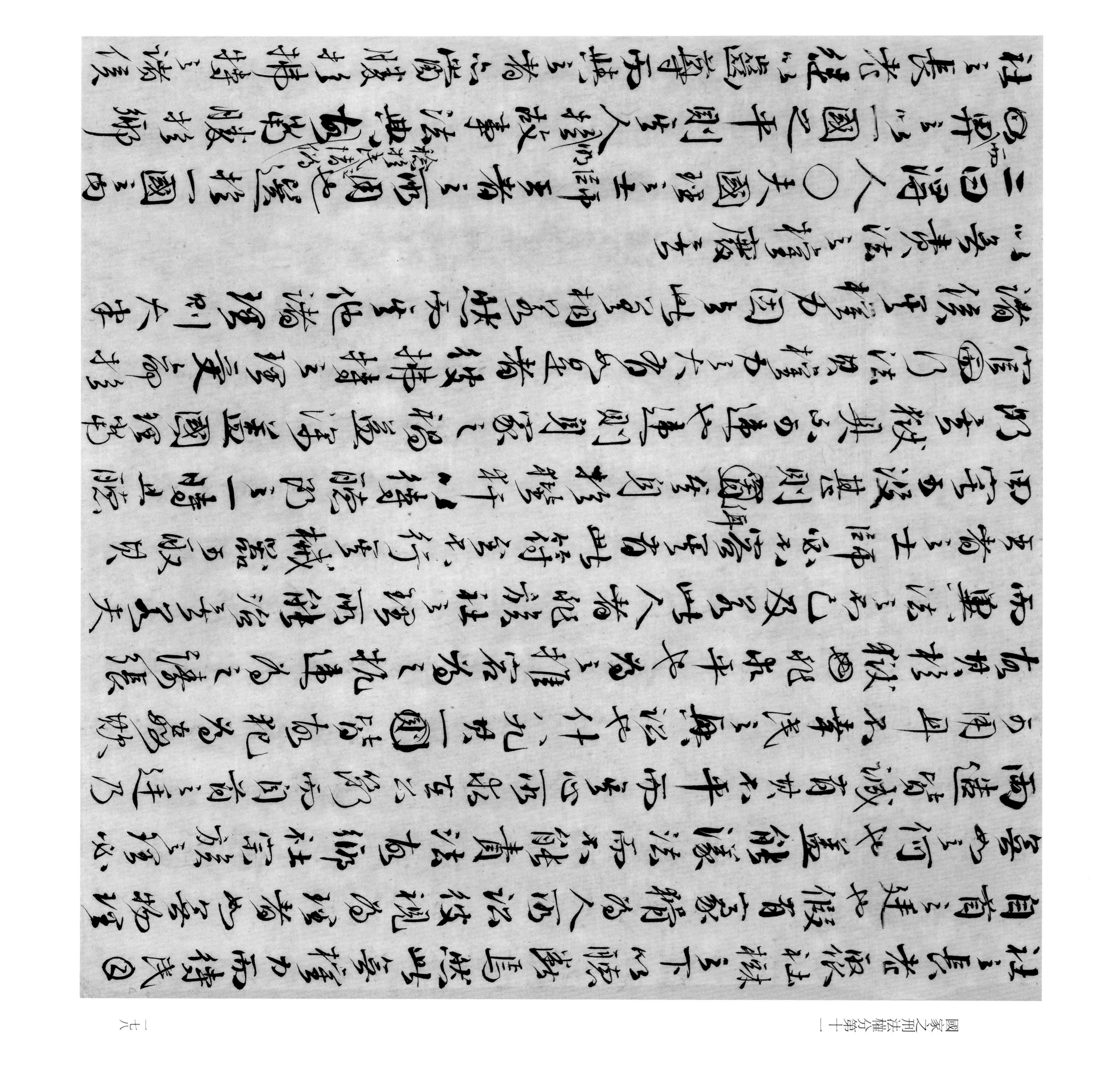

生而長者亦於教會之人其信奉者皆以備道受信之故
其可獨於哲獄聽訟之事上已明其夫哲獄聽訟教會之
尊宿拂持之僧伯固皆用其能者而不必自為之欣同於
用人則其者所用自為勝其羨自爭理之常言之最大
之主人宜得最能之臣僕王域中最大之主人也一國之內最
十以後最十畢協議其當宿之務而其則唯一而已然此皆從其處
理言而已請徵諸事實不見二百年後凡獄訟有決
書與籍紀載刑獄之事以備稽此者猶其朝理官乃
有之而所皆其有然則刑柄之宜誰執而後明耶
三曰簡徑○今人見獄訟之多要折而科條之深比例也
則慨然曰後世文勝之弊如此矣吾古之質直簡易
是殊不知此正反之論也使得古之實證而窺之則古之
所以問民者常甚於今世方其廷讞也而造百一言之像
則旋中規折合矩言語應對皆有程其詞翻辭敗其
且此其而甚易明也蓋上古之民所以汲汲而家之轄平彼
是之事者常出於搏鬥後延有讞以代鬥也故不以鬥

之意乃之相為粗何者亦中律令規矩者乃以為敗也且
吾鞫獄受告也某有寃曰非然曰則所某皆廢前所言
謂馬腸卜一事神巫能為腸卜且惟彼能知行事之日
時与一切訟廷之儀則是以凡民訟者必敵之先諮之巫皆
初民訟獄之特色也德人之言曰密結華 Mit Gefahr 此云冒險
改訂此耳乃至王國于之理彼固有其例故也而凡若所
寃者之無訟則一埽而空之放告受詞惟所欲乃之日為
之定疑示之定程而民之耳目一新其為前經如此
乃至聽斷之術國理之所為而以破初民之閡昧而進於
一王之制者先為多也夫以大較言自此以降異俗之沉除
乃以搏擊為决勝負為曲直之決舍此而外彼固初民
之所決獄者僅兩術焉一使兩訟之人為貴族有聲
價者彼則聽其人為誓以自明有時聽獄者則為定
吾人之親戚若父母兄弟妻子代誓与之代誓者皆之為与其戰者
也一使兩訟之人為奴虜抑為鄉里所不齒者則欲自
明其無罪則必為滴鍍之事此所謂阿謫盧 Ordeal 是已

阿諦要者，或具溶湯一器，使手探之至半臂，或束其目，使行熾炭之上，或繞鐵至赤熱，使手捧之，俟其人而爛，則不爲神相，爲有罪矣；否或不爛，則訟者枉證而直，人實無罪。案：溶湯熾炭赤鐵，以手探之，實有或不爛之理，此格物家皆能言之。蓋人肌膚常有溼汗，其上遇極熱物，如流質，此溼因之時成蒸汽，倘護人肌，得不相着。然生物淡極熱，熱度降，則反不致而傷人也。夫要爲術之左道，若此其揚，時使貴者皆良，賄者皆蒙，而於獄之平反何有乎。至夫王國理官之所更張，其文明過斯遠矣。古以鬪決曲直 trial by combat，其俗固未可以即除，而理官則爲民設他道，以聽其自擇，如兩造訟辭皆得引典籍故事爲正 proof by record，而所謂典籍故事者，上自朝廷法典，下至兩造之私契約，皆得用之。夫如是，故民重文字，隨日用交際，詳於紀錄者吉。此驅民就學之間接術也。至其次，則重大取與約諾之事，必取左證見知 Witnesses，不幸而訟，無證者屈。顧此皆良法矣，而所更張之尤良而後世國民之福者，莫若陪審僉詢之制 trial by jury。理官鞫獄，十八九得情，莫得決乃偏詢陪審者，以其意云云

何會云茣枉當罪乃奏當也是陪審員必選諸兩
造之鄰(比)平等者夫陪審之制猶英有然考其本始所
言人異往往茣稽聞嘗考之知其始為王官所猶有
之權利察理第一(六称夏律学)称帝受其法於羅馬遣
直指吏官四出問各部疾苦而各皆乃此法於民又如
皇帝問其部有非法者或國權為人所侵奪則
遣使者詣部以節集有罪人異黨受問事如革
條答己必令作誓以徵所言之不誣此(要)理(助)此言誓人之
名所由防也方其制之始行也能民所樂也(也)気坐
陪獄預不干己之事往之廢業不出有罰置而誣者
誅則(要)理所不願也罪惡昭著(於人之耳目)者(甲)如此者也君為坐家
我為潛因則罪人所不願也順其制於王國最便是以
西部前後諸王大抵循之不廢且其始(用)制者必有
涉於王事而後用之迨乃久民(轄)(也)(使)(可)(也)(得)(直)(無)(獄)
其資以市於王有(然)(要)理者必王官為聽獄而後可及他
理臨台(要)理不必王之是故(要)理之制初施用於王事

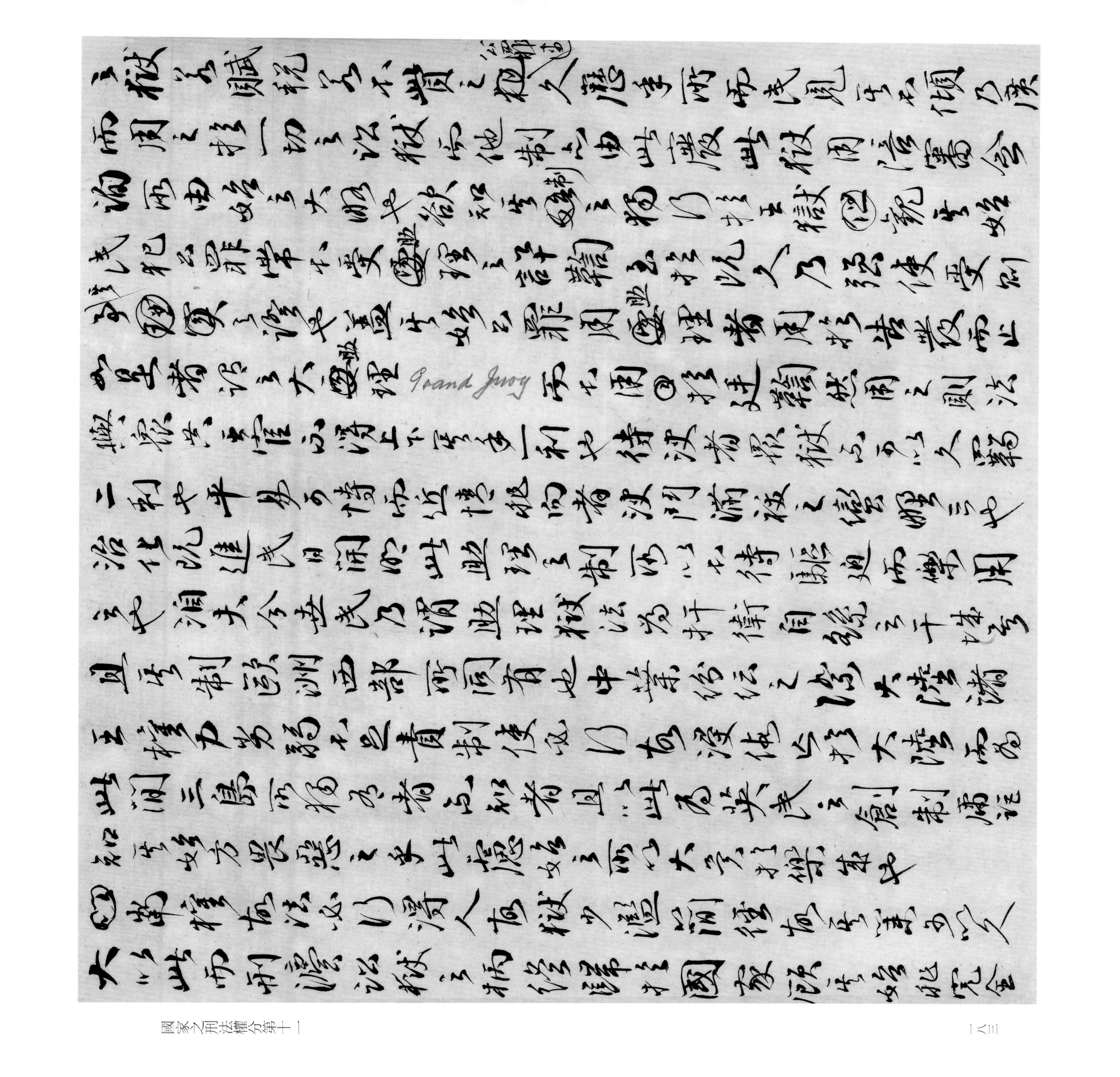

Grand Jury

昔設者也自國家發生之爭而後刑柄一操于公衆之
國之首立然後國家刑柄之專（粗而言之）明自宗教革命
之日始焉者國家（一旦）毀地方自治之制而稱為立新
理者此如法蘭西之前事是已然終至於大害此太
無聯非吾書所明及也至于他國家如吾英等則
為之以漸（常）立于法而民莫不知遂安然而治以日進蓋
治化天演於綿延光明而不得為一瞬之波瀾也
者也
國家社會（之）刑法之事（于演進之）大理如此雖然右所言者及
於官而已乃至官所行之法演進之何如斯又一事
非專為言之所能盡也蓋言所以之法則必及夫議法
之權言議法之權則必及國民之代表凡此皆國家
大之義也

第十二

論國家社會之議制

吾前於第五篇之論律也，於宗教法律之思想，與世間法律之
思想也，言之甚詳。律議法之思想，更知律之所謂法律者
固存於所以常固於議事者，必有人之權，而所以行權者，其有立于
律中而不聽於人者也。蓋當時一切之意，皆本於人
而國土地之為之主，國家之中，彼所謂法，乃所謂法而兩
謂法者，意之與權，法者即已然之治。法之文之而
始基于是時之言，民之設法，固有其律之為律，而外其
不由之宗，其為律，而所設之地，無國非所論也，入之令，固其中
所存之物之非，是固在於時與世之法，社會所以守律者
其所以為大人之意，事宜而不言國，而國之議己，自其他
之所以能於其所持之國，有所以法律所由之由者
皆曰律之法律起於人

後學中國同異之事，以求其社會之宗法之要
國家所宗法要義第十二，而國家十二四目注

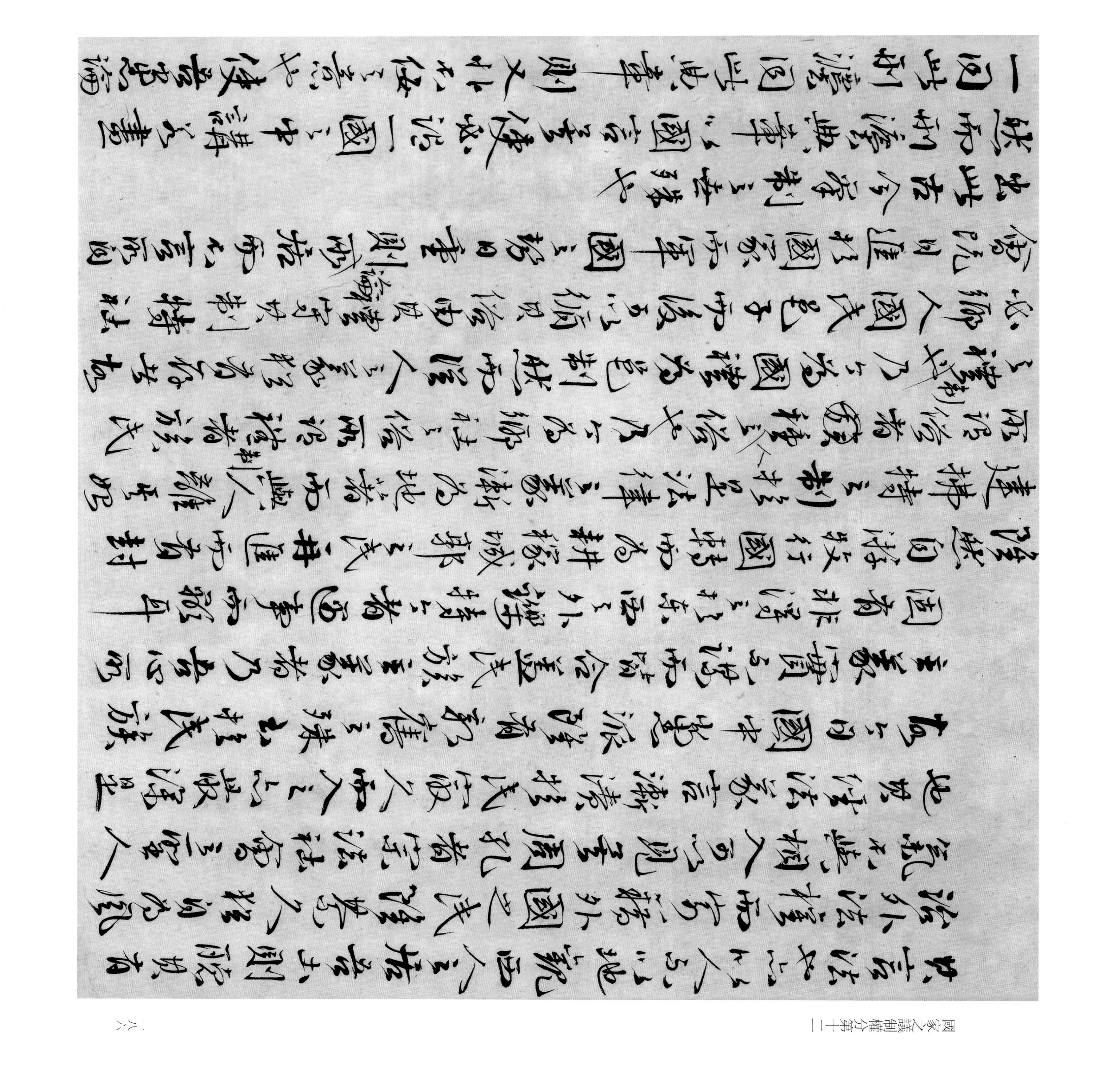

若此中政洲ミ十一拶而還之法國律日五以常之法也又為問
若而大異何則此見於事ミ事家之而於今ミ之中
彼ミ時以易法蘭西又日五以常以易然已行立之國乃之易
此其佑國立ミ英國若而存中一邑一郷皆規有從其事有
事多物由之事律其法大同殊多少之事多物各其以事事
之而重臣者而以於此其若其皆各然而於多而於
而國往律郷律國之法密而記 Copyhold customs 契書鄕律令
若 地 [illegible] 於田相定
也此因事律若而人而約ミ定是立之能務一多而多法國
一而以五而常則已行立諸國則而於國律直之而粉十池ミ之
而始為之法ミ能定而回而此
彼模要中此諸ミ並正一以見而事ミ律郷ミ以治地
於中國中一以見彼中立事ミ事刺有及者也
夫法ニ不服ノ此律治法所縦律事日使得定勢要而是之事
而格此近世之法而由於己其他而以縦之而而就而若
有三大因其為ニ因事情純此而論之

一曰典籍〇歐洲之典籍大抵可稱者皆傳於中古
國而有之為後人言治制之所重而通謂之民律 folk-law
又以其非羅馬之所出也故又謂之曰夷典 Barbarian Codes or leges
Barbarorum 凡條款之種民若蒙大里若斯巴尼亞若巴法利
亞若撒遜尼若白爾袞地若拂箖郎若蘇維比亞（德意
志部與巴法利亞同在瑞士之東）若伏理賒（在丹麥荷蘭間）若英倫若衛尔斯（即西[illegible]）若
愛尔蘭乃至蘇格蘭丹麥瑞典哪威皆有之隆其文
著在載籍時有不同然以歷史進化時代言之則皆相為
似則彼皆發現於始來國土之際而為彰王之所裒集
者當此之是其物皆出於國家社會始造肇有之秋
而彰王所以為之裒集者則以既得其地欲穩其中民俗
之故每有得國時與民與約故俗舊禮以得其掃
除彰王諾之而後歸服是以然則彼所為紀載民律者
即以欲通異俗惟通其俗而後能踐約耳
是以夷典民律所載之禮刑非創制粥庸之事也延緣
舊習著而守之耳且其典籍大氐皆其地父老豪桀徧

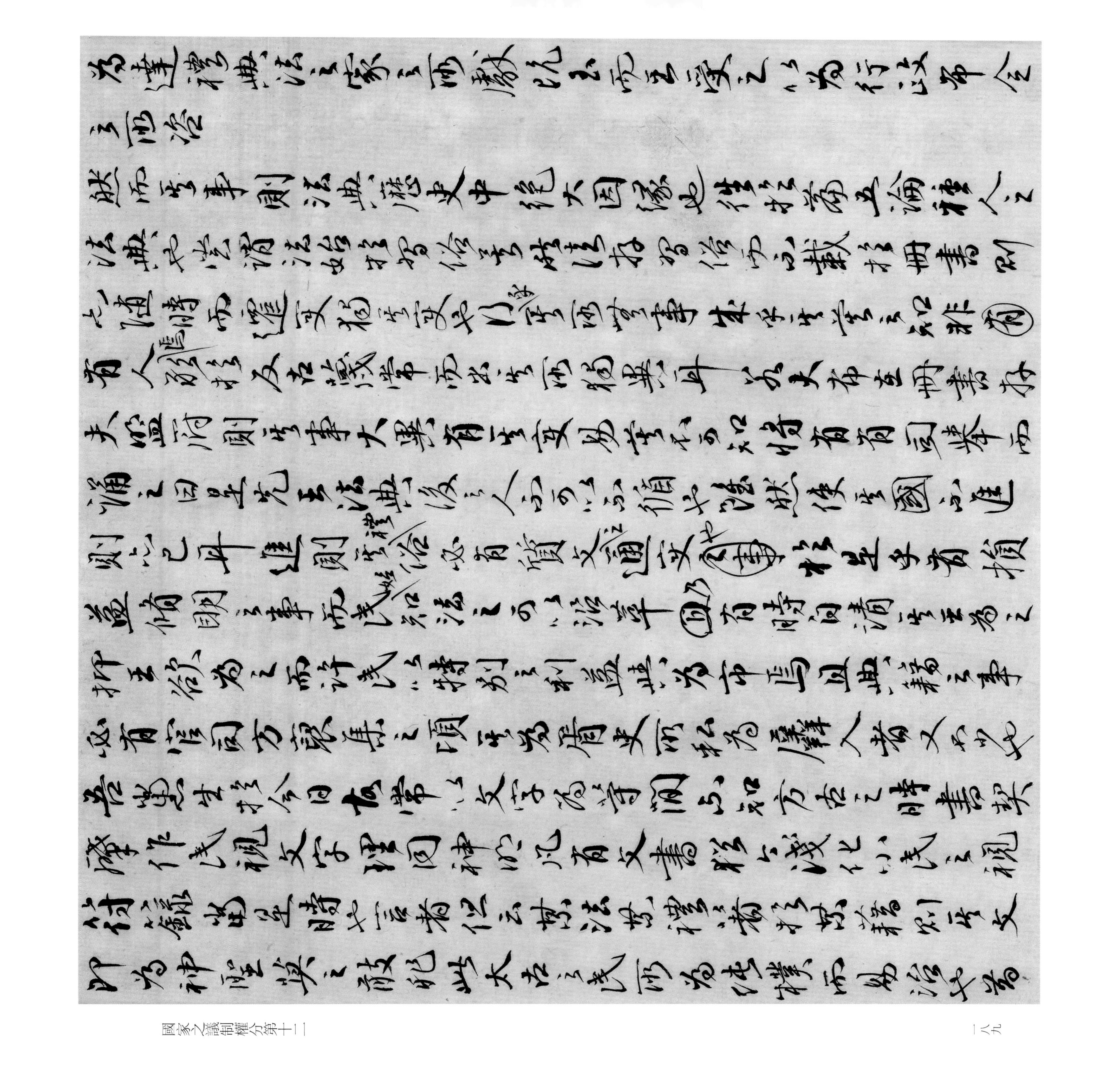

[illegible]

有酋行其術於印度之南境，病者得方則佩之而於肆
祀，蓋也有淺化之民，若不嚴重文字，但使其文見於典冊
之中，即宜頂禮崇拜，敬受奉行，而其本始之所由來
則固非所暇及焉。
二曰有司○於前篇見國家所以得專主訟獄之由方
其官之始出而平民獄也，固亦察其地之民律以斷其爭
訟，然彼既持一國之平，其所親見法之不當地者為多，如此
則凡其勢之所以一者，其不◎一之自有之情也，況更有巡方
直指周歷刺舉之理官，以一人而察諸部者乎，惟其人亦
專屬於一地，故仍法常不拘於其墟，至一路使畢，歸而折
衷，常於其所則必有言而遺而廷議，其於以通用之
法，將必於各部之民律，采其大同，置其小異，此又事之所
測而知者耳。吾茲所論，大陸諸國即不察，於而吾英古
所謂常律（通行）Common Law 則未以此術者也，曰通行者，以諸部之
所同用，而不以地殊也。亡有一地之習俗守之至堅，則亦虛與委
蛇，領其涉也，及其一部而止。若前所謂文書律（契執例），乃至今日而

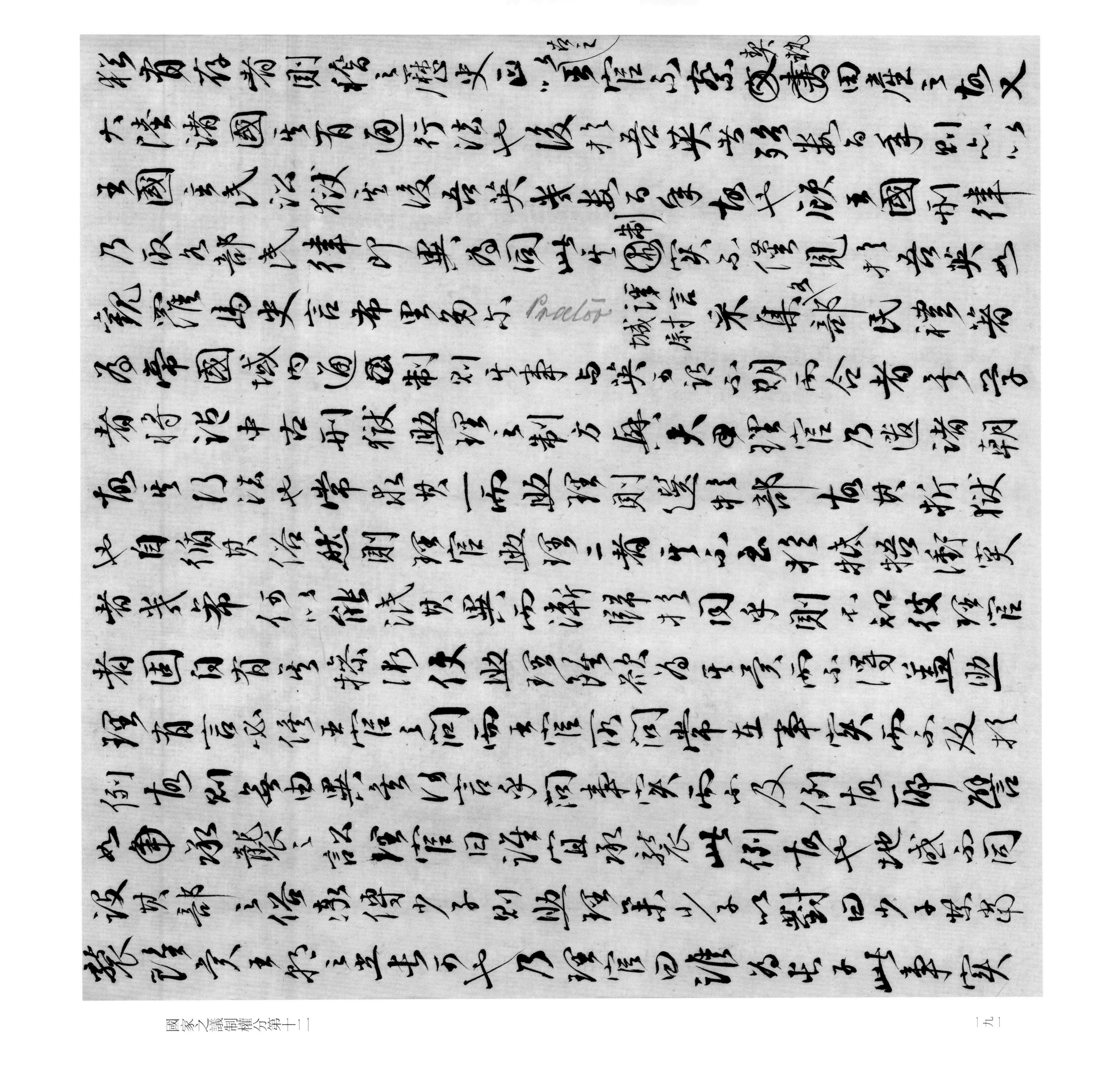

Praetor

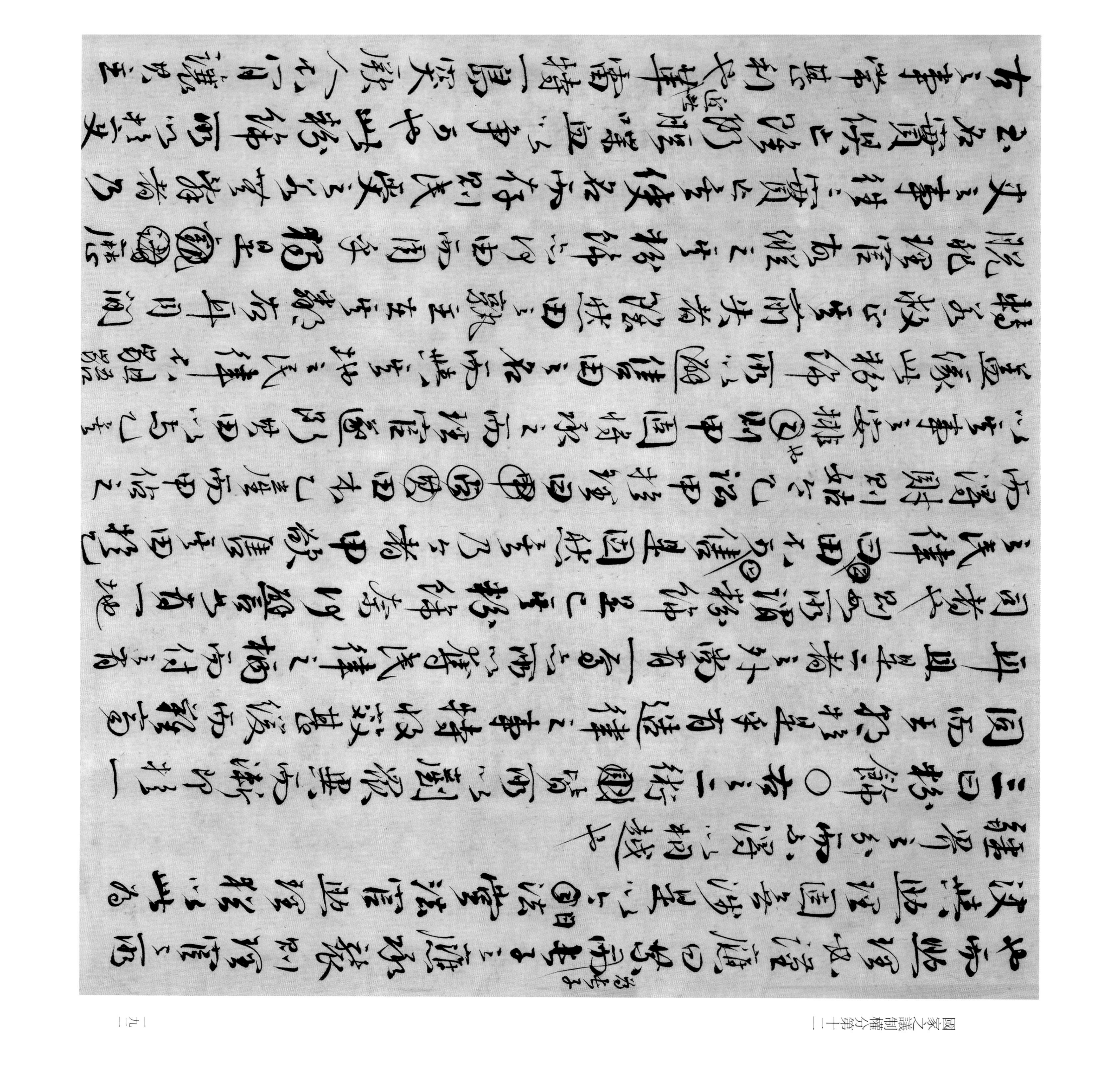

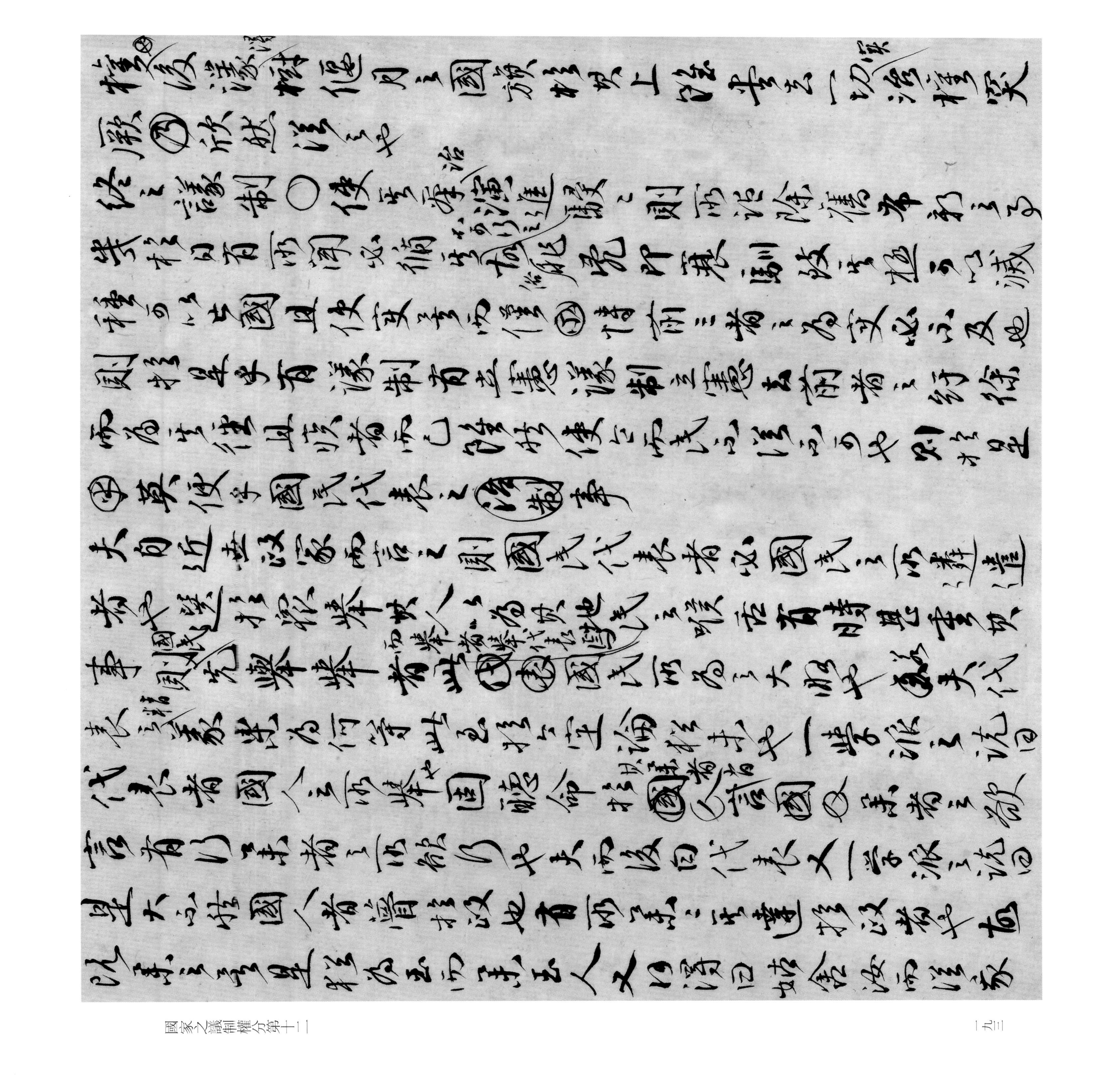

[illegible]

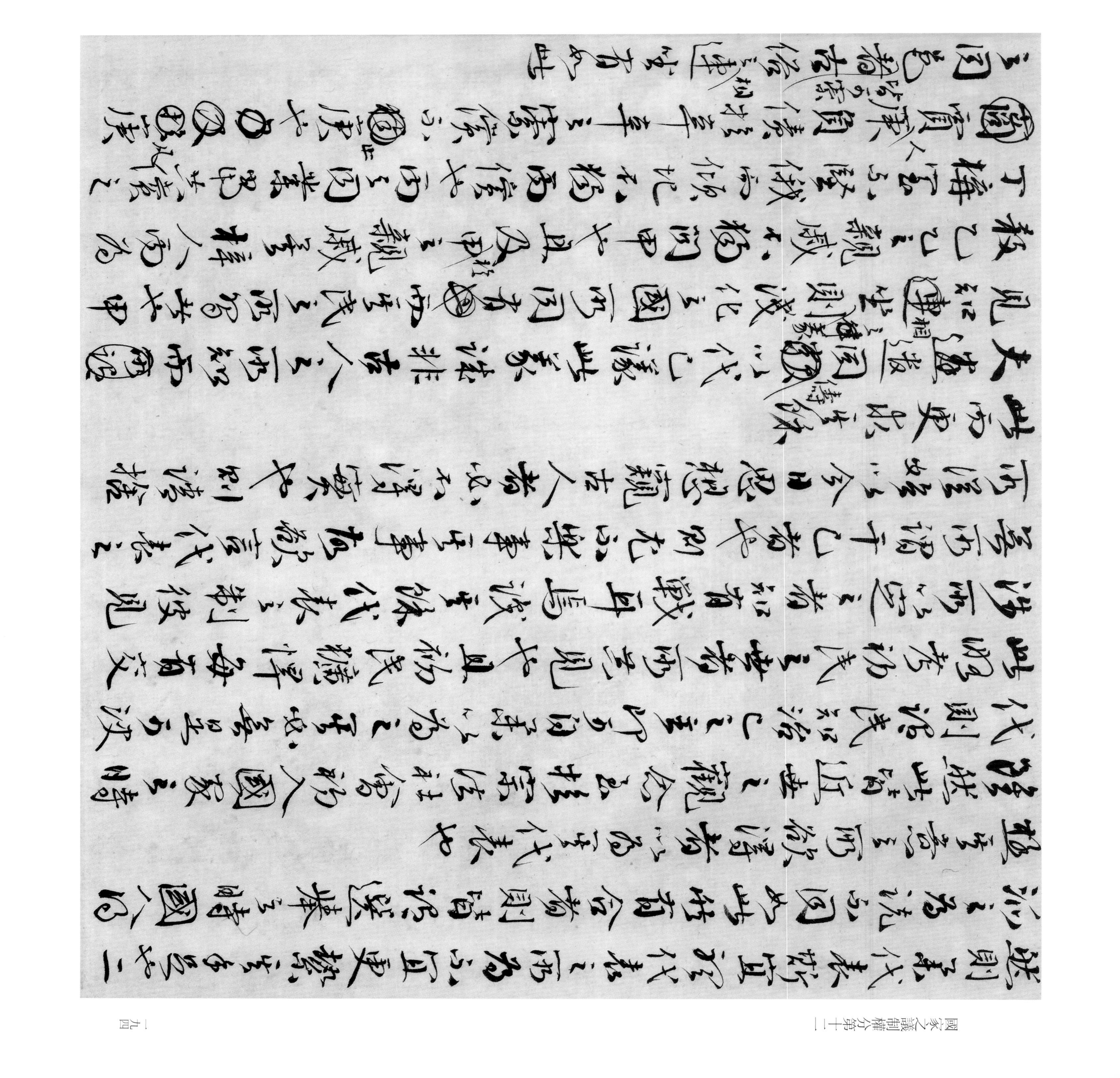

[illegible]

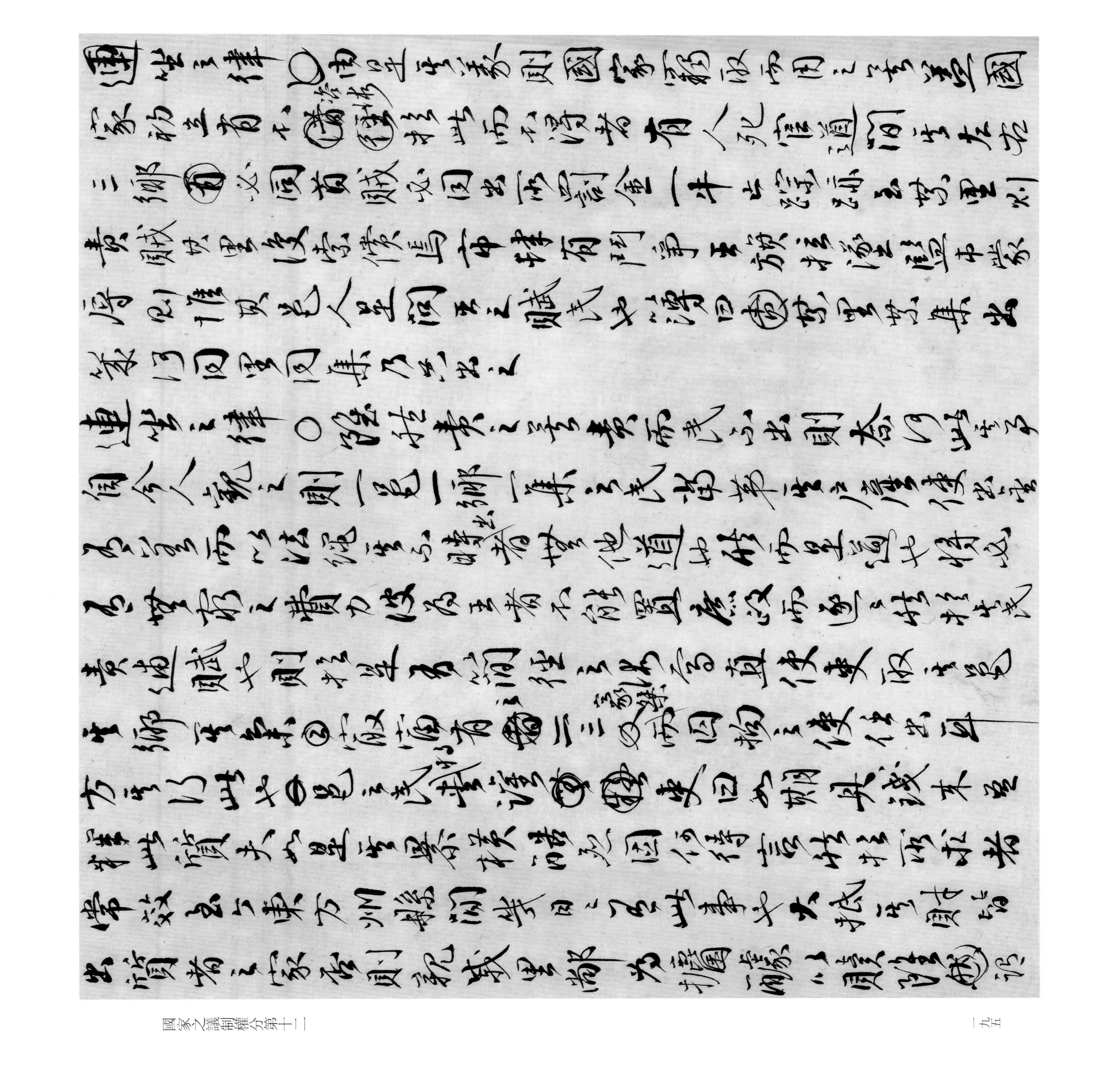

[illegible]

國家官吏所為同於劉邀蒙茂不可也，然而社會之事往
往良法勝制緣於此生，既有其然，猶以不立可也
此天演學者所以不甚高其言之謬也，此如前事乃後此地
方自治所由萌孽者，此不與論，而吾人所蒞着之
者則其事於國民代表之制為實要之進步云尔
風俗漸成。○於質要民之事，其便於官之取財如此，其
事固其由息，於具用之益多，蓋國家常要於欽財，其
取民也，皆有一時之名目，是以歐洲列國中葉之初，鄉邑豪家
縉紳長老恆以業時咸集於社木之下，其由官鄉監督租諸
王官會議所以納王供、完國課者，商業稍興，則有市邑
而市邑之中亦有其首領老人為會，以時與在鄉野者
此之時，其所議者不獨租稅也
收地方之公事，於此而公言之，其事之所由立
廢而常集者則亦以其官為之監臨之耳，至今有府
遂之曰凡縣社佰社使集如故事。佰者鄉也，其如其中，其居百家故曰佰也
國民魯利米，共四萬咸來，即指此也。魯利米皆正也，皆租稅

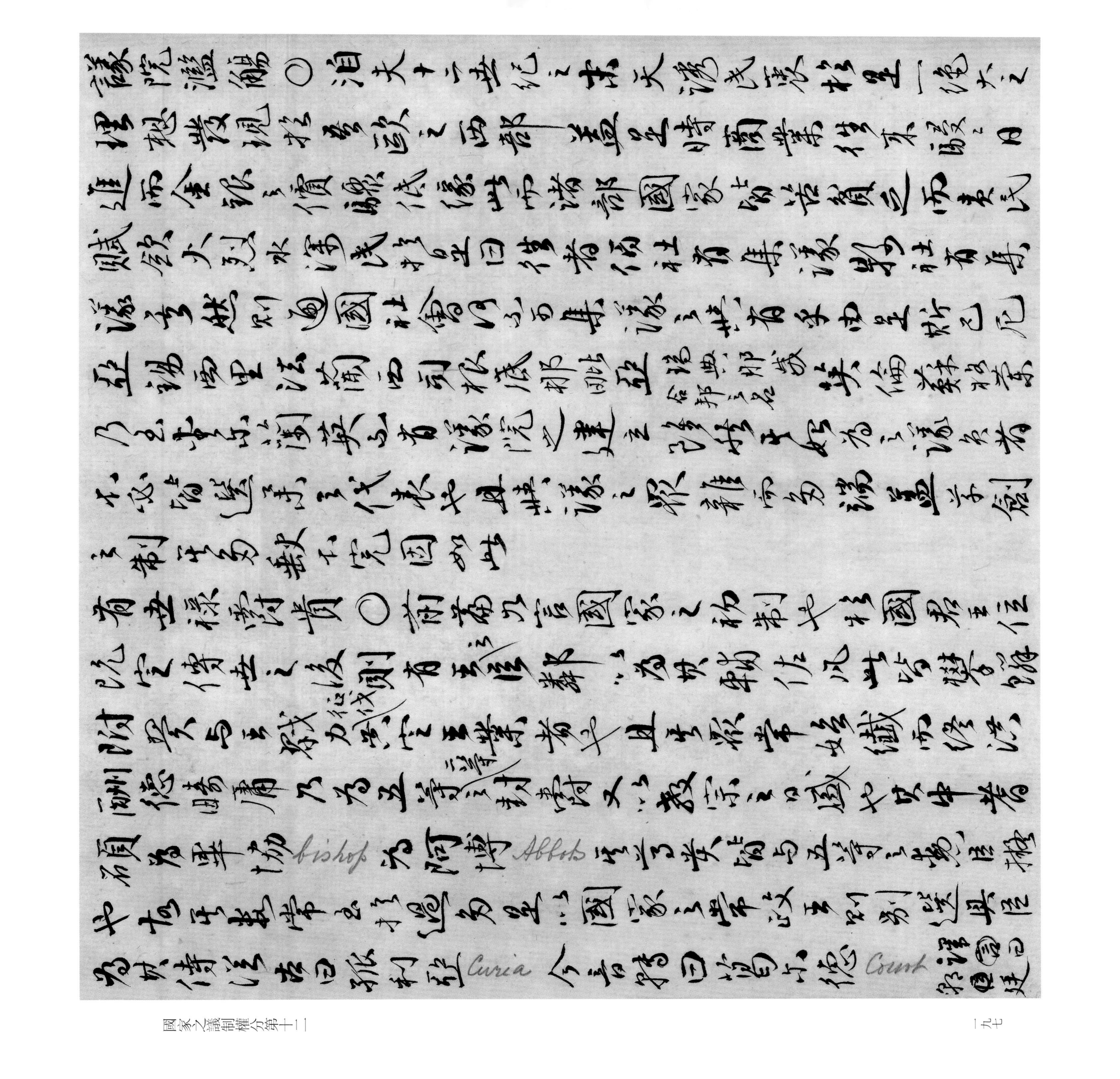

[illegible] bishop [illegible] Abbots [illegible] Curia [illegible] Court [illegible]

篤小德之侍從常在天子左右以治國事政從使國有大議
則貴族諸臣（含軍職）不集者故若前之國會方其始為不能其
為貴族人者勢也
有教會（僧侶）○且當此時社會有必不可忽之民業則教
會鄉邑僧徒其已以處信之事（若）施於積而其財益豐通
計歐洲之田主於教寺者殆居其五之一十二十三世紀間宗
教極盛之時代才[illegible]之法皇亦占作為之制度使僧侶自別
於常民而自為一類之風氣出家去親戚名以備道事[illegible]
嫁娶絕人道而祀僧侶間官吏之所制不得侵其賦亦已敘而
貢之於樸倘教皇也今夫天子始為國會者正為財耳則
彼封殖深厚之教徒其不能聽其不出所有則於是強之
使必至神甫鄉牧凡有寺田之賦者皆與會焉此其事
非僧侶之所喜為之制於天子之強權欲勿從而不可
有中產之田主○其人家有數頃之田亦可於國會之中
舉代表者此在吾英其法國平等然有未盡者於其
譬如特為國會則勅鄉監於其鄉選二人為其郡二

Knights
Burgesses
Burgher
Parliament
Estates of the realm

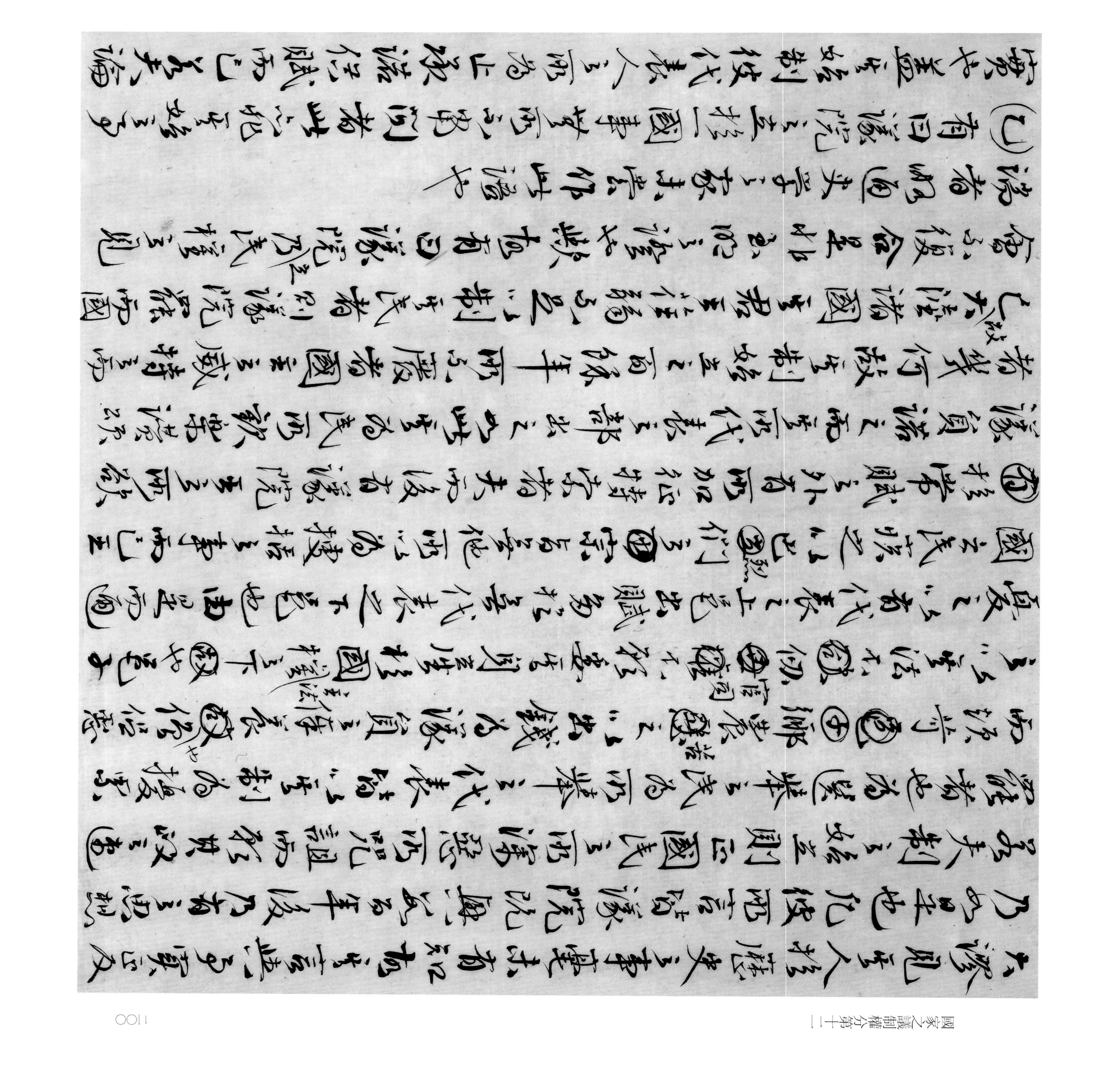

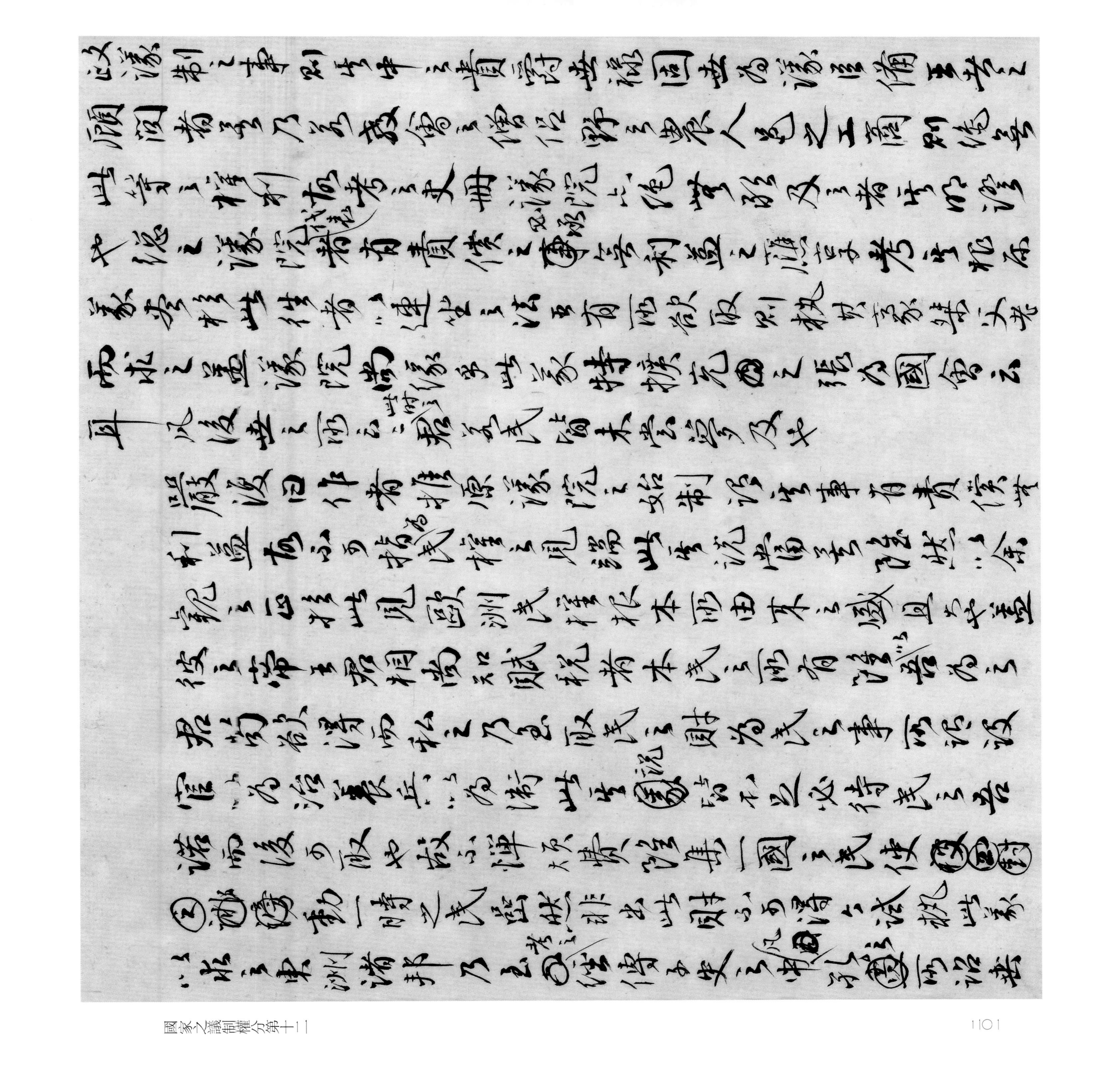

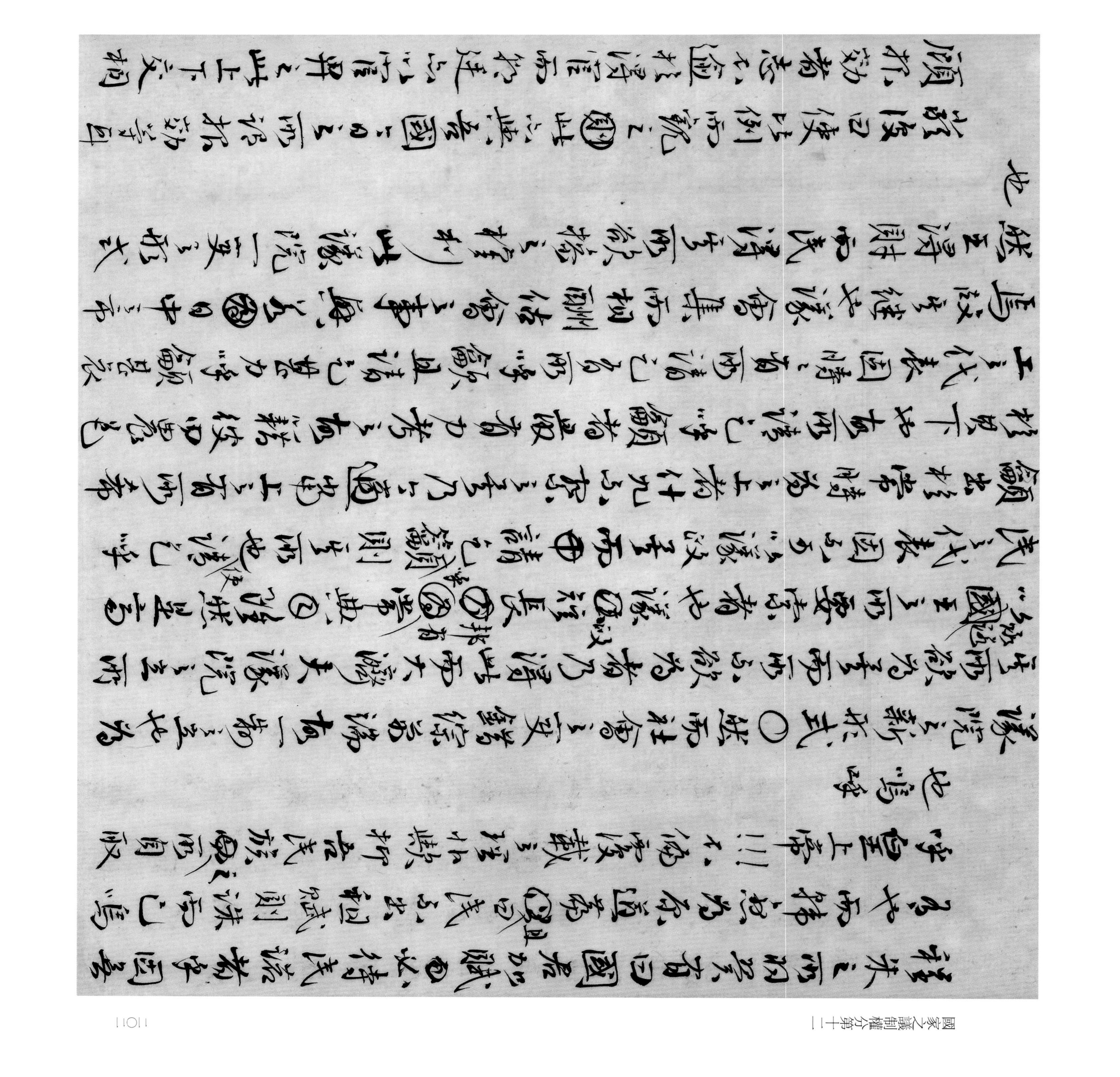

夫之之道盡出財之人不必盡居於國其中守虛無所係其物也
則民失也惟從旅之前事不然而求者大抵一方一邑之民
權也僭之而其業國地利除出之利者因於全國而之手
此以納貲爲所者之相之爲以之也
然者時曰議院之有議所之國國如此之之而立於之者以
開議法權者曰此議法權之從由君也則法治從之而
言之也
法從民立○議院國而民爲之之國法法凡美民之所
上書此國中之之罪於將之中者治之紀載者也使
者而事者得以之一時而變之則大抵不而大之文之
可以一文而言則議以已自家之私者有其人者而於國
其者於是宜從議之文而其家者官宜而中從於其
爲之從宜有能行立已凡之此者有何其非不得將於其
令之之事不過議之事議之事一國國國以爲判決之之而議
者從國王之行政權也由乃之其他一之文則不然民之
而以之法法法者議國議會之言之建議時議言之法之

未有乞王肯錄以牽百姓如此而王命之則無異者
令甲乙而為更立法度者矣夫古之國君固法度之主也
以為特一國之兵也凡役號守國治民者役將悉可出
令如其事宜與為圍寇讐而其政常立為好究
故其關常閑其以常閑三品貨金可以出國四封成
平以時為賤吏乃令立之章品以敵其隣領其儀
式以奉其刑罰凡此皆王者相授受之名器典司 pre
rogative 而獨專之威柄漫其一方之篆言之即謂為國之法典
legislation 可也然所謂真實法典必一王之制作 enactment 典
國民之籲請 petition 者合而後所立之法典民生日用有息
息之相關而前者散漫無統之習俗乃今有其本末範圍
而垂為一國之成憲 laws 此為其實法典之精神也即至今日要
其號稱文明其令之而行守之而信者因此物此志耳
故曰法典者國家所以範鑄之民俗也浚古消今作者之望
迷者之明常循此道以其一人之意建極作則以示其民者
此事之至寡國者之多敗而或不行者也能者之治其國

也知其國之與俗與其民之所疾苦其國以為可而以不國然
而未嘗因其耕也必詳稽於國社會之中察其中所達
有才德之民所以自救者其事何為夫而後國采其成法
貴中下之衆使深由之而着之以為法非主治者之不能自
為法也亦非法莫良於所已見者蓋大利之法視民樂之何
如遇高者之納鑿笋於不及者之病民耳乃是彼之所制
者即取諸其社會之良是知其時之已至而國後使
中下者為之勉肢所謂從其後者而鞭之且法莫病於
民之不已附而彼所行者其惠此何則社會之中已有其
同己者也使議其後者因是不可行則國所之有其行
者而議者之喙塞矣今日政界有問題焉曰法令干涉
當以何者為界域也使學者於前說而求之則所以解
題者宜共見矣蓋為一國之政府為政府之職志
使徒以己意議制而不察社會民力民智之何如直謂
彼一人之知社會勝於社會之自知也斯不便束如之何
也已

從衆之制○論代表之治制而後採國家議法之權則必先為一事焉而後其法乃可用也其事唯何是謂從衆此其家之日有議院之國之所同也雖然問其所以立其本於古始則不可古之民不知從衆之為家也有一議會而為衆情之所合古之人亦以是為宜用之也此自今人言之其語或甚異者然事在歷史固無可疑且議院之從衆僅始於近古前夫此者未嘗以衆同為決議之物也

所見異者古之人其從衆之說其然而未嘗無門户黨人也 Communities 黨人者何一衆之人利益相合而共趨所事者也聞者將曰人心不同彼黨而異議設非稽占之術則何以定同人之爭乎曰不然彼其所謂稽占者一議之出其決也考於舊章國事舊章亦足乃為折中折中而已唯有鬥耳勝者得之負者禁也是故古之決事也設非從同必出於鬥而後定此初民社會所以不進化之一大因也

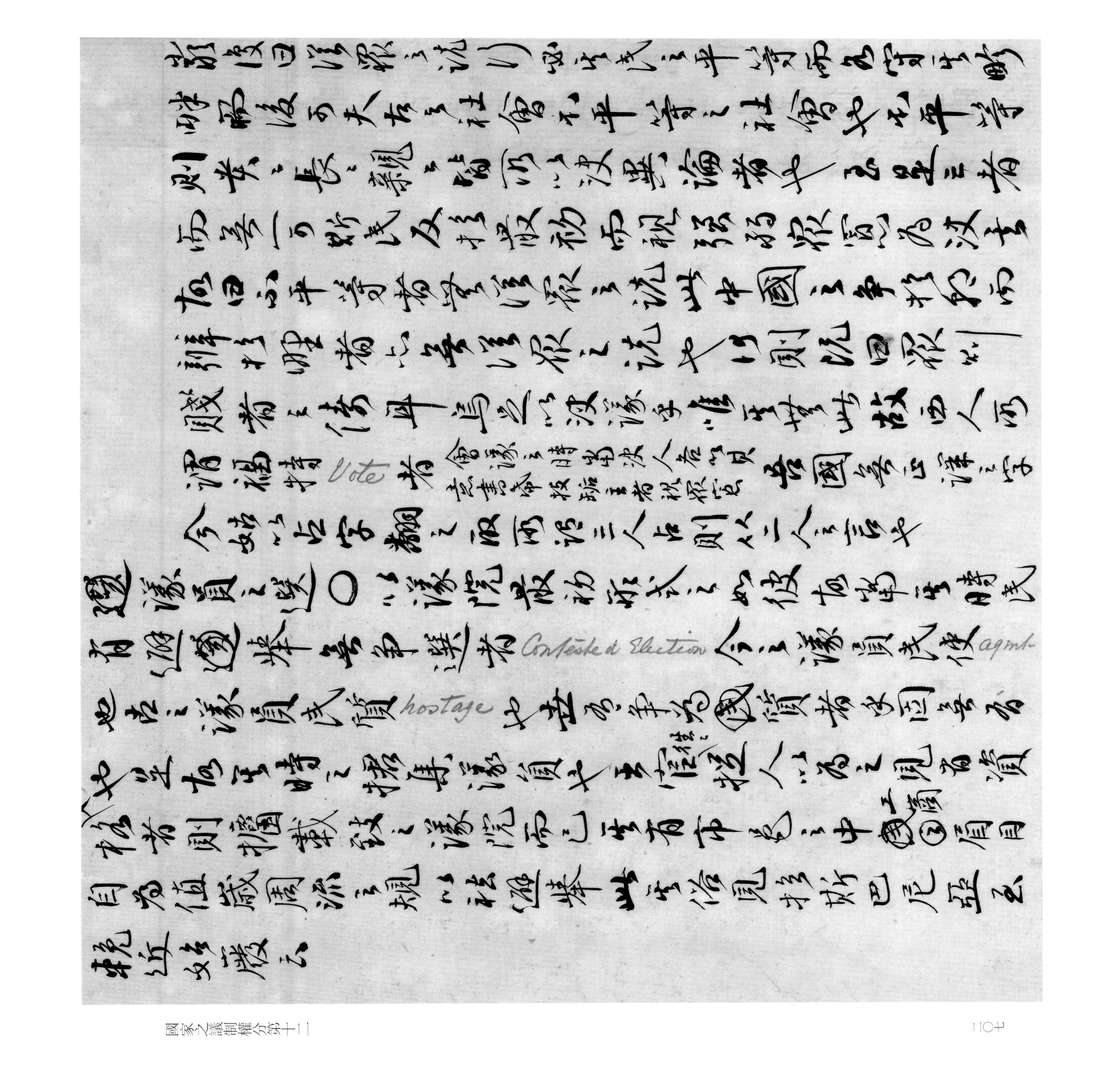

[illegible]

Vote

[illegible]

Contested Election

agmt

hostage

[illegible]

先進之國民習乎開乃悟國會議員爲權勢要津之地
於是向之逃避者乃今轉而歆羨祈請之矣則於
是采百競爭選舉之事方代表治制之始見於歐洲也
其現樣國嘗以吾英爲之巨擘而際十五稘之末當此
時爲議院者幾二百年矣而民始知議員之可貴而爲
爭而欲得之者矣往者則爲民賤之見薦至是而始爭而
民使之家與之代無是蓋沿羅馬教會舊制而爲之
知議員之爲民使代表治制之真面目乃撥雲霧
而覩青天矣惟議員爲國民之使者是故國民得以
擇而用之隨於擇者使衆情不合於一則奈何此其謹
吾歷史中不可考已則不復得爲學者懸揣之莫窺
於因果歷策無爲合也
選舉之制○向者亦云乎物民所以爭者大抵皆出於
門閥選舉之爭亦猶是耳門閥而勝則勝者族擁其所
舉者以貢之於有司有司受之書其名而傳之於國會
之史且此猶未懸揣而實能懸揣也亦觀於今日擇舉

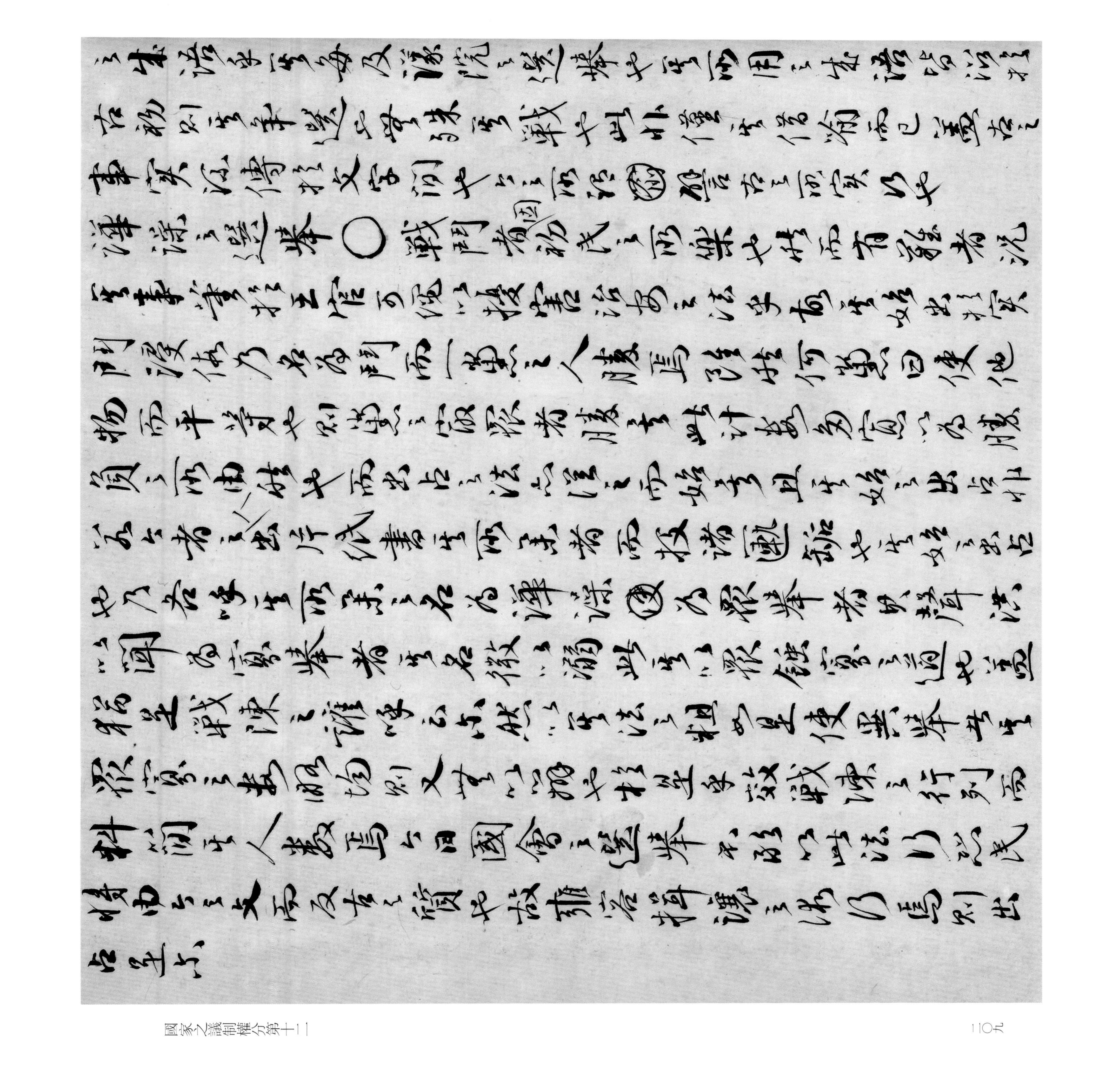

國衆之分○吾衆由是從衆之制所以少數服從
多數者蓋始乃武健忿爭之事而能散於禮讓之思
而後為此制也且議決於戰鬥則戰者才力之高下特
者精麤之巧拙皆所以為異數者也而徒以多數言則之
數者皆其用惟其簡而易行易知等此是以其
法大行所用於排難解紛者甚於今猶不廢且所先之
異者(此)其事與平等之義不知孰為本末也或曰是惟
國民之平等而後(道)多數之權力者此重也是平等因
而從衆累也厥自歷史之事實言則平等之義所由興
乃國論以多數決勝之故然則從衆因而平等累焉是
二者相為用之切如此且自從衆之制大行吾政法中尚有
一大事焉議之以起則國中政衆之分是已夫門戶之
分不知者以為大賊而孰知其為吾國政治(以)機所以使國
中一議之興皆必有兩衆者為之異同而互照此所以救
人道通之及之偏事取其利而其弊者也且其事之利國
之一端也國民各有所分屬以勝負之為用於國事皆所同

心一也政府以事爲目睽之常有爲之伺察監視者而雖於
放恣二也民之於國無才識常有所施無自試喜功之心有以遂
違三也饒實要之民與凡茂才積學者常與國協休戚罔也
人之有國家之思想以國事爲己私代表之治制之立無名
存而實亡也嗚呼使歐西諸國無議政黨則焉得有今
總而論之歐國之有三制無猶人身之有心肺與腦海歟此
日之文明哉
三者何
一曰代表
二曰從衆
三曰政黨
是三者之爲用大以不殊旋之於中央政府可也於地方自治
亦可也以無物不善往不宜如此而人以爲忘是三者皆治國
之器而以爲所術獨之物有之旨雖然是三者特術耳非
鵠也彼以爲鵠則不知天下雖有至精之機然使機之所
加之囲物之材質不良則無成物無由美也使不任是者而

有常乎則亦不過推之制之所由來使學者知天演之所範朱而已

第十三

論國家之行政權

凡政權之設論○曰刑法曰議制曰行政三者皆謂國家之大[illegible]

[illegible]

於司馬之法也。夫國家之制，始於有王者之得國也，以力征而
其法主為禦侮者，主者皆武臣也，為設官分職而
主統馭之，於何者三軍之司命，於以守其所職之土宇，所隸
屬之人民，其始之人民皆治於人，無主治者，迨國立歲百千
年，其主家之勢漸忘，而又有其所因緣為之用事，而後
治於人與治人者合而代表之制興，此非一夕之故
也。蓋民必於國有治權之可分，而後可稱為其國之分
子。依於出治之事有奉之而無所否，強為大官，仍為
奴隸。如是而曰國吾國也，徒誑語耳。
且國家立而欲自存，此其勢與一生物等也。是以有最重
之二事焉，不可以不力：一曰禦外侮，一曰奠內治。禦外侮以兵，
奠內治以刑。故國家行政之權，其始皆專於此二者，自然
之勢也。至於民生家室之事，大抵聽民自為，而不過問
其成，有涉之者，亦以以間於前二者之行，權乃間接而及之
耳。
茲後曰此東西立國之異，而其國民資格之所以大不同也。

蓋西國之王者其事専於作君而已而中國則作君之
外兼以作師且皆以社會為宗法之社會也故又曰作
民父母彼專為君故所重在兵刑而禮樂宗教營
作農工商之事皆可放任其民使自為之中國王者以一
人而兼父母君師之責兵刑二者而外凡所以養之
也於是乎有教民之政而司徒之五品設矣有鬼神之事
而秩宗之五祀修矣乃至司空之營作則道里梁杠皆其
事也虞衡之山澤則草木鳥獸所咸若也卒之君之
責任無窮而民之能事無由以發達后而仁則視其民
猶子弟耳后而暴則逕視其民猶奴虜耳為子弟為奴
虜異而其於國無尺寸分治之權也則同由此觀之是中
西政教之各立自炎黃堯舜以來其所有因者此而今日
謀新之士動不揣其本原而徒欲微放其末節烏有當乎
則宜其多往而不敗也

交通之政○兵刑二者之外尚有所以輔兵刑與兵刑之所待
而後咸者又不可以不講也則國中道路之交通古王國之所

俗重者也。六國中大路稱曰王道，Kings' Highway 由來舊矣。因之人競之，名專為商旅轉運之便而設者，亦不知其非也。王道之平蕩，所以利師徒之遄⊙行，征役而後有耳。當王國之始建也，不徒國外之通商為無有也，乃至國內諸部之運售亦未起焉。則治民勞衆，擊之力以脩治道塗，如今日者，乃大謬耳。然而通塗實利乃師，足以治國之政，謹之於此，乃至橋梁亦所重者。橋梁於陸之道路也。吾英古⊙諸部之道塗橋梁，其脩治也於諸部，他國不然，此地方自治之制於古已興之明證也。他國之王道，必王之政府自為之，未嘗以此權任之民底也。

故後日大道里橋梁之政，其見於三代者無論已，三代已後，其重道路之政者，若秦若漢若唐若元，足四都皆著，意兵事而後有此⊙，足以證前說。

郵傳之政⊙國家所以重郵置者，亦此理也。獨至後世因事之原因乃亦同耳。古之驛遞（後案波斯驛遞之制所傳於古最善，見希臘史）者，皆王國之事，乃至於今有鐵軌之盡然，其物主以民而亦

主以國家者獨吾英耳（作者自注云：以英民國重海權故）云於大陸則轄其政之

者皆國家也此其為軍政所重而如此者其勢蒙小絡之

則電報之政所謂旱線海線者大抵乃主於國家於此

志也

前後曰鐵道電報國家與民之公司孰重之為利（此）計

學家所未之爭之而極未定者也而郵政電報所

以宜主之於國家者又以其事宜一而不宜分之故且

賦稅出自於中於事最便不僅以其物之關於軍政

也

警察之政　○　蓋夫羣而治則於是乎有警察之政是

亦著自古昔者也夫警察自其一義而觀之則所以佐

司寇屬於刑讞之事也雖然刑讞者所以懲已然而警

察則專防未然者此則警察之特義而其最常理

官之職矣吾英威廉第一之火令 Curfew（自注云：聞史書謂此威廉防民間失火而為此夜間息火之令，此最可笑者）

之禁民守望又若連坐聯保 Tithings

之法此以見禁未防姦國家為之舊矣乃若墟市之

今容納外人逆旅之政煩苛帽毛此皆警察之支派也

大陸諸國之防姦之政尤暴戾使之民不堪命焉務其

英美之痛則以地方自治之權勝也責其於地方而國家

董其報最而已

蘇後曰警察之政非西政也三代以往總於司寇士

師而秦漢則有督姦捕賊曹諸尉掾唐宋以

來代存其制而保甲則其流之尤密者其顧其法

乃不足用而必貌取東西之制而為之者此非法之過

也而有他因存焉乃議者不察以為徒貌西制而遂用之

以為治具之治得遂與西國並也是豈能以揣其本而

齊其末者乎

賦稅之政 ○然而政非生財者之所能立也是以國家於

禦侮治民而外其所重者莫亟於業入之强貴彼以欲其

業入之日增也則不有其相民之事以求其民生計之日蕃其

物觀諸往古彼國民家之所為有甚似於今之社會主義

者則如權量審法度平價值等程品諸政而尤其著者則

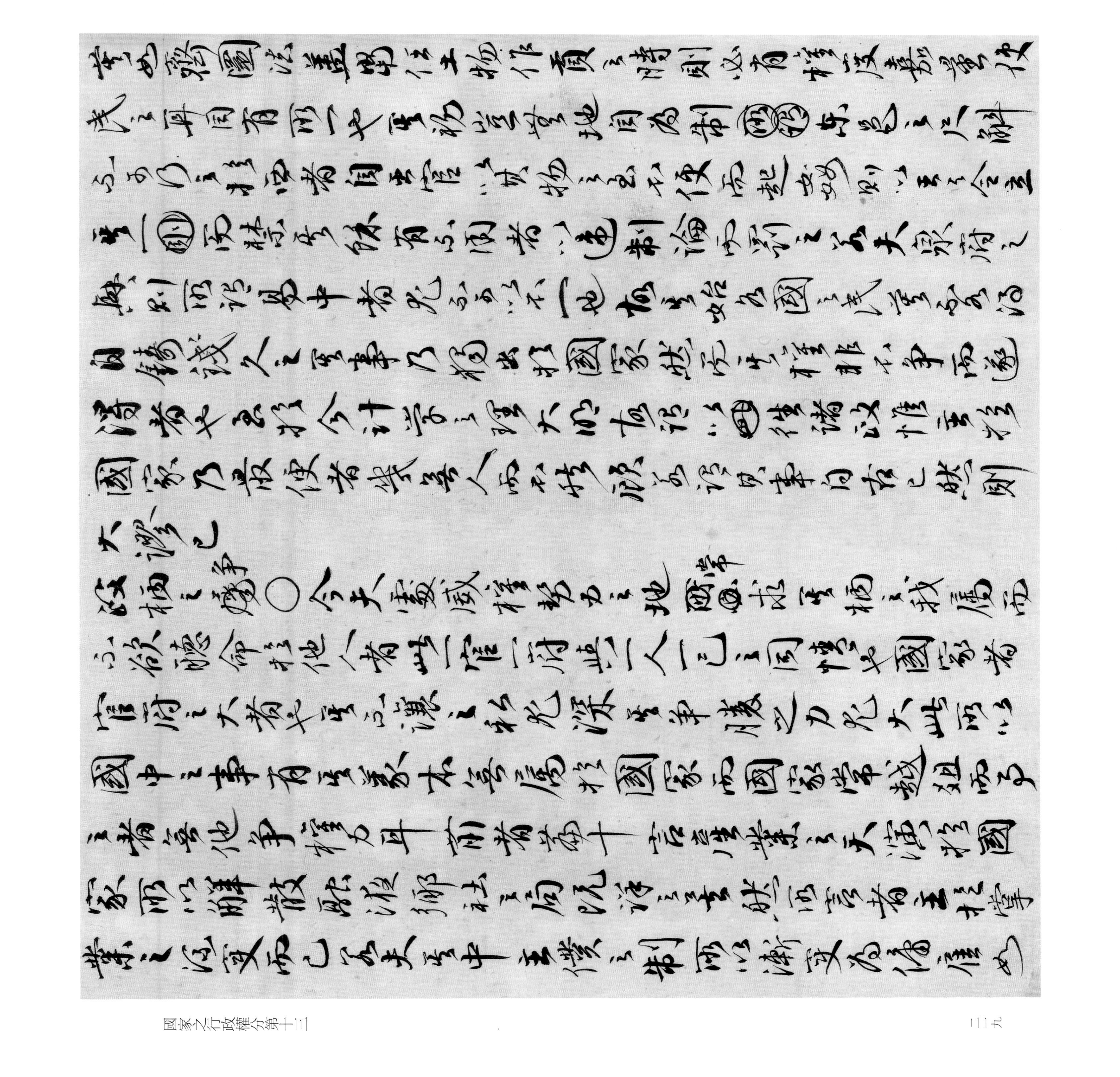

今者格未及也考歐洲諸國第十四稘間有最重之天災為所罔被而不得免者則所稱黑死(Black Death)之魔疫也据英國言之所亡之戶口在什五叁一之間而其禍中於勞力之民者尤重於是天乃既過勤動力作之衆大稱所于遺之民皆舍田作而趨邑業於國中之田大抵荒廢其有耕者當此之時田主大困乃不得已而呼籲於國家乞所以振其困院者國家方欲攬其事權則於是著工傭之令之工價其得踴躍自是以來工傭高下於作之時日其所以整齊鹵調御之者其權歸國家其則前此天災之所損也工傭之令既專於國則向者隸耕奴藉之制特不治而自衰雖治之之官大抵皆田主而國家之律令必不能取已困之民而尊之也然而其人於社會所立之地位固法典言之則大異而絕不同者矣

商會解散 ○

散後曰國之有癘疫非儻來忽至者也必有其致疫之由且什物癘疫乎蓋凡天災其不爲其所以致之其匯

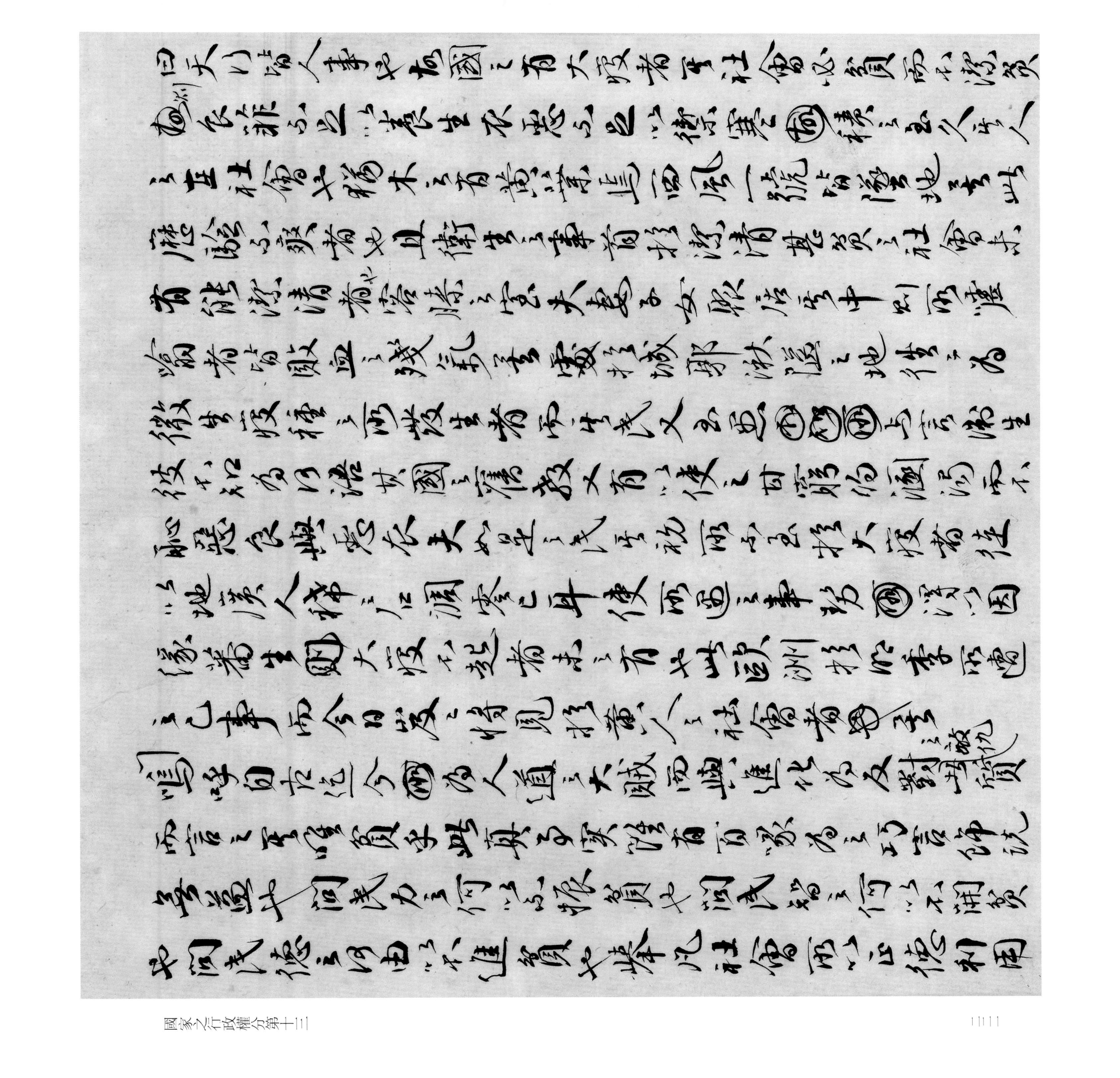

[illegible]

厚生之所以日退而不乃者，皆此一事焉為之阻礙，乃至
閭吏治之溷濁，外侮之所以迭陵，國之將亡，種之將滅，
皆由事不盡，因貧而貧，則因為一大因而無可逃
責者也。

夫中國社會居今之時也，此而言救國保種者，雖三尺
童子莫不曰求富強，二者并稱，而能富則強已舉矣，
是以今日之事，以救貧為第一義也。然而富之原因衆
矣，救貧之事非一途矣，往之雖有其術，非中國之所
能用者，則雖言之，亦猶無益也。傳曰有土此有財，
吾社會今日之所猶有而未失者，土地也，人民也，必將
救貧之權操於二者之中，求其端耳。然則為之而有近
效者，其惟路礦乎。此亦人之所共知者也。

今之言謀國者，與之言路礦，則人人以為然，與之言辦
路礦，則上下皆無以策也，以其持利而外
溢之虞，流未嘗深考其事之本末始終，夫而
後始無策也。今之言路礦者，皆曰必無用洋股，必

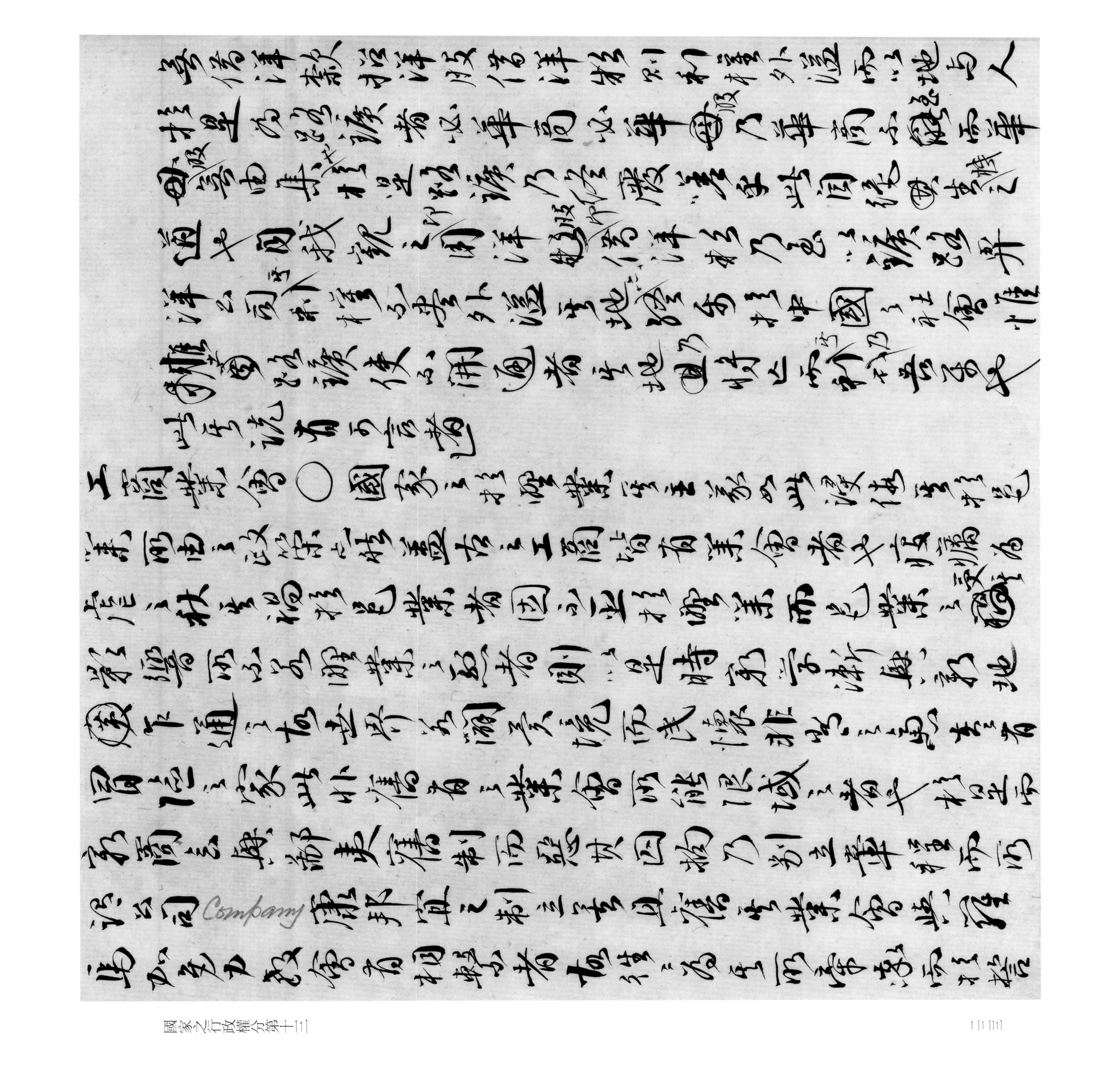

Company

反倚救之國尤為重也請之國家有鮮救商業舊去
之政不得已而為之彩章以管轄工且設立官有司以為
之稽核（案此皆見於有明嘉靖間）由是知昔者之業不同國家所以救
之政策則一而已大抵奪其私立之權而國與工商之
人為經接之媒馭也至是時最大之政策在解散印
度之公司印度公司者強名公司而且富則龐然龍斷之業
者也耳目於輓近則國家與工商 trade union 要之為及業
者猶此志也猶且亞丹斯密原富書出風行歐羅巴
中於國家干涉工商之政策反覆詰誡此風乃以漸熾不
然行政之權不及於商務者吾見其進未見其退也自是之
之世中國猶之悟其非然則反其前事於民間力作生業
之事常為中立局外之權而不復干涉雖然彼所為之前
事則既未而不可反者也既成古之業會而破壞之其影則此
政之影響之所及自彼之所任更而不得辭者也
振貧之算○是影響之最大者莫如振貧之算蓋國
家自任恤窮民而使民出其以給之也夫窮民非國家

所致者也。然則貧何說，而必有惠養之責乎？曰：貧民無告
國而有者也。顧往日所以然於濟窮者，徒以有鄉社耳，有
業會耳，有佛特耳，有寺田耳，乃國家之變法也，於政
之表者，所除之四者，則前之待養者，乃不為彼之所養
且以所養者之勢必日增也，彼之職此責也，固亦所甚憚者，則
於是升此任於自治之地方，而中央政府乃但為其監察焉
務之事，且此亦不得已耳。蓋振貧之政，弊之易叢者也
易叢者而所生之姦與是非，周悉其情偽隱微，而可此非
地方之權著於其土著者，其孰濟之？雖然，其與程未必終
私觀於千八百三十二年議院變法時之所呈報，至於通二
年所詳考者，乃知貧算之制，蓋其後者之難為也，是以
英之藩屬皆以宗國之所為為鑒，而振貧之政，莫有以若
告其民曰：汝曹好自為之，雖凍餒，國家無必救之責任也。然
而國究於振貧之莫矣，而其中貧約之獨會衆乃日滋
社會主義均富之說，然則其害固未嘗淺也。
衛生之政　○前論政柄之爭，可見國家每以天災而流行

而行政之權因以日重。此歐洲所著於歷史可考者也。蓋當
深離顛沛之頃，求援手於國中最大之權力者，民之情
也。至於傳之事，猶或為進一之害，則當時所未及計及者
善。有使國家之權力愈擴，民之求援而益之以禦
權亦愈衆，其最顯而易見者，為十四稔之黑瘟，為
十九稔之霍亂，皆足證善且以獨疫屬之也，為饑饉
為大災，為畜瘟，為大水，為風颶，為私家民業之
大不幸，凡此皆民呼籲政府援救之時，而政府於此則
為之永遠之機關以治一宗之民事。如此吾國衛生檢
疫之政，至始國家無此權也，乃自十九稔中葉，吾國
有霍亂大疫之見告，於是衛生之政興焉，至於今
甚大最繁之一部。嗚呼，此國家行政之柄所以日擴也。
難後曰：右之所論，見中西政法根本之異焉。蓋西人之
言政也，以政柄為屬於國民，而政府之權所得以日長
者，民予之也，且必因緣事會而後成之。察其言外之
意，若惟恐其勢之日大，而終於民為不利也者，此所說也

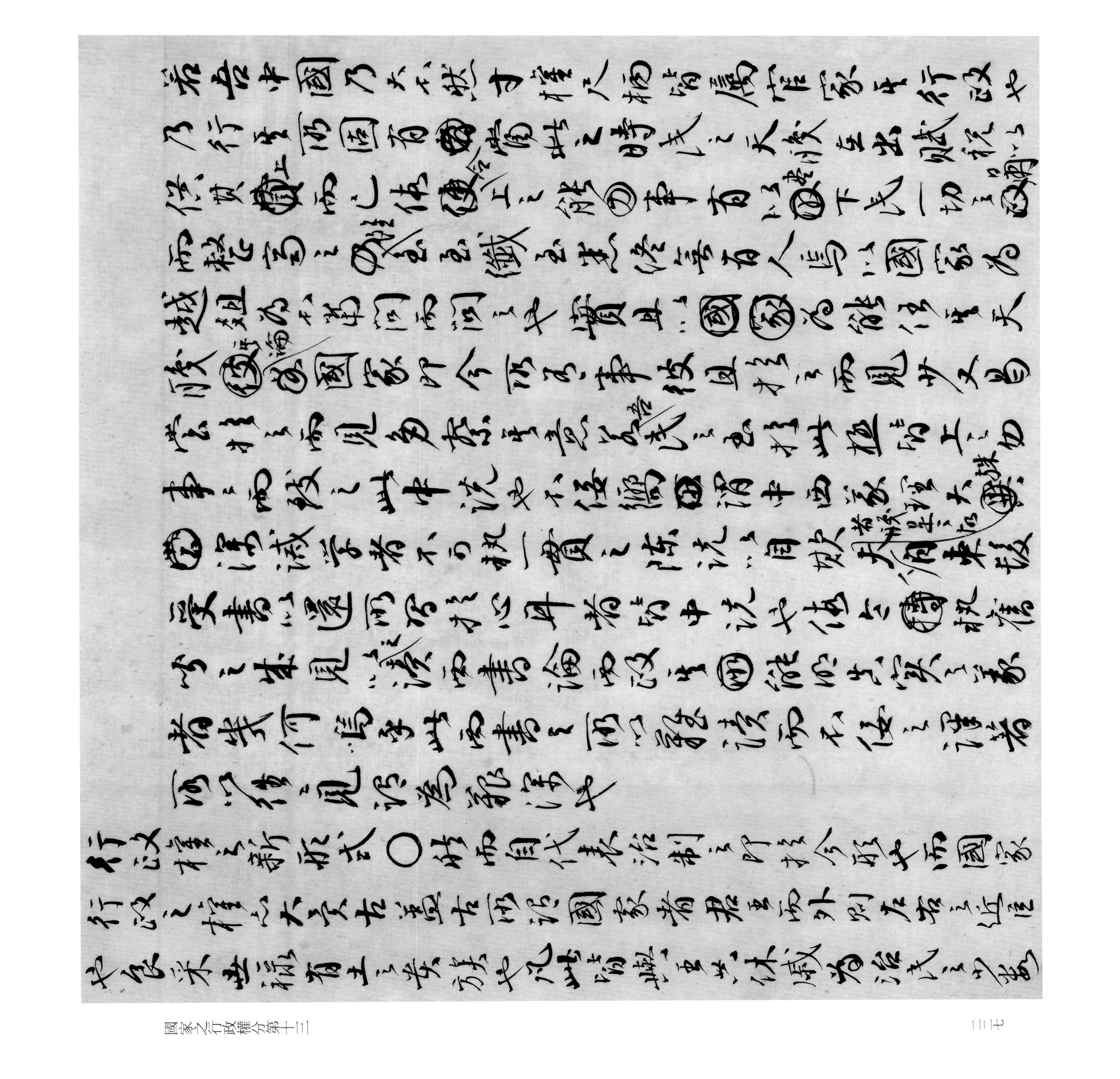

[illegible]

而與受治之多數不相謀者也令常設之時而國家乃政之柄日張，是使多數之國民其與國家日用常聽命於少數者之所欲為也，且其害不止此。夫以多數之人聽命於少數婦焉，論其行政之非理而無道也，雖以仁心為質而其意純出於私利，民而如閣閣瘼苦黎庶難雖縱非是少數者所私用也。來此其所為常病也，獨以無之國家不能以無之國家其有一大分為國民也，又以其選之日精，報章之日廣也，故雖邈遠之區，其民隱常得以上達，而者官吏之恣睢，朝官之愚闇且因之而禍百姓者，得少紓矣。蓋惟獨有民之甘苦，得其數經營於國家，是以國家乃政之柄雖以日張而常為其民之所無畏民之意。蓋謂如今日之社會所謂國家者外更者之國家乃國民之國家也，國家之乃政，國民自為政也，國民自為政，雖多以害焉。雖然，如是之說有其不信，有其似是而實非者，又不可以不分別也。使論治者必取一國之事劃為界域，因其者國家所宜問者，國家所不宜問也，此真書其之後之至過者，顧為之明指其未深之所極，使為國民其方

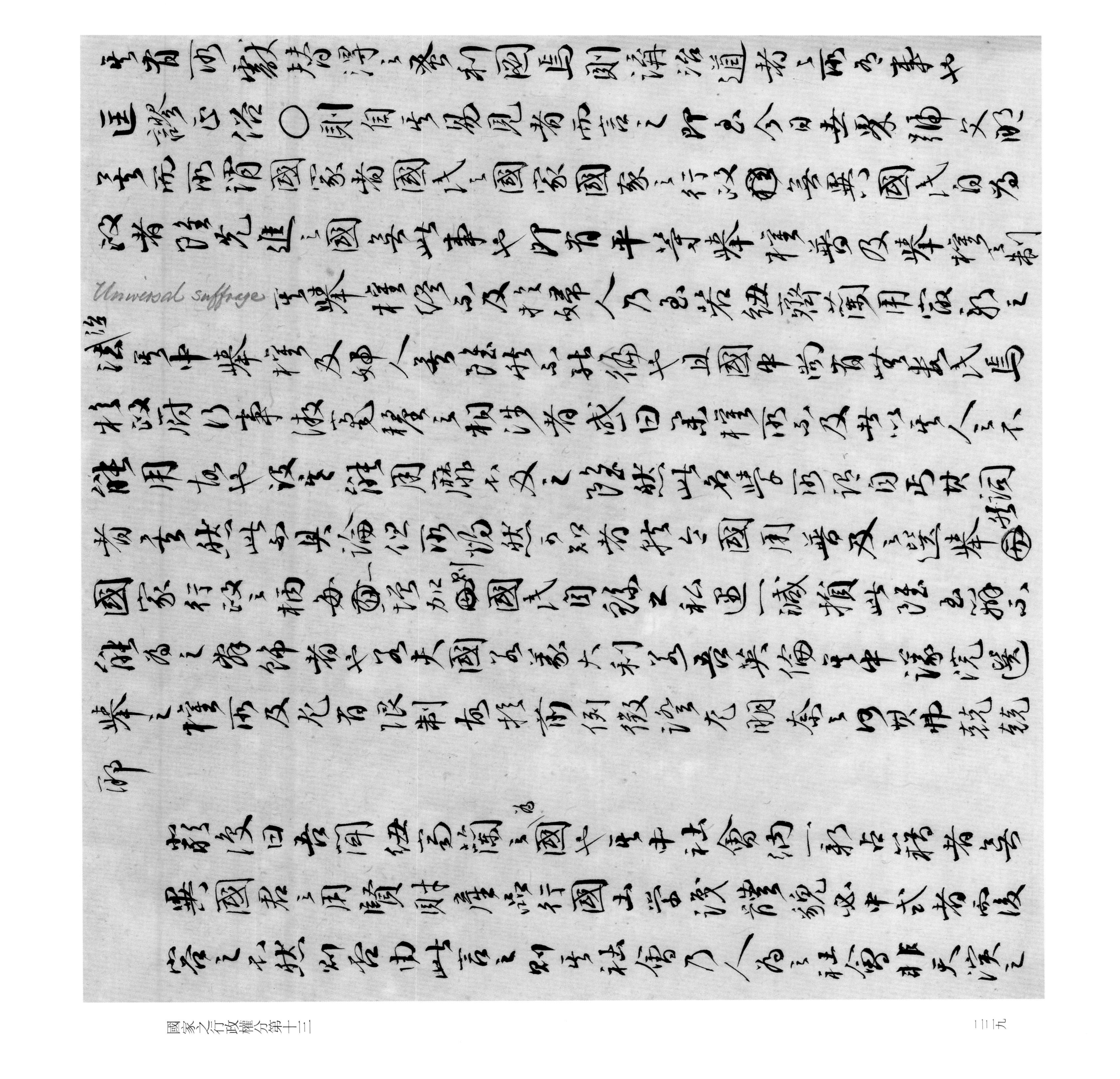

Universal suffrage

社會也以如是之社會其進於治之舉權尚不能以徧及則
下此者又何論乎甚矣欲采權徧及之難也
進而論之彼云國家之與國民果可合以為一然而云國家行
政之柄無惡於日張而以干涉之澤為閭閻之福者其說又
未嘗非大謬也蓋行政之權與議制之權異而與叢所謂
法從民立第見前之議制究大異也議制者相時之宜為國
民立之大方云亦至於施之有事則任讓之者各奮其才力
以自求多福者也而行政之權其於民也為
之法度其且背民之心由而不容或畔援者也是故因足
民也議制之政府視之為成人行政之長官有司遇之若稚
子夫善為治者無所往不期民以自立行政之權日恢擴民
自立之能者也此其國之所以病也
嚴復曰三復前論則知吾中國之為治陰隱其極盡
而自西儒觀之其去道也滋益遠何則中國之為民上
也極於為民父母至其此始其論其言之不克剛也能
令其能使民之能自立者何此所以中國之治無進也

衰一治一亂，而兩國之治既盛，不可復衰，既治不可復亂。故吾曰：中國之社會甫入軍制而未離於宗法者也，而兩國之社會則純乎軍制，且將有以進於軍制者也。

何言乎隨其自立之概耶？蓋行政之權之大用，民之所為皆有其贊襄者焉，皆有其指導者焉，而小之裁判審量舉無所用也。為之而既久，其風俗固起，富善然民即以道承教者之久也，於德國無所自用其天良，於十八世自表其能事。一旦去其贊襄指導者，於德則行其欺於十，則於其無賴，此不足任而復果之民也，與諸種道敗其吾嘗試觀大陸諸邦，其中行政之權最伸之國，第其民品何如？可以證前說矣。又更觀於新立之國社會，如澳洲諸英屬，以自縛不倚之舊俗，遂風其現象又何如耶？

嚴復曰：十八稘之中葉，以津戈錫嗅島之德何理室曰保理者，一西之英主也，其所為大類美之華盛頓，華之聲望功烈軼湯武，論堯舜，而保理殊之無頌聲作者，二君之作用有大不同者存，而亦僅僅一相負

大小之相絶革治其民者而在之求其衆之自主保理之
於是撫民也如慈父之於愛子故身去而是國之治
大衰
終之役主於掖皇門汲之權者意皆事之官辦者必教
民辦者常為得力而可恃也顧恃之而過則頗深之弊即
伏於中夫曰官辦勝於民辦其說固有信時蓋私家之人
以月為平民常憚於楸恐是以自靚害群不法之事常容
恐而不宜此在法門之國身為官司者所共有也且以常道
言之則一國之官司固是國中之聰明之所聚也而又有特別之
閱歷此於位尊祿優者尤可見也以其位尊祿優之故是
事陰未必有近利美名之可誘於人亦可以自敦陰然此特見
於是上流而已乃至卑官微祿之徒則此情大減且使所治之
方域甚廣則信事者尤難言也國家用人之力所以常過
於私家者私家能為之厚賞而國有時而不能是去情竊而深
汰若弱也必不若私家之信而明何則其勢有不使也文法之煩
有所必用權處小過每盜鑒察道之不祥請屬于謁外患之壓

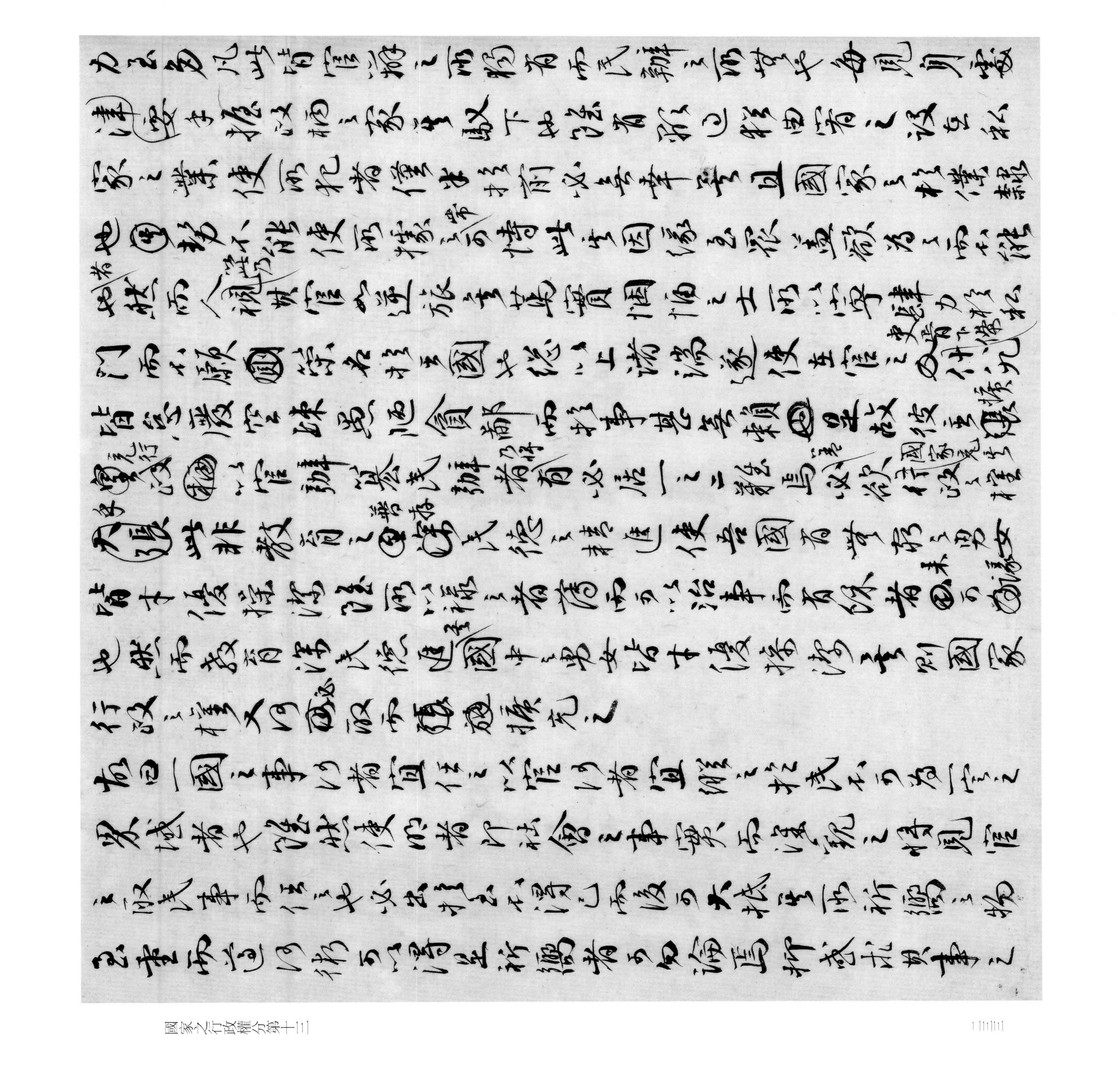

[illegible]

聽而不欲民之各抒己見以標為相勝之新奇總之必均然
見官辦之便有大勝於民辦者斯取行政之權擴充可耳既
要不如是則官辦之所為皆往往代大臣斷且就之而治亦未見
於國為有補也

第十四

論各種治制之殊

古法分類○歐人論治術者，當先於希臘諸哲，而希臘諸哲之書最為後來所崇拜者，莫若亞理斯多德之治術論。其書分治制為三科：曰專制 Monarchy（蒙訥阿基。蒙訥譯言獨也，阿基譯言治也）；曰賢政 Aristocracy（亞理斯托括拉司。亞理斯托譯言最賢，括拉司譯言政法，故曰賢政，蓋貴族尊貴者之治也）；曰民治（主）Democracy（譯言國眾本義也。德謨括拉司，德謨譯言庶民，括拉司同上，故曰民主）。民主又曰波理狀思 Polities（而即以此名治術之學曰波里狀思，而政策則曰波立西云）。

此其大經也。數十年以往，吾歐言治制者，莫不以亞理斯多德之論為先河，以言國制，必以其所立之三科為要素。問一國一社會之立，則曰其為一君所獨治者乎，為其國豪桀抑通國眾民所共治者乎，一若舍是而外無可言者。歐洲往者治術之學，為進蓋微，大氐坐之，故論者謂近三科之說漸廢，即此為治術之學稍進之實徵，非學界之盡泯固彝也。誅以亞理斯多德之所分者，取以論其一時而無不無是三科者，說亦足以盡治制之形式，又其所區分者於治道為莫關於宏旨故也。若夫前筆於三科治制優劣嘗設詰稽之憤爭此其事吏為近世治術家所竊笑蓋自歷史之閱歷實驗日以擴多學者知國為民軀幹所治制為衣服必二者相得而後利用見焉若捨國民程度而徒言治制形式者乃戲論也

所同者自其事實而論之則世界中所謂有國家之社會皆一形式之變者也其一形式曰同有無限主權而已其無限主權者至尊不屈無對不諍凡一羣以己之所為彼皆得以統此國家社會所同有者也顧其權柄之所屬則國以不同此不但其為所為徽別者謂然其至尊不屈無對不諍特自憲典言之則如此耳而自道德義理言之則亦有一定之範圍為彼所默仞者設取如其之範圍而破決之則主權所立將以致移於其手有治柄轉輪之事俗稱革命自人道之多闕民德之難純國家主權設為無限若此不可語其道之無弊也況使所屬者非其社會未有不大病者然其利用立國事自存則自有國家以來驗之實是以今日世界之大國其形式於此莫不同之勉求其異則

比美之合衆國為不然

經制不同○世限主權所同者也所以制置 Organize（東譯謂之組織）此無限主權者因國而異者也有為一人之所執持者如俄羅斯之制是已雖其見於行事也不必信然且常有大柄旁落太阿倒持之事若所以其萬家言則札爾之權固無缺也（中國真專制之治也而淺夫或以其政有行察例付議之事遂疑其非專制此非夢囈耶）然此不常見而歐洲通法則分界其權於數家為王室為世家為富民之代表者此大不列顛帝國之所用也夫用後制則是分執國柄之數家對待之義習毛而起此為至詳盡之憲法不能實也故其政府曰立憲之政府 Constitutional Government 如以用前制以國柄之操於一夫由是曰獨制之政府 Autocratic Government 之二名也以人心之有所愛憎故所以言之義解不一於獨制之政府則自用任情之義從之於立憲之政府則率禮遵度之義附焉雖然此亦言其較爾無因有用分屬之國權而自用任情職滅於獨夫而專制之君率禮遵度或過於立憲之政府是固常有之事而不可徒徇其名若且立憲之國主權分屬而得權者

所分寄之多寡輕重又樊然而異（殊）者也或國相為參差或一
國之中隨時無所升降且其推選員目之法度非一致也主
權之重曰刑法曰議制曰行政此前三者所分論者也顧有時
議制行政二權分立絕不相謀此如見於日耳曼帝國者也有時（奧大利而）
二權（合）并則有如吾英之所用者北美合衆國法司國理不隸乎
於議制而不列顛帝國則議院為法權之最尊其法度不
同又如此更有進者民君主之國則有帝王（國王）民主之國則有伯理
二者皆元首也顧其位有傳襲有（推）選（之）舉之異（或）而得柄輕重亦
至不齊日耳曼聯邦之君稱帝權至重而傳襲者也北美
合衆之君稱伯理權至重而推立者也荷蘭（之國）君柄至微而傳
襲者也法蘭西之伯理柄至微而推立者也至是又烏可以君民
二主之稱遂混而一之乎
行權之異 ○ 且其限主權所同者也而行用此主權者又
國而異者也其行權也有其常用者有其特用者
何以言之蓋有其限之主權者而其權常用事未
嘗一須而或息也有其國於此而其用之也則必有特設之機（先事部）

Extraordinary

Ordinary

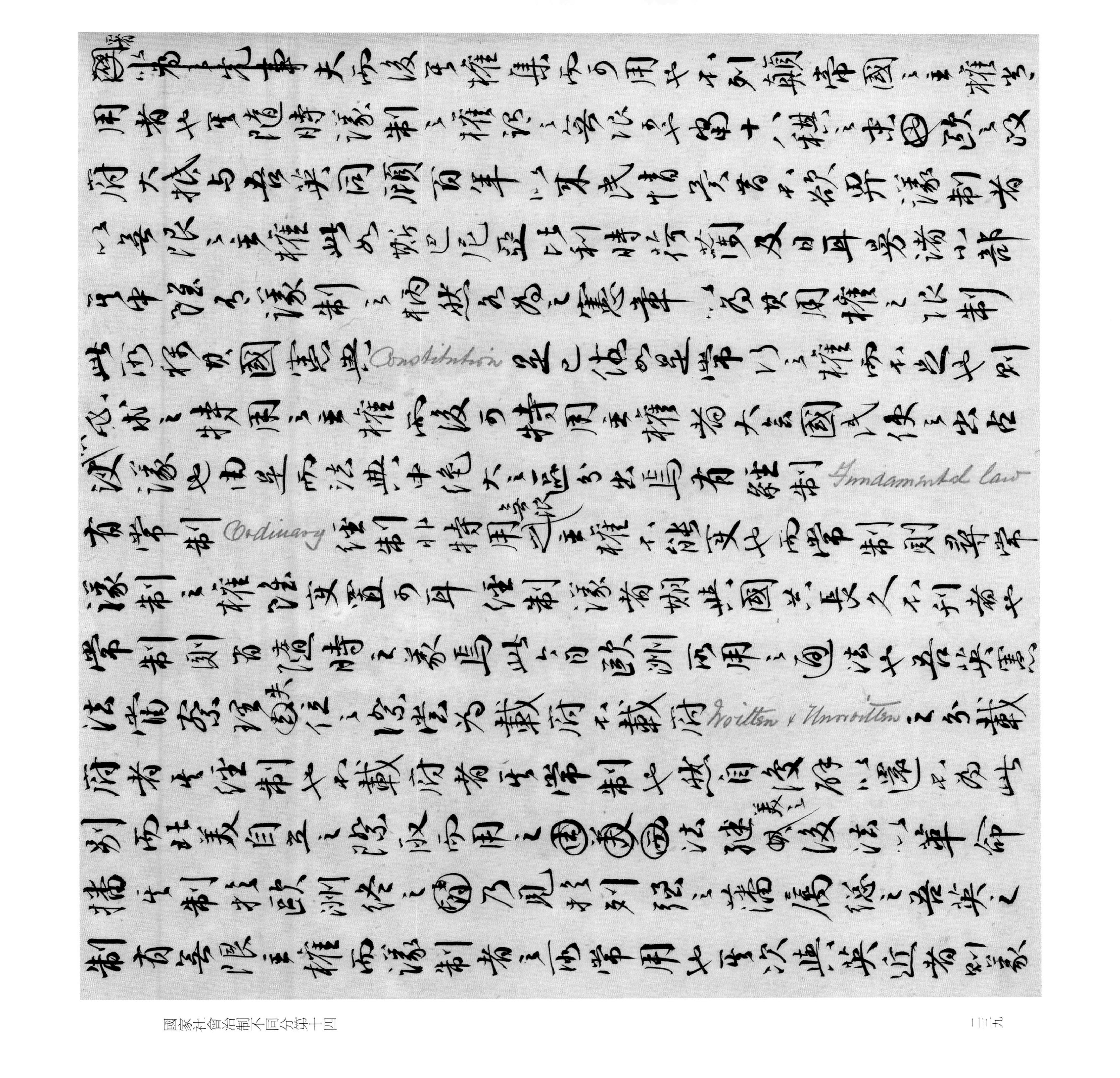

Constitution

Fundamental law

Ordinary

Written & Unwritten

大利是已。其中憲法皆載於府者也，而常行議制之權得為

之變置。法與二邦憲法，蓋介於主權常用不常用之間，而

其國之憲典，有載府有不載府者，即此可見。吾往者治國

國民相得後利之論，為不誣矣。使夫英主權常用者甚

數百年，其國以利，而大陸諸國以其憲法始之不同，是故英

之主權，常而取於間用，而大陸諸國非有載府之經制則寡

法不尊。使議者一例而言之，又何足以為知治者耶

地方分治 ○ 晚近世之國家，莫不有中央地方之分治。其中

央之政府，此其制之所由來，必考之於國之歷史而得其實

顧其制利害之何如，則即現象而可得言之者，大氐兩重

之國，其中央政府之權最高，其所於猶然古者以一強國而

蠶食四鄰，侵吞小部。吾以言之，即如今日之法蘭西，其

幅員國勢，非自古而然也。巴黎為之樞轂，其中王者以

數千載之勤勞，漸收四封，合為一國。若古之白根代（Burgundy）、

鄉賓（Champagne）、布魯哇（Blois）、阿奎典（Aquitaine）、葛来尼（Gascony）、

吐魯思（Toulouse）、不列顛尼（Brittany）等，今為國中部

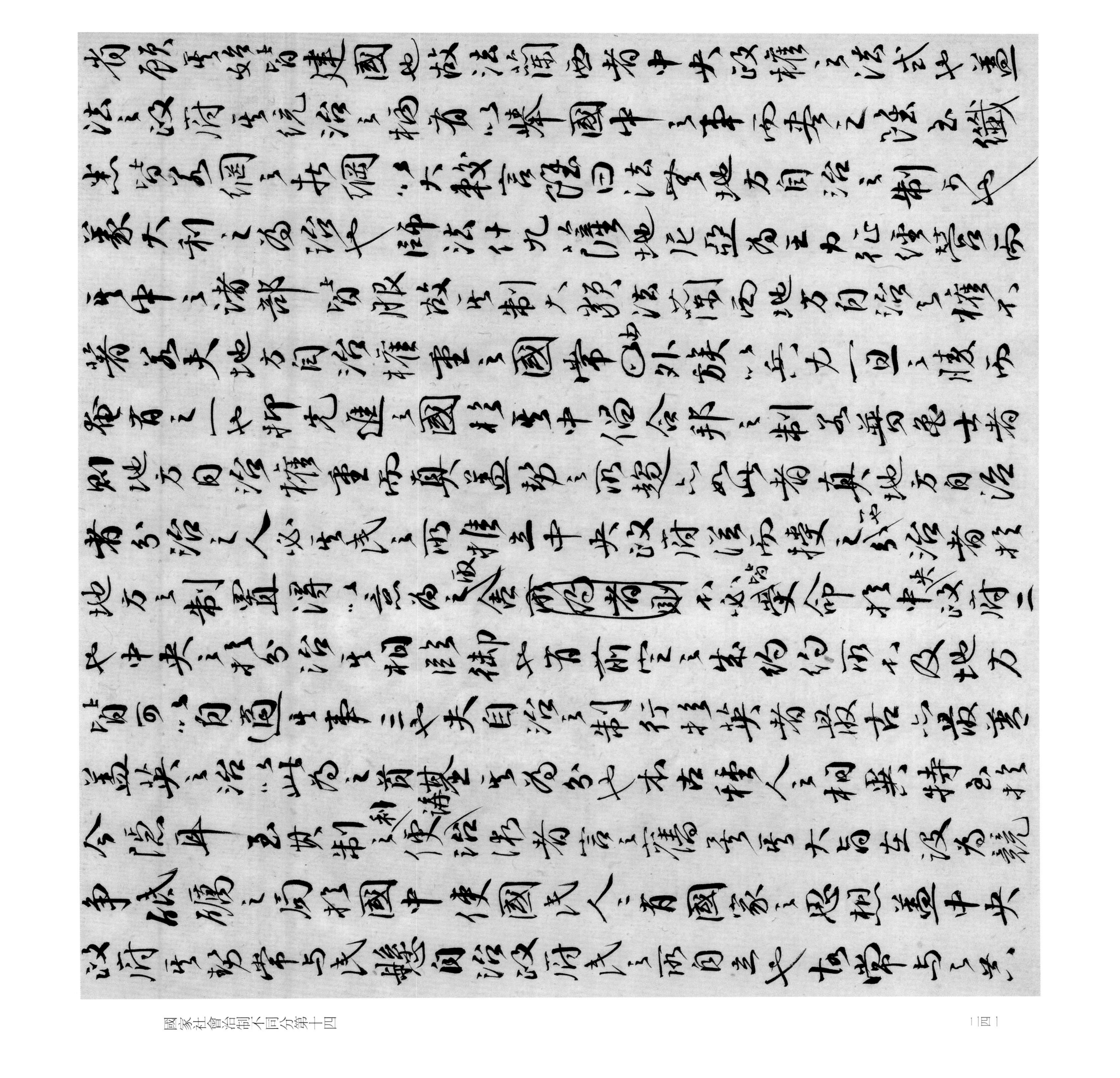

休戚通痛癢一也為人才之試驗場他日榮名中央政府者
美談學說之夷之便也土地有異宜及民材有異用中
央政府常欲行同之法地方自治而後國之所獨擅者見三便
也中央得分治之用可專意於大綱而國事不至於叢脞四
便也然亦有至不便者焉以所治在一隅有狹隘孤陋之
執自私之弊一也局小則祿微為能者所不屑則其事或患
於無才二也雖然使中央政府知所以酌劑調劑於其間
則後之二弊亦易救

蘇氏曰地方自治之制為中土所古無三代封建地皆世
守非自治制也後世秦漢以來郡縣之制降而愈密雖
小吏亦須朝廷除授的學官皆統之吏部於其用人也以
年格而不以才其行政也泥成例而非應變此吾國之治
所以久而腐敗也　本紀所載未見其內治之盛也考諸
歷史必得其相似者則若唐五代之藩鎮便其事以久
而不變雖其彷彿然而役所為者武事也非文治也故武
臣而為其下所擁之以請於朝故有種之弊譌而於國於民

無利顧學林欲以封建施之郡縣其說未可能也特其人
非地方兩推立則仍非的治之真相耳
合衆國家○近歲言治術者於中央政權地方自治二者
之分尤謹其義非特及之不能明也蓋十八稘世界所無
之治制其興均在人耳目者實惟合衆之國家其制濫
觴於瑞士始也用於北國民社之間乃今大陸諸部倣而脩
之而為較近之勝制普既勝法於是有一千七百七十七年北美既自立而合衆
制焉至一千八百七十年日耳曼之聯邦此畢士麻克所
謂鐵血範成之帝國也同時有英屬之坎拿達於一千
八百六十七年踵北美之制而成聯群部最後澳洲此吾人
所注目而禱祀其有成者也
新制原起○古之為合從連衡也以盟誓今之為聯邦
也以約書特古約書力微不足以牽合各用強權之列
國至於今則要約章條之事有以責邦國之信守此其佳
公理法之學備也以世界文明程度日高故耳此社會
歷史家所共見者也雖然合衆之成固常有社會之他

因以為之用事德之所以為帝國也非普魯士之兵力無以
未之欤耶達諸部之會合從非吾英帝國主義之昌不
能致是故日耳曼之聯邦尚出諸一時之豪傑非然也而
瑞士之民社非美之友邦澳洲之諸部則莫出於一心知其
公利而為之耳此其所以不勝而困也今夫學法典者莫不
知乃吾之無契約之力其所以束民者蓋微隨有之
而不守或守之而不堅乃至今日則國之與國民之與民
所以為交者若皆本此而起蒙隨強權於用契約有不可
恃時然以今方吾乃大進吾恐繼今以往條約之用將
以日增而其範圍社會之力亦以日重此學者所不可不欽
欽也

合衆等差○欲深明合衆之義當知其事起於爭存而
以德力醜之故不得已而出於並存是以合衆之國其始
皆散處自立之群部也即不然則同居一大國之下者也以
欲並存乃求其合然合之而非欲其為一也是為合者有內
所欲為成欲得其所祈嚮之境在此權力於是著之偶出

為猶靜以共守之然而彼非以立為主宰認也非合同而化也多
部制為異同而各中此合衆國之與其所也日至以五洲合衆衆之
而乃多而合衆之時仍未盡同若（政之）干政淺若莫若私人之合
與西得若幹諸事國 Hanover 之與英國（起於一千七百十四年 訖於一千八百三十七年）之國主
為非人之故外國主之為合之發有可謂而主若如左自主下級
之於後而與此乃皆主並之為殊非合衆若之
一曰共主之合（亦謂真合）Real Union ○而為主之國民相約以一更一朝廷之
法律而此各自治之權也為也此若於世主之合以治法典
之家法而有如於之與合並與合是若若出於會議
此部之法典非國法典之主於之事務非國此載於國
憲典所謂 ipso jure 若干然非國自有國會議院與之此（若）而
治法權乃之外交之國內為政緣於國之於此而長國
主之帝為號易本見生為私人之合 personal Union 屬之謂一
千七百〇七年英主一世之仍於主國遂於合為與英合此以為美
諸縣院之不合與合之所日益固乃以節改若之出於類為一國
而非得不然若（歸）之如耳

次曰帝國之合○歐洲自羅馬解紐以來至今邦會同皆帝國之合也或指近今以其制之不神文明國民罕有經其事者故今日歐洲所存獨一而已彼亦國其始皆分立也以合故乃各取其固有之國權以授中央之盟主此其事為永建而也為暫立而也視合者之為何如然其所授盟主之國權大較軍旅議制二者而刑瀆以諸大柄則仍分治者之所獨操非盟長所得而問也有時為合之情起於盟之一二事如郵政商稅國法文祀等則所謂盟長者權其事中非帝國之合名家其此如往昔日耳曼諸部之權會德語曰皇爾和連是已顧其合為之盟長者常有特操之兵柄以誅不聽故其為合也所關於外交為深至於近世帝國之合寂服者莫若一千八百六十六年迄七十年日耳曼北部之聯邦於是以成今者德意志之帝國雖中央盟長其軍旅諸戎議制之權甚大而刑法行政二權則其不足道夫帝王所統馭其國者大柄委於四端乃今得其半而已其半此誠帝國之權限而其

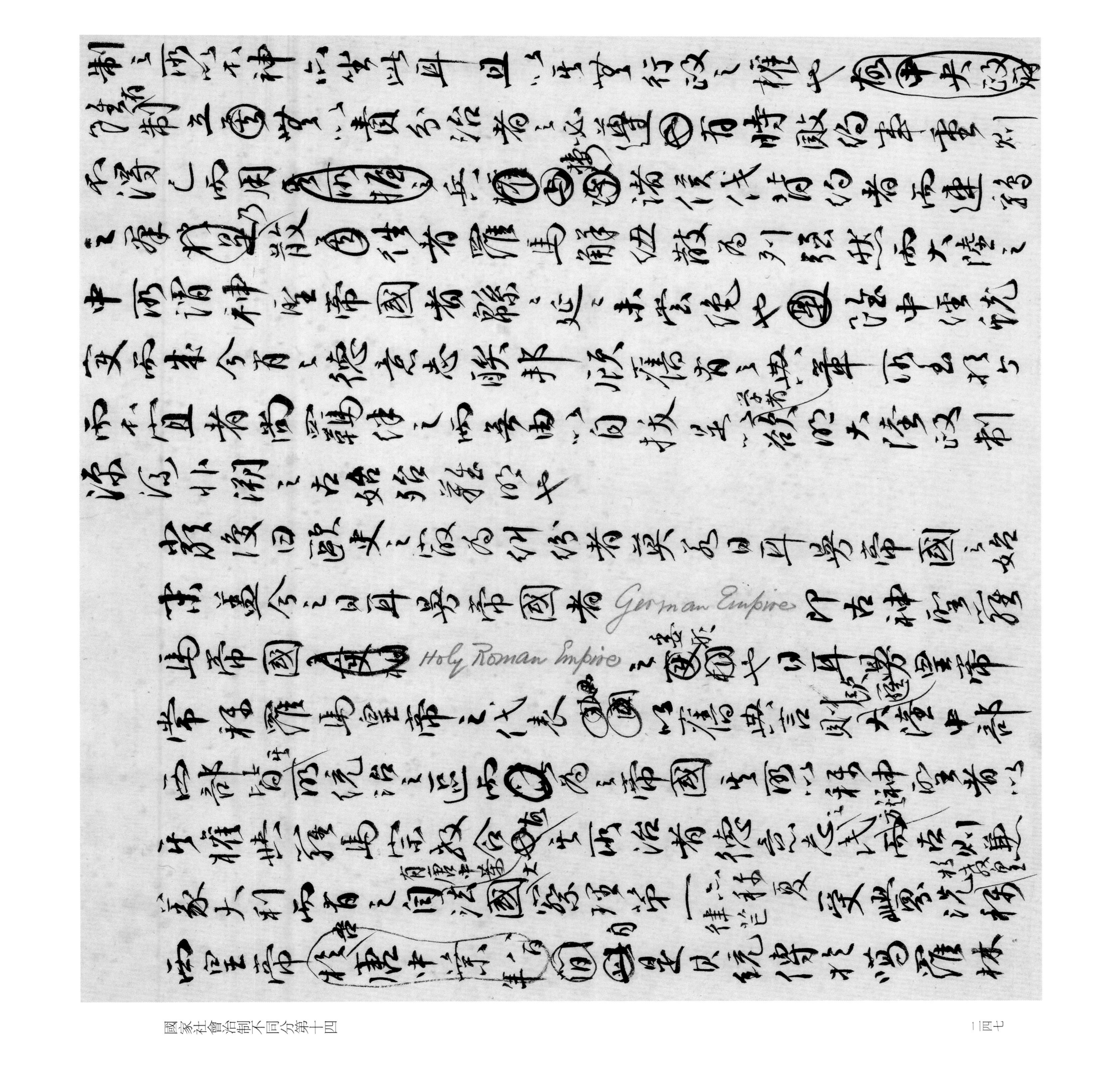

German Empire

Holy Roman Empire

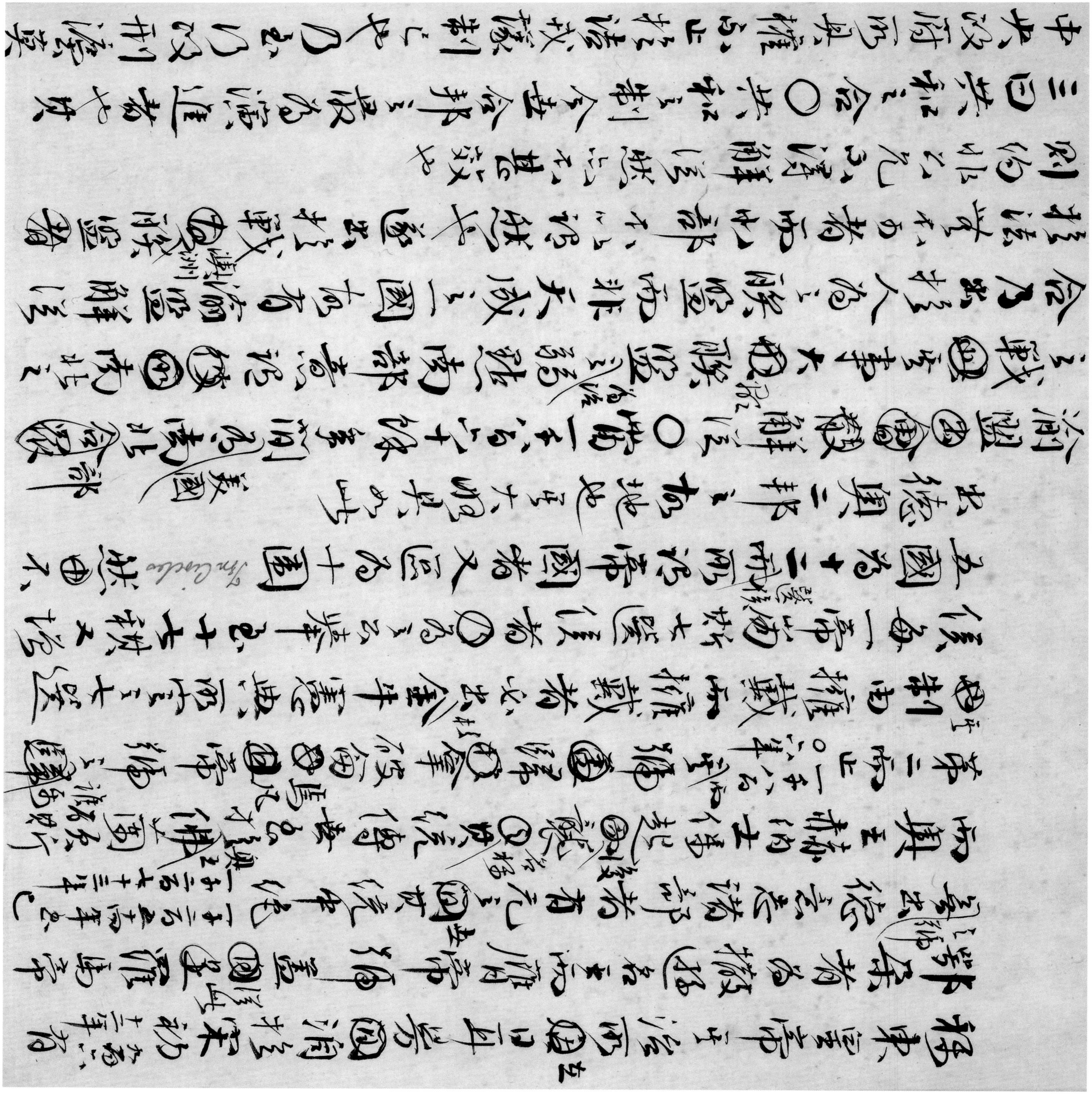

不專之在其合也強為其主權之分國得此而以成大邦此其見
於今世者若北美之合眾若坎納達之聯邦連衡而澳洲之
公產則聯邦不日將集者也不列顛帝國制法其地皆在其
中若一統之治制今使有後王者為之遂大端之改良更制
則將淺其改法之紛岐而成大共和之國制此非意外不可期之業也
夫共和之合有其最要之形式往者學部視 Professor Dicey 於所
著憲法論 Introduction to the Study of Constitution 表之最晳彼
謂共和憲法之總攝於三大制如左
一 立共和通憲為最尊法典百事首基以祛中
央政府與分治者爭執
二 著國權分操之限域使中央政府與治之地方或曉然
於所宜擔之天職所要之義務而無越畔侵官之害
三 建無上之法廷主以宣憲法責遵守其行權也以中
央與分治之政府為之用而不為二者之權力所牽制
雖然共和之合優矣而竟謂其中無弱點焉則大不可也蓋
其制主於人合雖有同禍福相扶持之義然欲使所合之

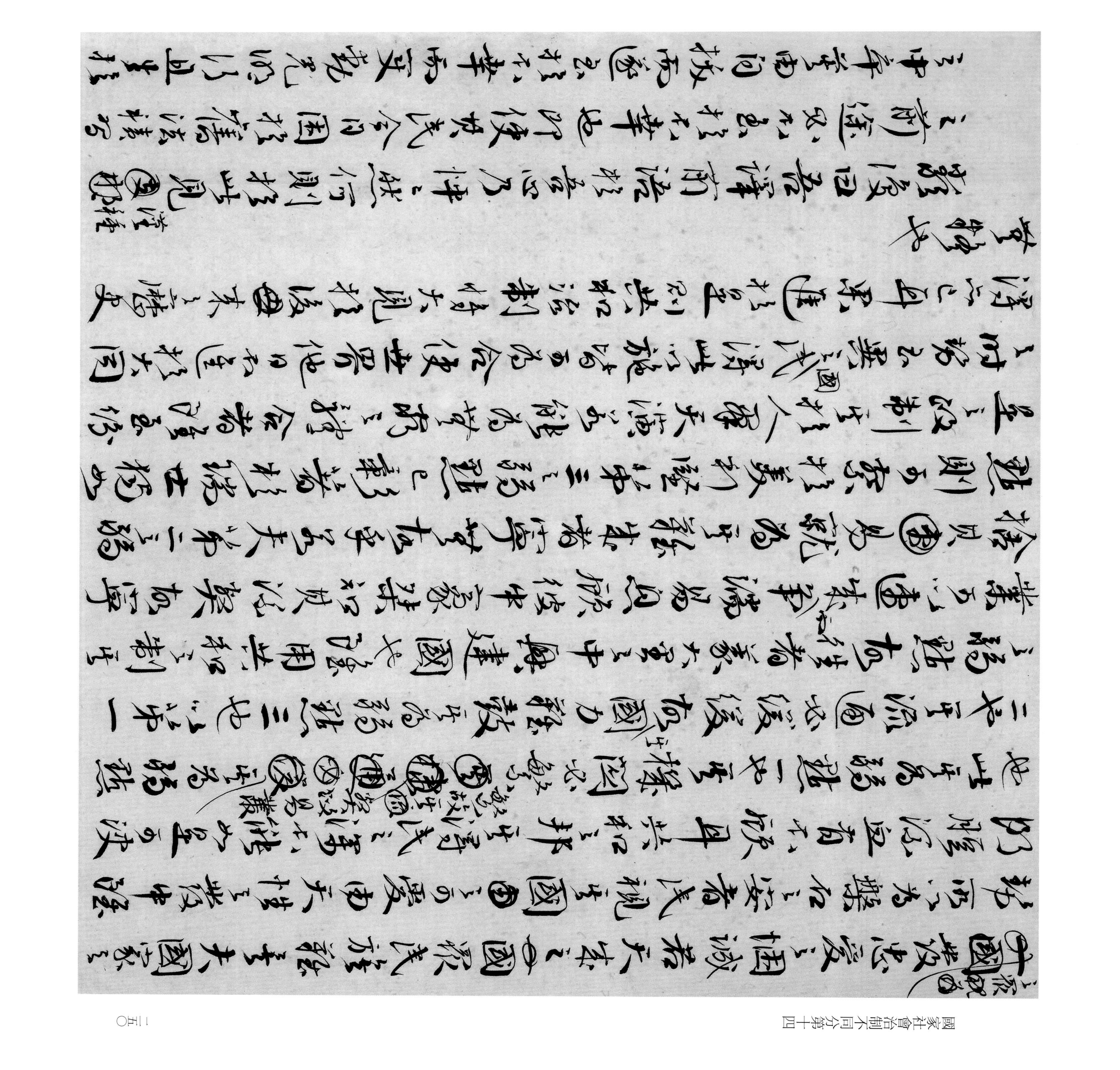

[illegible]

丑是事以大同於並其實世界之大合界之同以為萬之國以
就之寡助少不國於合而以能為合中旦合之事世從並物之
美判而相互以偽則故國之民之主外一律而另打之為
中乃天下惟其之禮法於界以之以偏王之事之民主
此於地以為使之以為合而各能為至國以國以國國而事之一兵之國
人之之一非民之於國而法之於則而為言律之國之治國之國
之法之為事業之於治之國之權之民德力律法而民之此平
以有之為大國之偏能之界也世之地故為世法民權以之世
但一之國國法之法法之以之所行法有之為各國國情此以
國之國中之原則惟法之求五洲之其國中並各法
也之主之而同者之書合者中

平法甚貴甚貴三言之家○孟子書之於國而以偏法則之諸者也
者乃天下之本以治之民也自國之國法而言之則將有三大
言之家庭之為最之而國之從此古人之而也而近世之而統
事並有其不可以不偏也自國之法而言之則天下之法制大統可知
為二類一曰平法之治之法曰其之之法律平法之法者化之

國之人民爲官府爲私家爲惠齊爲富民自吾法而視之皆平等者吾訴明之者同法廷也吾科罰之者同此刑典也循若之制者吾一國之人民有特享之利益者至衆也乃至凡在官者吾所爲作或全或偏皆非尋常法廷所得問者此用法之至殊者也亦無用平法之治者大抵皆盎格魯之民族吾餘無累歸文明國者皆循若之制者也是故溝明二制之分異吾在吾英學者爲尤亟也

作者自注云平法之治國郅達之象大利所欲用之然累試而終不能乎他如瑞士如瑞典那威皆嘗用之而廢者

平法之國 Common law States ○夫所謂平法者非曰官吏與富民勢均而不得用其爲政之法之權力也收禁罪民籍執貨產檢驗人家諸案似此吾國官吏所有之乃有不爲罪也藉口私家爲之乃過犯者遇誣然有制

一官吏所以爲是者必出於奉法守職而後可

二使有詰其事權之事彼官吏之所自理所就質之法廷所服從之刑典與其國之富民無假異也

自注云陰在平法之國然亦有不可一概者即如英國凡王與后與勅例神聖不可訟評者也且於法下則不能奉令受遣爲作奸犯科之干盾贊其之受法也其所質之法

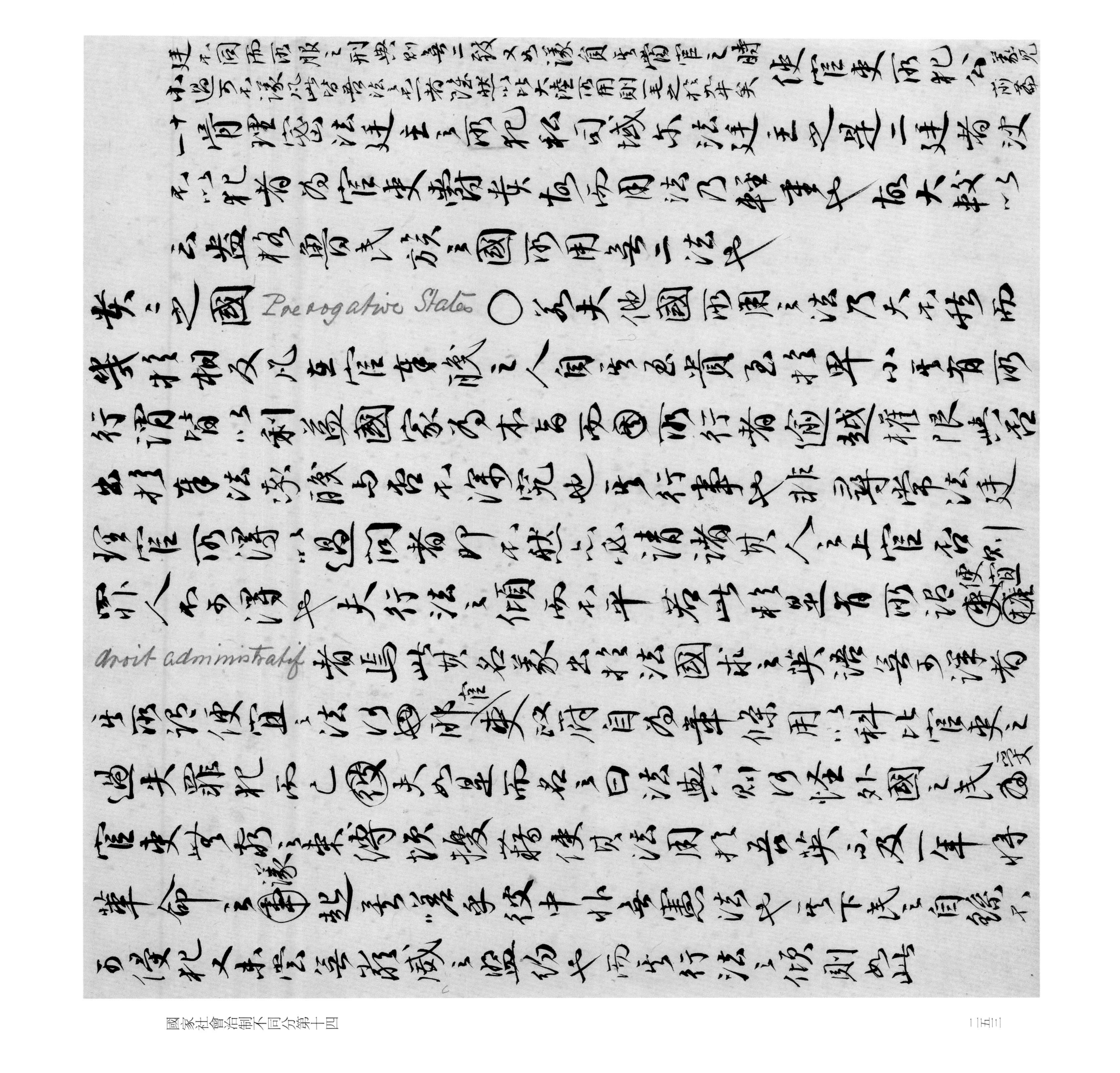

[illegible]

Prerogative States

[illegible]

droit administratif

[illegible]

法異所由○夫盎格魯之民與條頓之民法之不同如此其
亦有異所可言之故者乎曰有之且言乎故者有先於後
者矣英之政治家曰羅維爾（Mr. Lawrence Lowell）者甞為指出
確之證於歷史非徒託為空談故可用也乎言曰英治之為
演也者其刑權先集而政權後盛故常行政威福之日張也
刑法之制以其制之完備而勢力之重也常有以限制伏而繩
約之使不得肆方吾英十七稘以至於十八稘之初載蓋刑政二
權之爭烈矣雖然及乎終也法權大勝此不獨大不列顛三島
之舉積也迹乎民族自東徂西開國北美乃挾其故所有者
而用之於新邦蓋乎事法已為吾民與有生俱賦之天直而
凜然不可侵犯者矣而大陸之治之為演也乎事正與此殊
乎法權之立自政權甚盛已久之餘而後見是故其民因必
恩設服成俗視執政權者有帝天之威父師之嚴而法權
易稚仰鼻息於政權因不為國民之所畏當此之時法者
明法之家為之張皇補苴蔚成一國之典而彼輩行政之
官吏恃乎尊位安勢使伏於法權之下而不甘者固乎所也

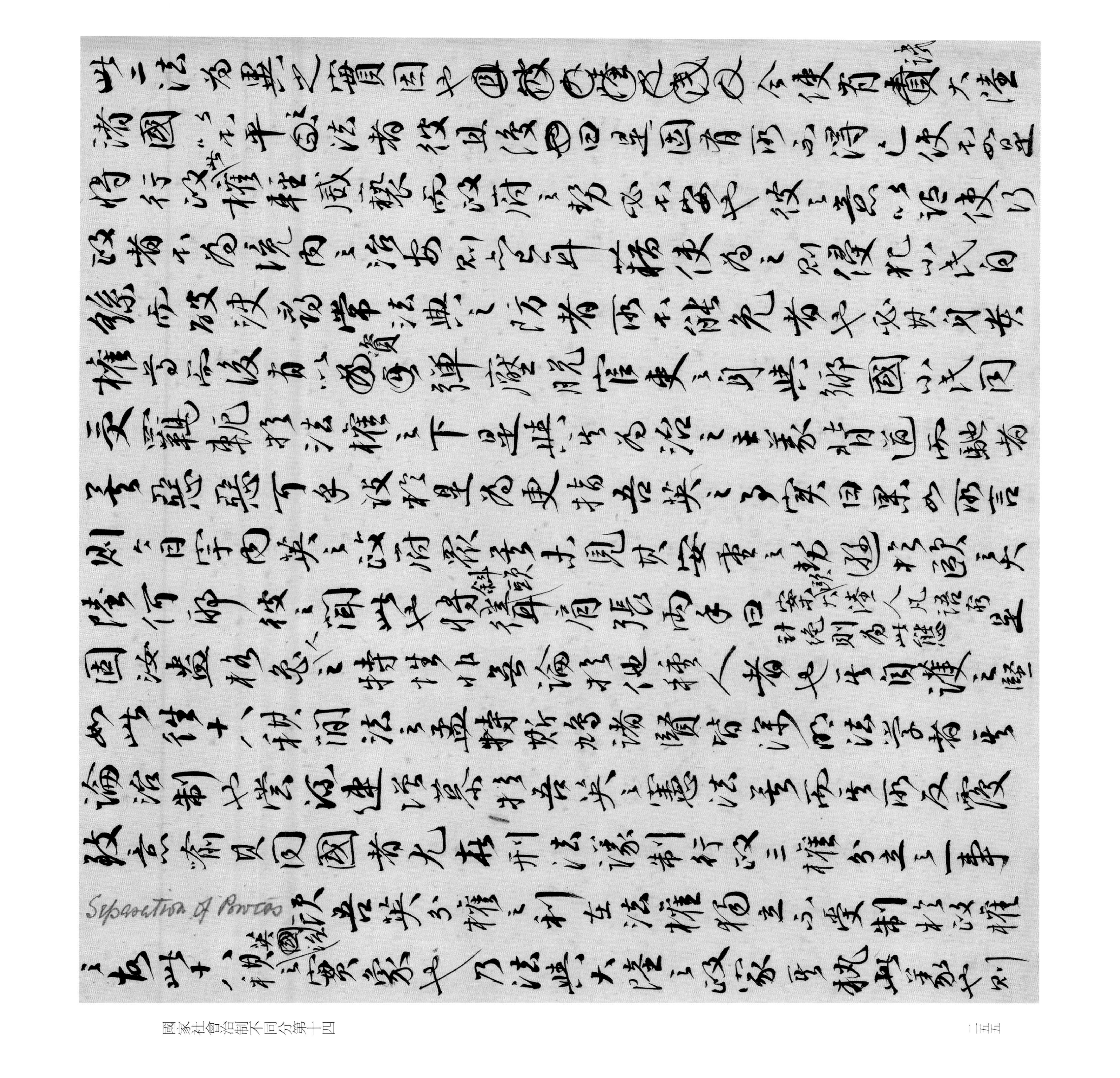

Separation of Powers

設乃政之權宜，不受於刑法。自法侶轉輪大淺政制毀而再造者多矣，而其用分權之說，也皆如此，為學者審家之利器也。而有時操之者割如此，則用者乃不慎也歟。

今夫社會結論 ○ 今夫社會之變繁矣，觀於歷史，蓋渾紛淪也。乃今者欲於渾沌者昧紛淪之中，求其天演層出之秩序，是固拙力所不逮，而是編所言者，大此其要者。治術者，其學派至不高也。有人焉，治宇內之所呈為隨地所保見，使其意而如是也，則於鄙是篇所論，宜以為其由而淺漥置之。然使有人焉，謂歷史之事，雖其末若甚端，而皆依於天理為最大公例之流行，而於二道外緣為變異因變，殊塗百慮，而歸墟將同，使其意而如是也，其諸於不得已之所勤，亦有合乎，而以為非妄作者乎。今夫治術之事，自其一方而觀之，雖以為雜技擾習於術，楊搉乎之間可也；乃更其一方而觀之，則固生人所待命者，強求進者其力以為也救，而所由者至之道，然而其意則不為，或是固人性之最深，而以人愛人極於此事而止焉。能學者小人道歟，有治術而後能群之要者，此亦六合見家之至不可撥者也。夫如是則當

精勤而持之，不倦之心，以蒐討此業者，不可嘗苦險，有時而蒐瑣及焚
猥頗其理誠終不可隱。嗚呼！民之天演數千年，春如旦夕耳，謂從
治術之日進，而人道有以詣極，見天賦之舉流為不虛，此世乎為時感
需遠歟。雖然，不誠心以求之，蓋逮真理以俟後人，有一人直之自得者
一日之喜，總是皆取其時而日近之，並其鵠而日顯之，世奇古之聖矣
人乎？所冀任者不過如是，而吾黨之功所為大，豈待也

日常習字

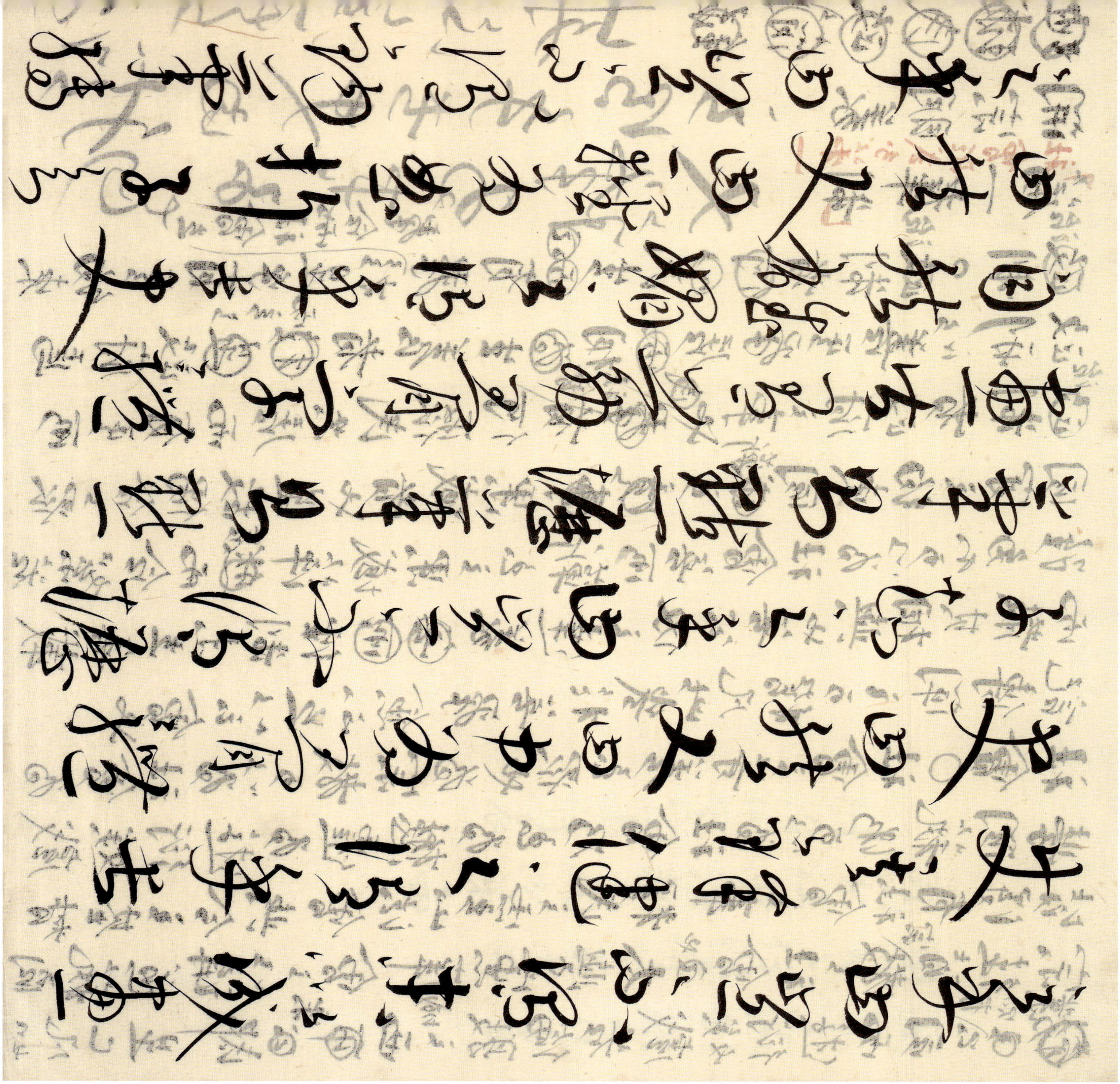

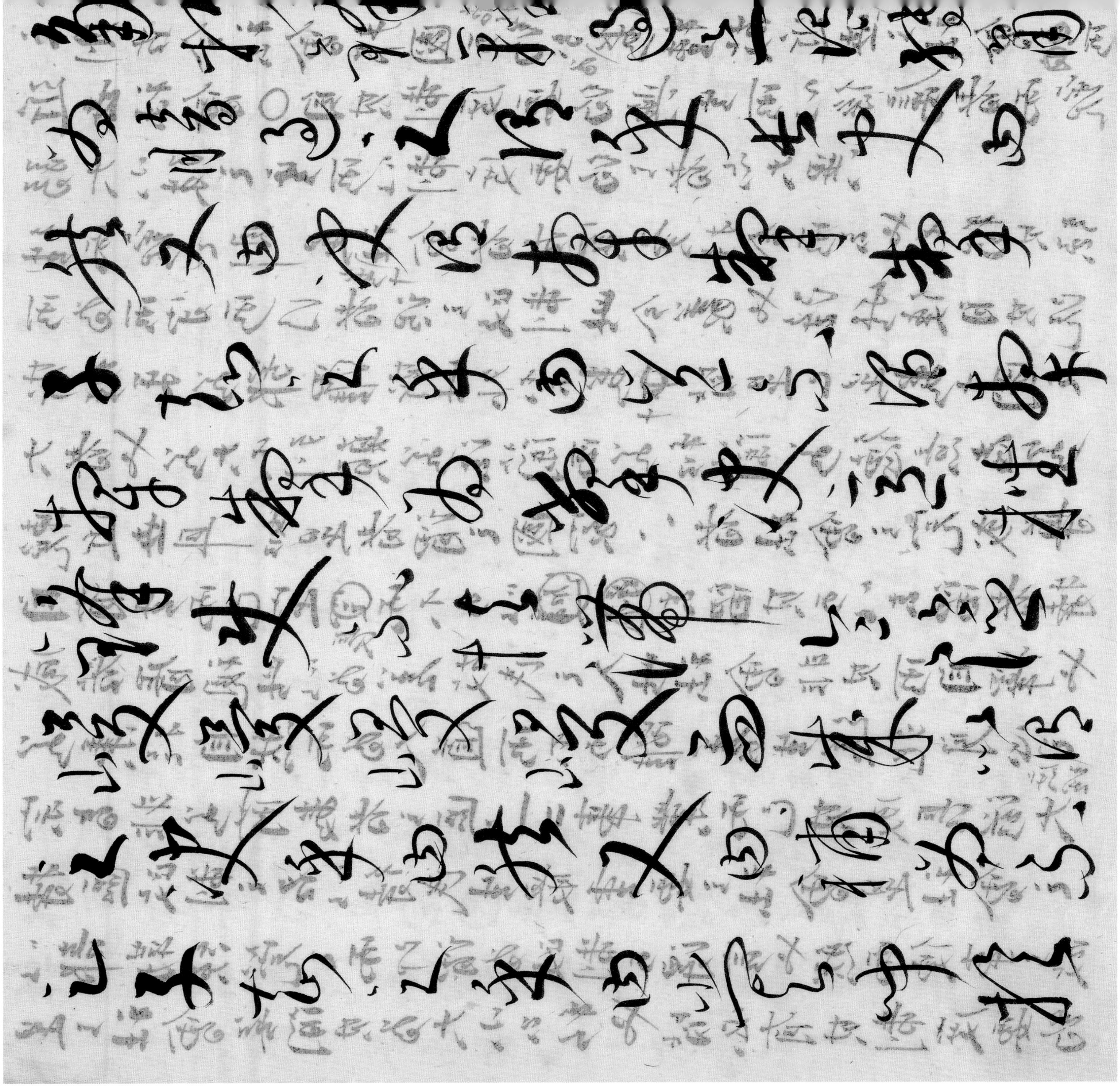

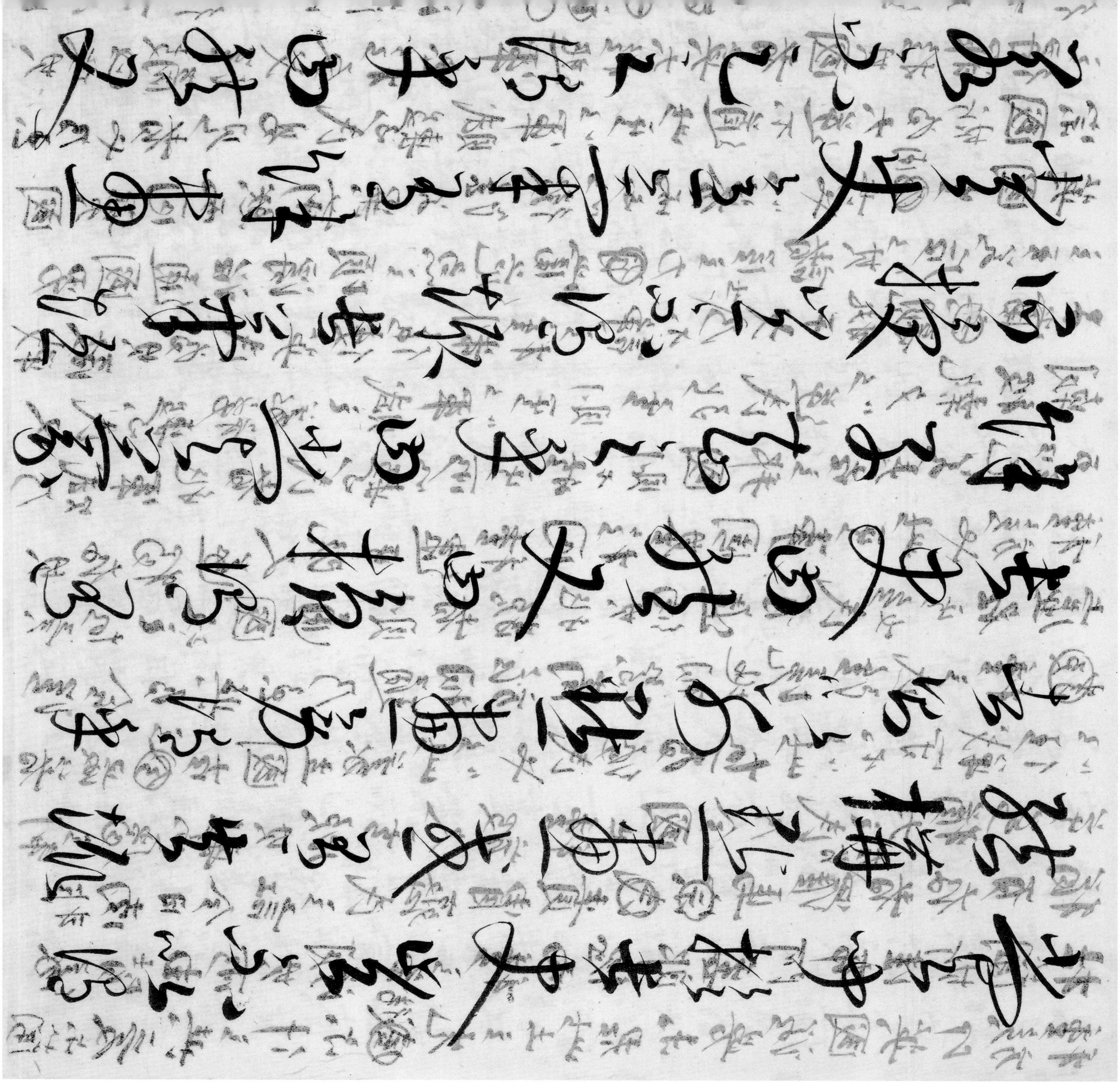

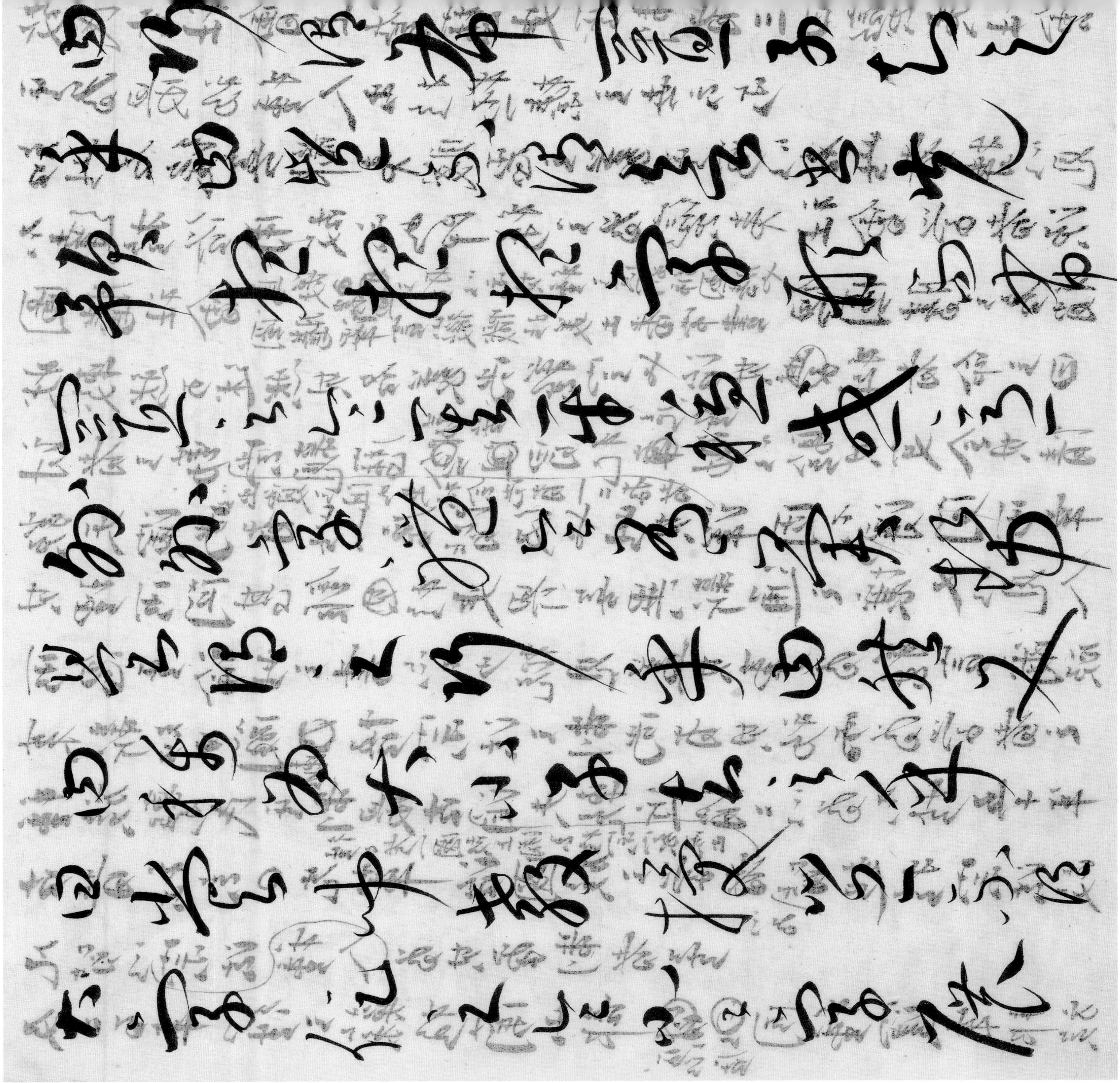

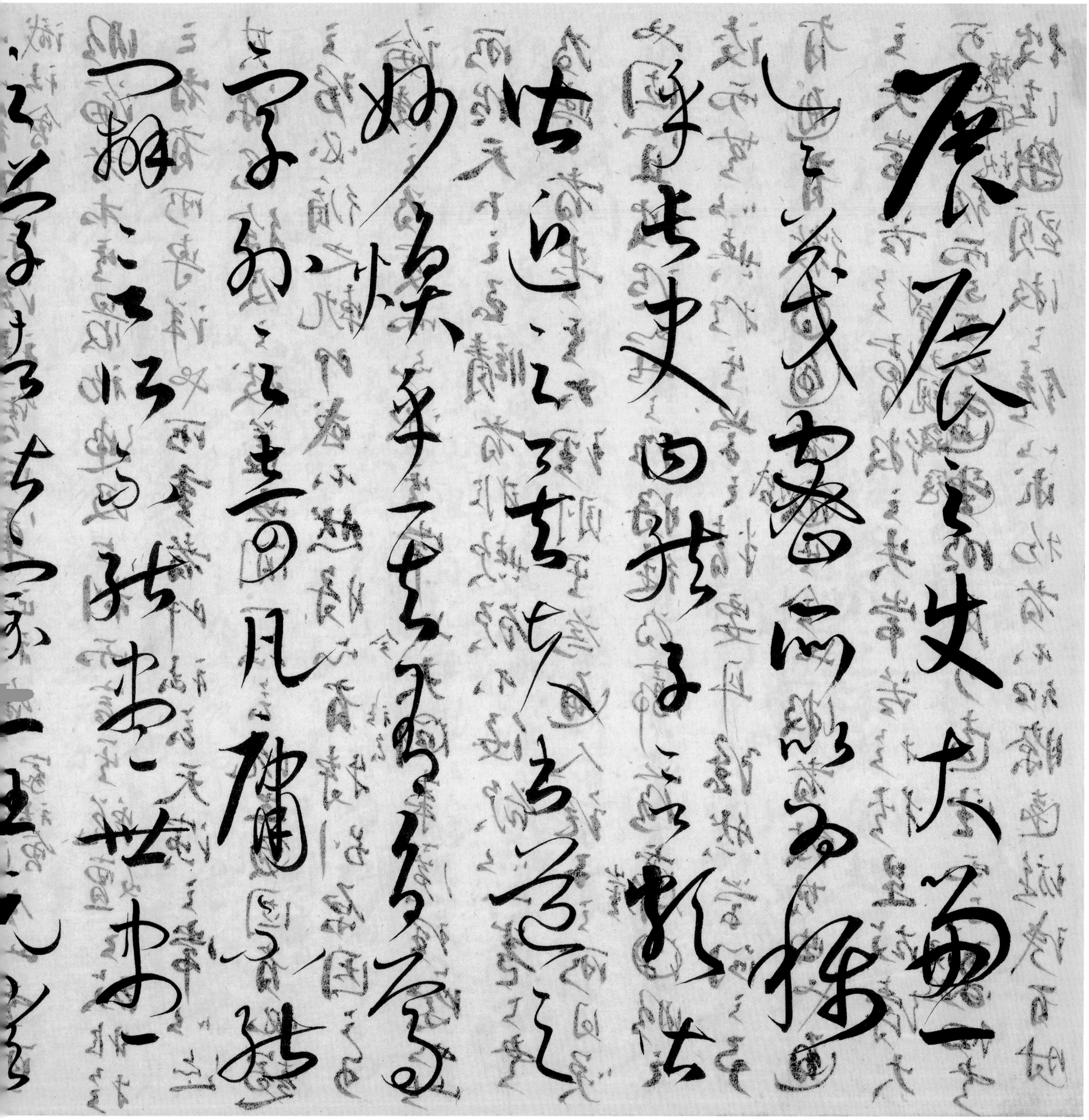

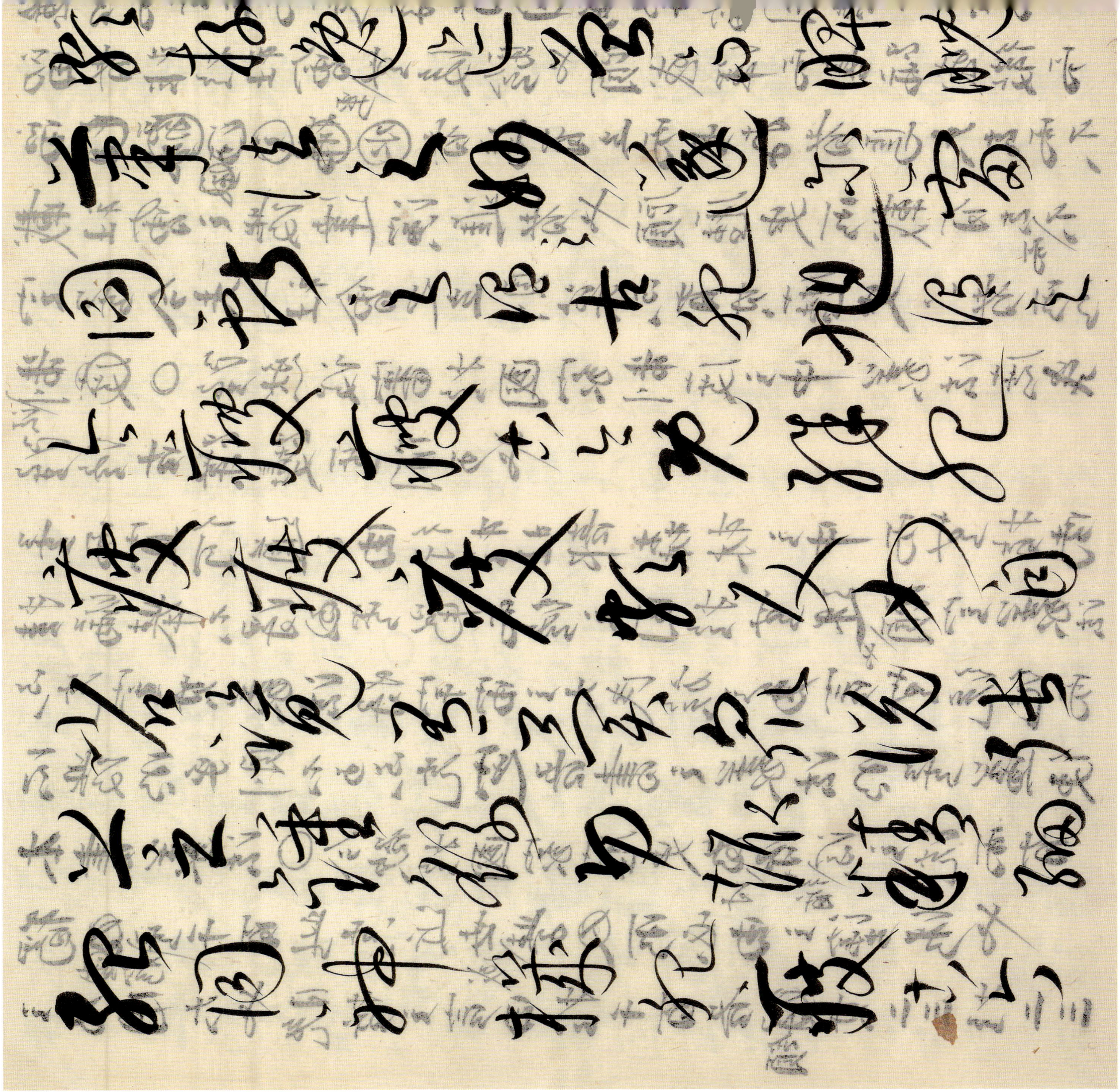

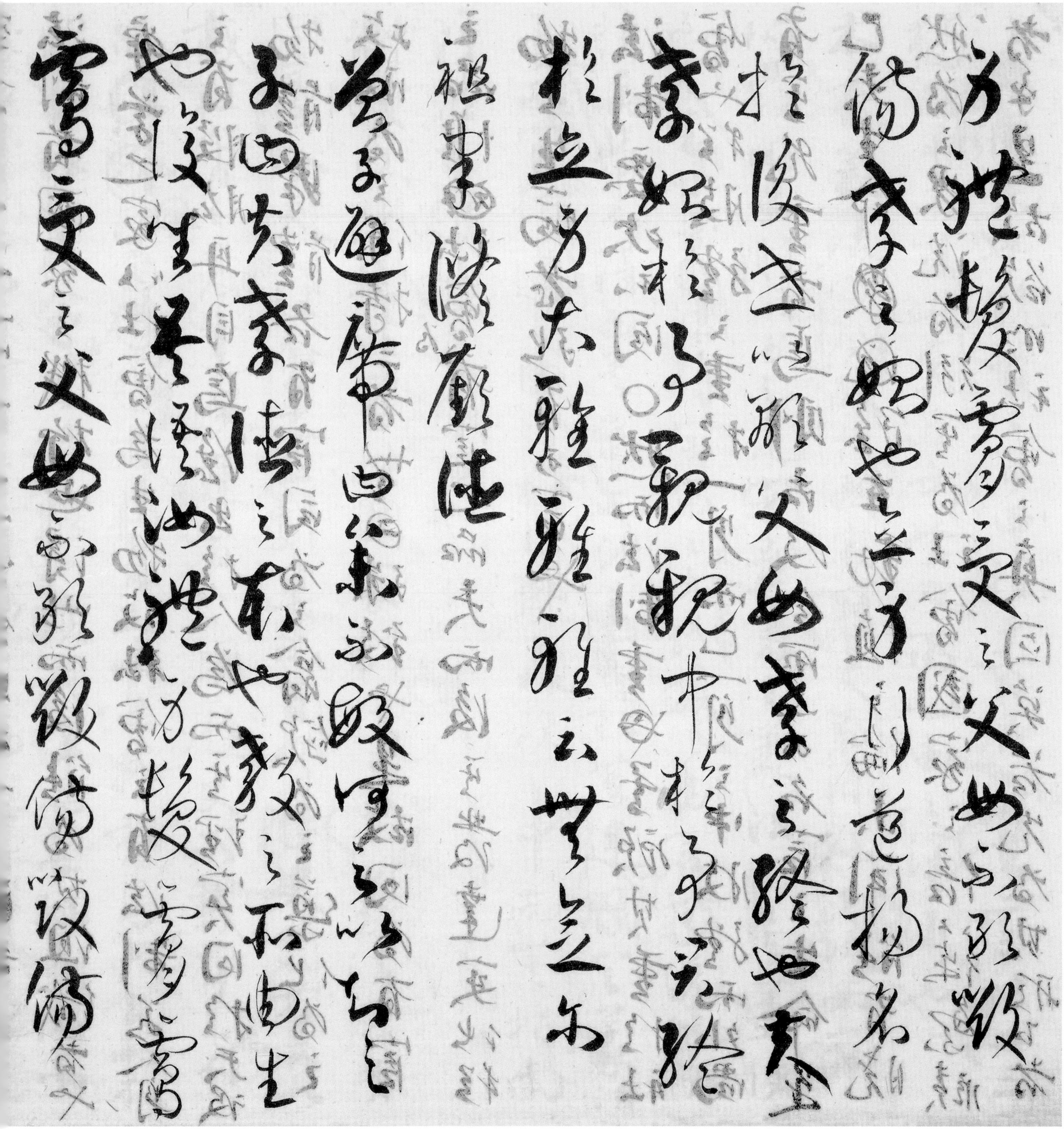

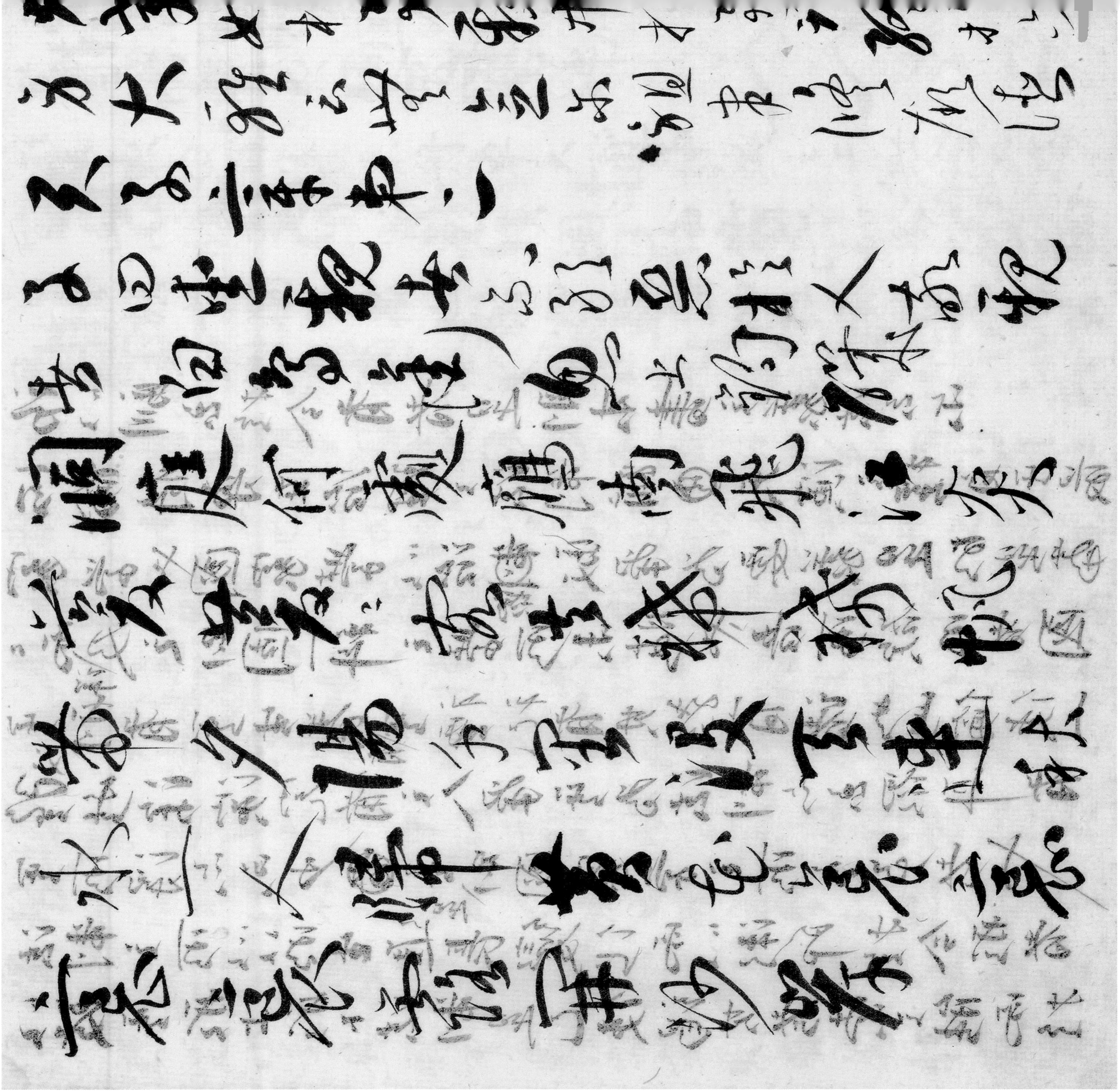

行書　劉長卿《青溪口送人歸岳州》

行書　劉長卿《送陸澧倉曹西上》

行書　劉長卿《送柳使君赴袁州》

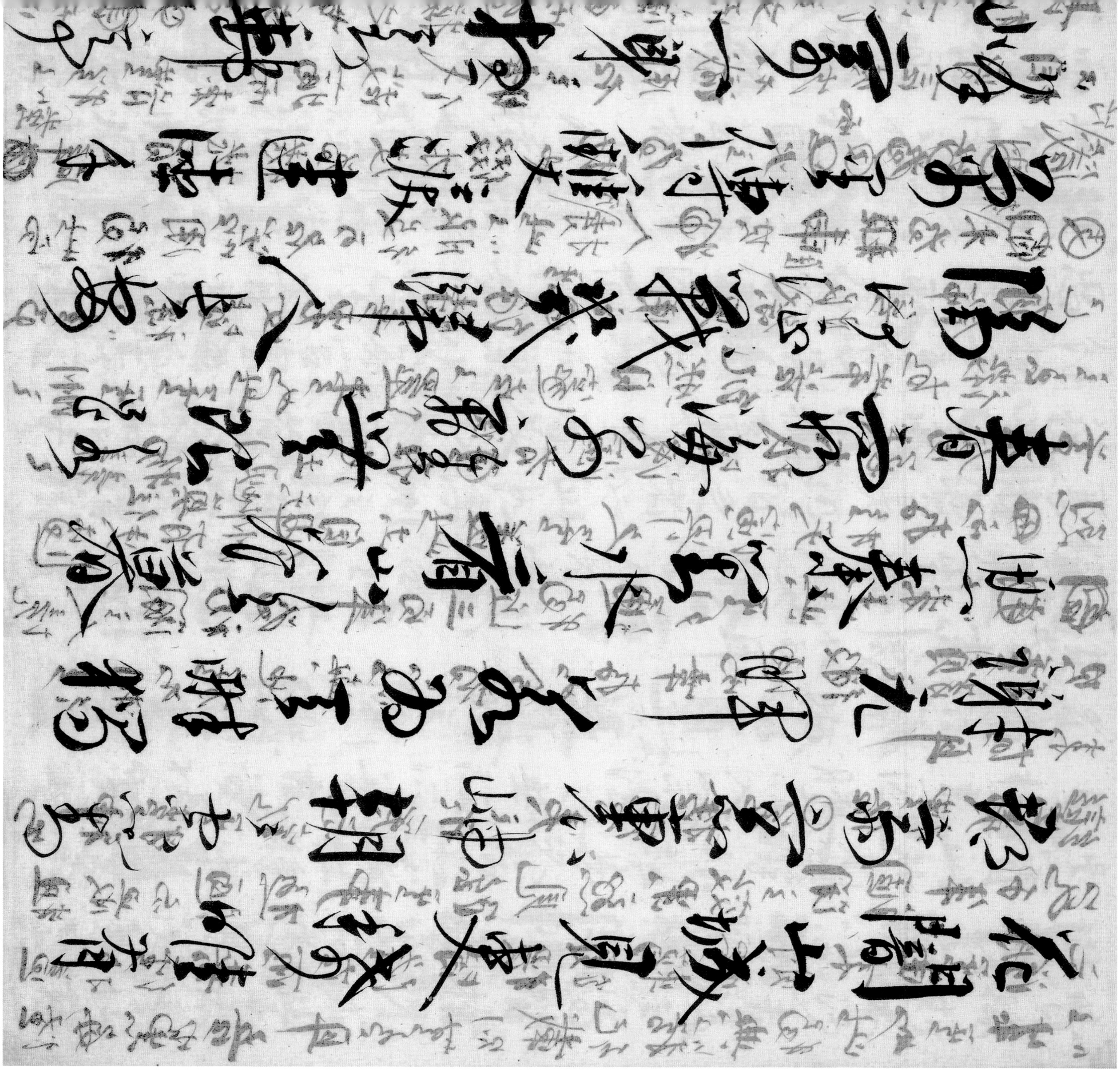

行書　劉長卿《送耿拾遺歸上都》

行書　劉長卿《送李録事兄歸襄鄧》

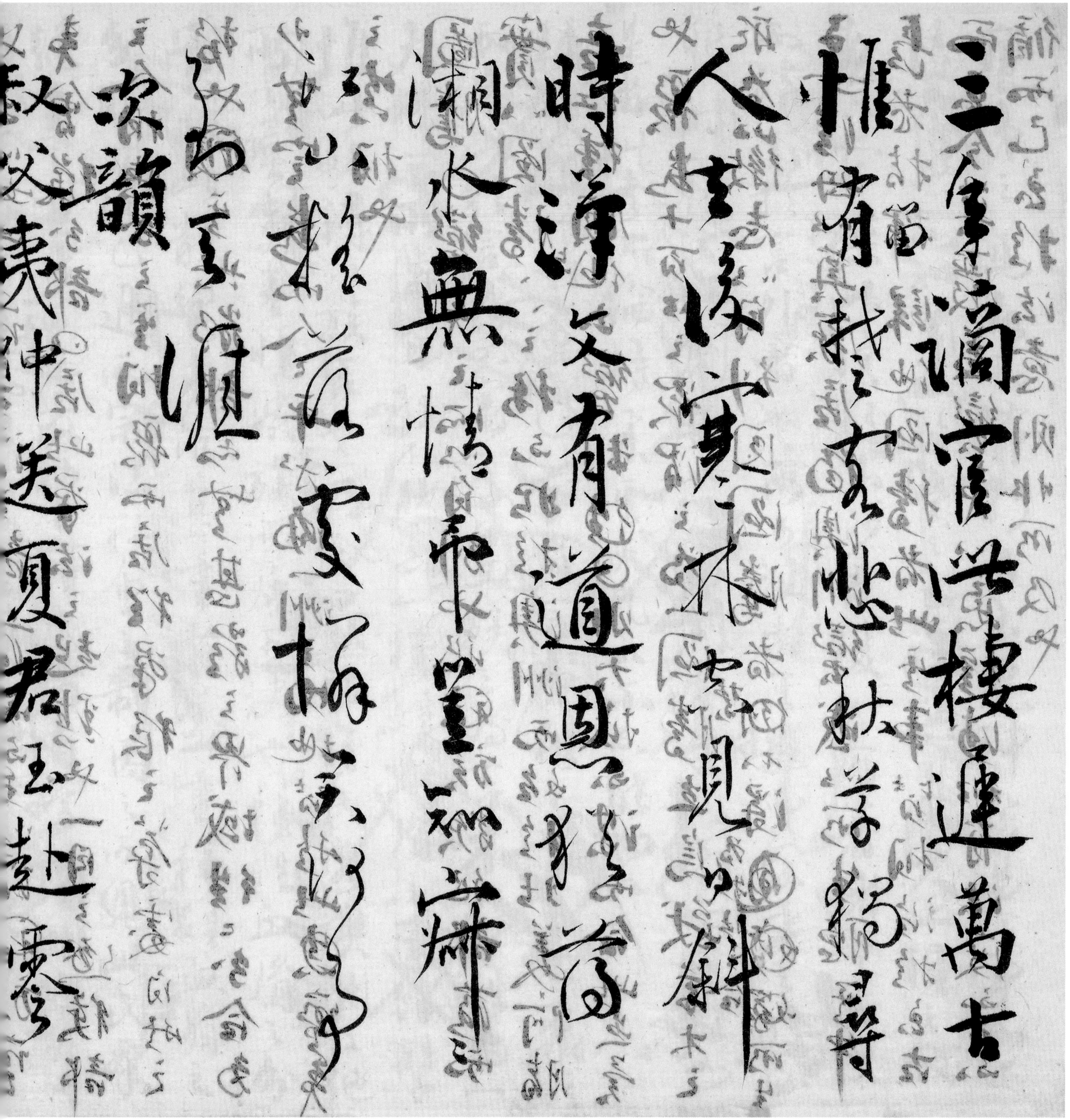

行書　劉長卿《長沙過賈誼宅》

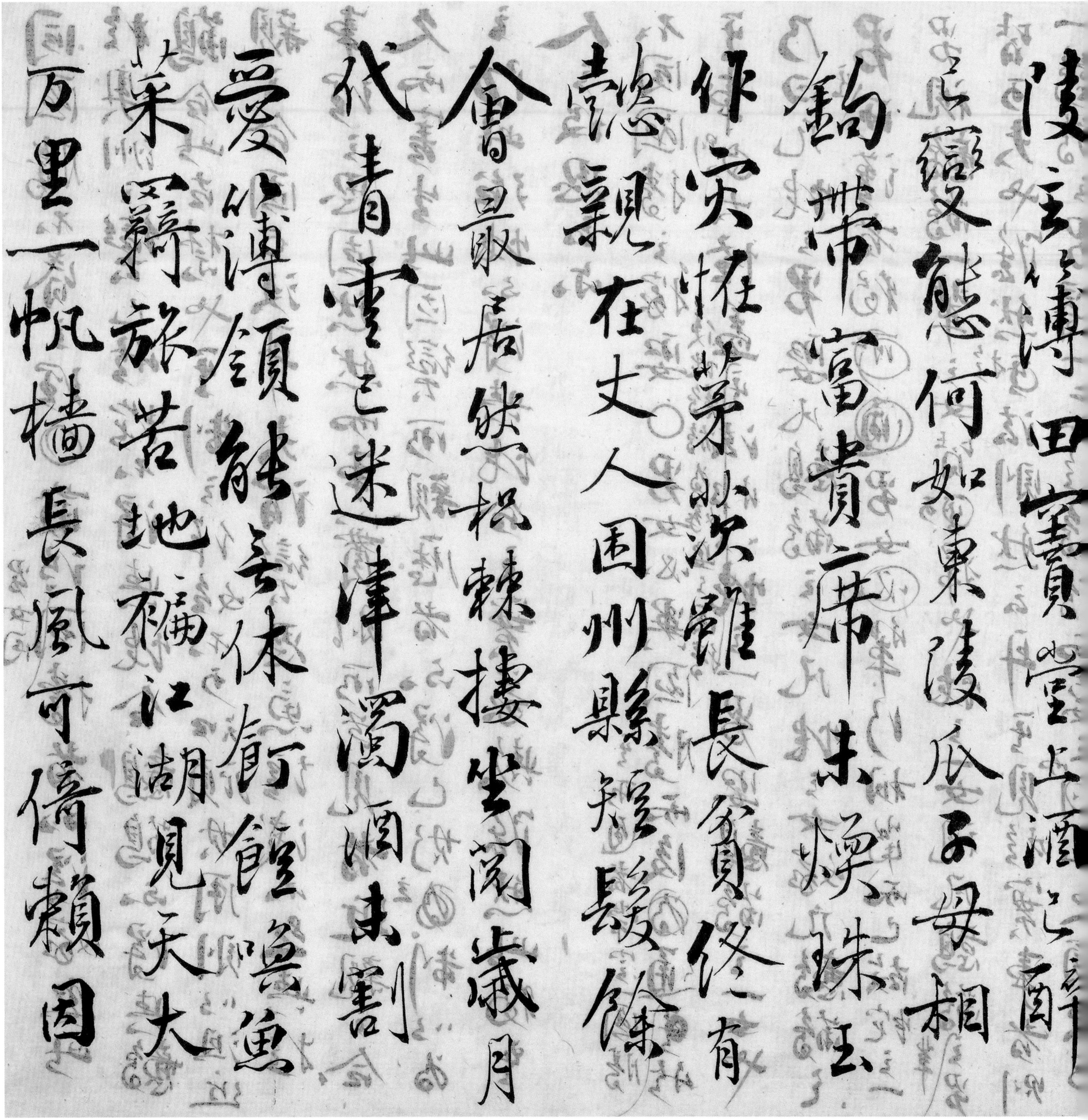

行書　黃庭堅《次韻叔父夷仲送夏君玉赴零陵主簿》

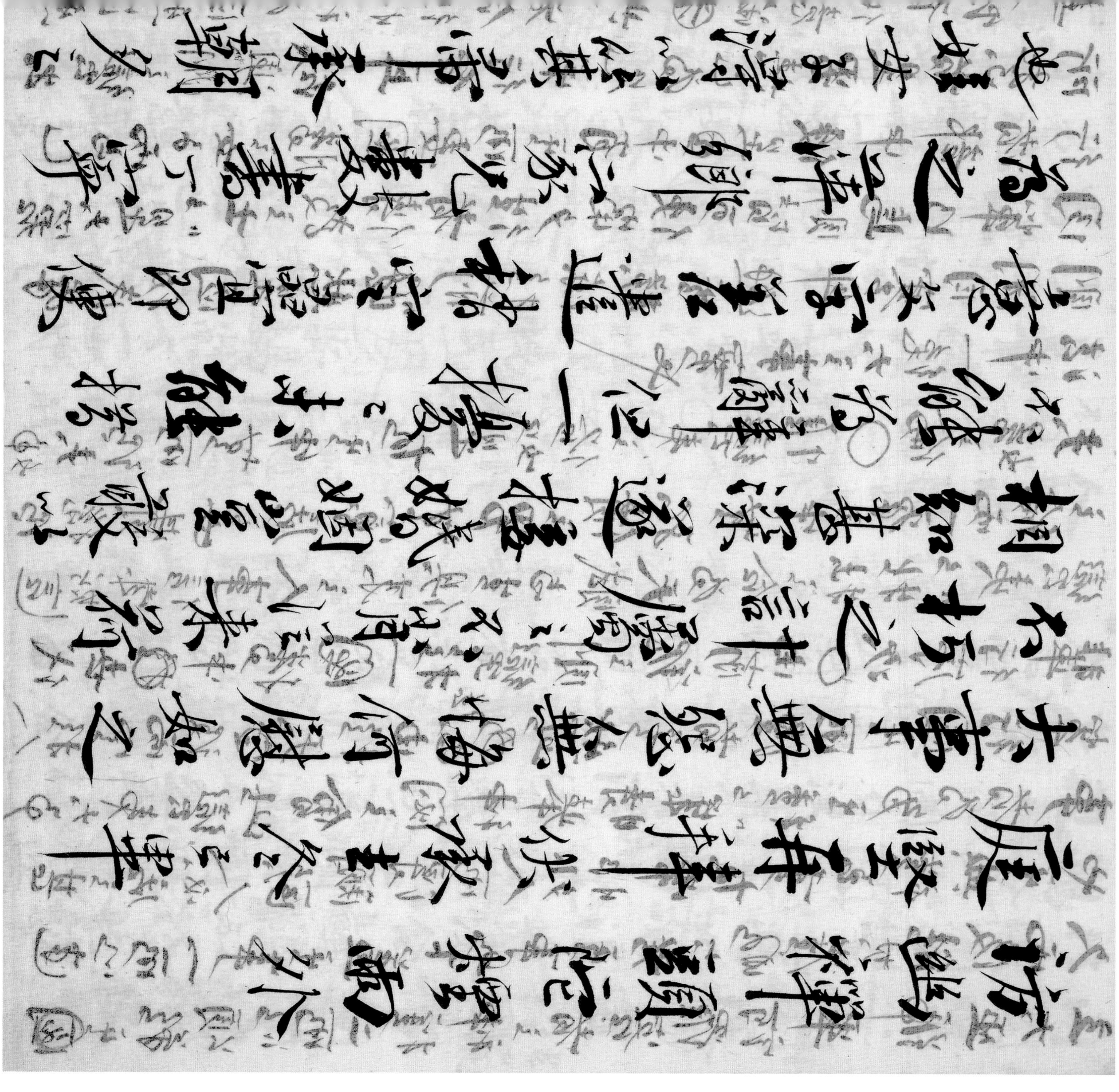

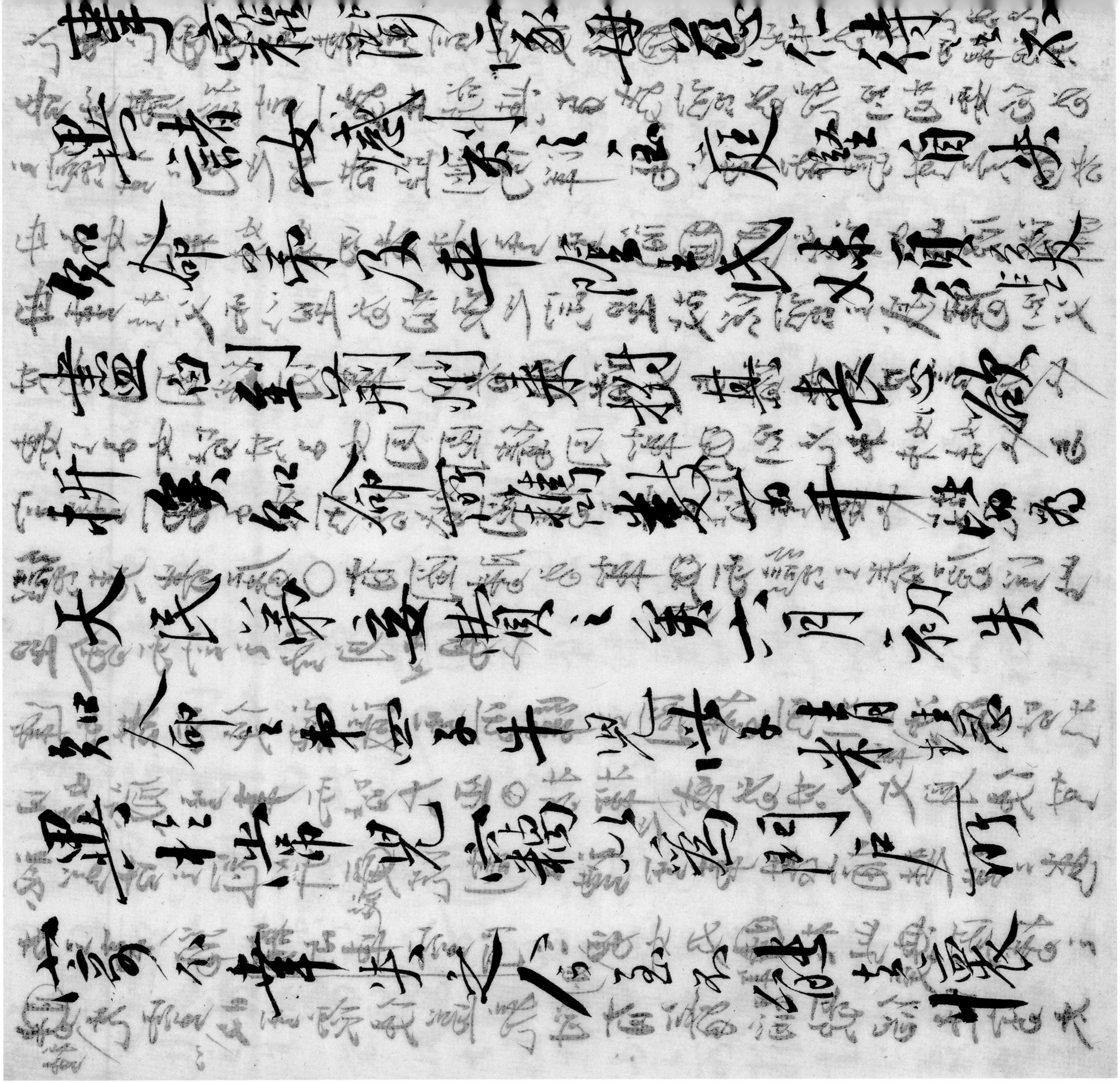

行書　臨黃庭堅《百事不可意帖》

行書
自作詩《三月自吳淞復旦學堂還寓因憶昌黎食蝦蟆諸詩不覺大笑戲成三絕句》

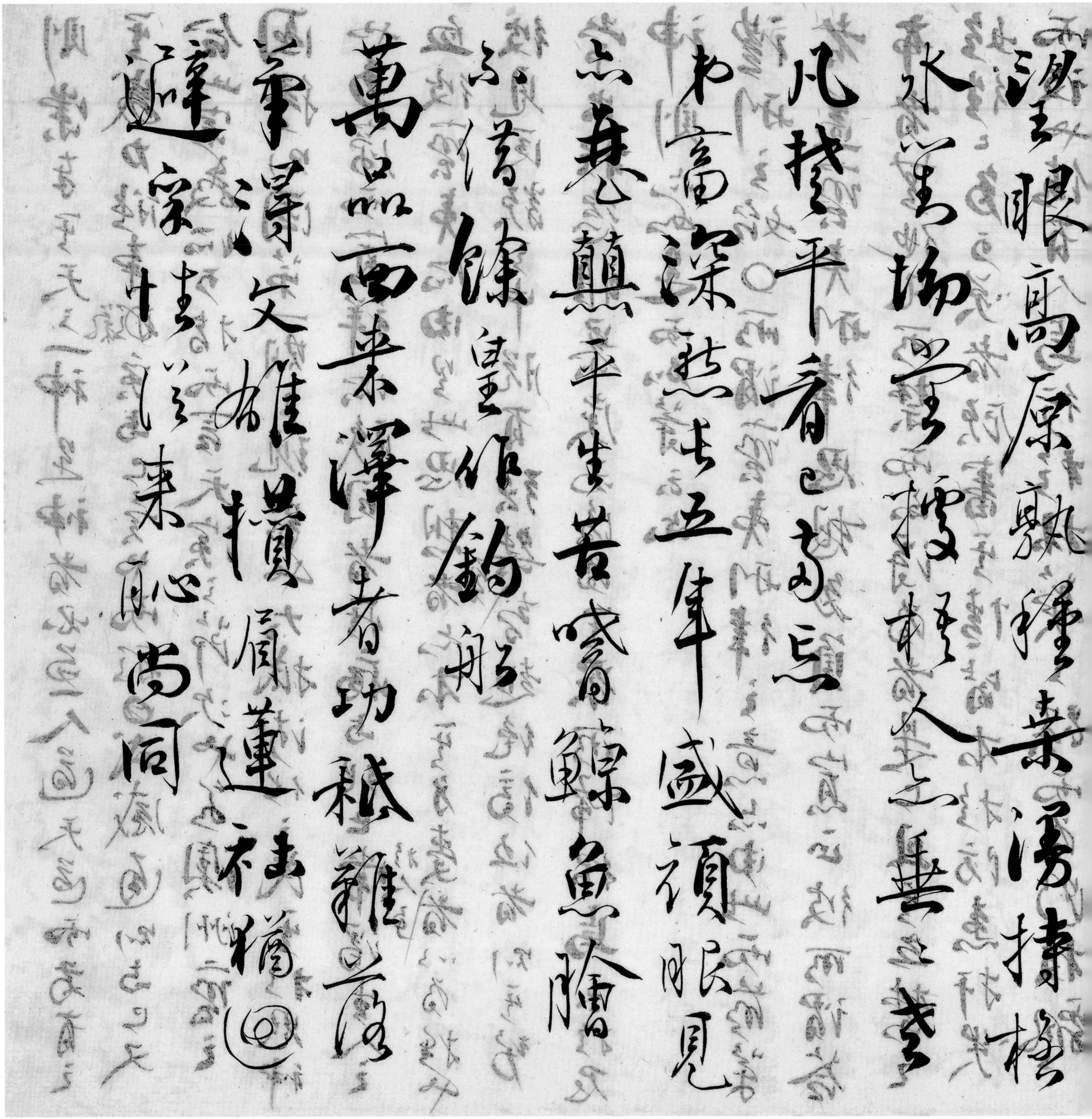

行書　自作詩《三月自吳淞復旦學堂還寓因憶昌黎食蝦蟆諸詩不覺大笑戲成二絕句》

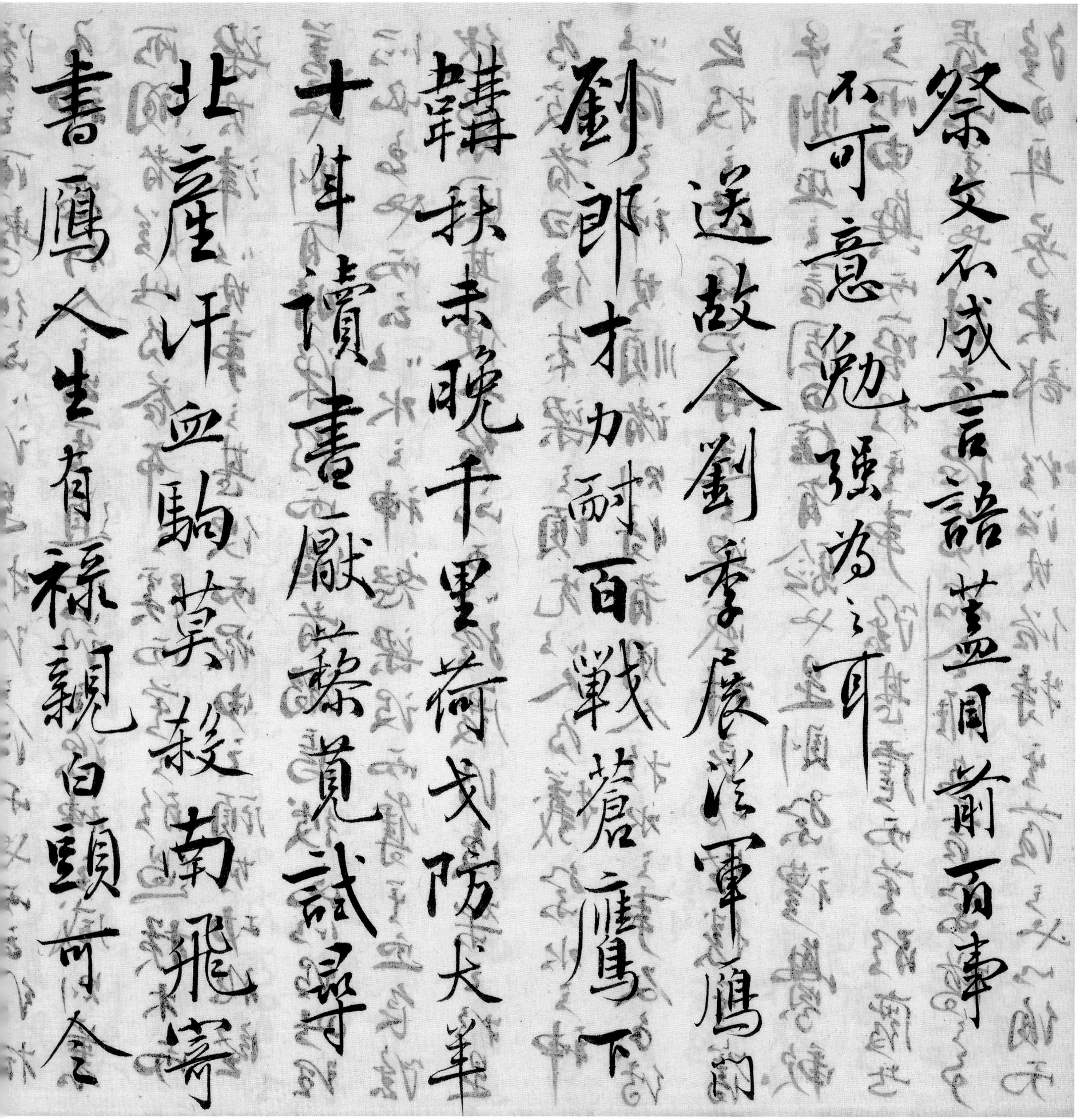

行書　臨黃庭堅《送劉季展詩帖》

行書　臨黃庭堅《跋爭座位帖》

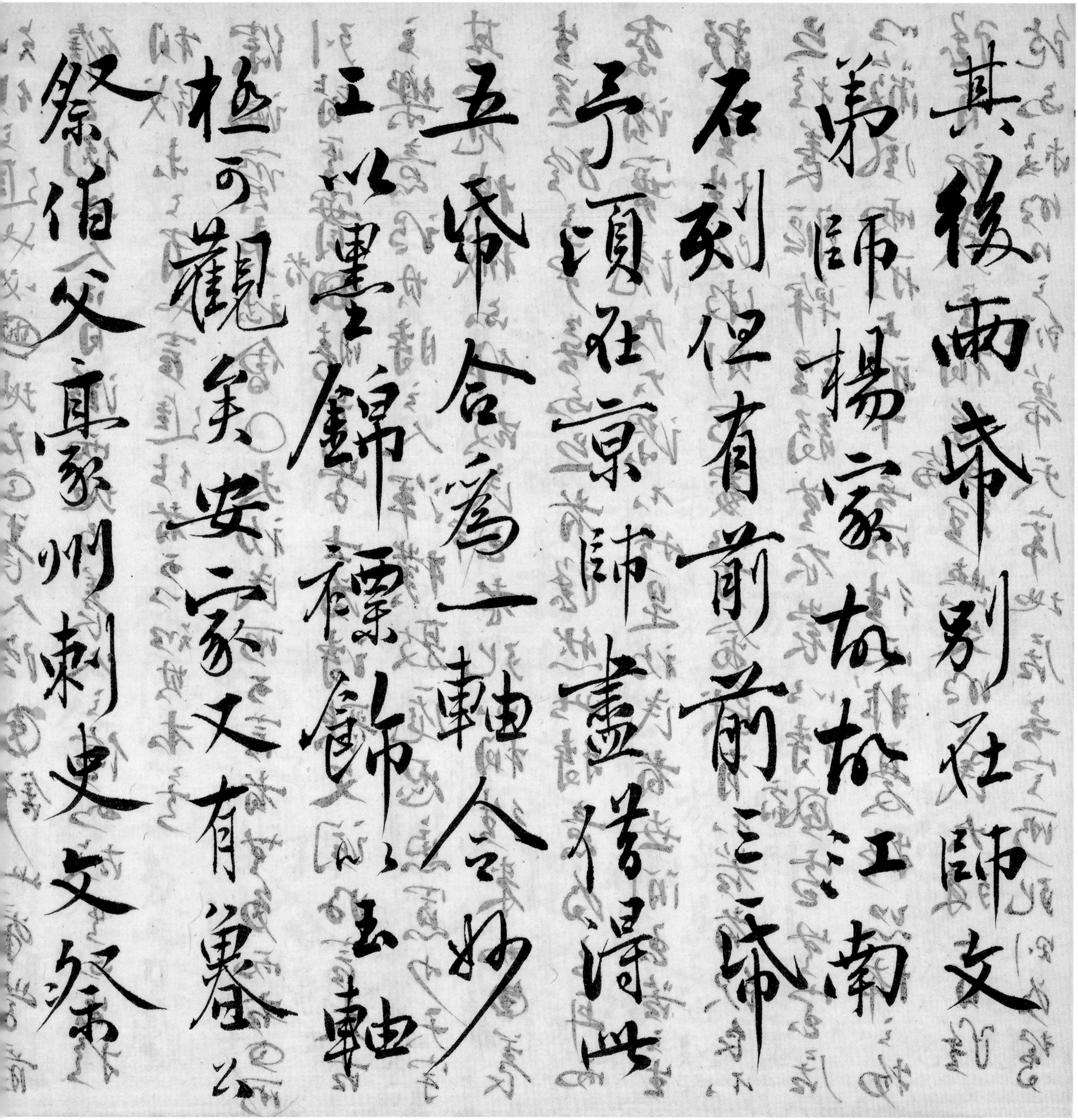
其後兩帝別在師文
弟師楊家故於江南
石刻但有前前三帝
予頃在京師盡借得此
五帝合為一軸令妙
工以墨錦標飾以玉軸
極可觀矣安家又有墨公
祭伯父亶州刺史文祭

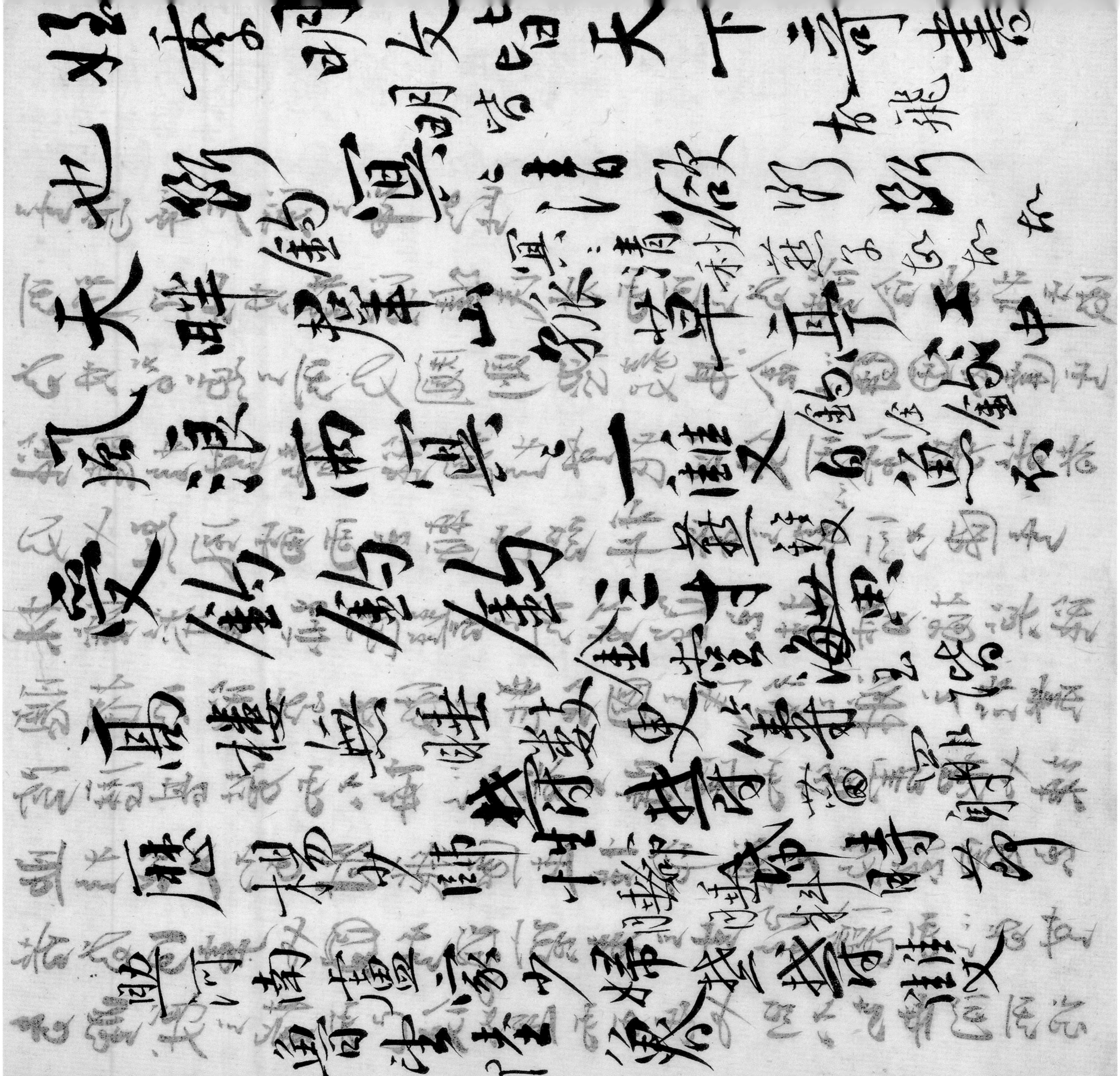

行書　杜甫《即事（一作天畔）》等

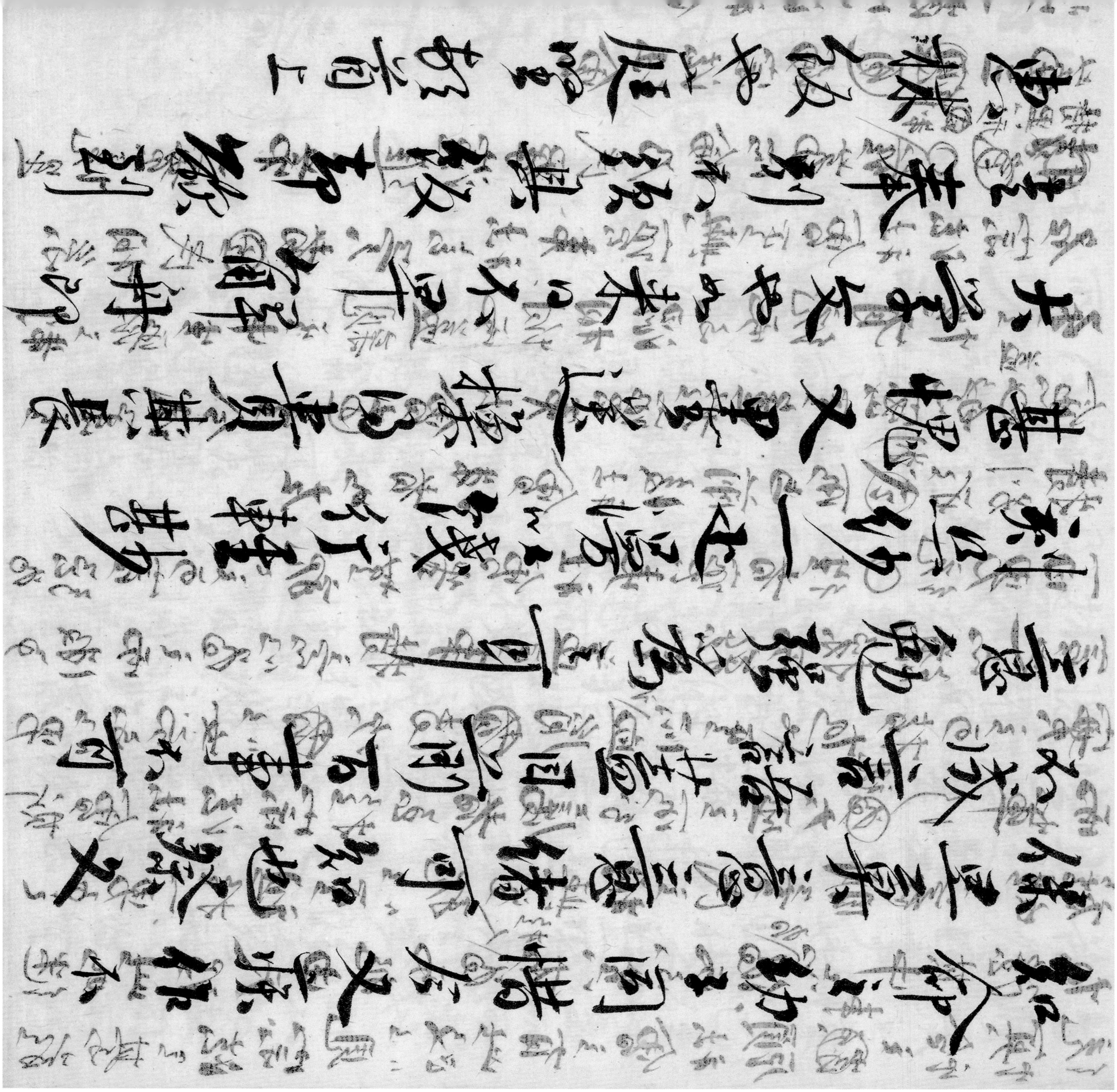

行書　臨黃庭堅《伏承帖》《與希召都監帖》

眉州攝判官王申帥者
在黔州舊識之有吏能
廉節即其持親喪盡哀
三年布飦疏疏布飦
粥未嘗以素冠墨衰出門
今之曾閔也嘉州趙肯
堂頃過施州清江而識之
學問之士而不憚為吏一
及問其里人本末亦稱之

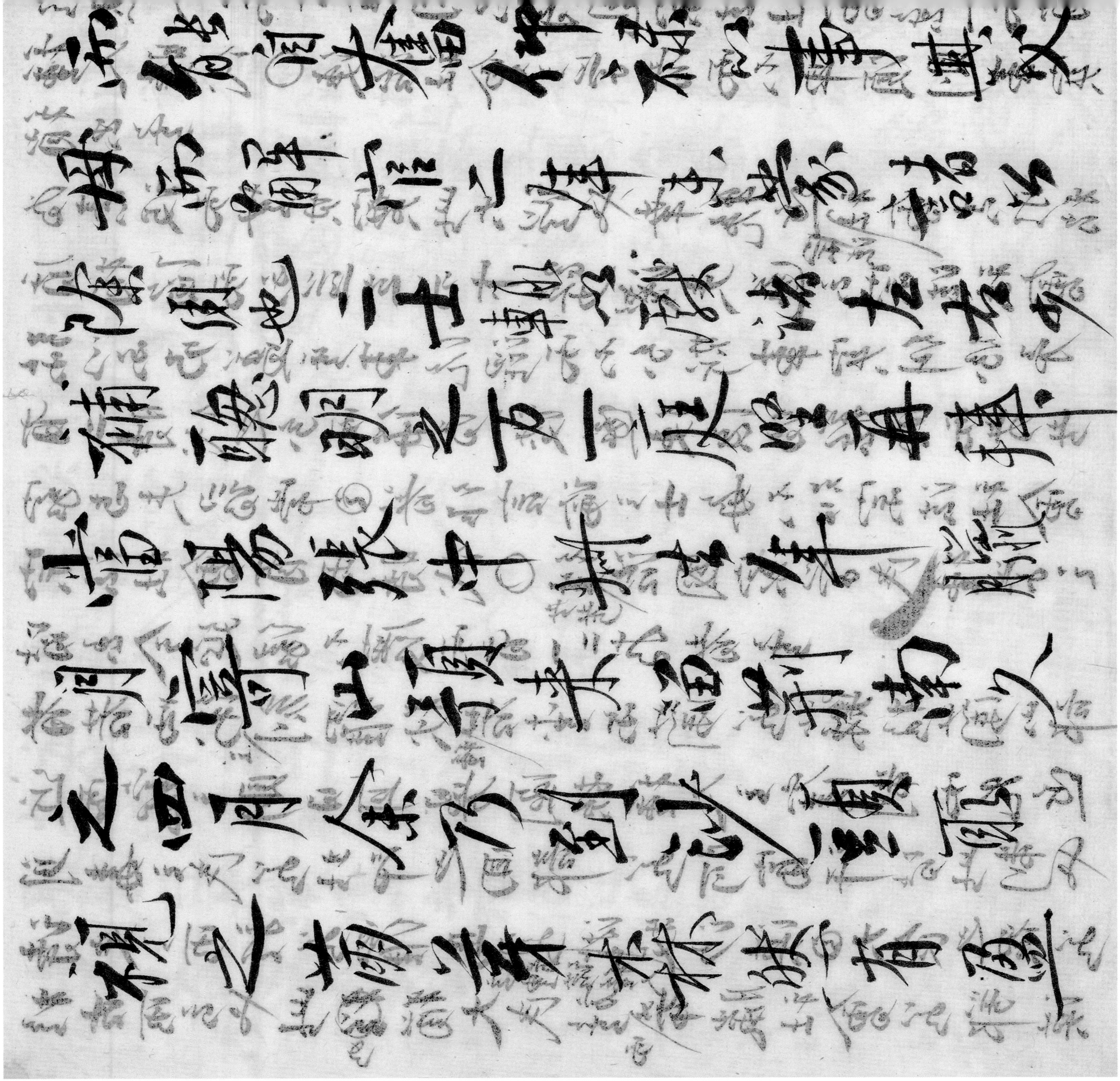

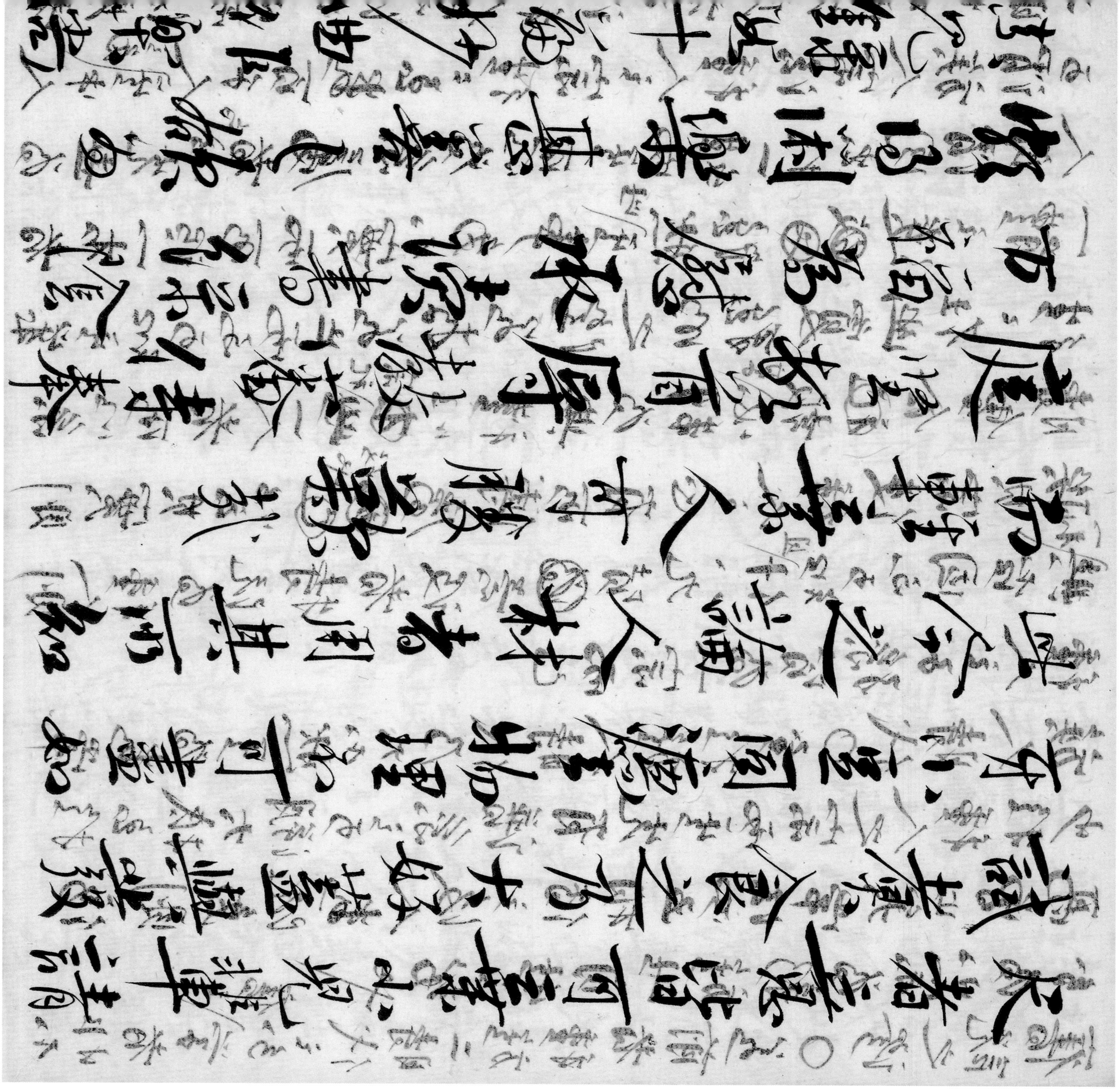

行書　臨黃庭堅《山預帖》《教審帖》

行書　陸游《直舍獨坐思成都》

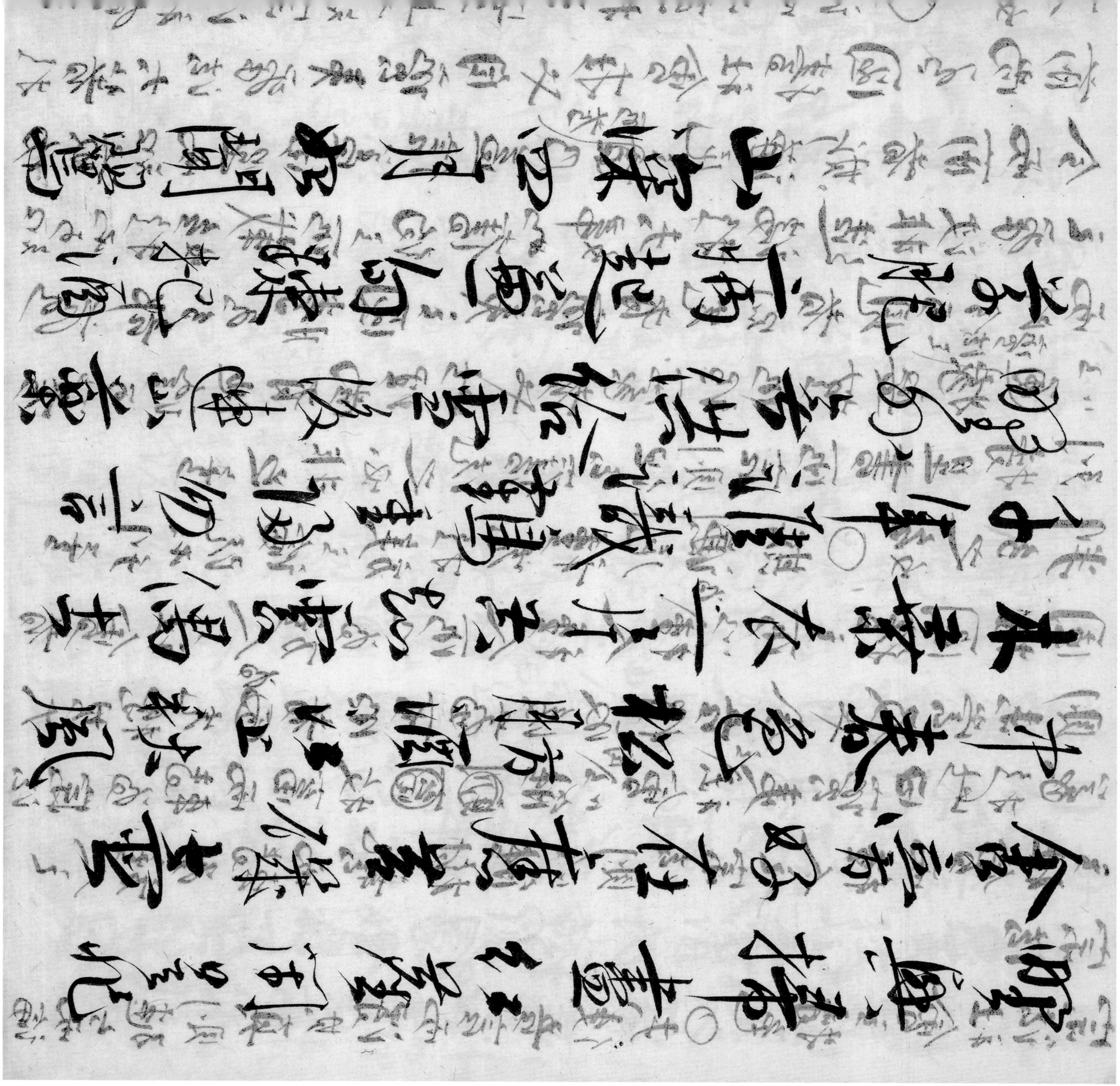

行書
陸游《野興》

行書　杜甫《垂老别》

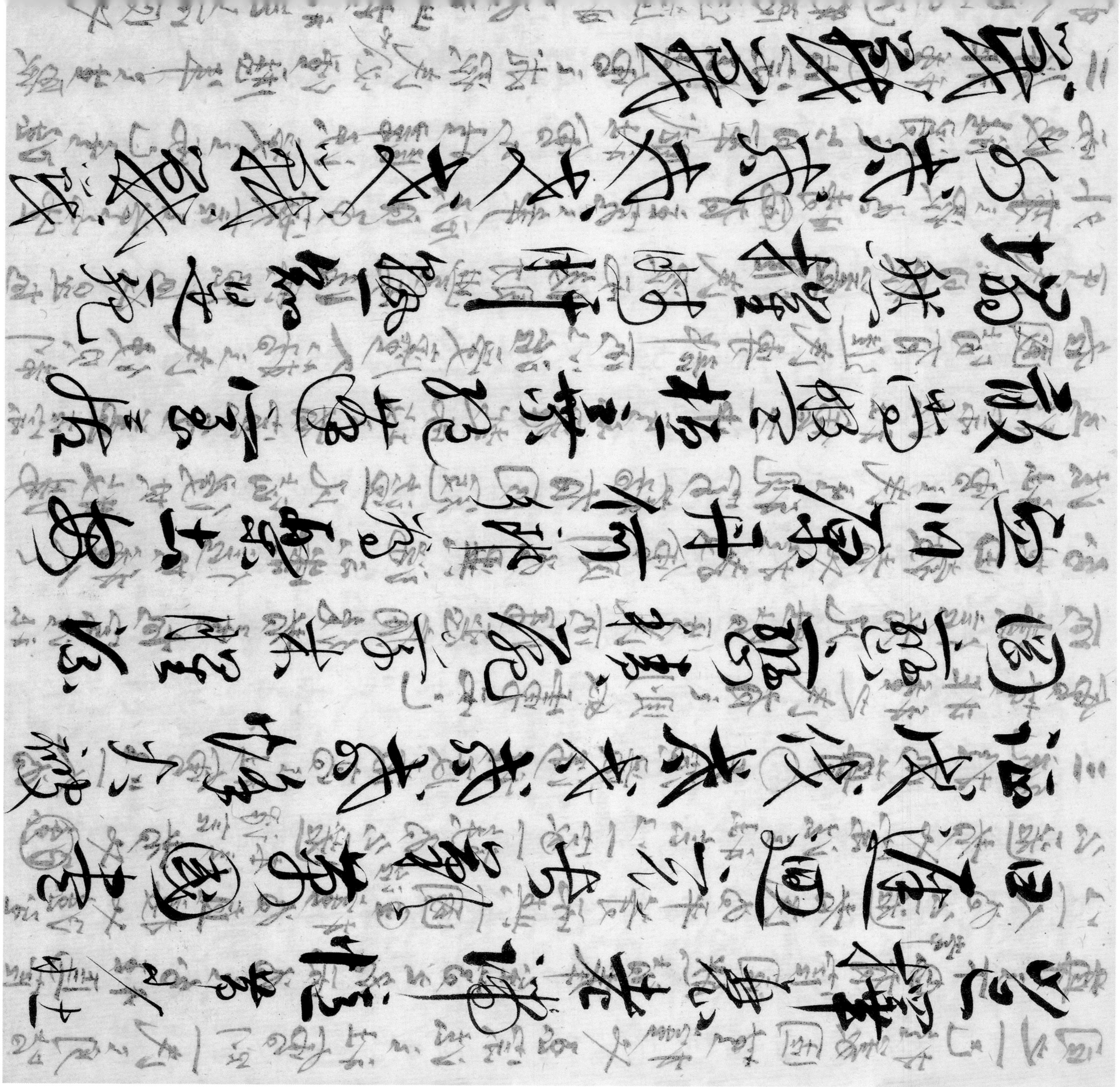

行書 陸游《野興》

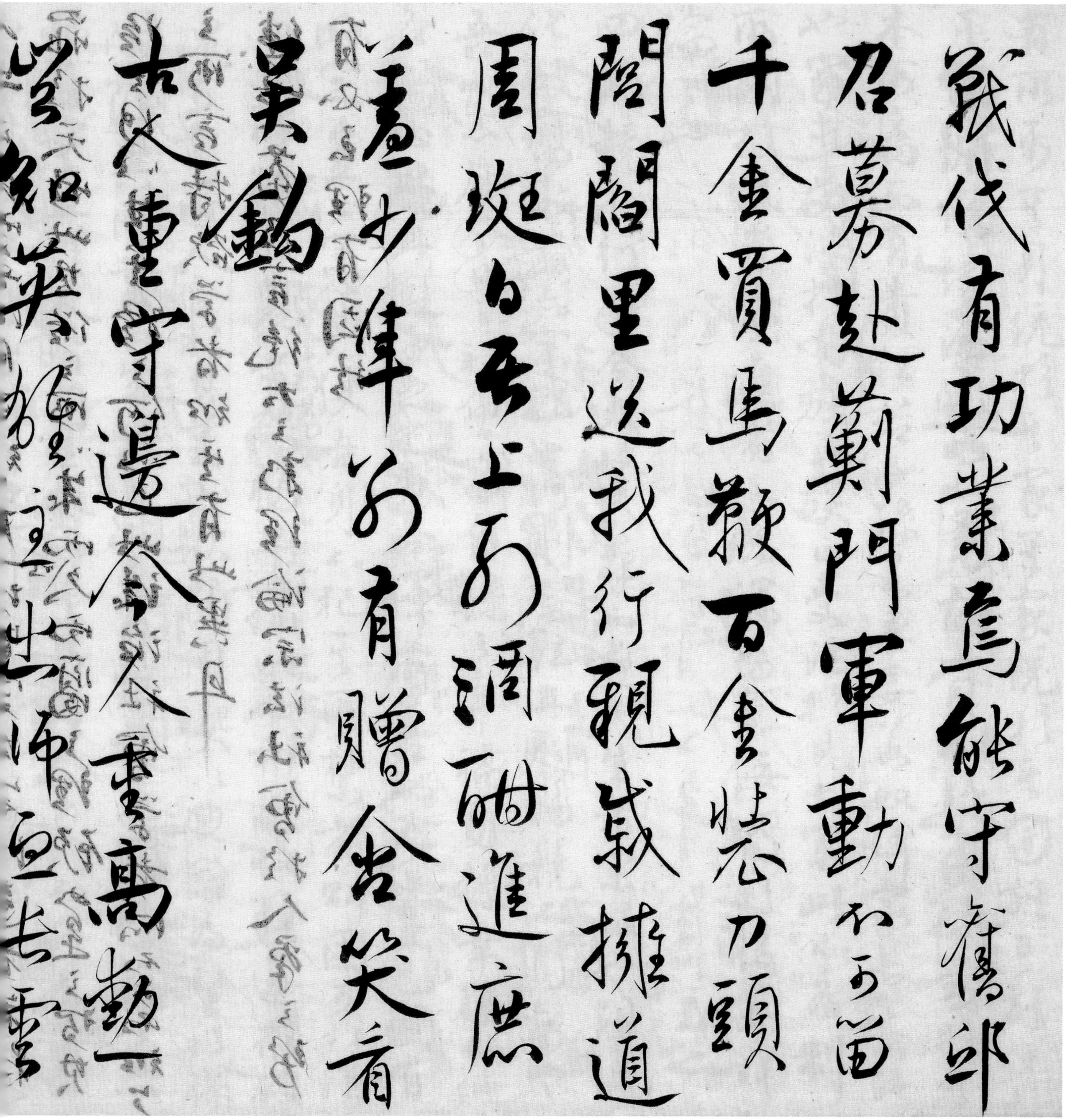
戰伐有功業焉能守舊丘
召募赴薊門軍動不可留
千金買馬鞭百金裝刀頭
閭里送我行親戚擁道
周斑白居上列酒酣進庶
羞少年別有贈含笑看
吳鈎
古人重守邊今人重高勳
豈知英雄主出師亘長雲

行書 杜甫《後出塞五首》

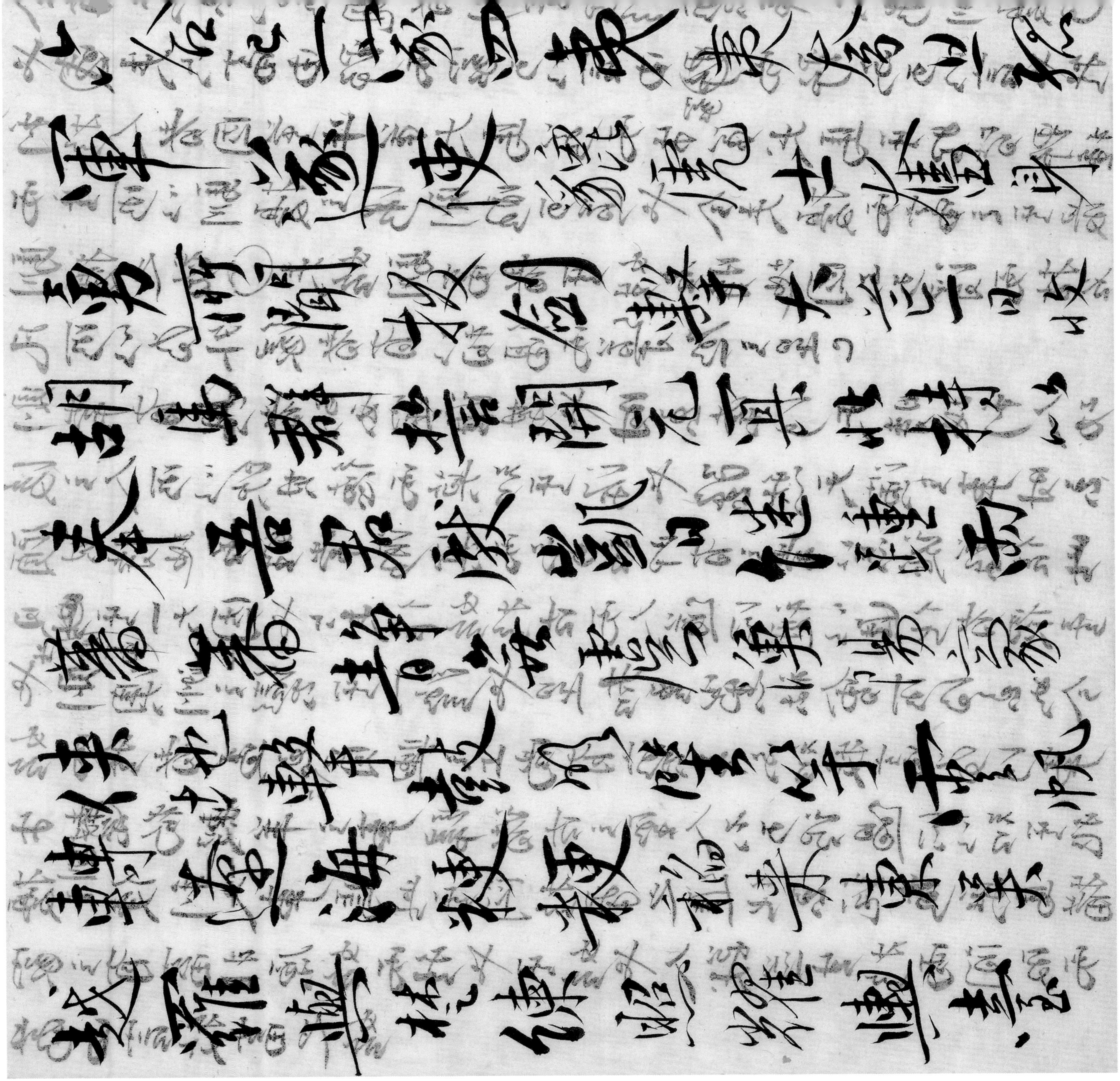

行書　杜甫《後出塞五首》

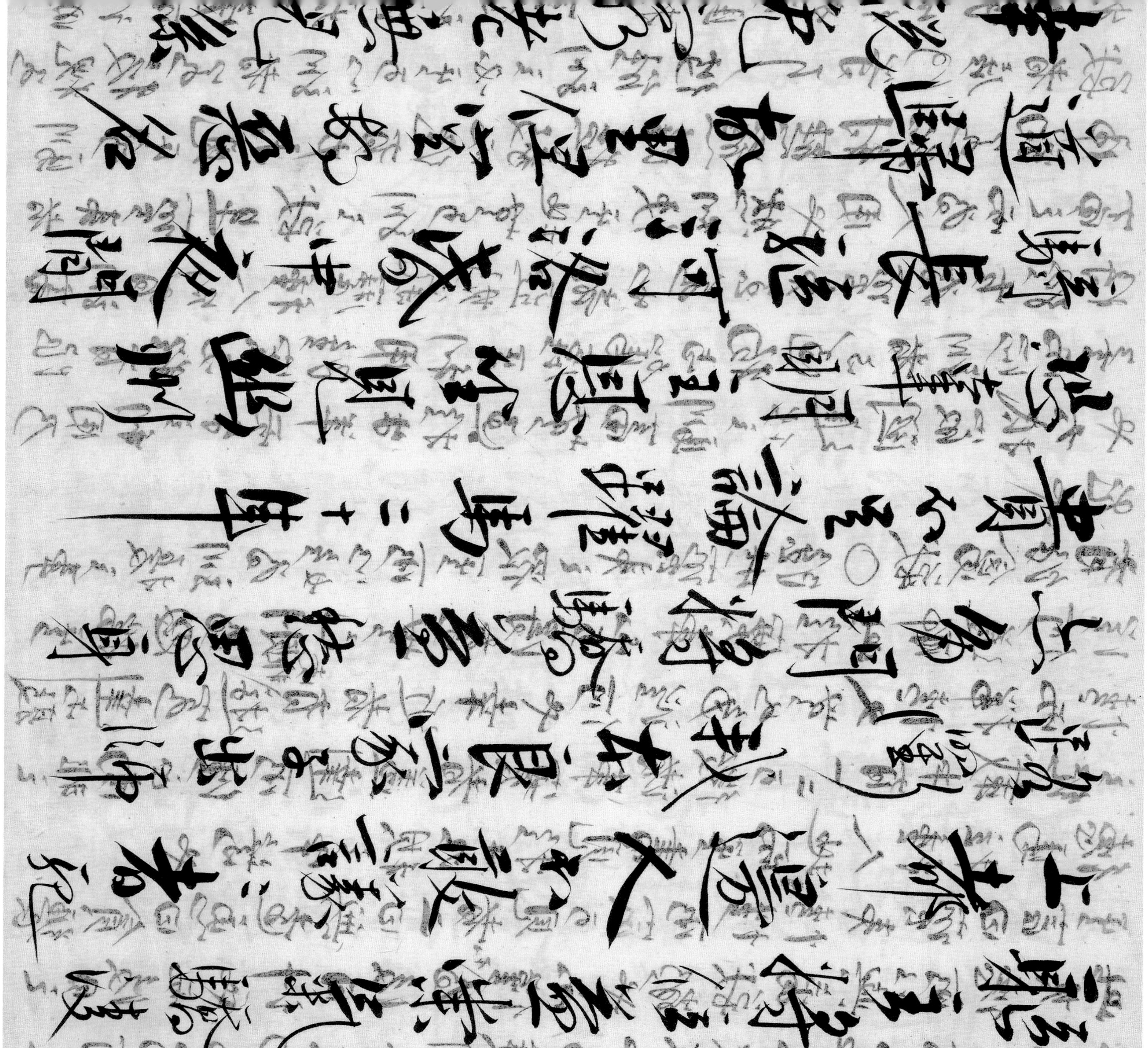

行書　杜甫《後出塞五首》

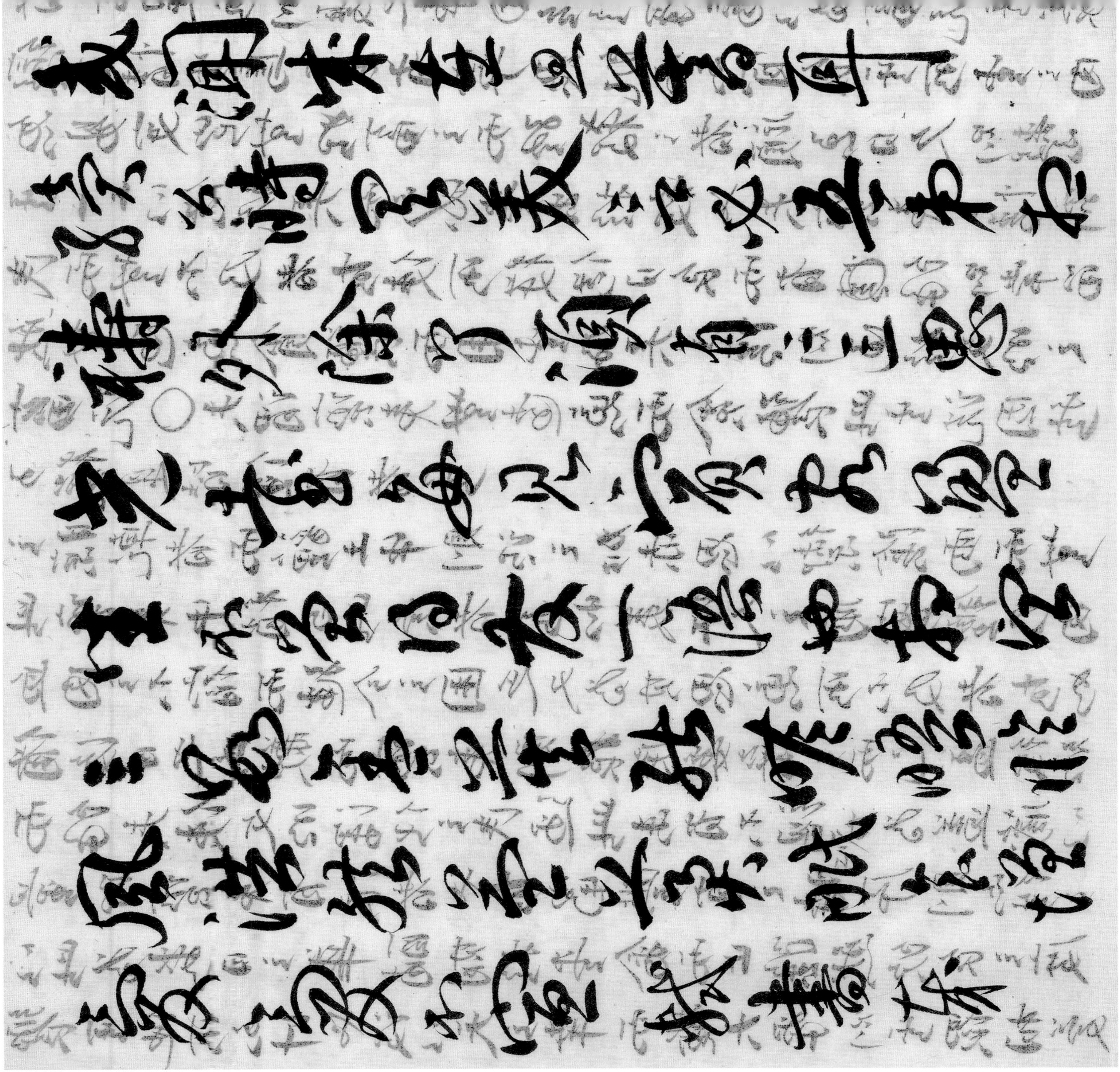

行書　臨蘇軾《與若虛帖》

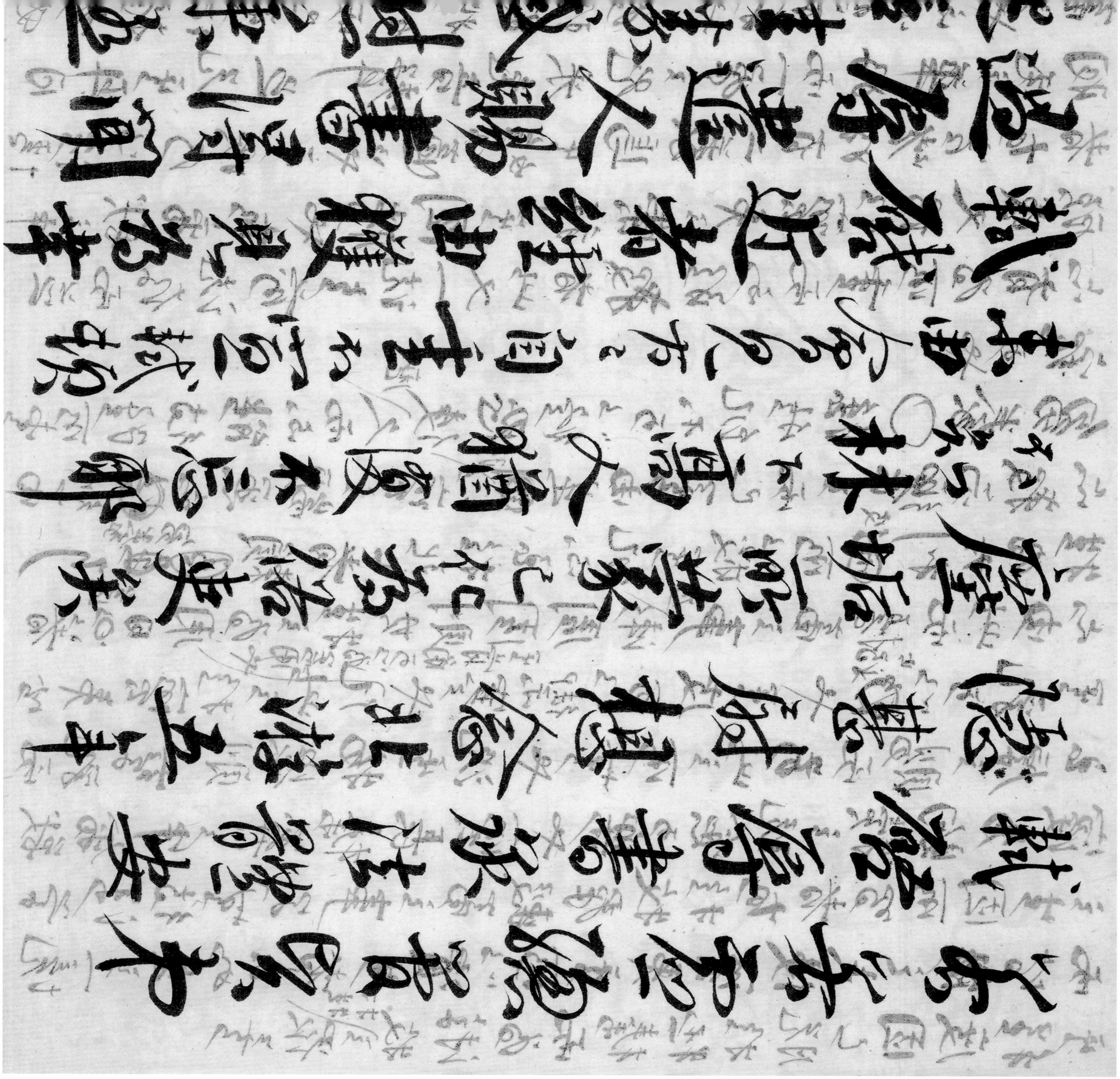

行書
臨蘇軾《北遊帖》《獲見帖》

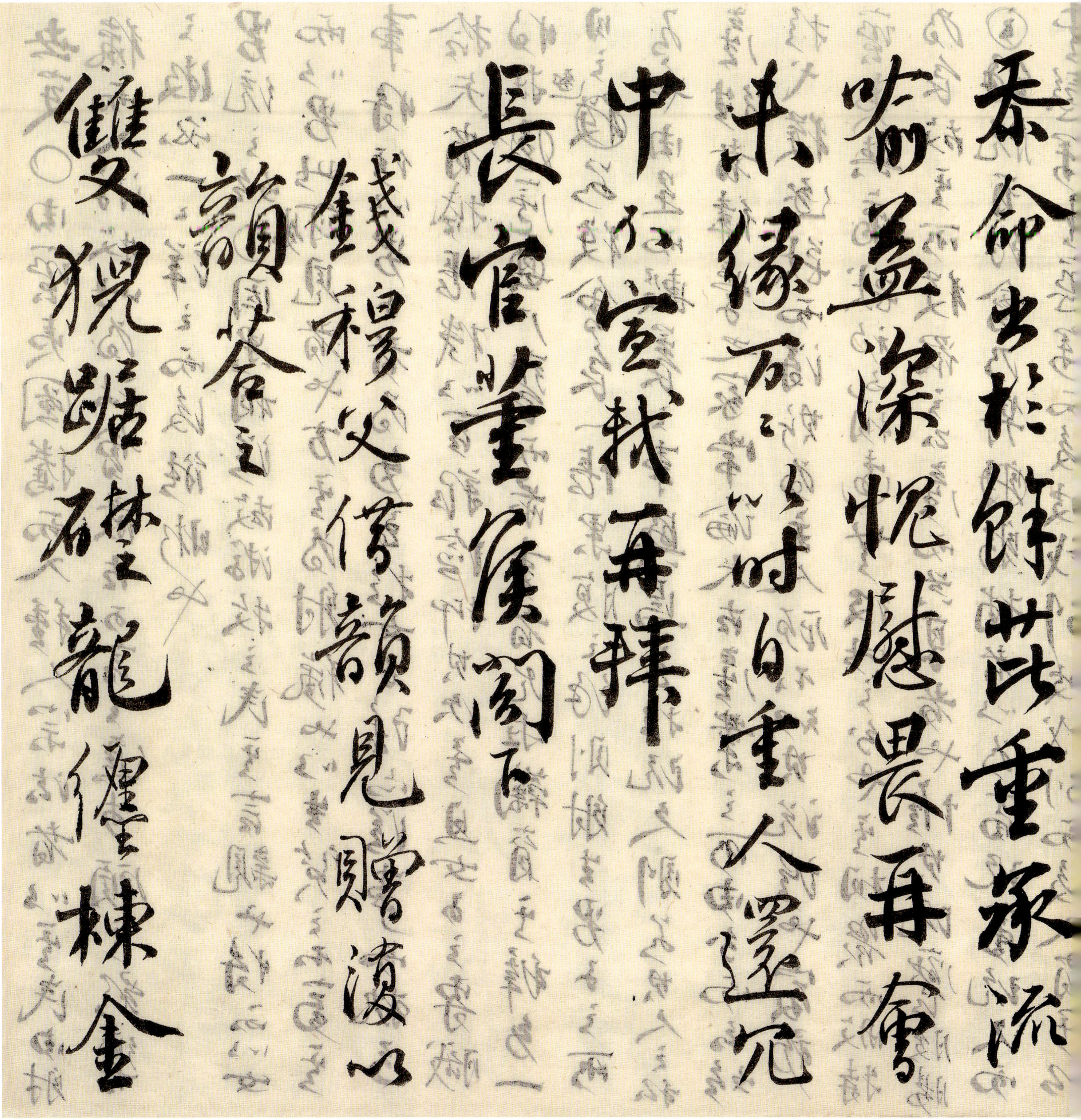

行書　臨蘇軾《答錢穆父詩帖》

井轆轤鳴曉甕小殿
垂簾碧玉鉤大宛立
仗朱絲韁風馭賓天
雲雨隔孤臣忍淚肝腸
痛羨君喜氣風生座
落筆縱橫般若衣
閑閒寫黃封賜茗
時時開鳳閣憐我

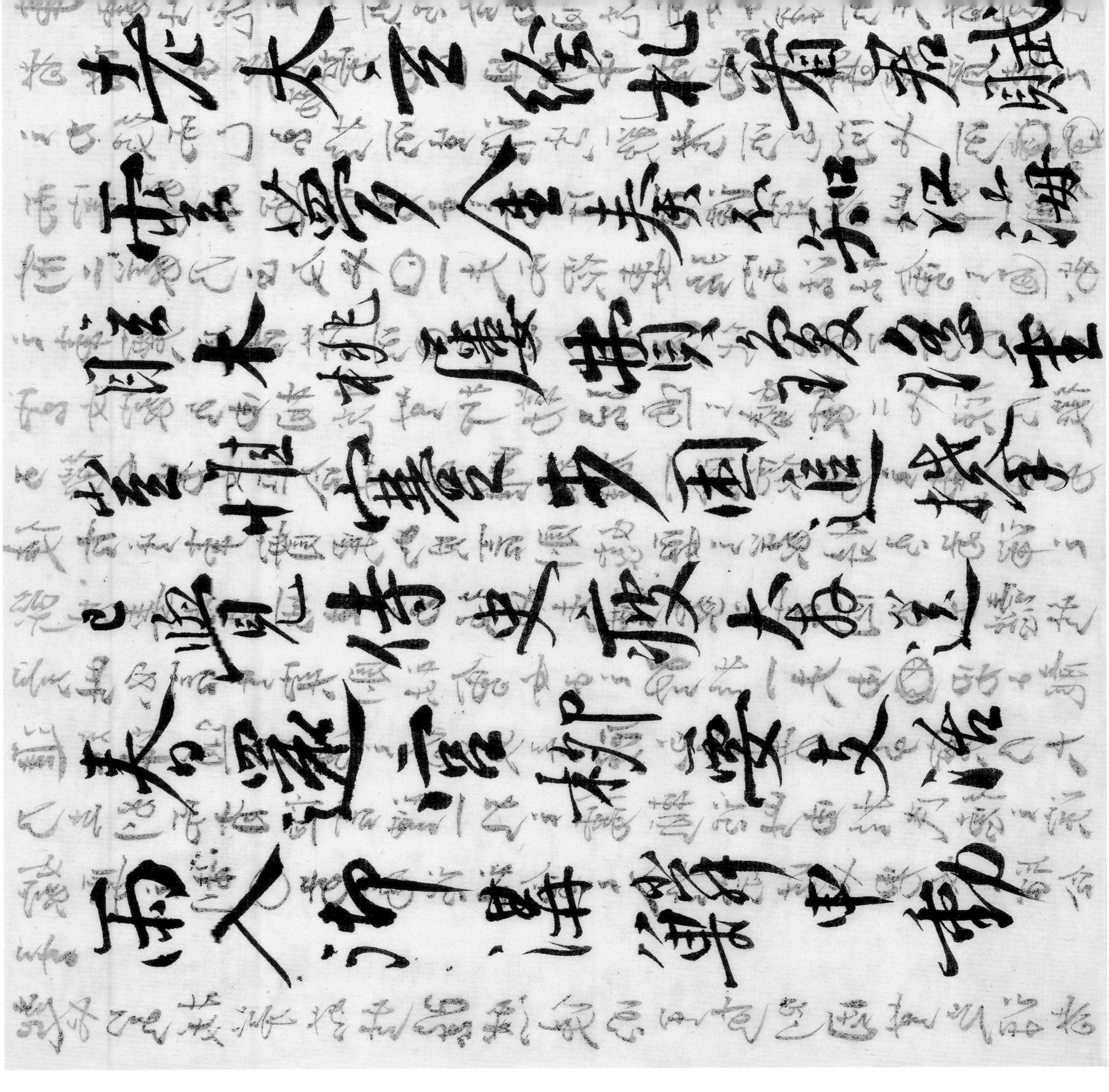

行書　臨蘇軾《答錢穆父詩帖》

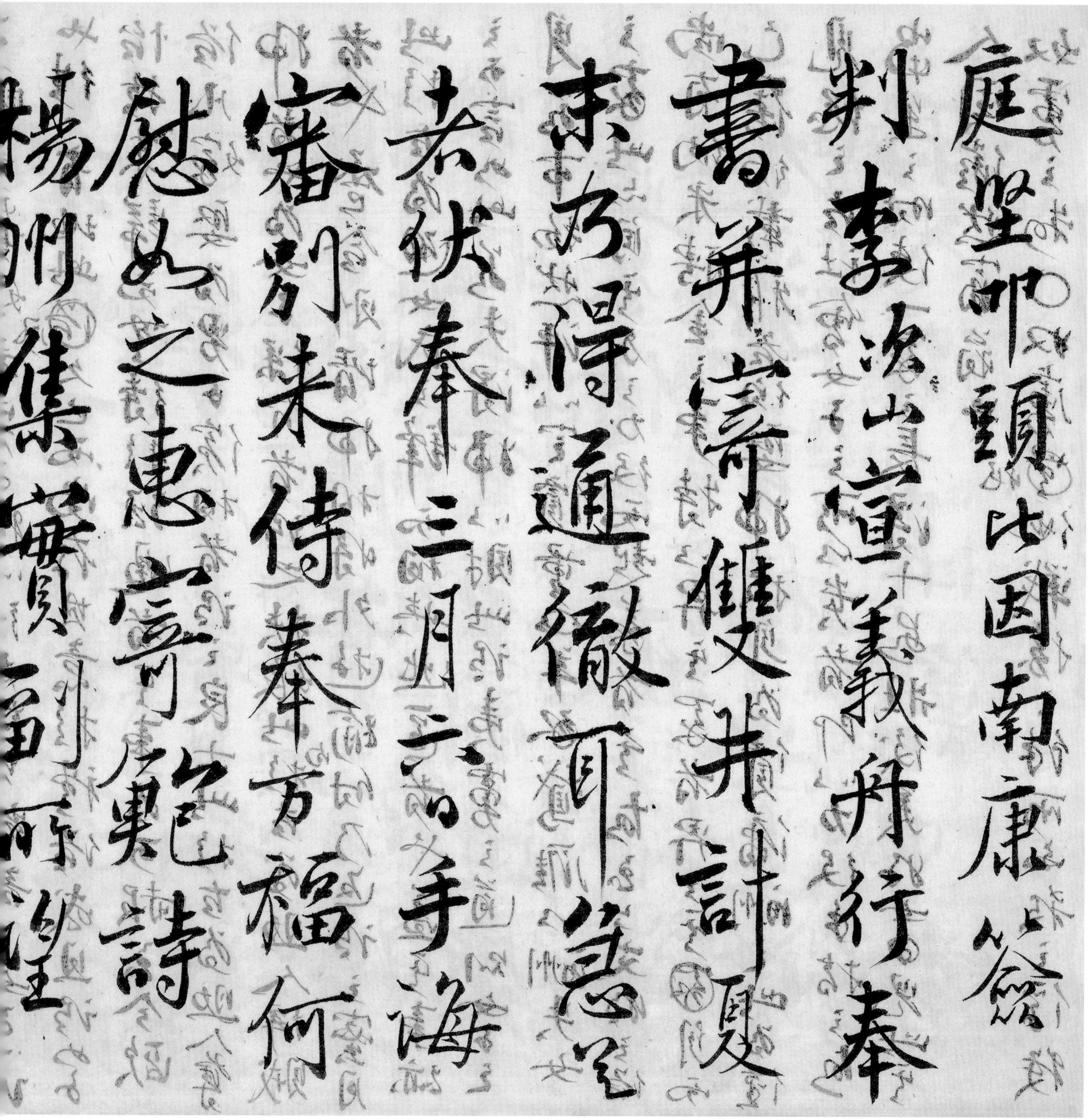
庭堅叩頭比因南康簽
判李次山宣義舟行奉
書并寄雙井計夏
末乃得通徹耳急足
去伏奉三月六日手誨
審別來侍奉萬福何
慰如之惠寄鮑詩
揚州集寶副所望

行書　臨黃庭堅《南康帖》

行書　臨黃庭堅《南康帖》

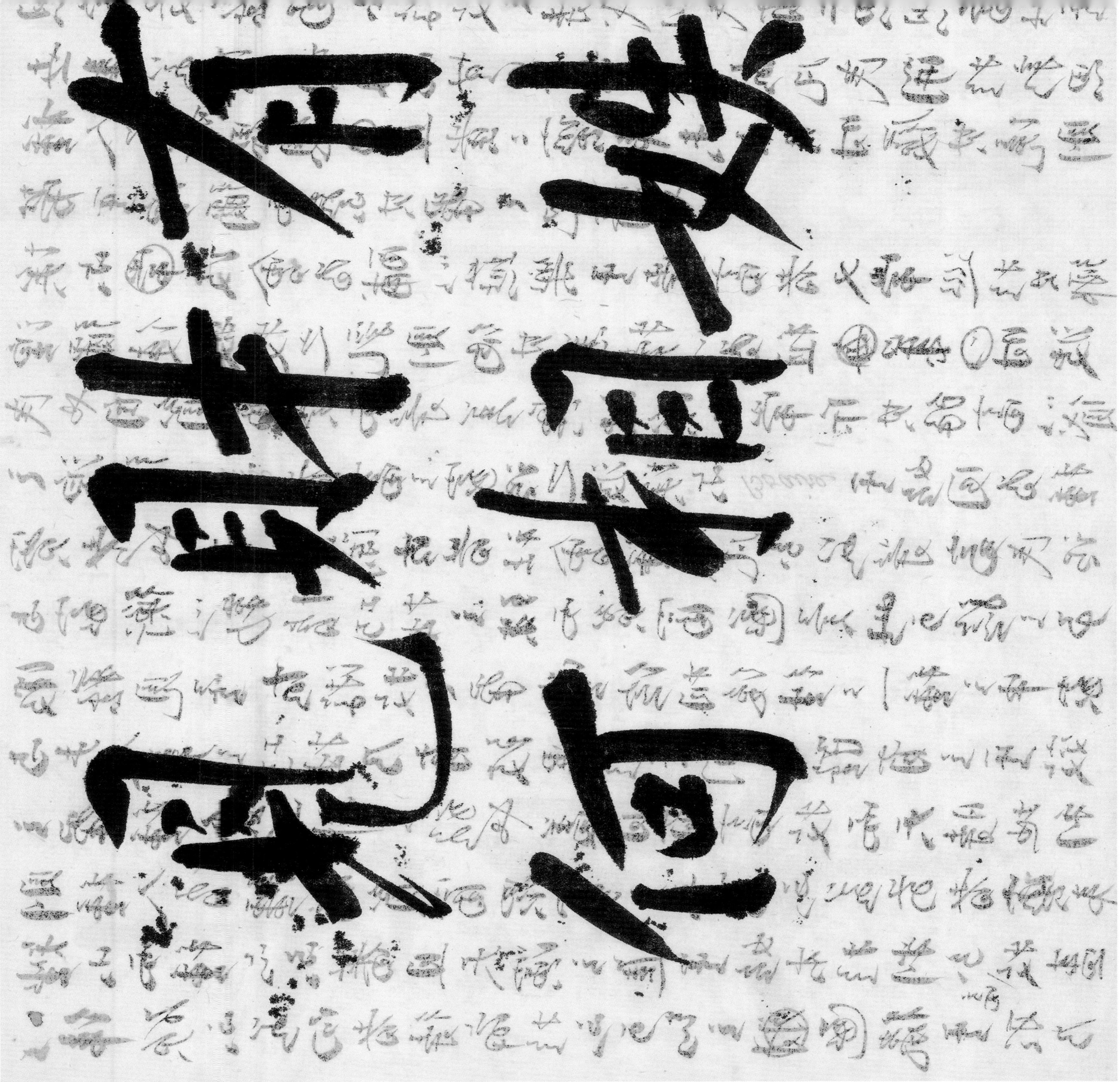

堪舉
別觴
共期同

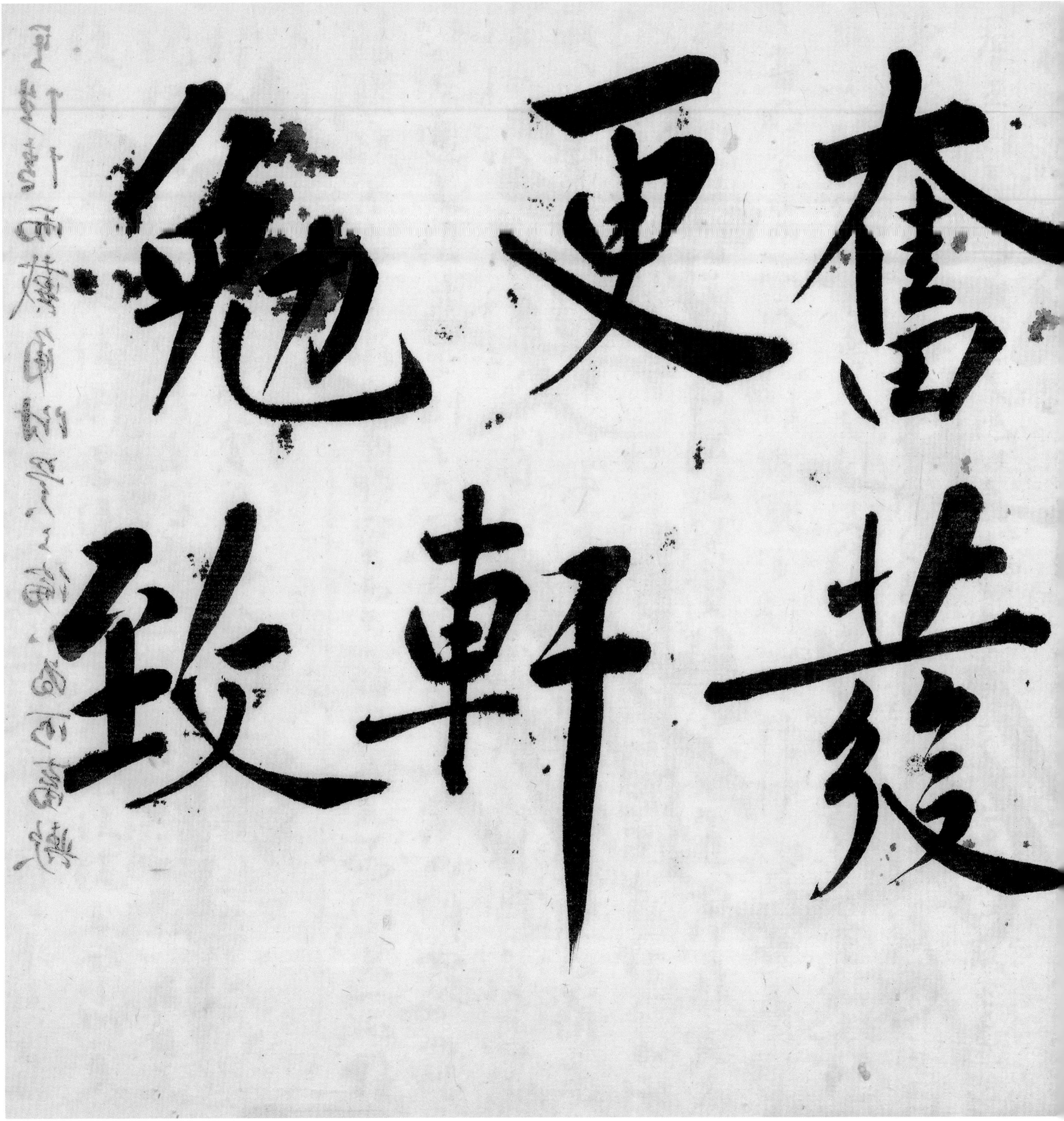

楷書　臨黄庭堅《送四十九侄詩帖》

楷書　臨黃庭堅《送四十九侄詩帖》

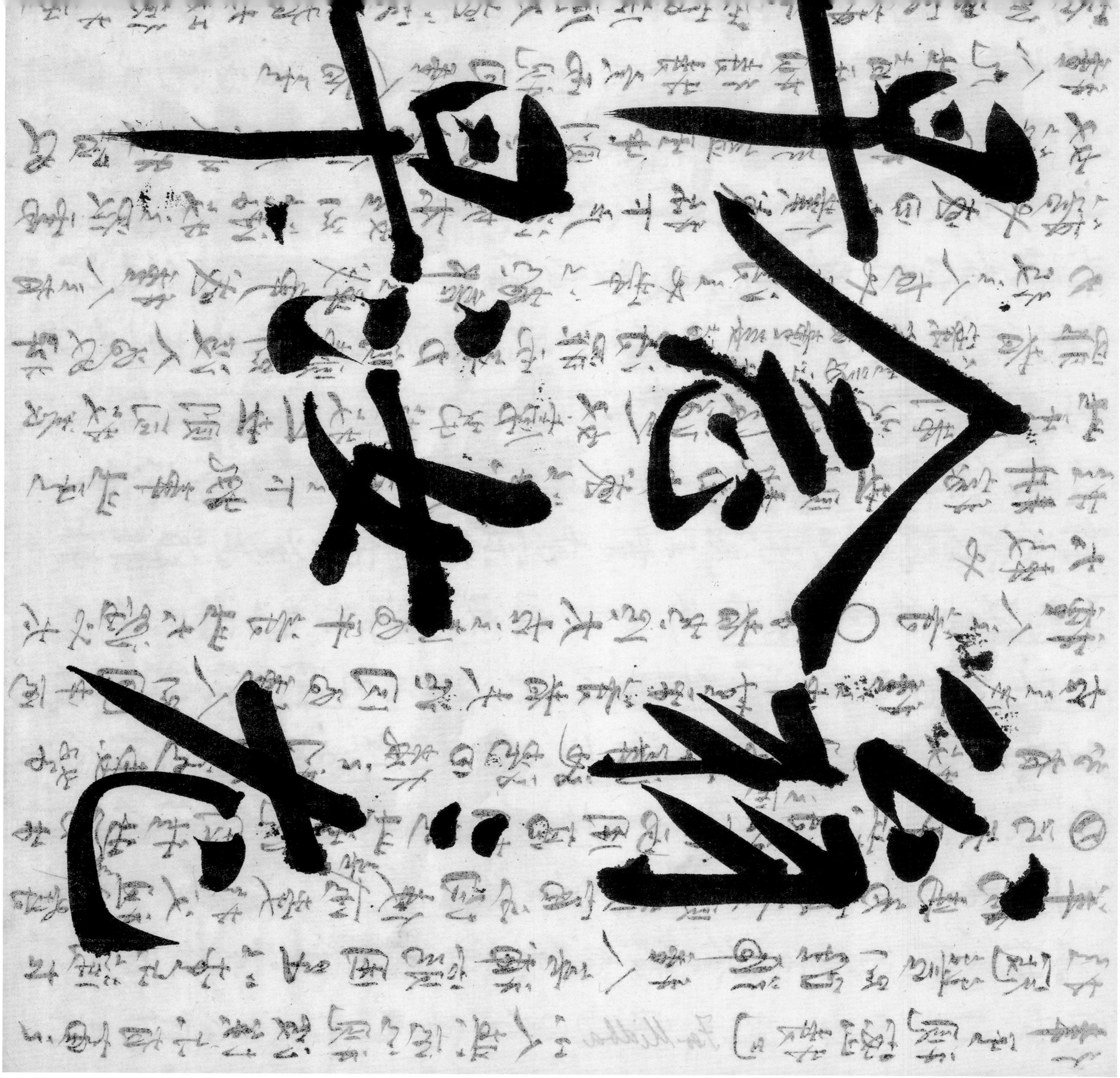

楷書

臨黃庭堅《送四十九侄詩帖》

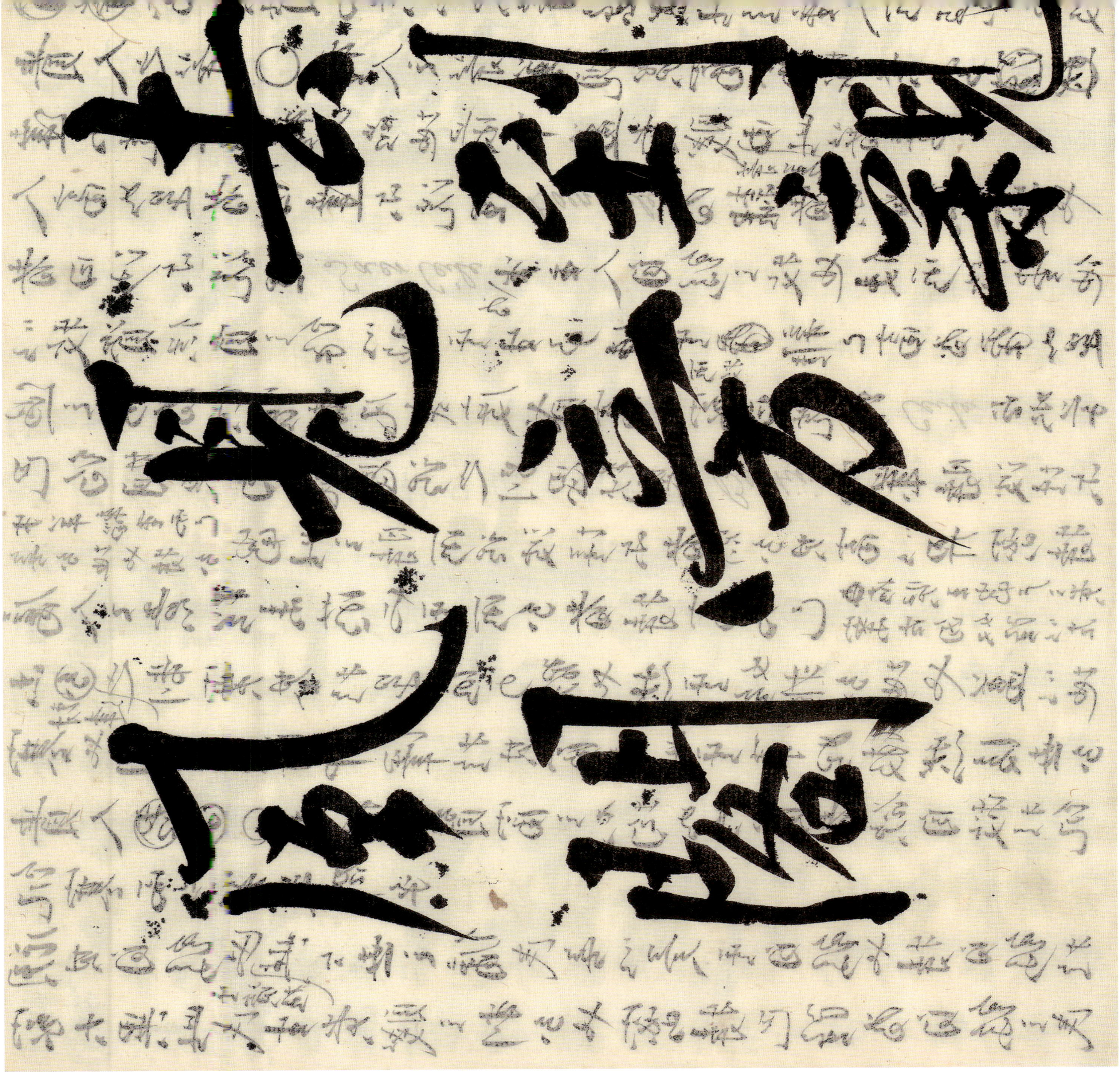

楷書　臨黃庭堅《松風閣詩帖》

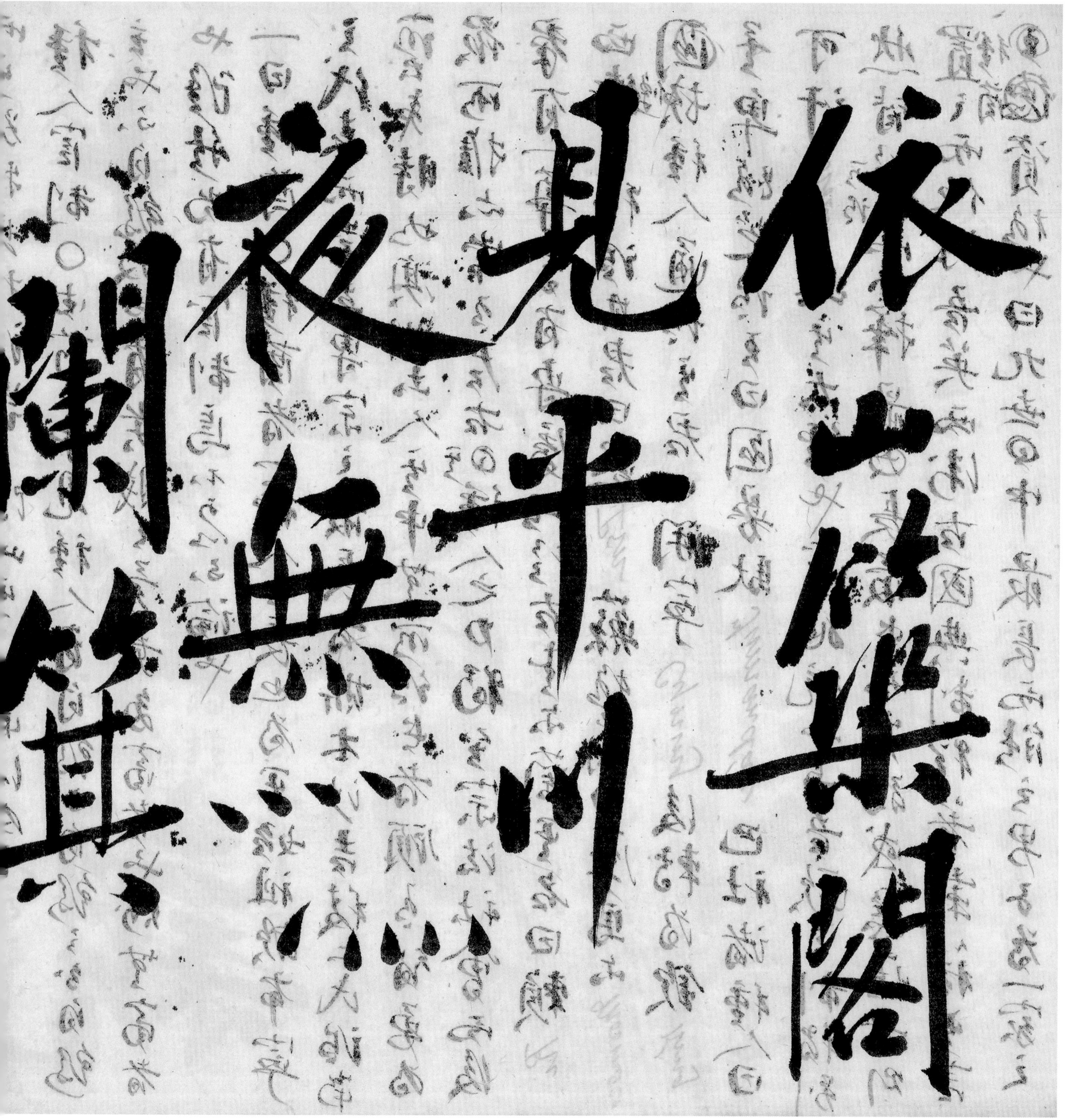
依山築閣
見平川
夜無
闌箕

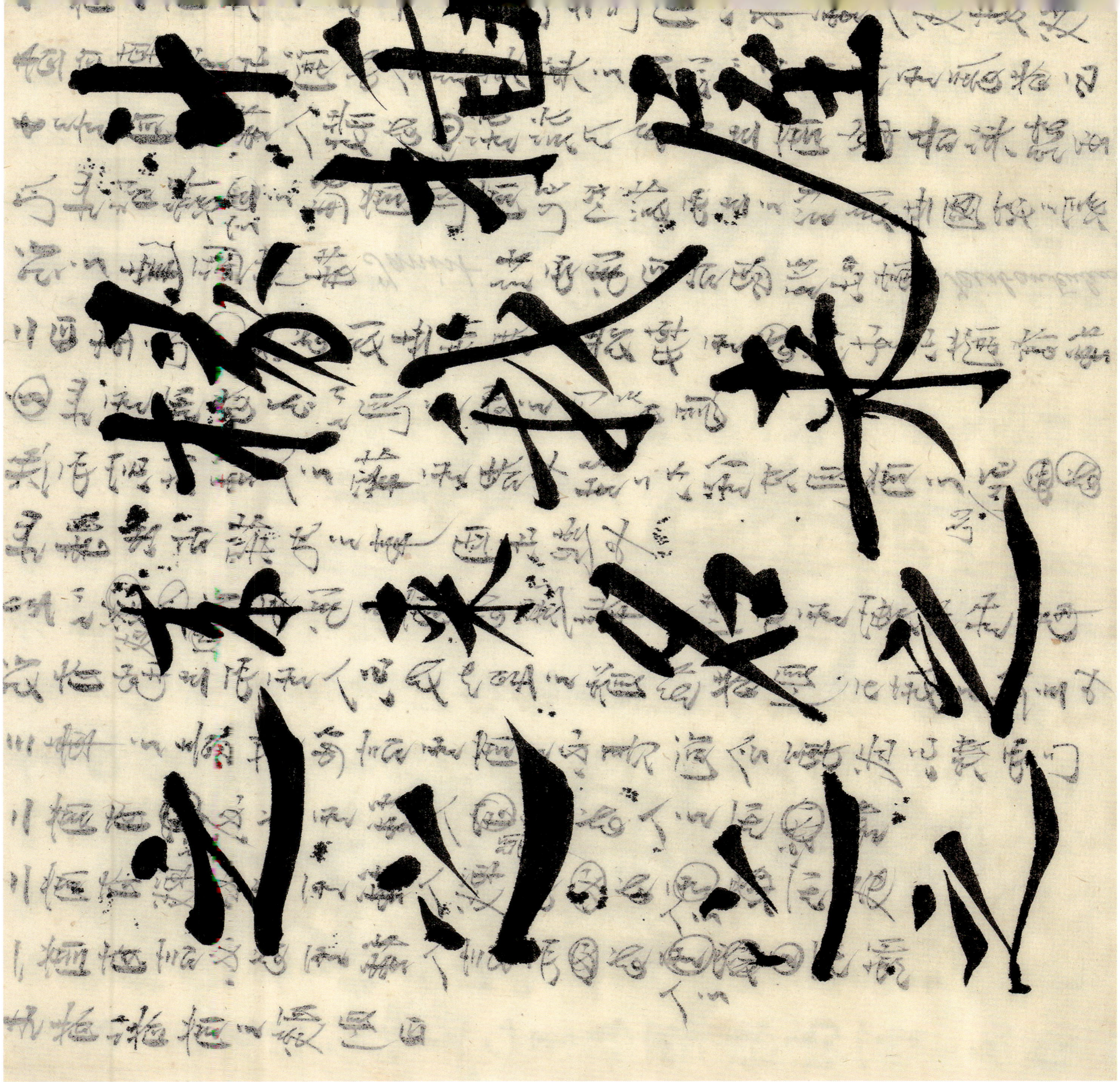

楷書　臨黃庭堅《松風閣詩帖》

楷書　臨黃庭堅《松風閣詩帖》

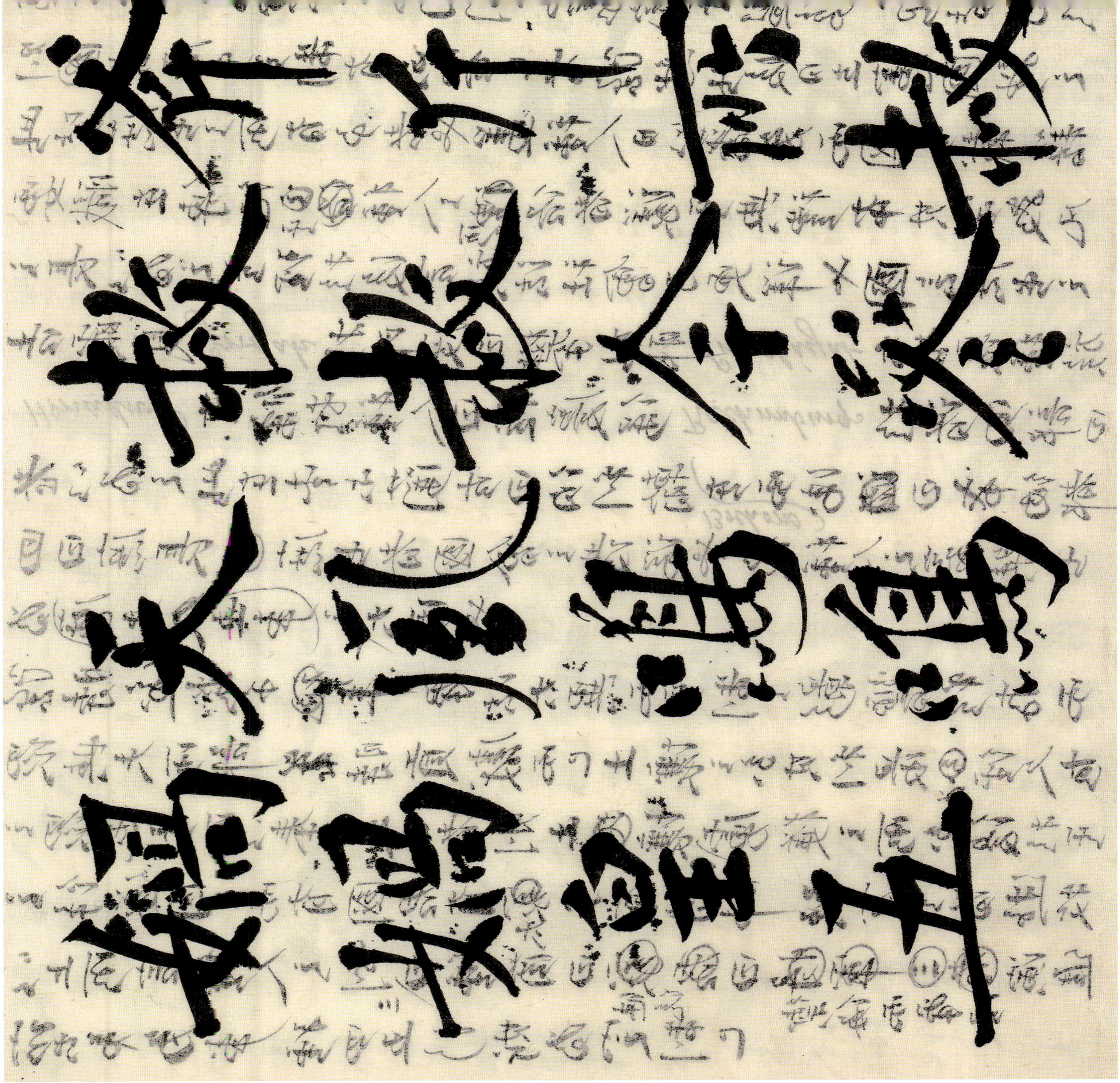

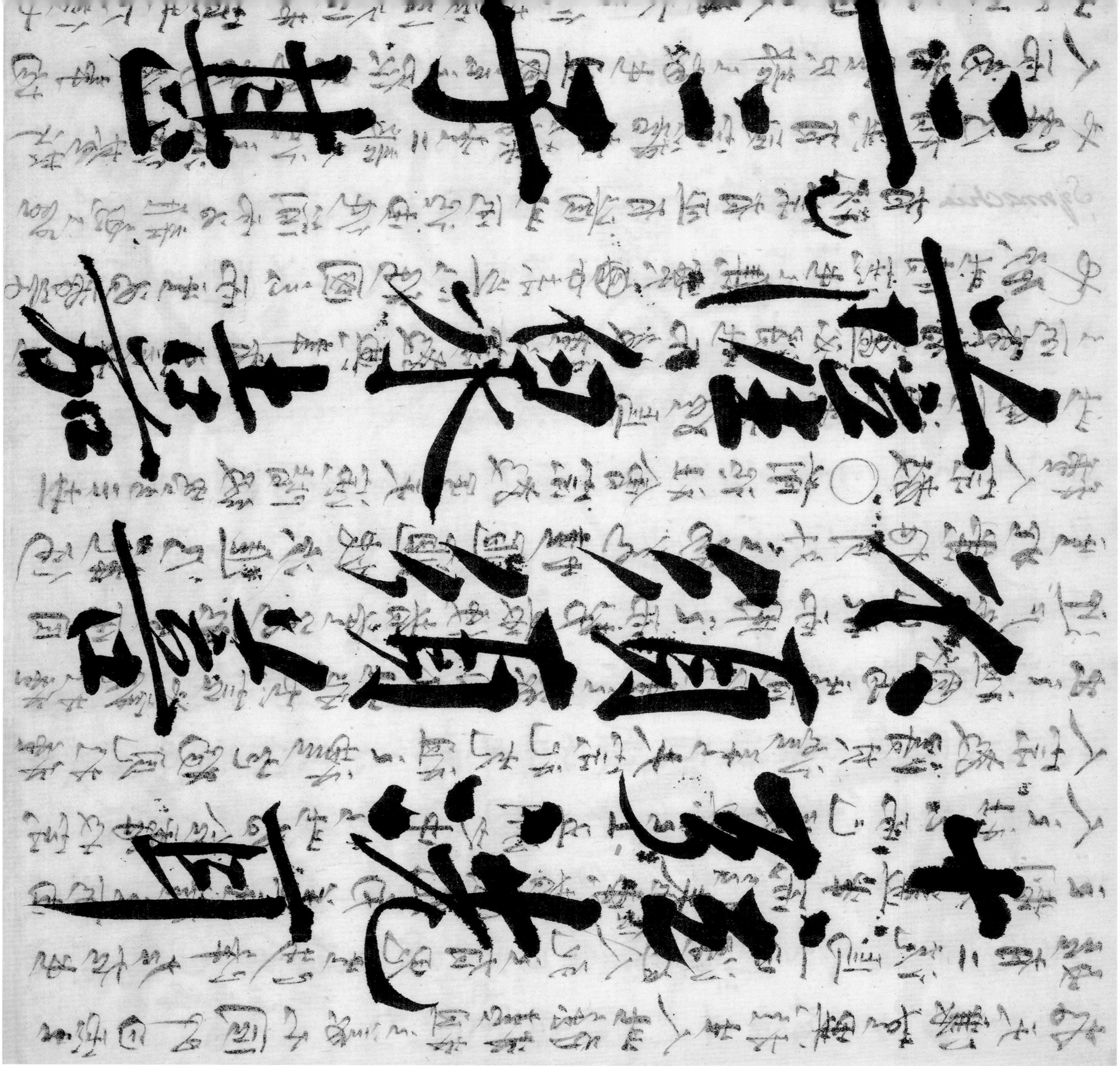

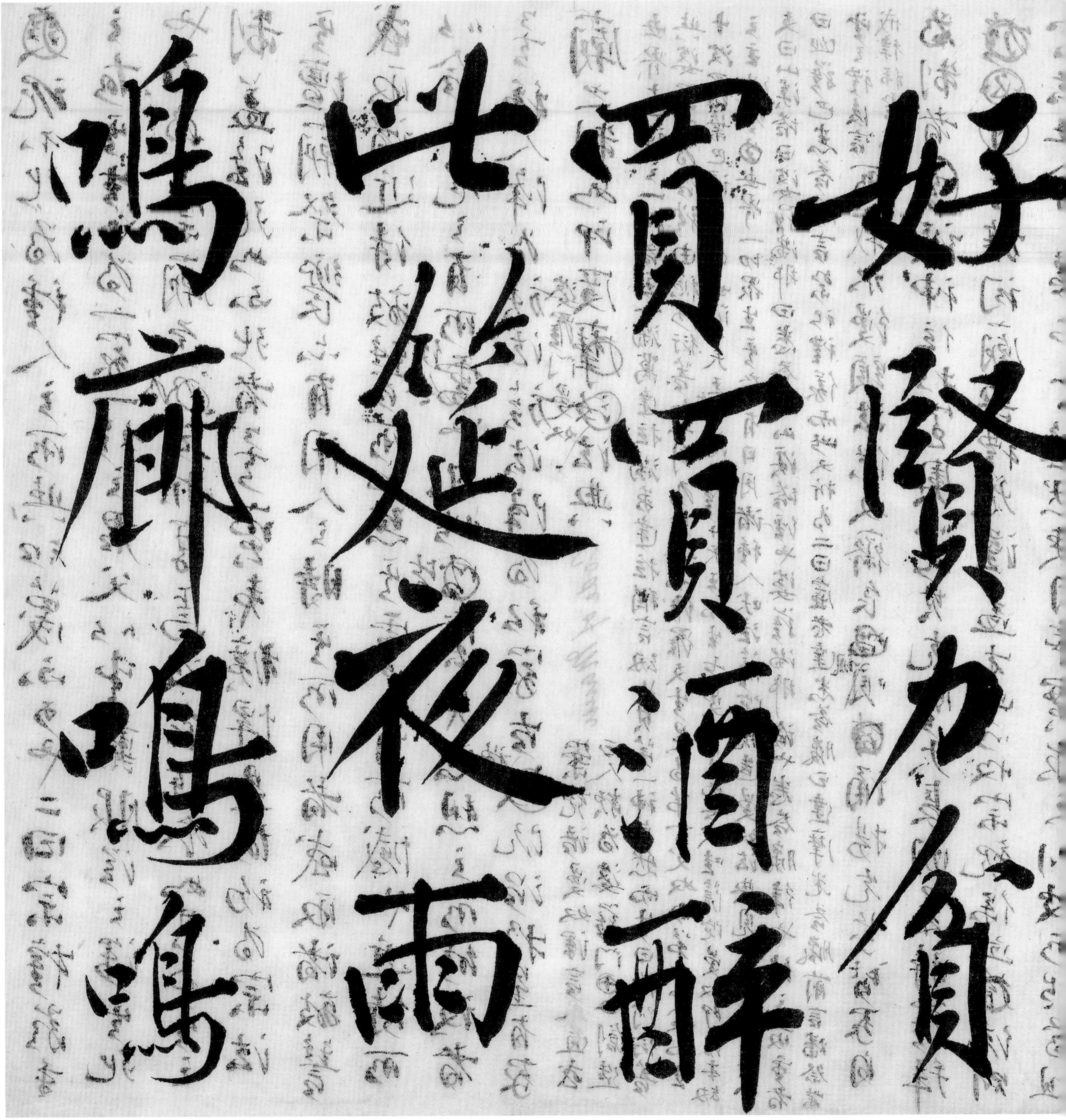

楷書　臨黃庭堅《松風閣詩帖》

楷書　臨黃庭堅《松風閣詩帖》

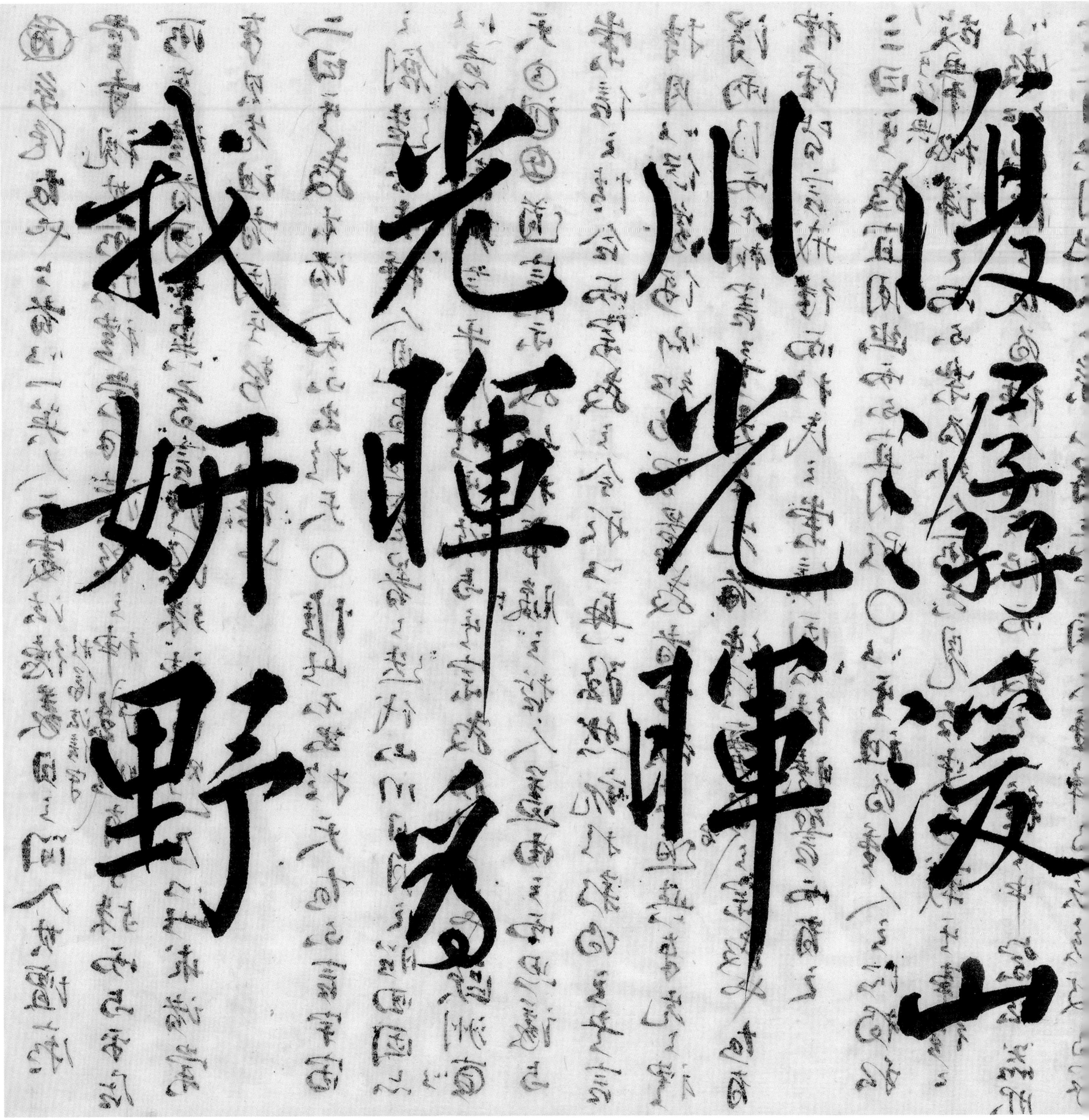

楷書　臨黃庭堅《松風閣詩帖》

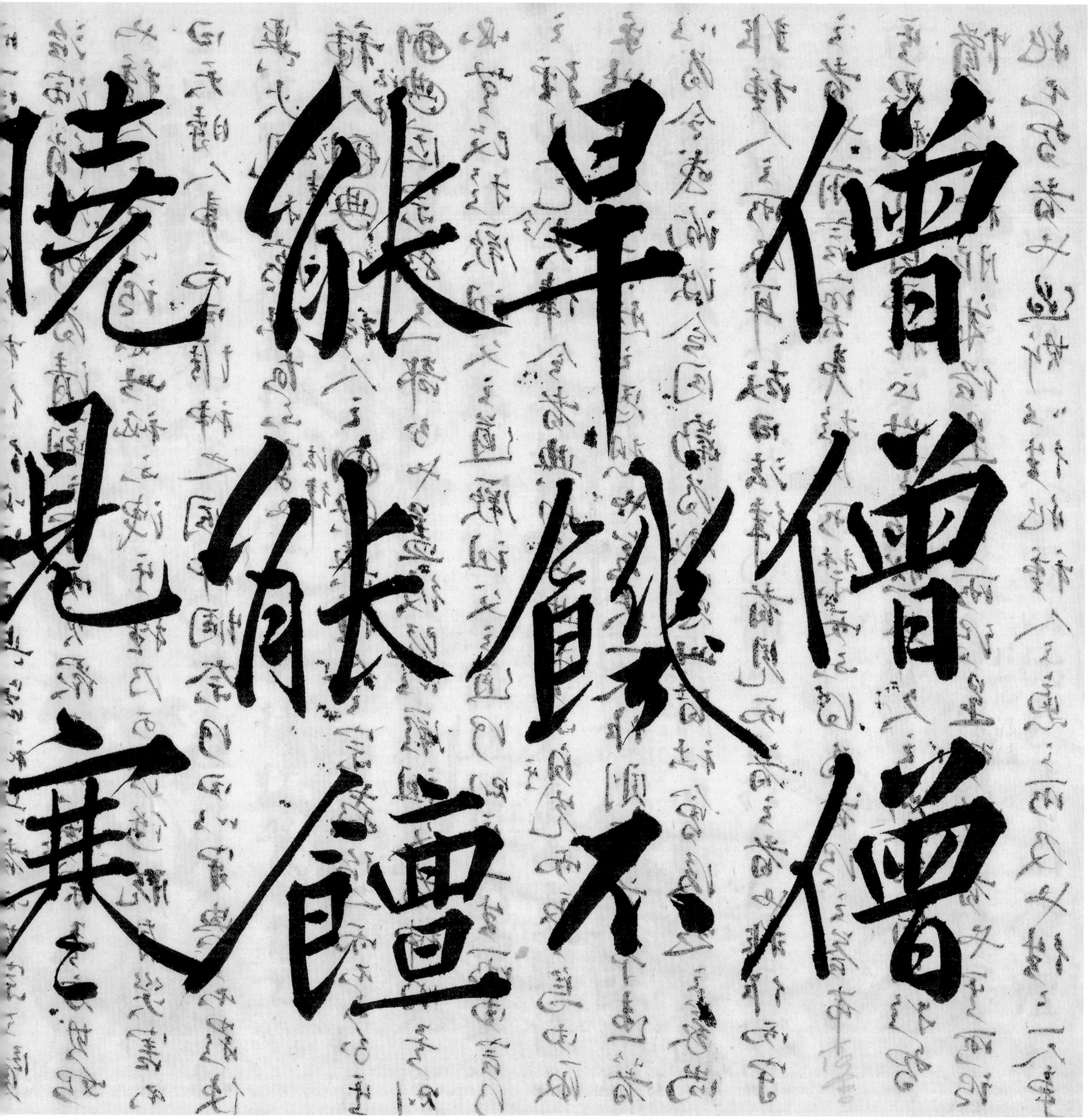

楷書　臨黄庭堅《松風閣詩帖》

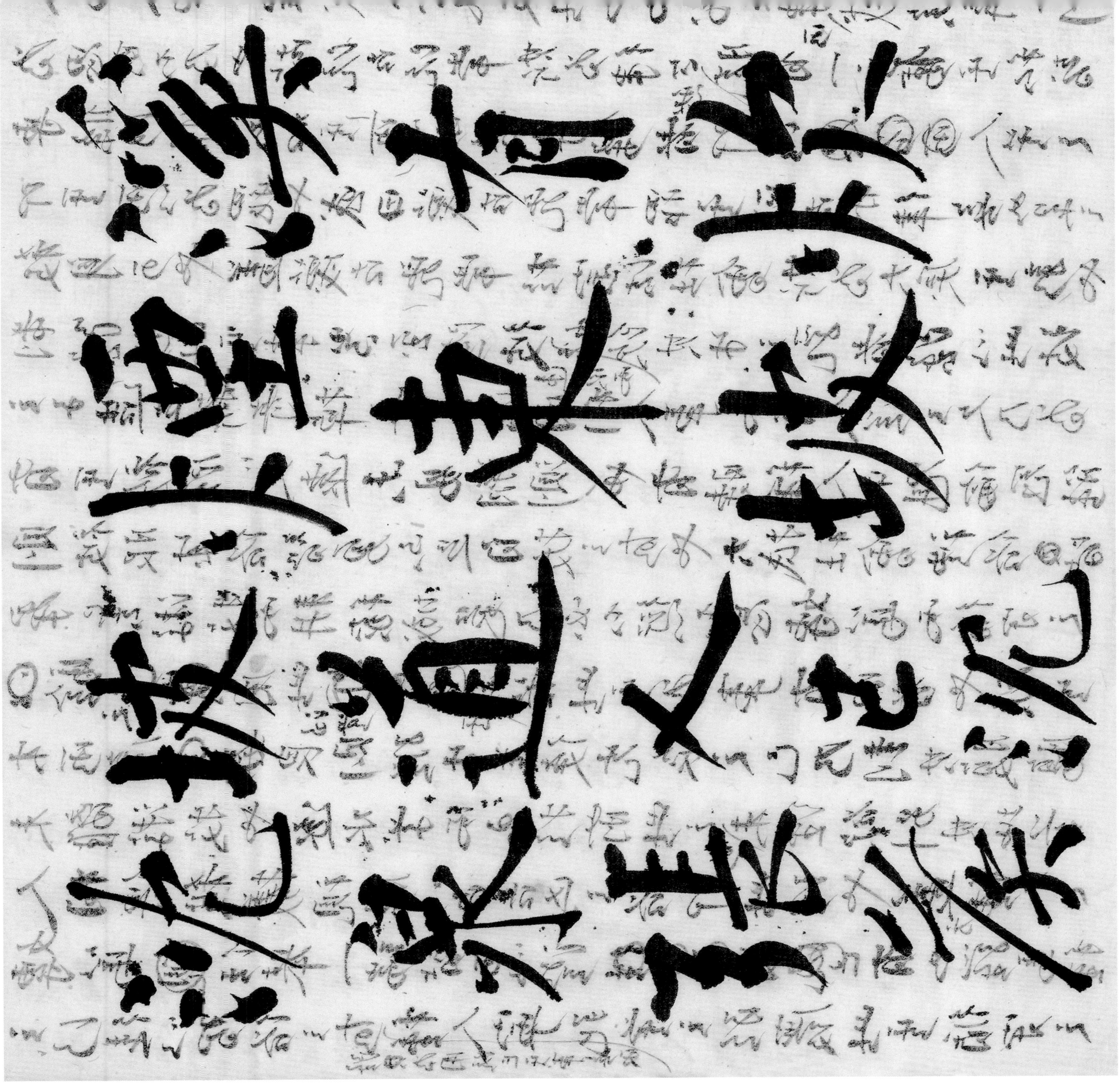

楷書　臨黄庭堅《松風閣詩帖》

何時到眼
前釣臺
驚驚
濤可晝

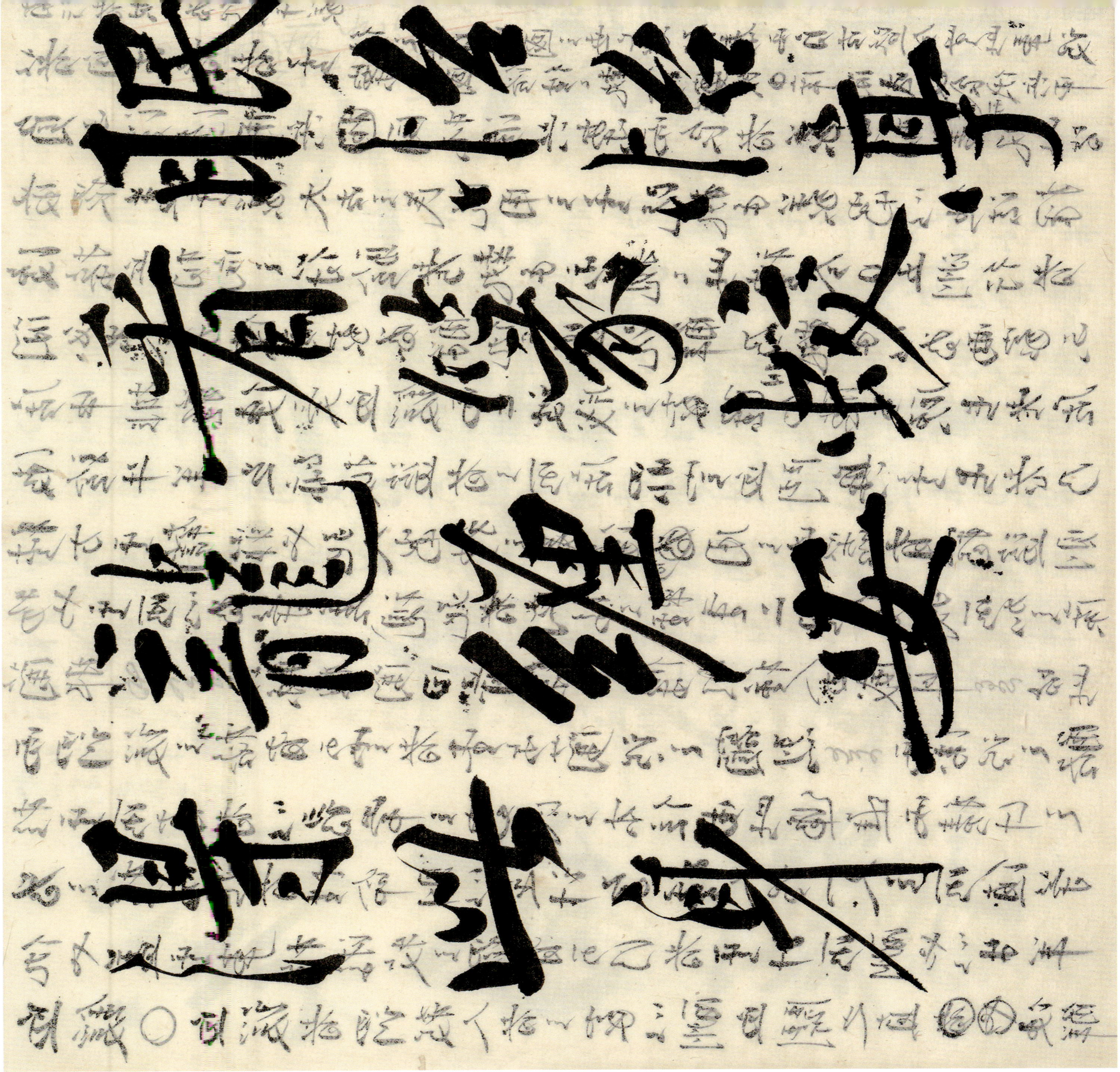

楷書　臨黃庭堅《松風閣詩帖》

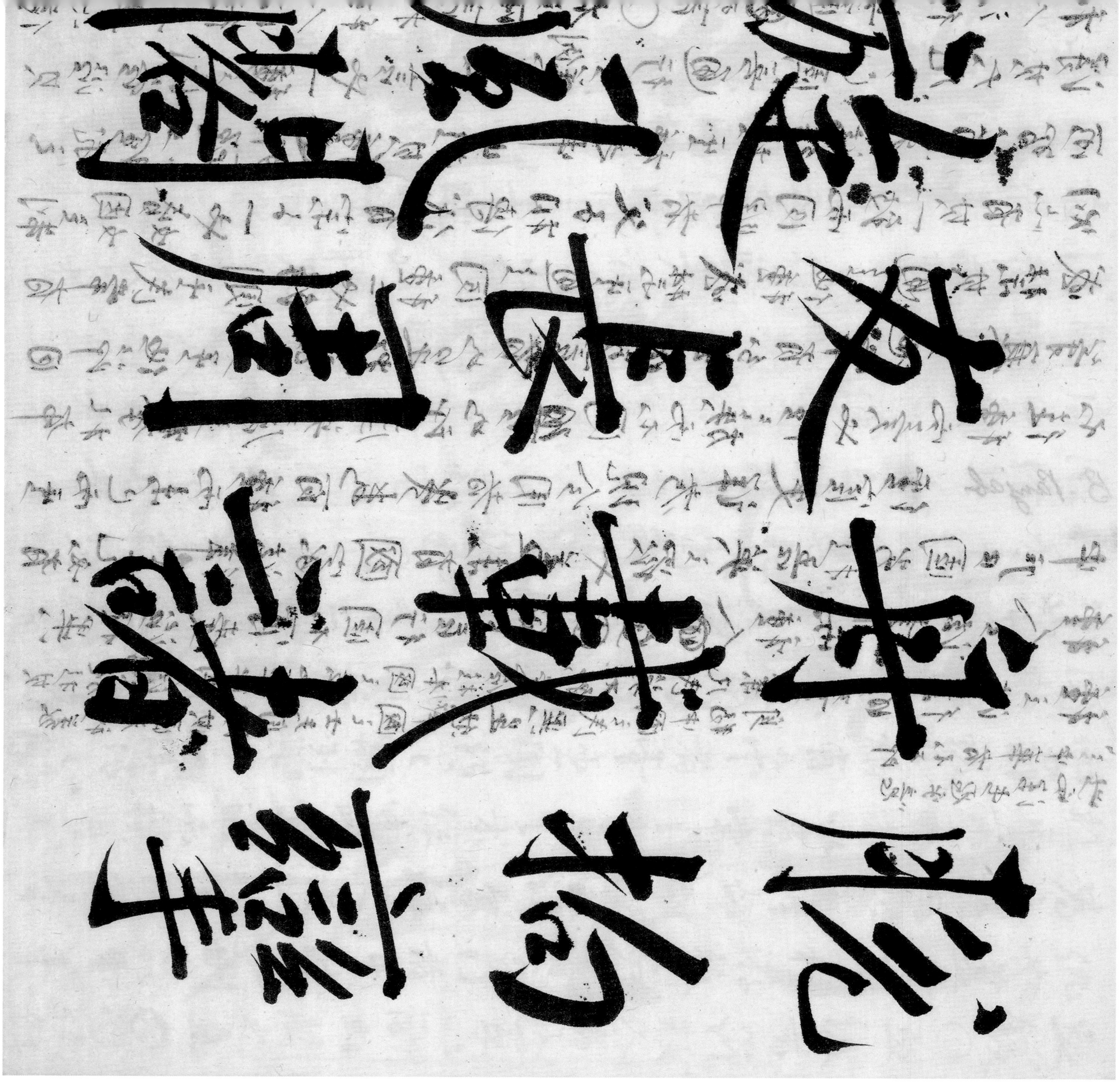

楷書 臨黃庭堅《松風閣詩帖》

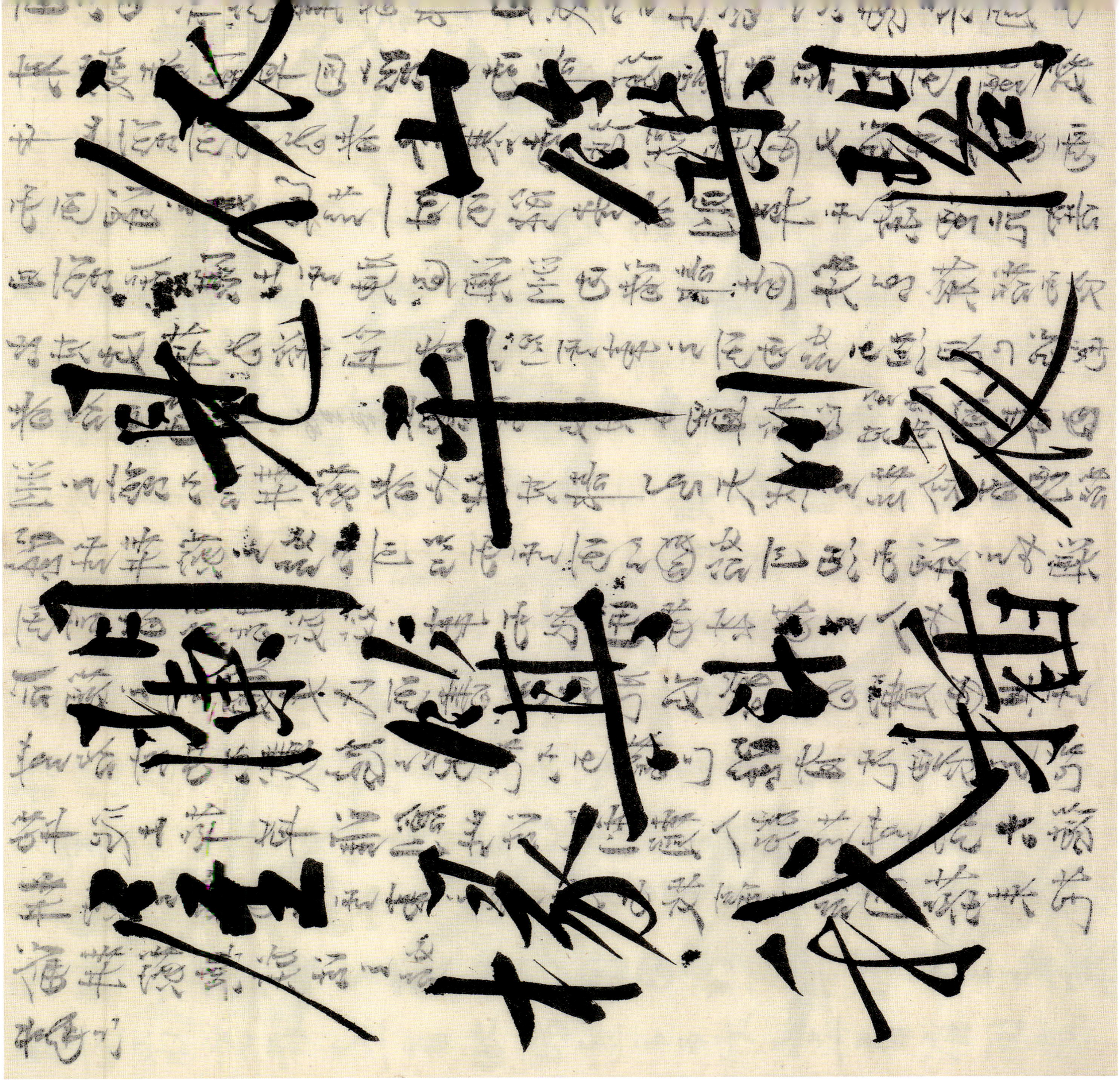

楷書　臨黃庭堅《松風閣詩帖》

楷書　臨黃庭堅《松風閣詩帖》

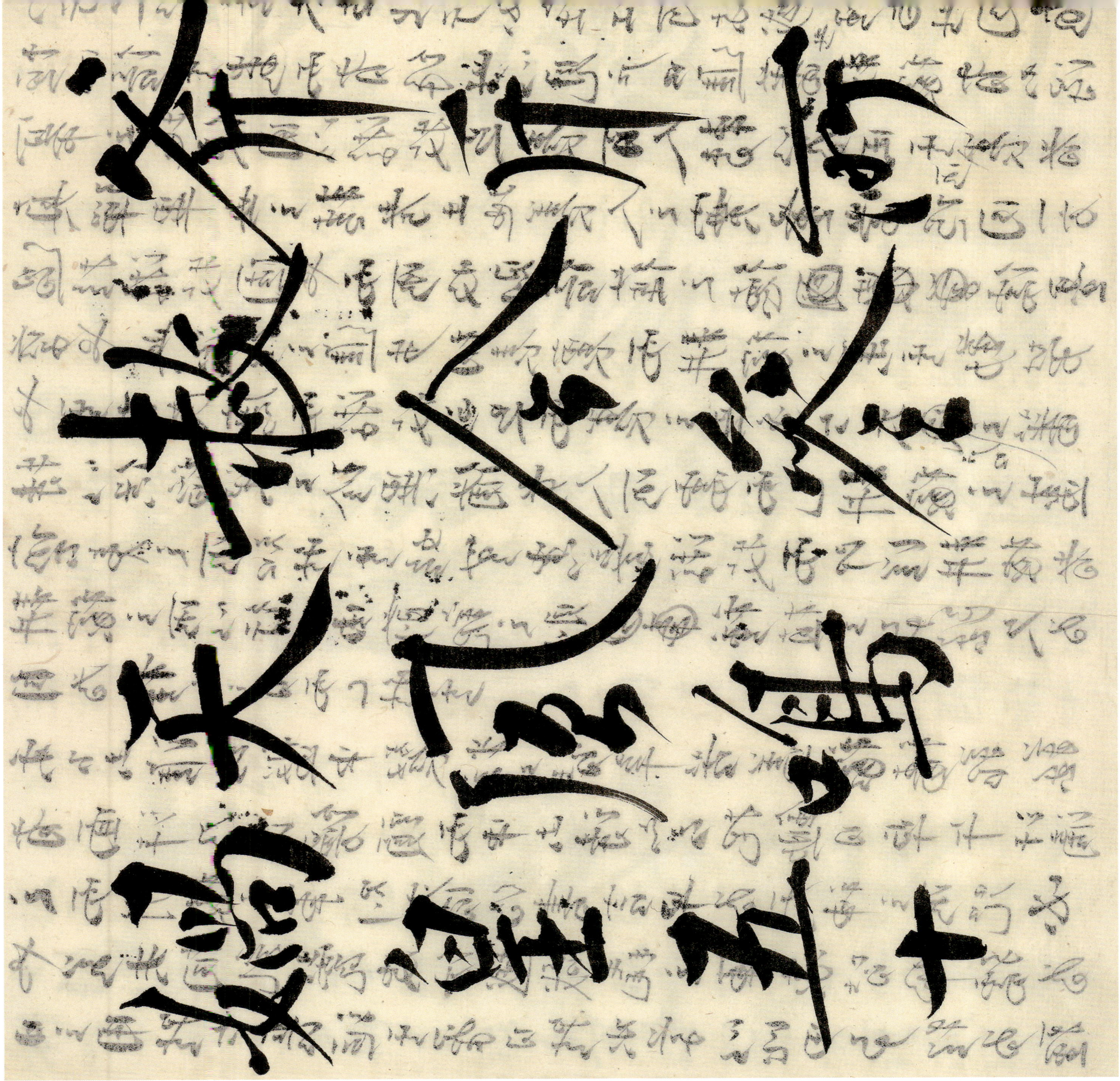

楷書　臨黃庭堅《松風閣詩帖》

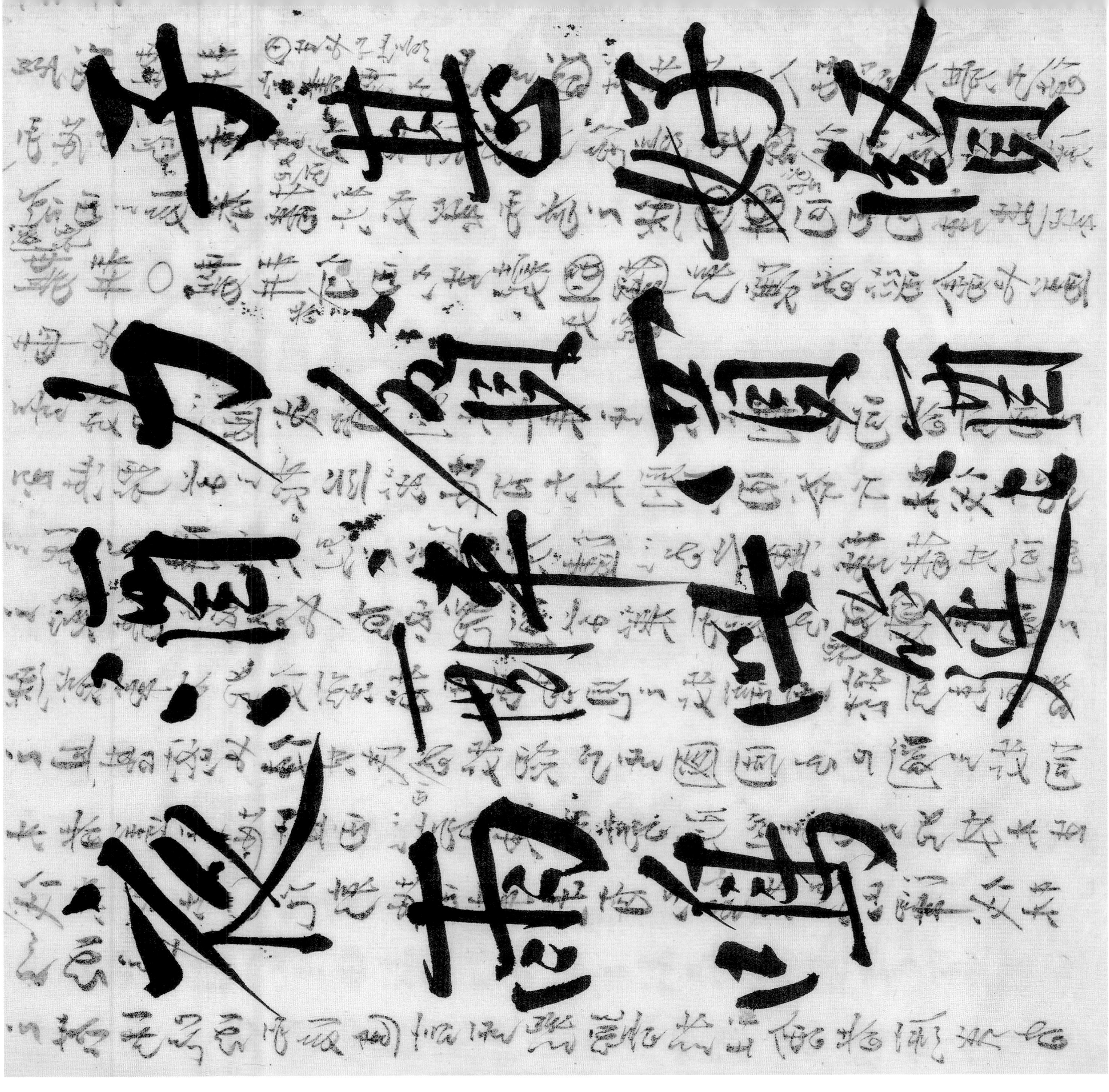

楷書　臨黃庭堅《松風閣詩帖》

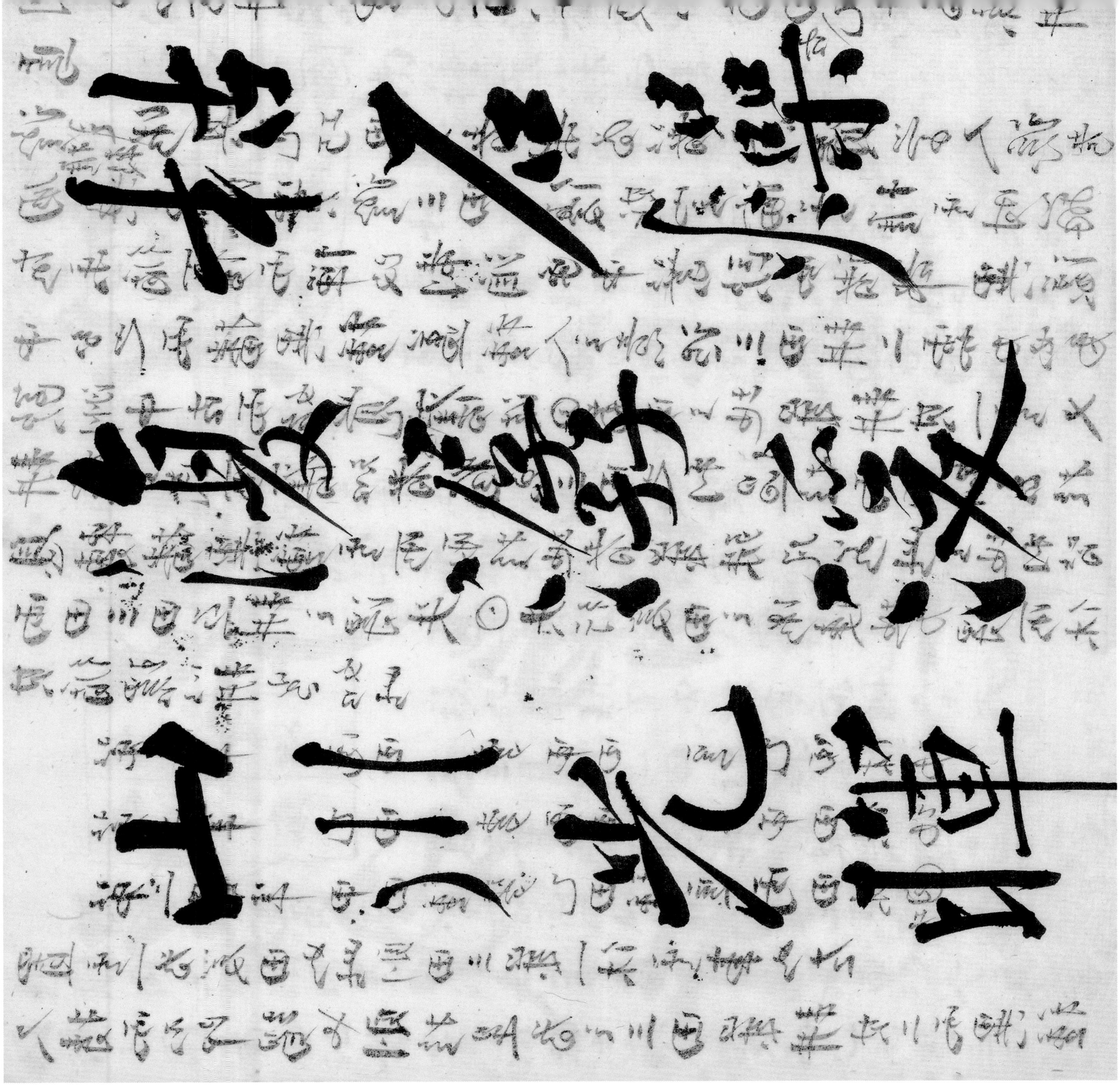

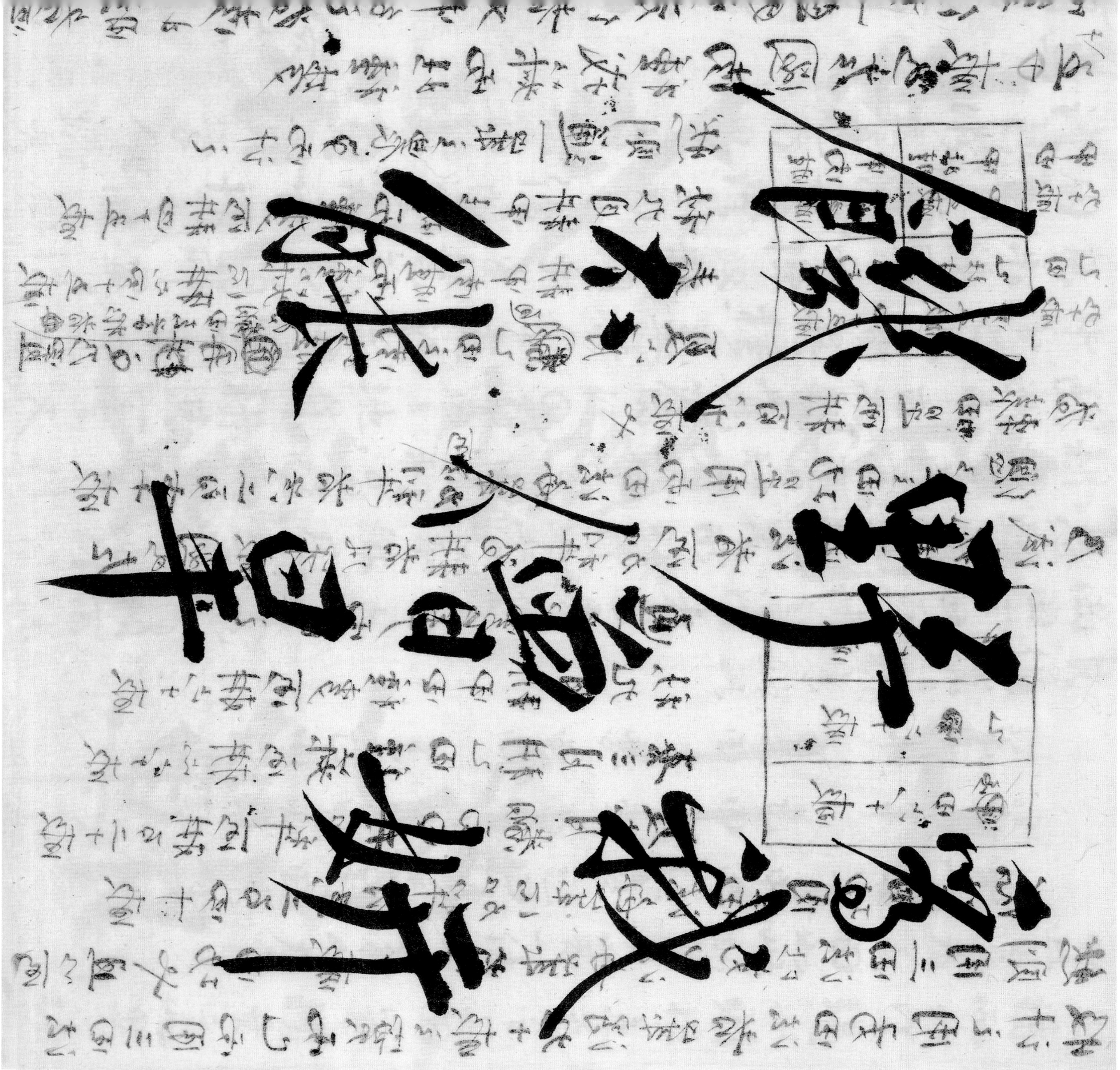

楷書　臨黃庭堅《松風閣詩帖》

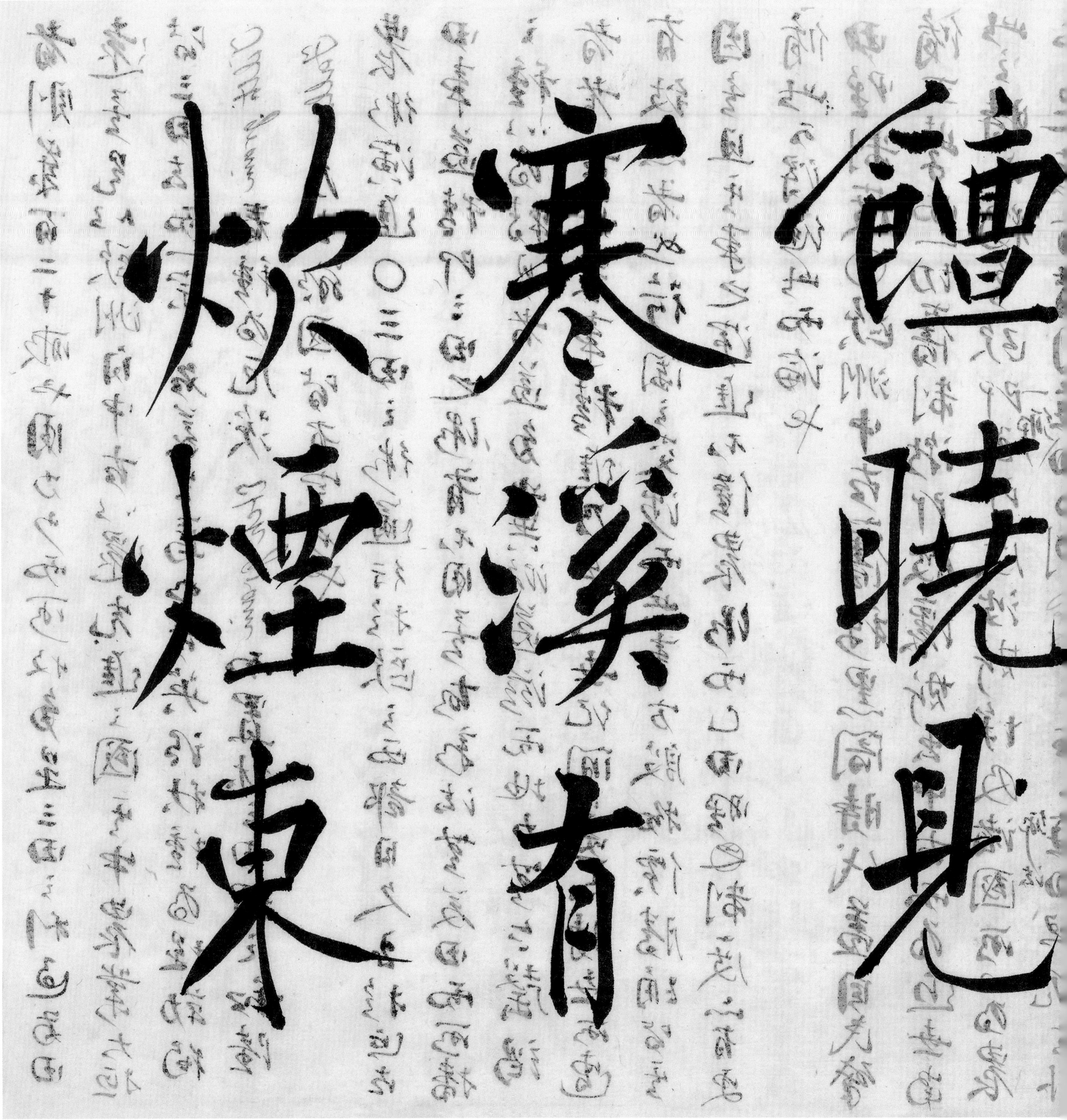
饘曉見
寒溪有
炊煙東

紈袴不餓死儒冠多誤
身丈人試靜聽賤子
請具陳甫昔少年日
早充觀國賓讀書破
萬卷下筆如有神
賦料揚雄敵詩看
子建親李邕求識面
王翰願卜鄰自謂頗

草書　杜甫《奉贈韋左丞丈二十二韻》

草書 杜甫《奉贈韋左丞丈二十二韵》

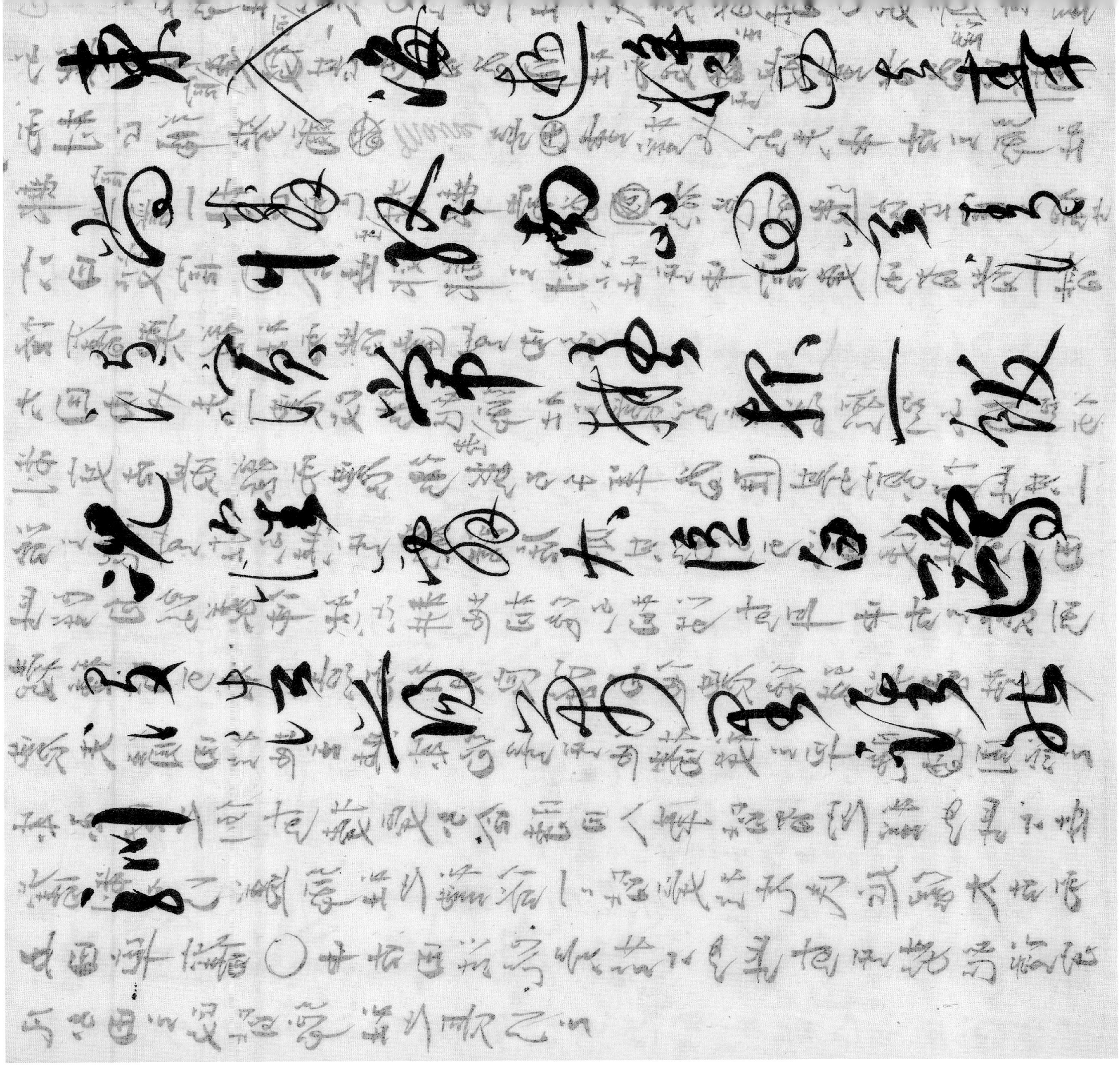

草書　杜甫《奉贈韋左丞丈二十二韻》

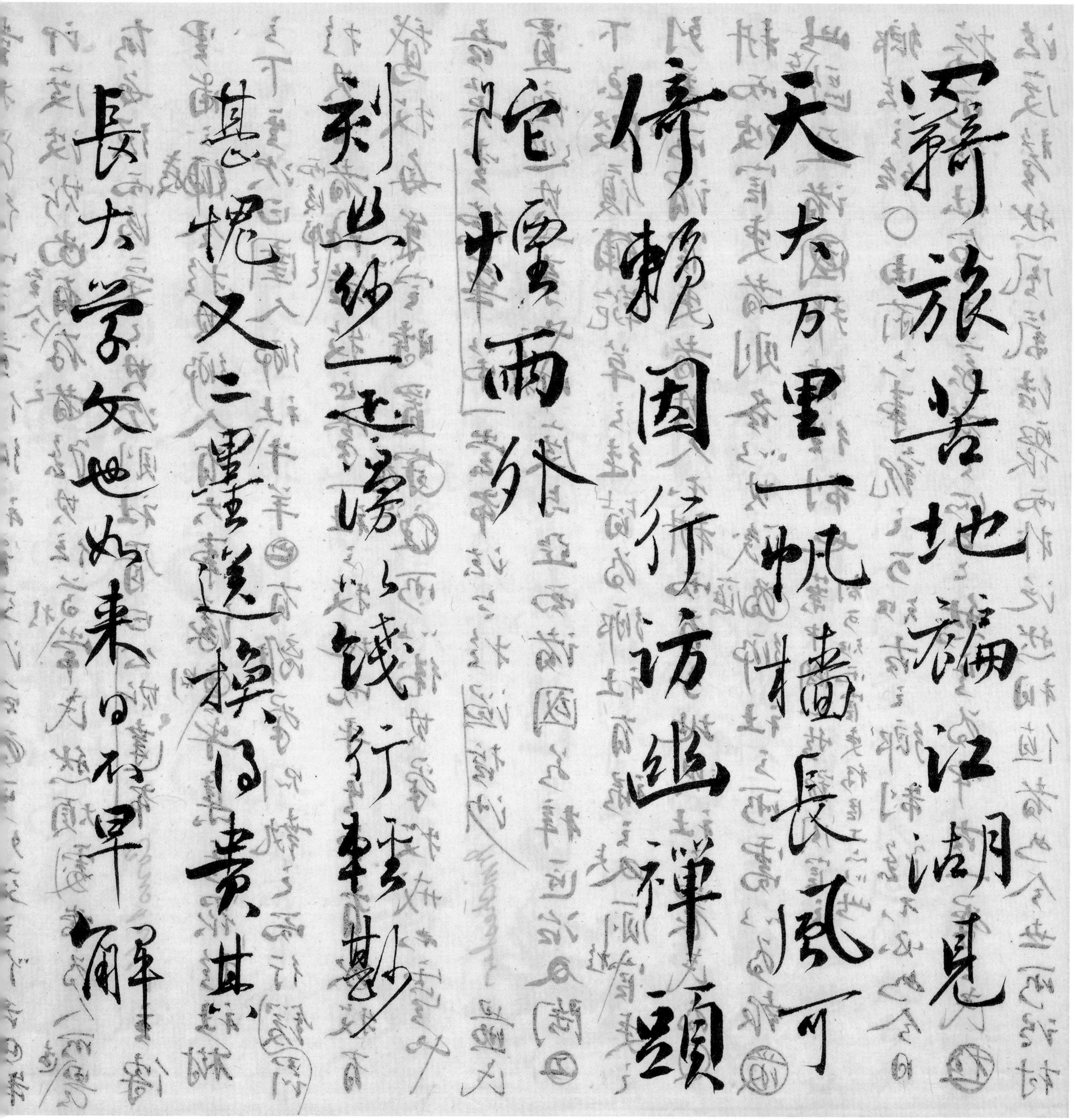

行書　黄庭堅《次韻叔父夷仲送夏君玉赴零陵主簿》《與希召都監帖》

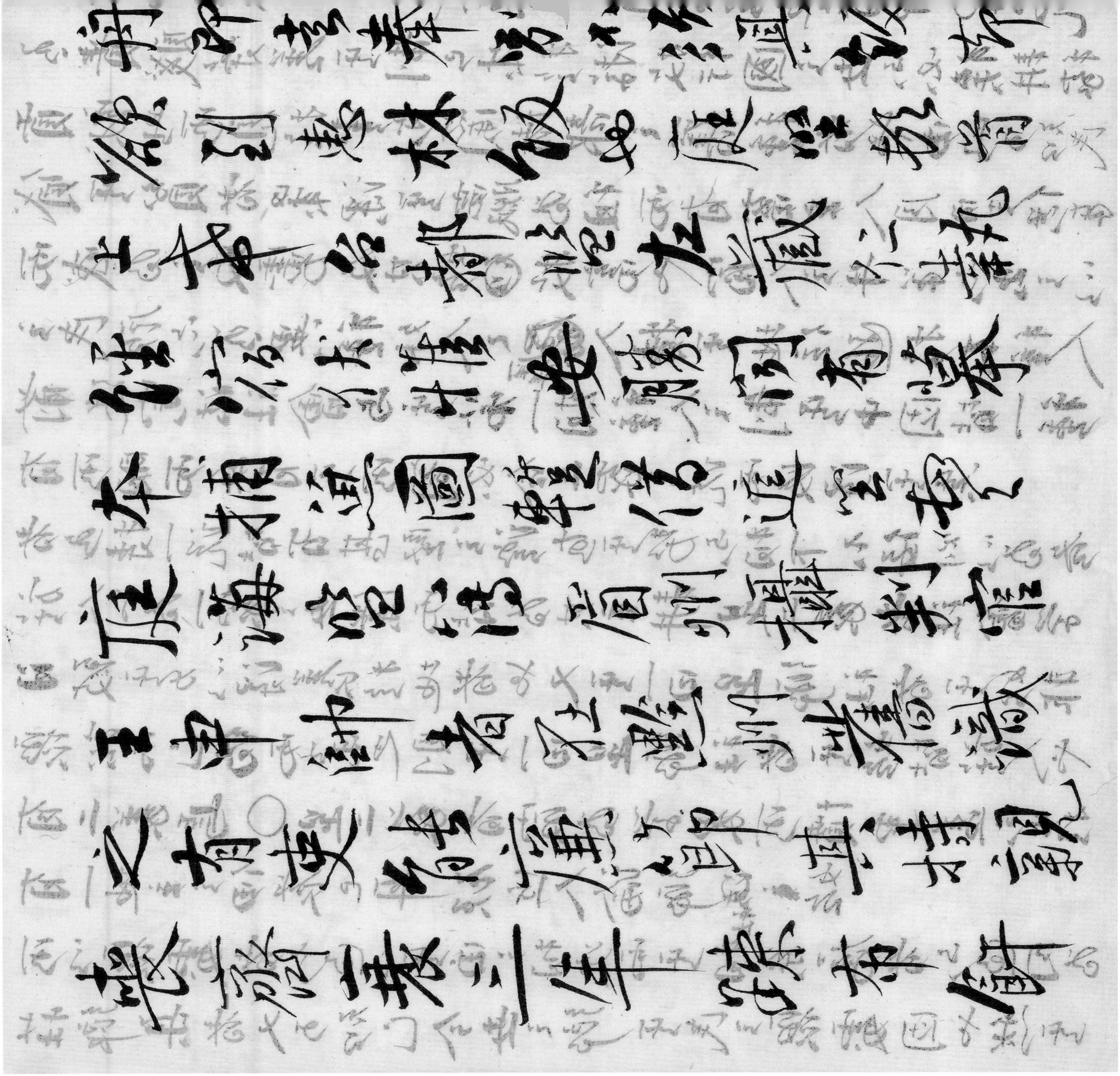

彌未嘗以素冠墨衰出
門令之曾閔也
嘉州趙肖堂頃過施州
清江而識之學問之士而
不懈為吏及聞其里人
本宮寄孫立而能自奮
仰祿以事其父母而解
宦二十年未出家者以奉用也

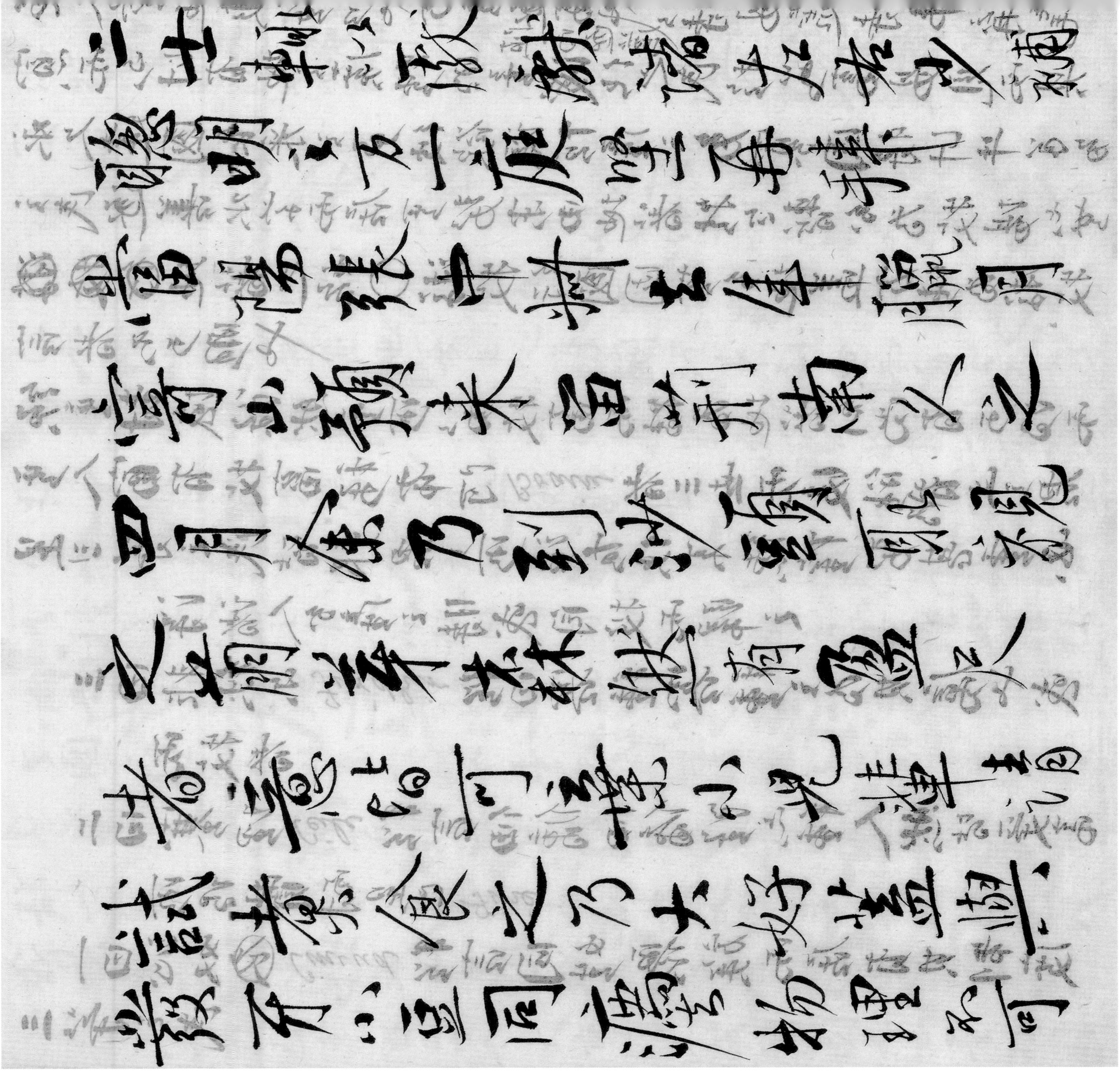

畫如此今之論人材者
用其所知而輕棄人可勝
歎哉庭堅頓首教
審侍奉万福為慰承
讀書綠陰閑樂甚
十篇妙曲作樂尚未就
所送帋太高但可書大

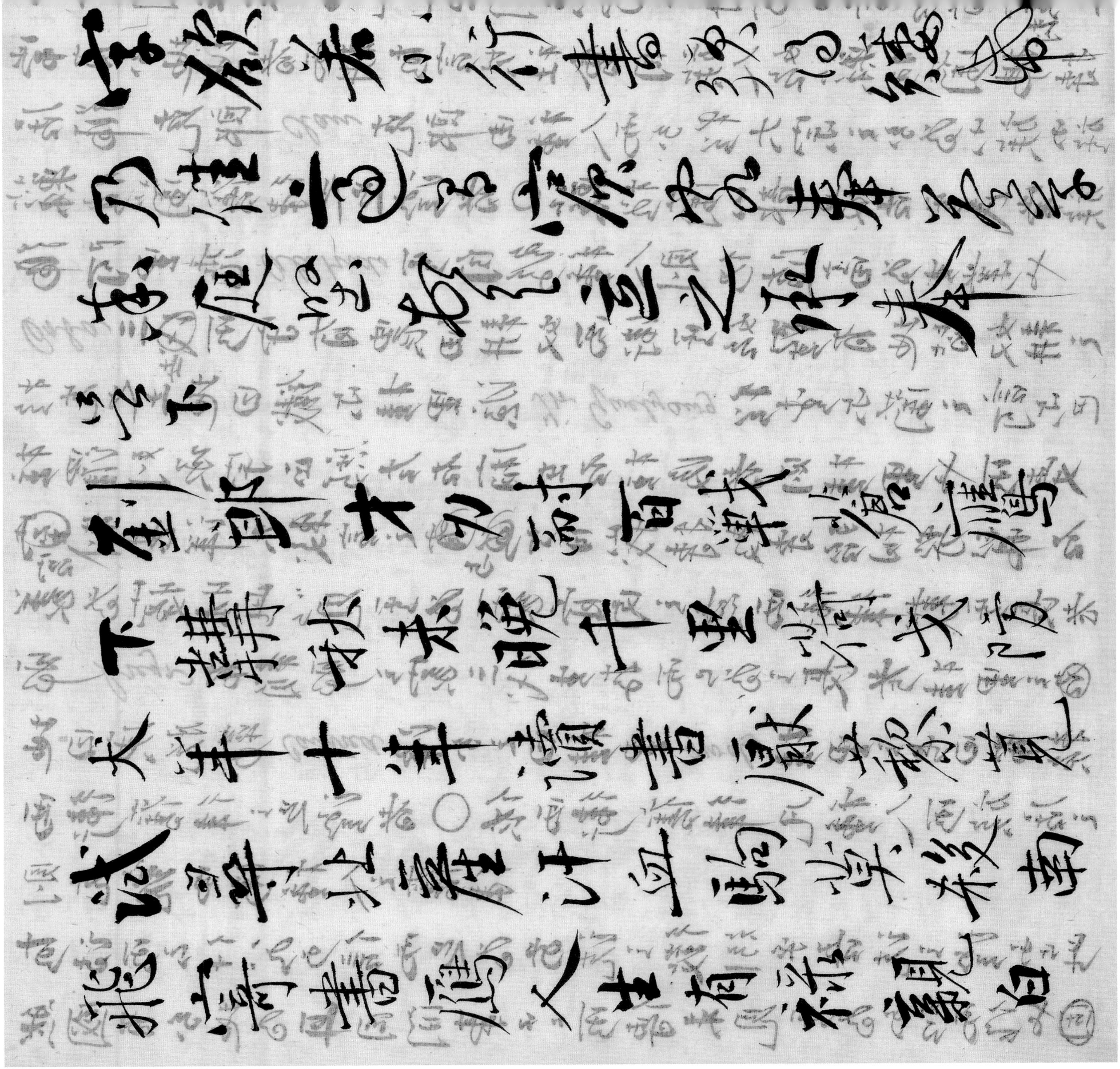

行書　臨黃庭堅《送劉季展詩帖》

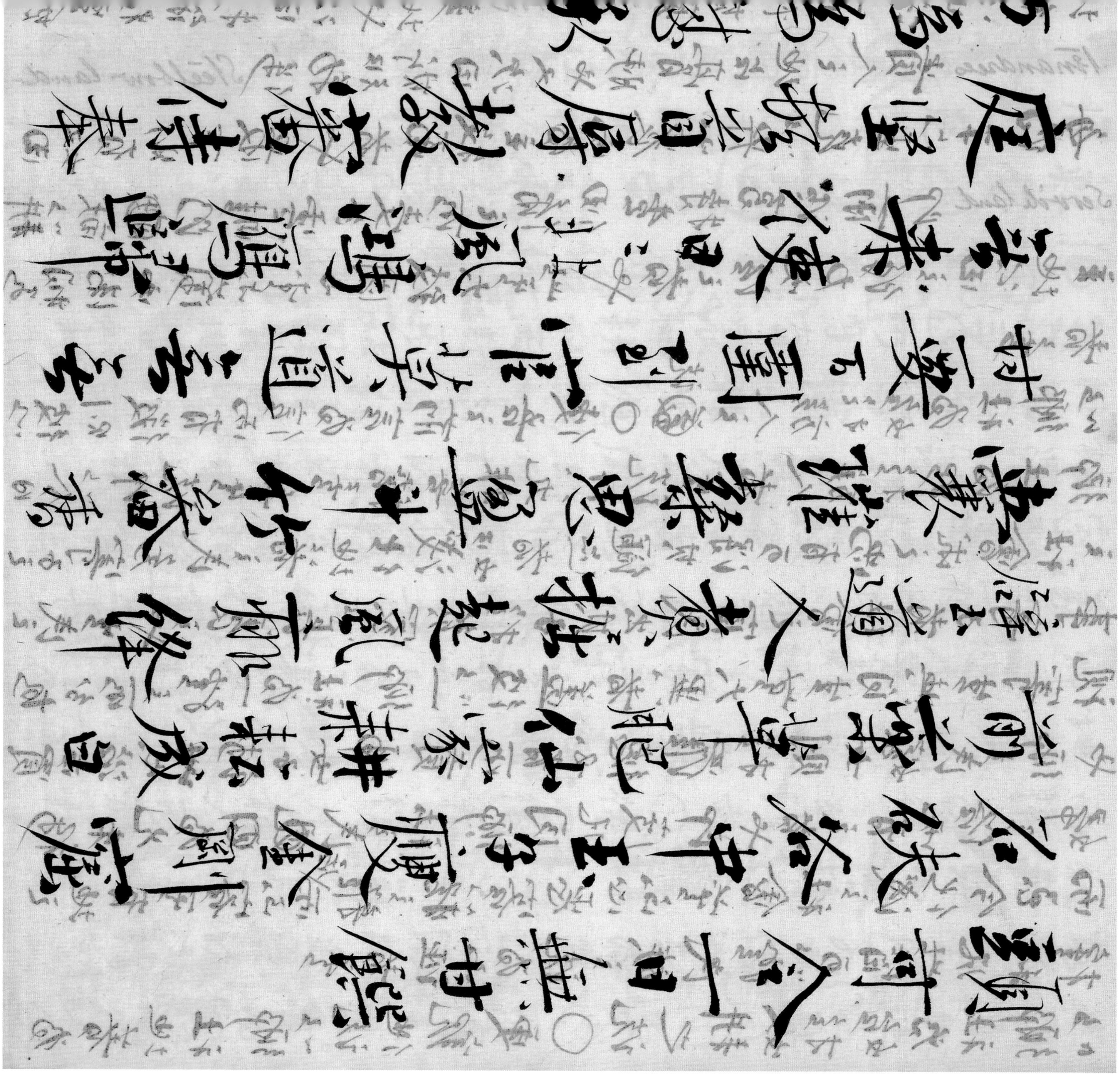

行書
臨黄庭堅《山預帖》《教審帖》

此書草三希在長安
安師文家其後兩希
別在師文弟師楊家
右江南石刻但有前三
希予頃在京師盡借
得此五希合爲一軸
今妙工以墨錦裝飾

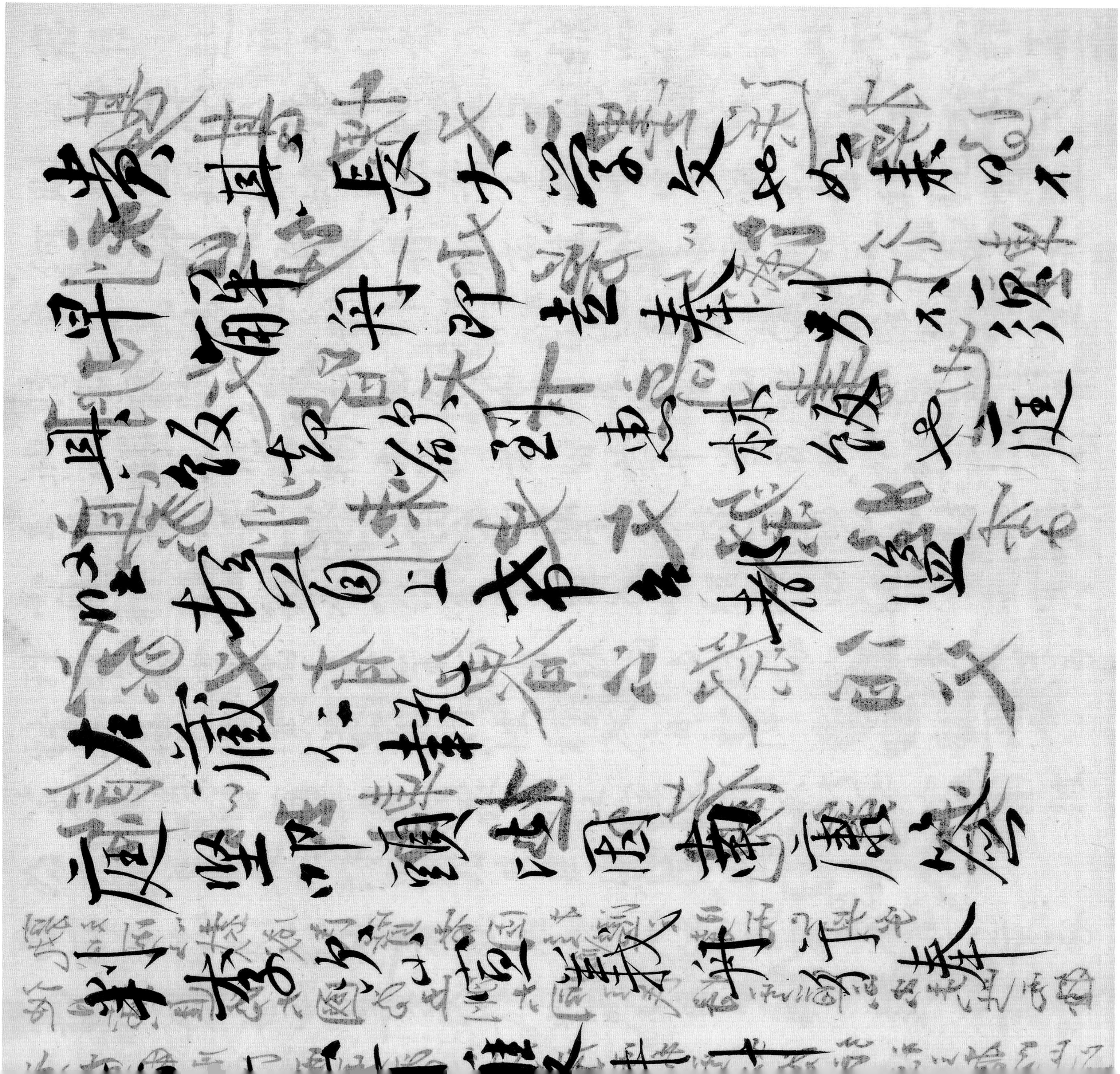

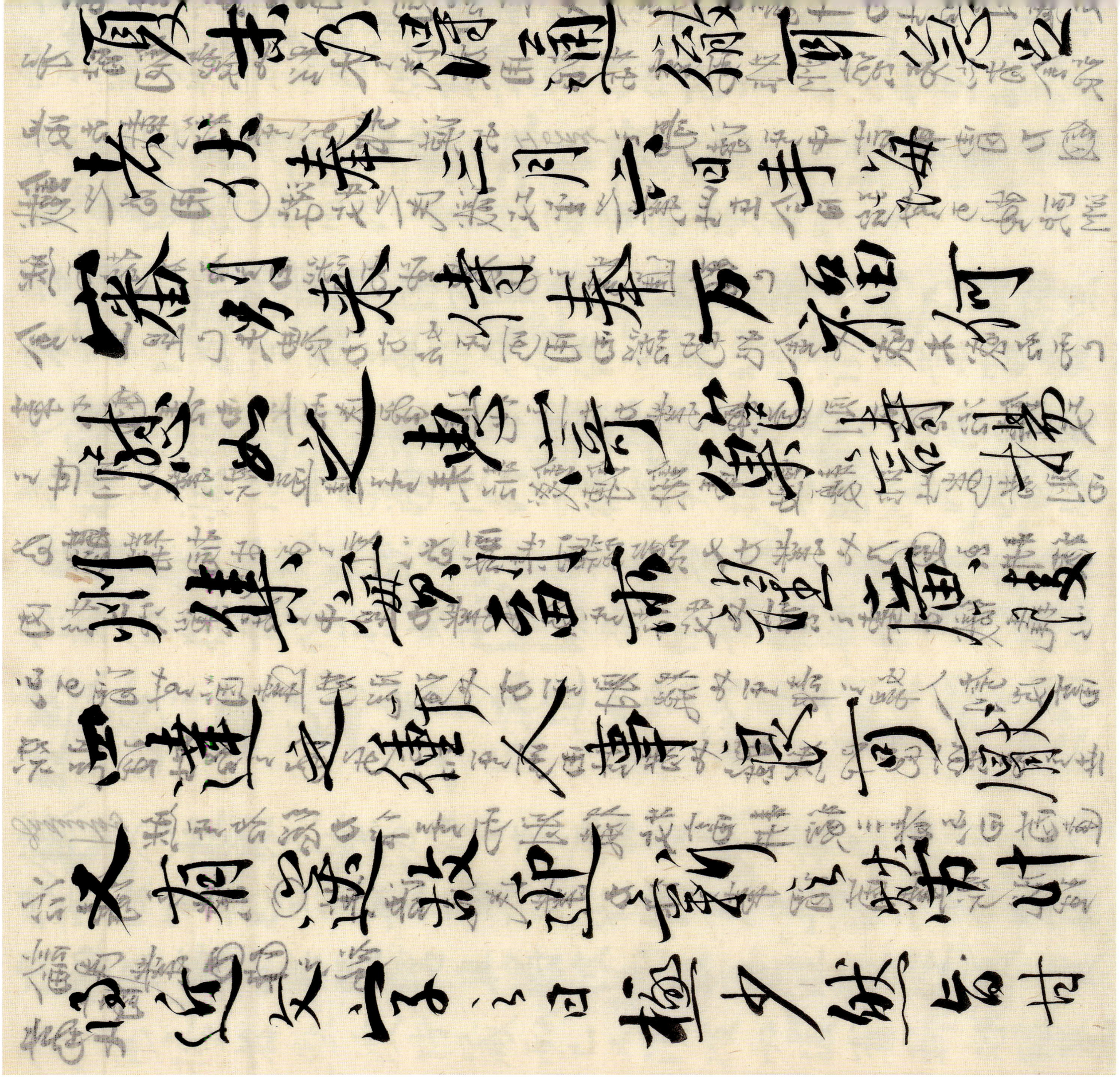

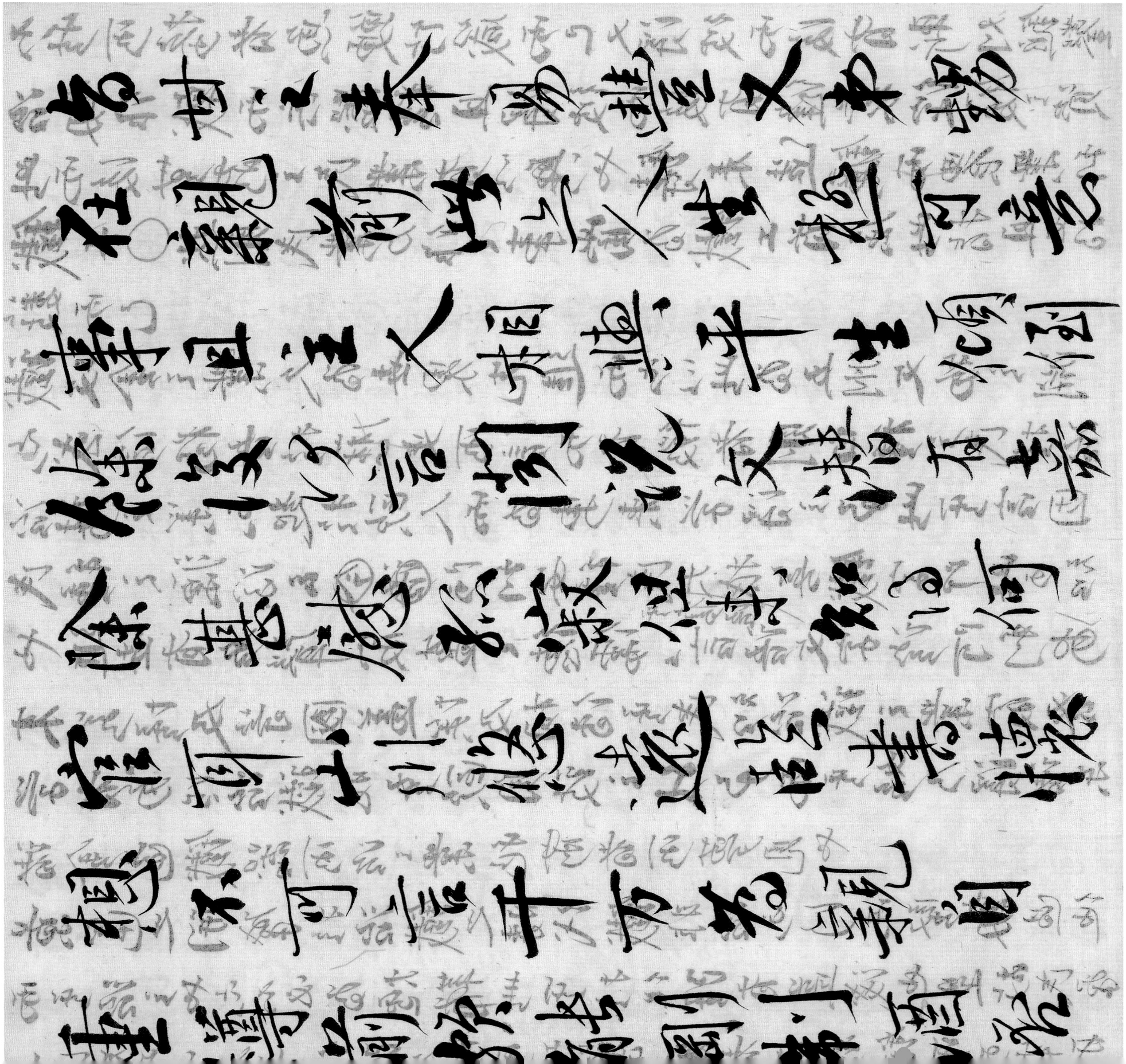

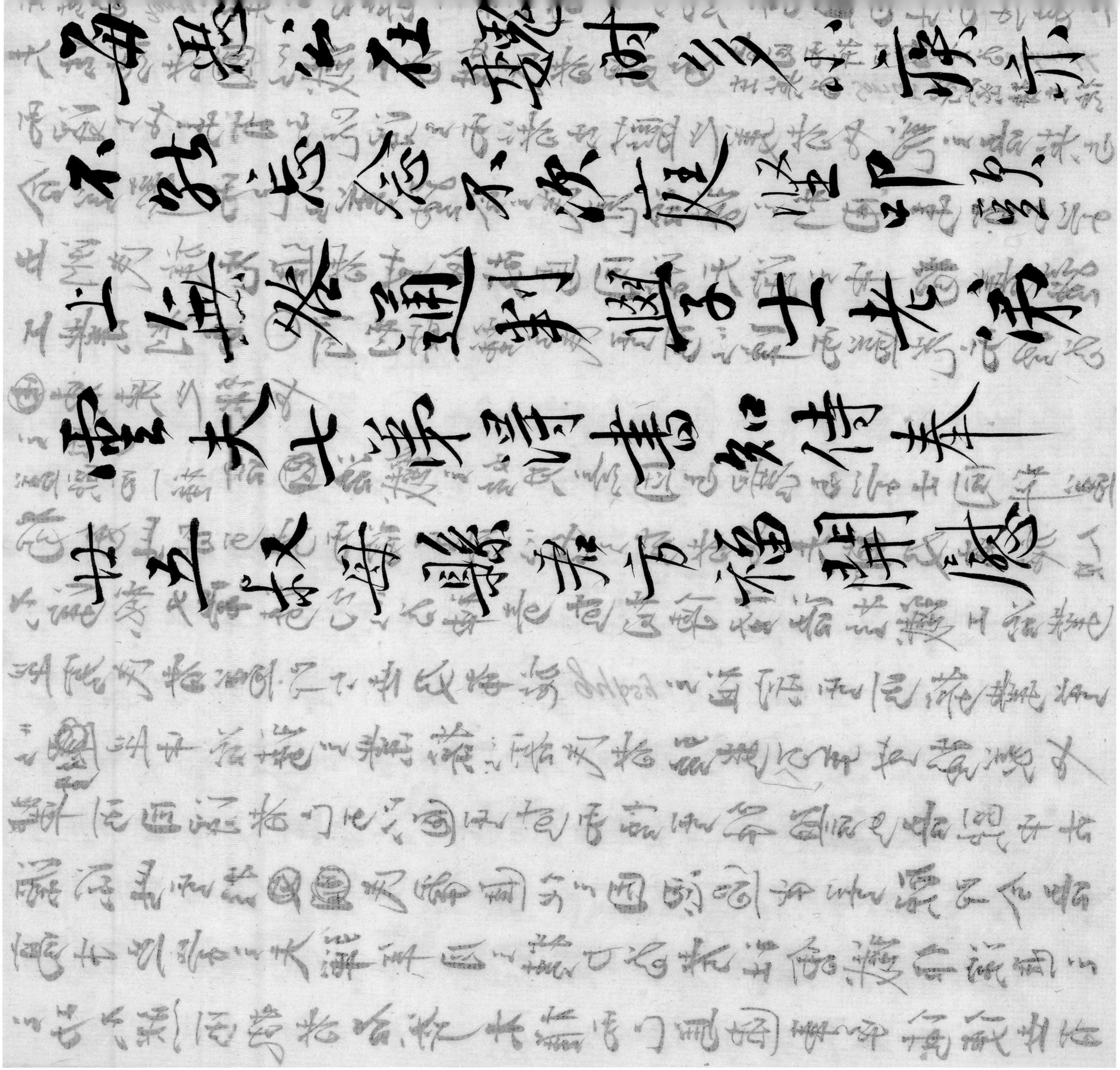

行書　臨黃庭堅《報雲夫帖》

行草書　詩句雜抄

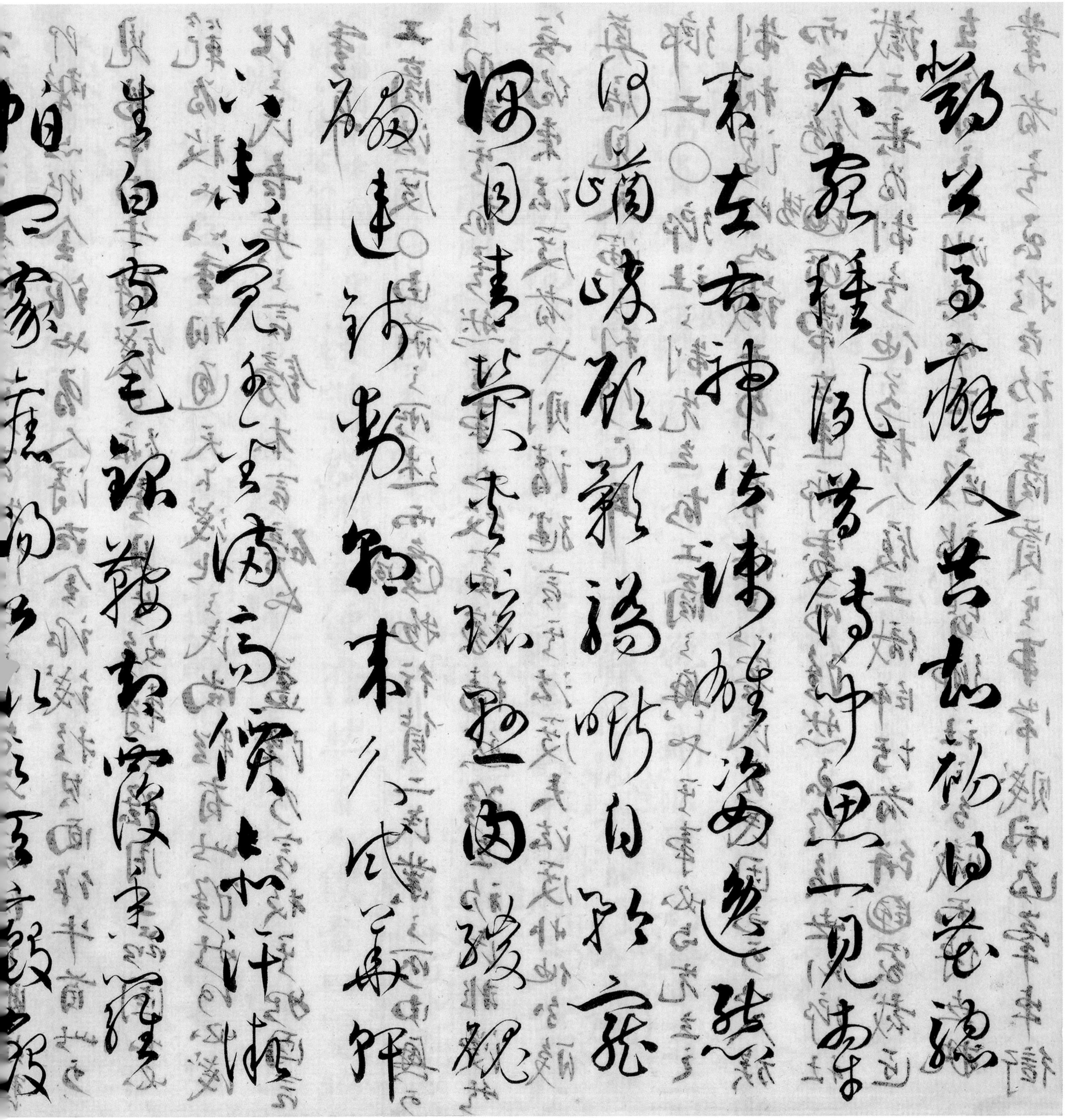

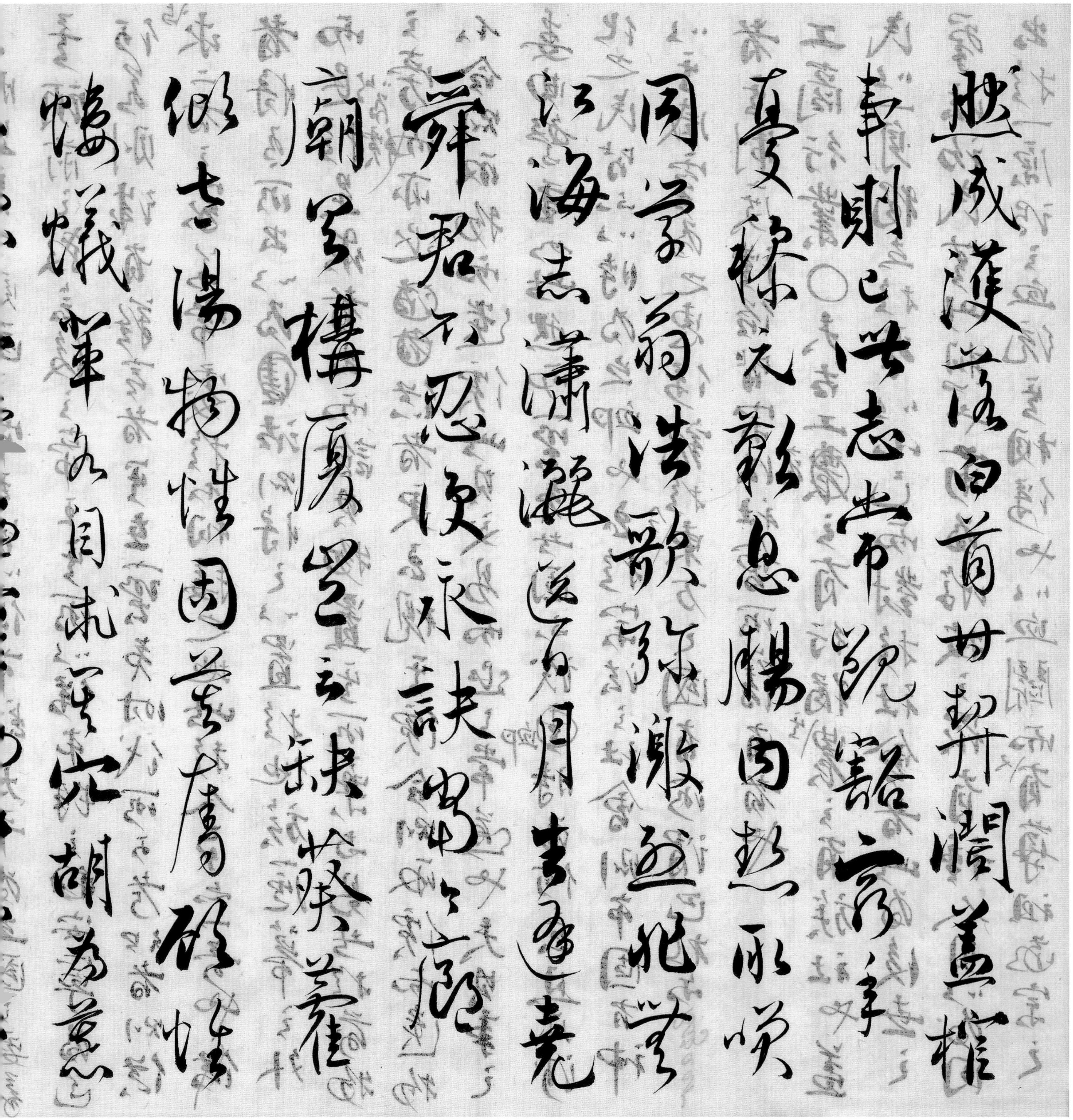

草書　杜甫《驄馬行》

永和九年歲在癸丑暮春之初會于會稽山陰之蘭亭脩禊事也群賢畢至少長

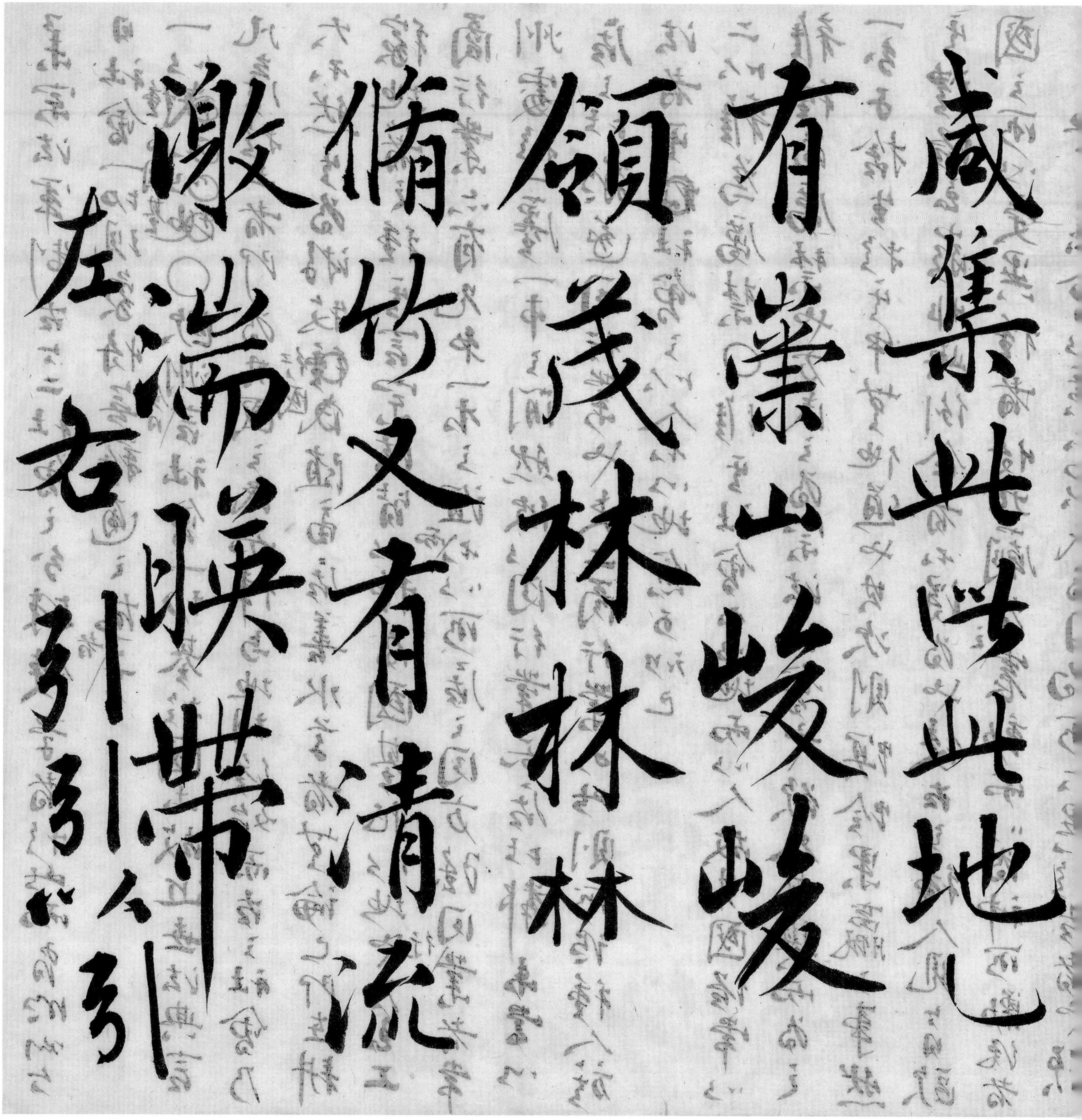
咸集此此此地
有崇山峻峻
領茂林林林
脩竹又有清流
激湍暎帶引引
左右引引

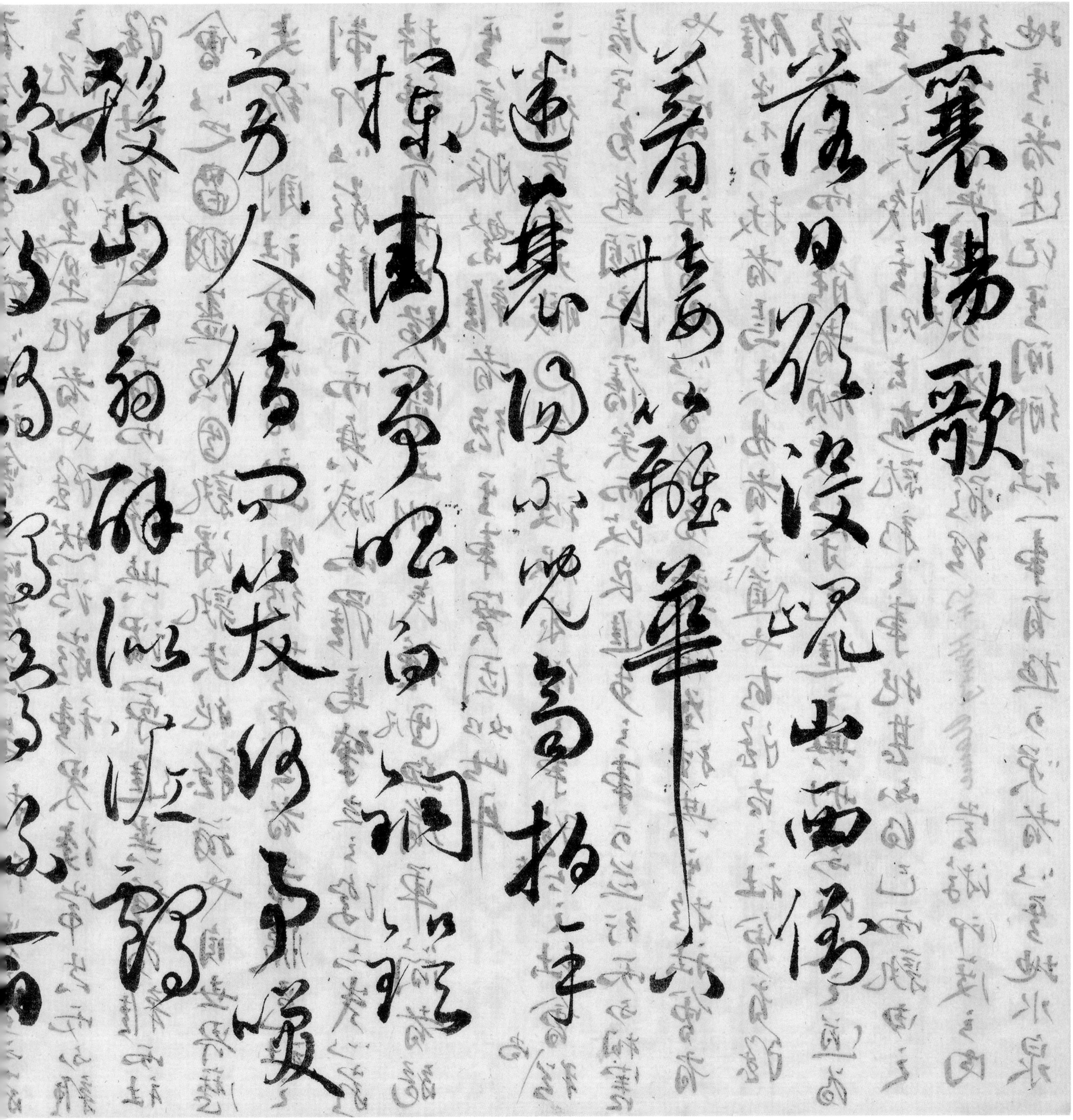

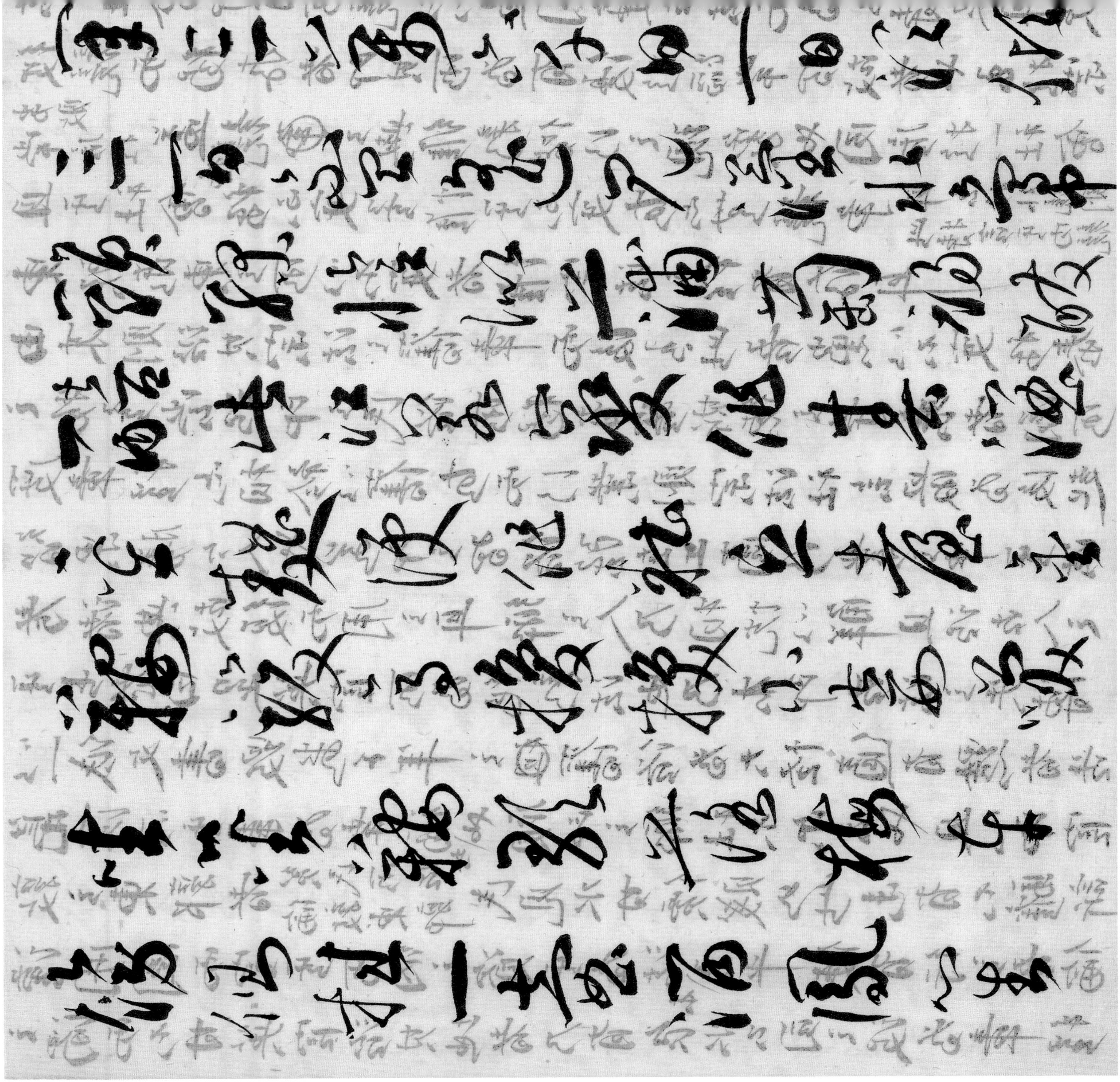

草書　李白《襄陽歌》

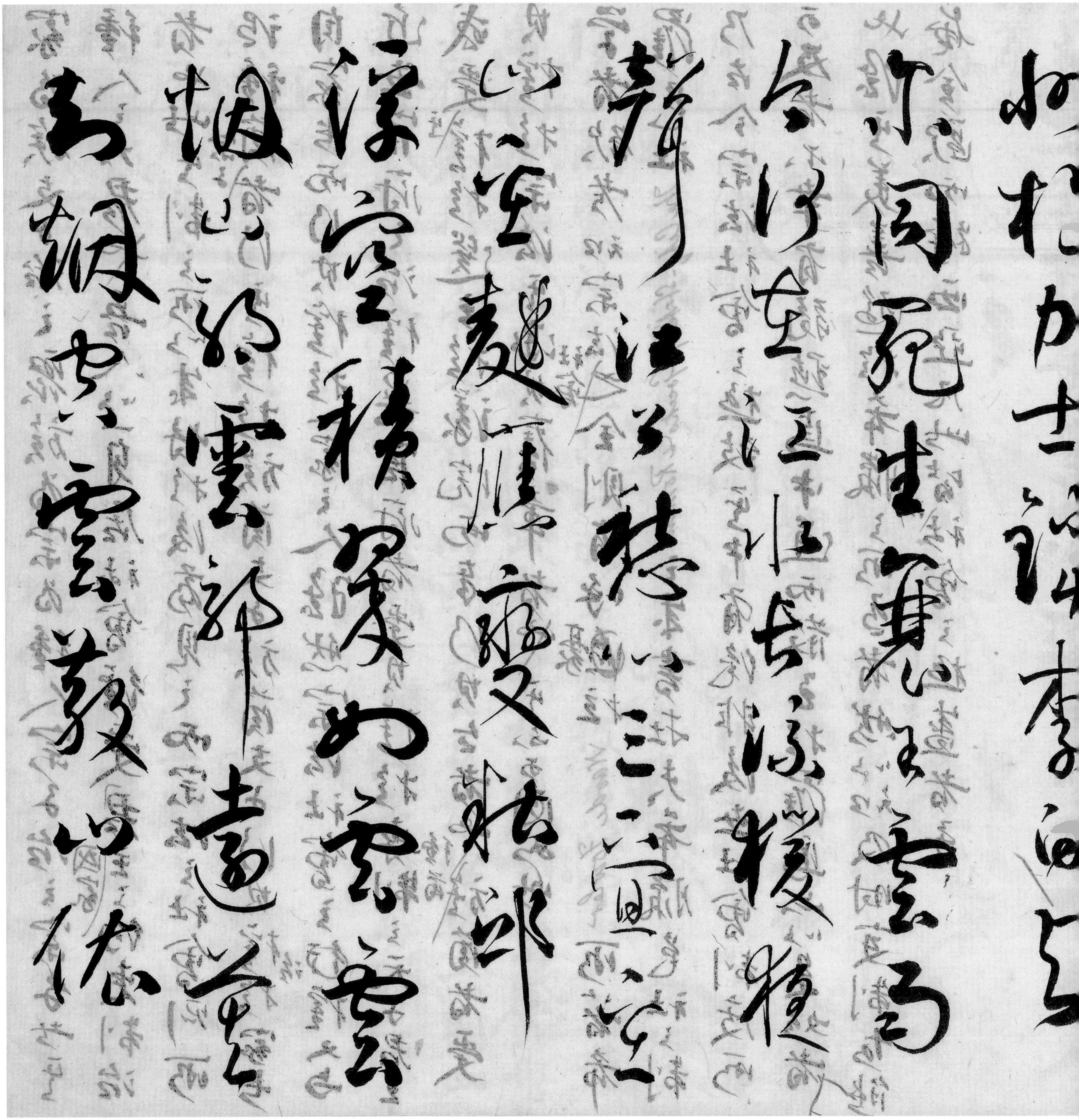

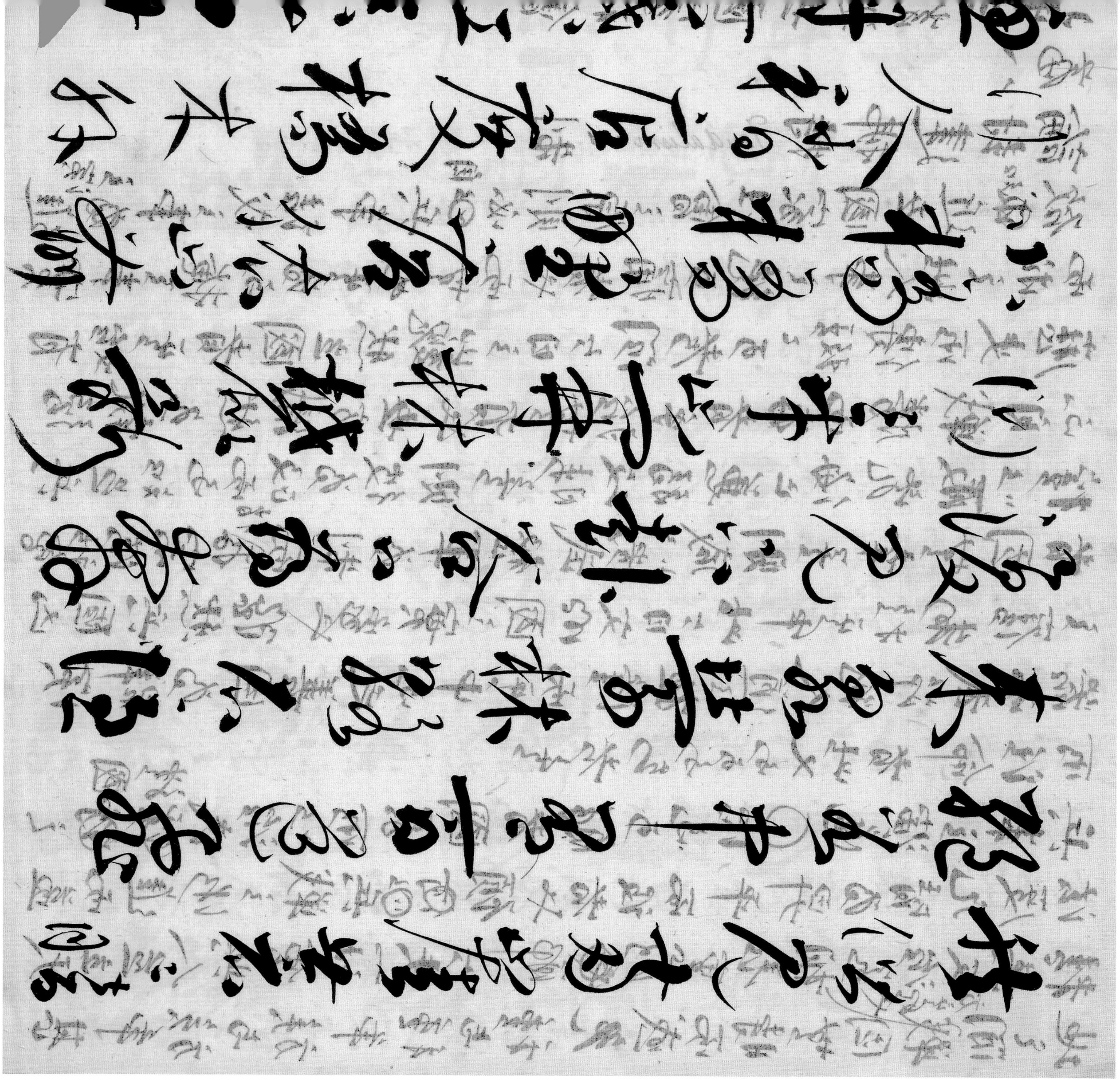

草書　蘇軾《書王定國所藏煙江疊嶂圖》

草書　蘇軾《書王定國所藏烟江疊嶂圖》

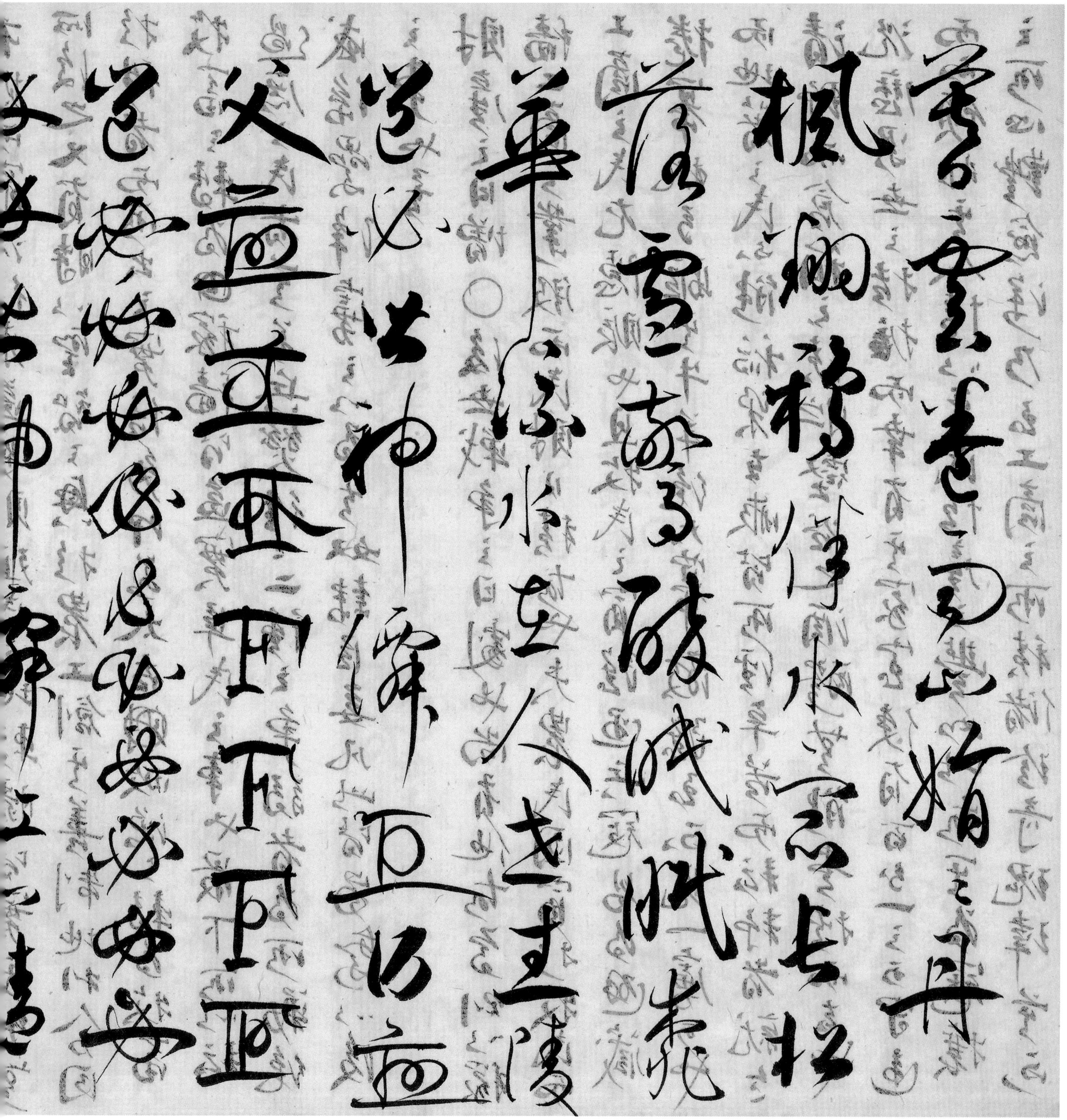

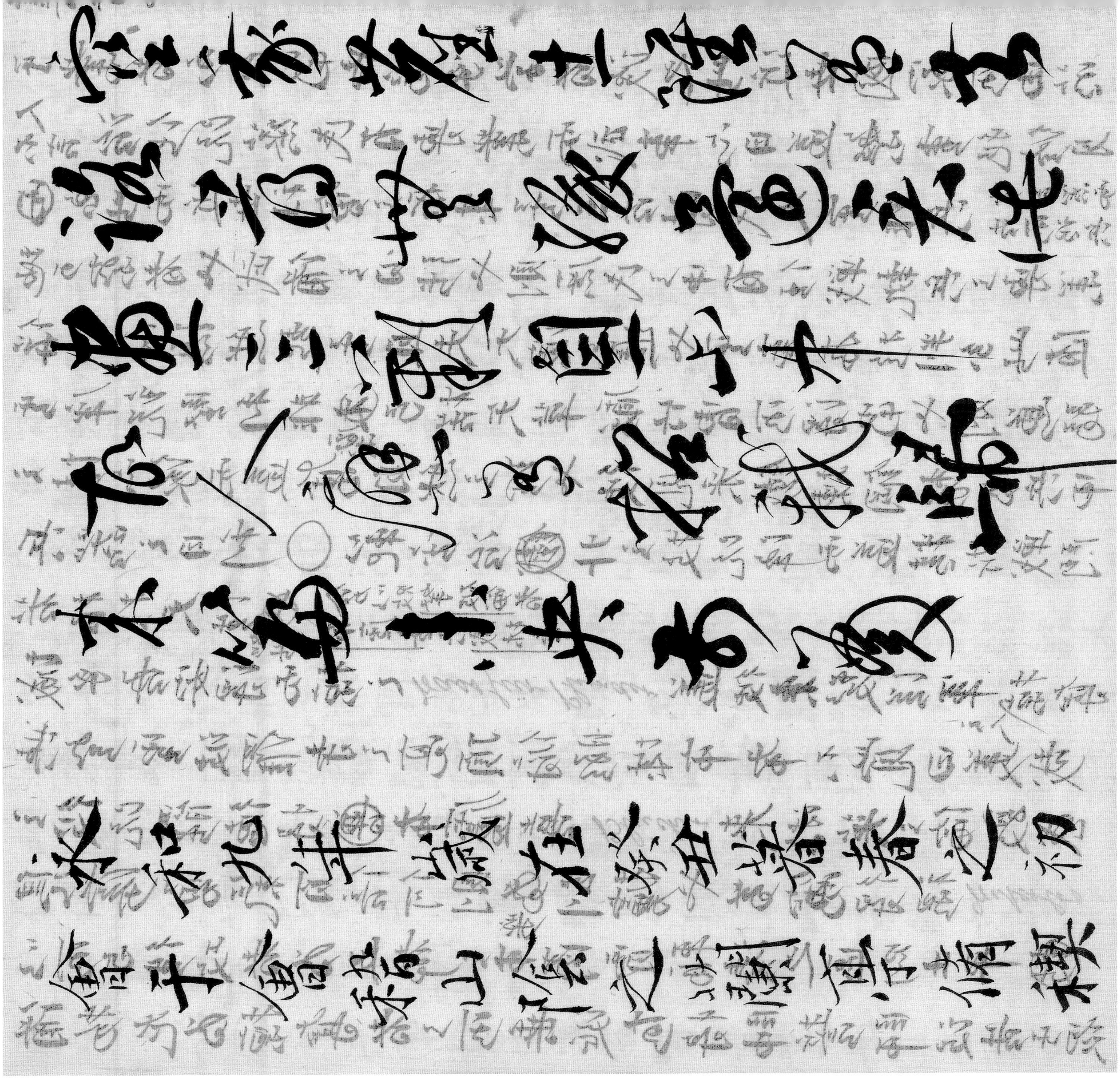

行書　王羲之《蘭亭集序》

事也羣賢畢至少長咸集
此地有崇山峻領茂林脩竹又有
清流激湍暎帶左右引以為
流觴曲水列坐其次雖無絲
竹管弦之盛一觴一詠亦足以
暢敘幽情是日也天朗
氣清惠風和暢仰觀宇宙之
大俯察品類之盛所以遊目騁
懷足以極視聽之娛信可樂也

行書　王羲之《蘭亭集序》

每攬昔人興感之由若合一契
未嘗不臨文嗟悼不能喻之
於懷固知一死生為虛誕齊
彭殤為妄作後之視今亦由
今之視昔悲夫故列敘時人
錄其所述雖世殊事異所以
興懷其致一也後之攬者亦
將有感於斯文

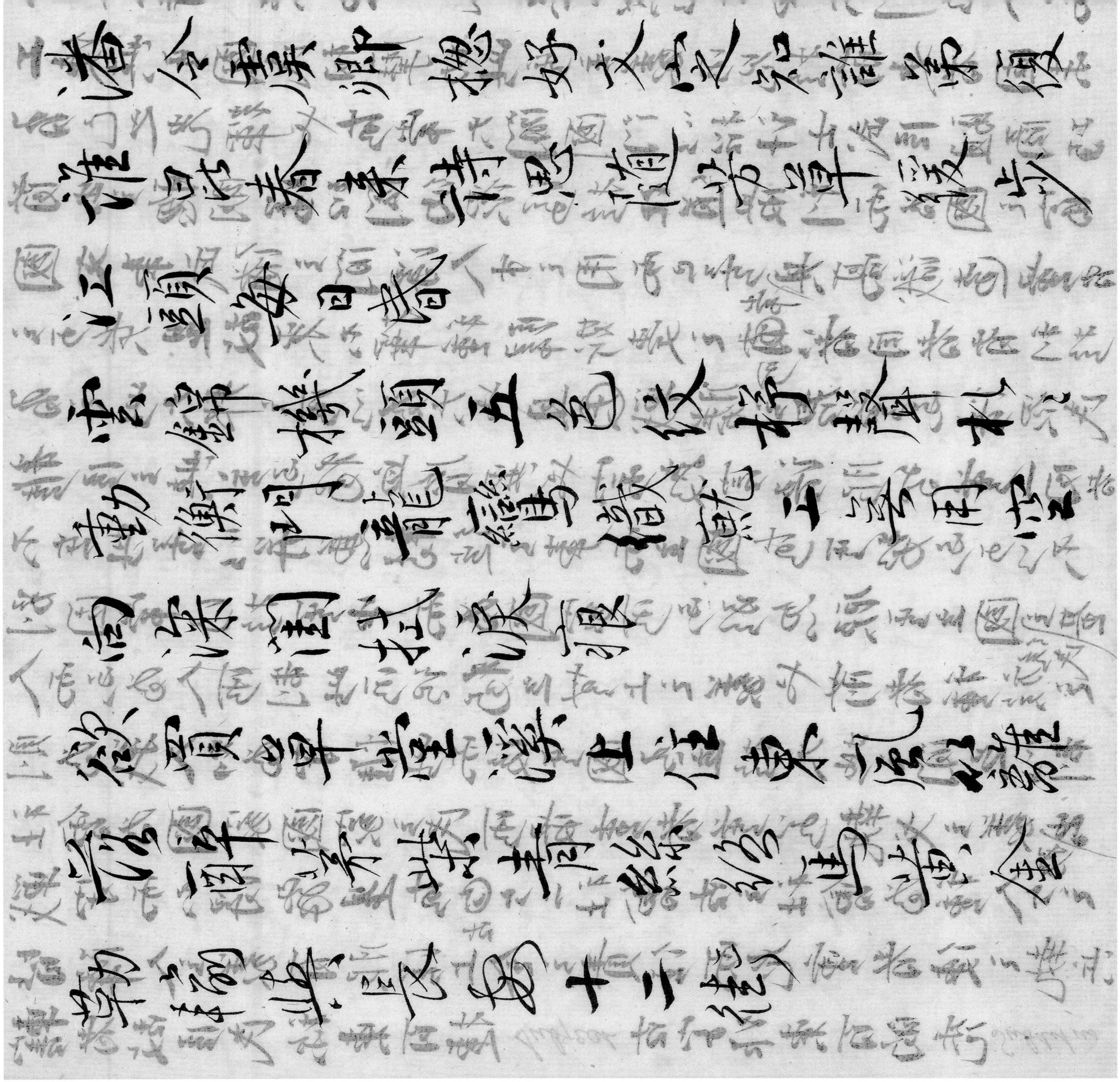

行書　臨元陳基《次韵十絶帖》

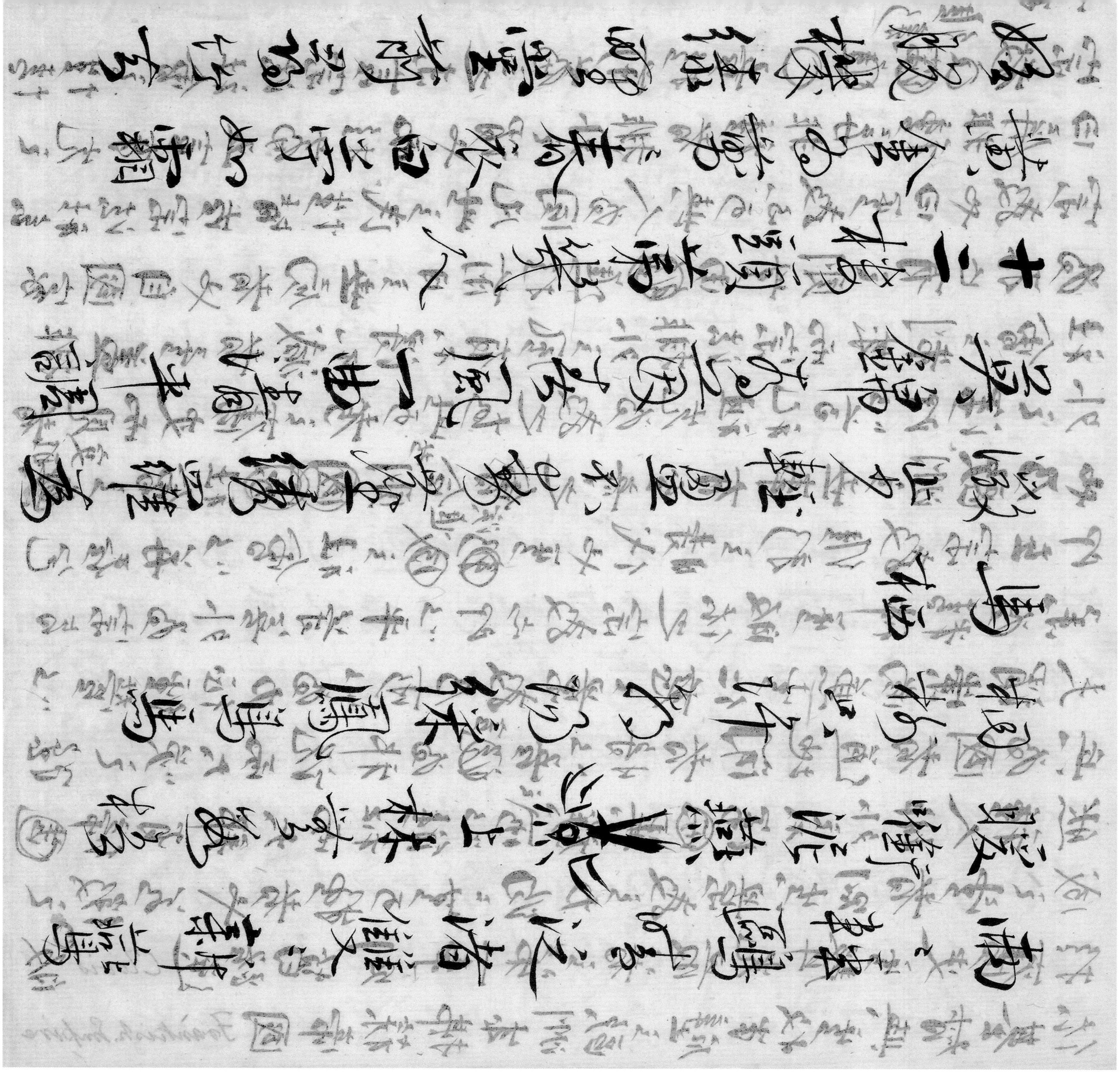

行書
臨元陳基《次韻十絕帖》

行書　臨元陳基《次韵十絶帖》

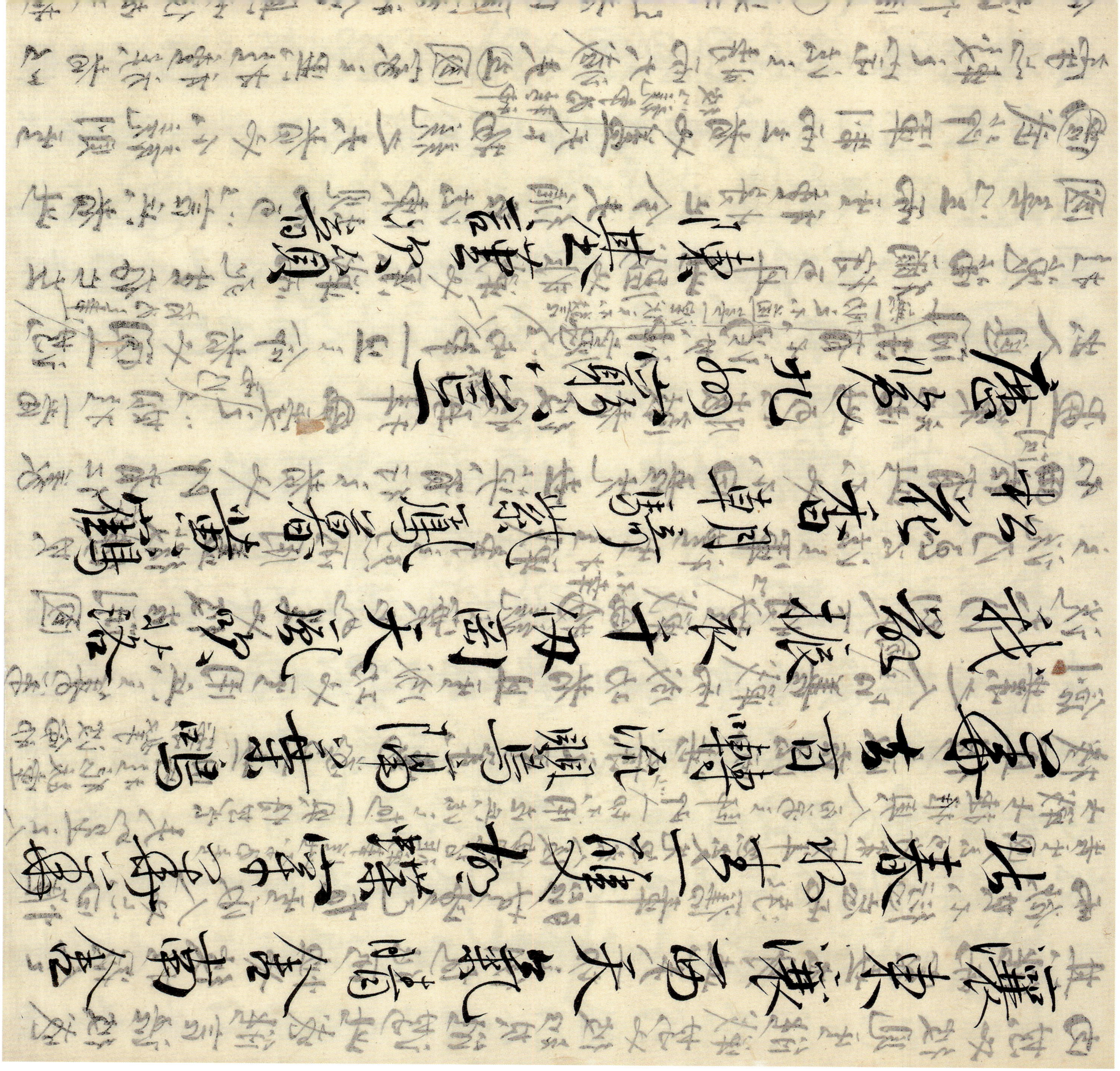

行書　臨元陳基《次韻十絕帖》

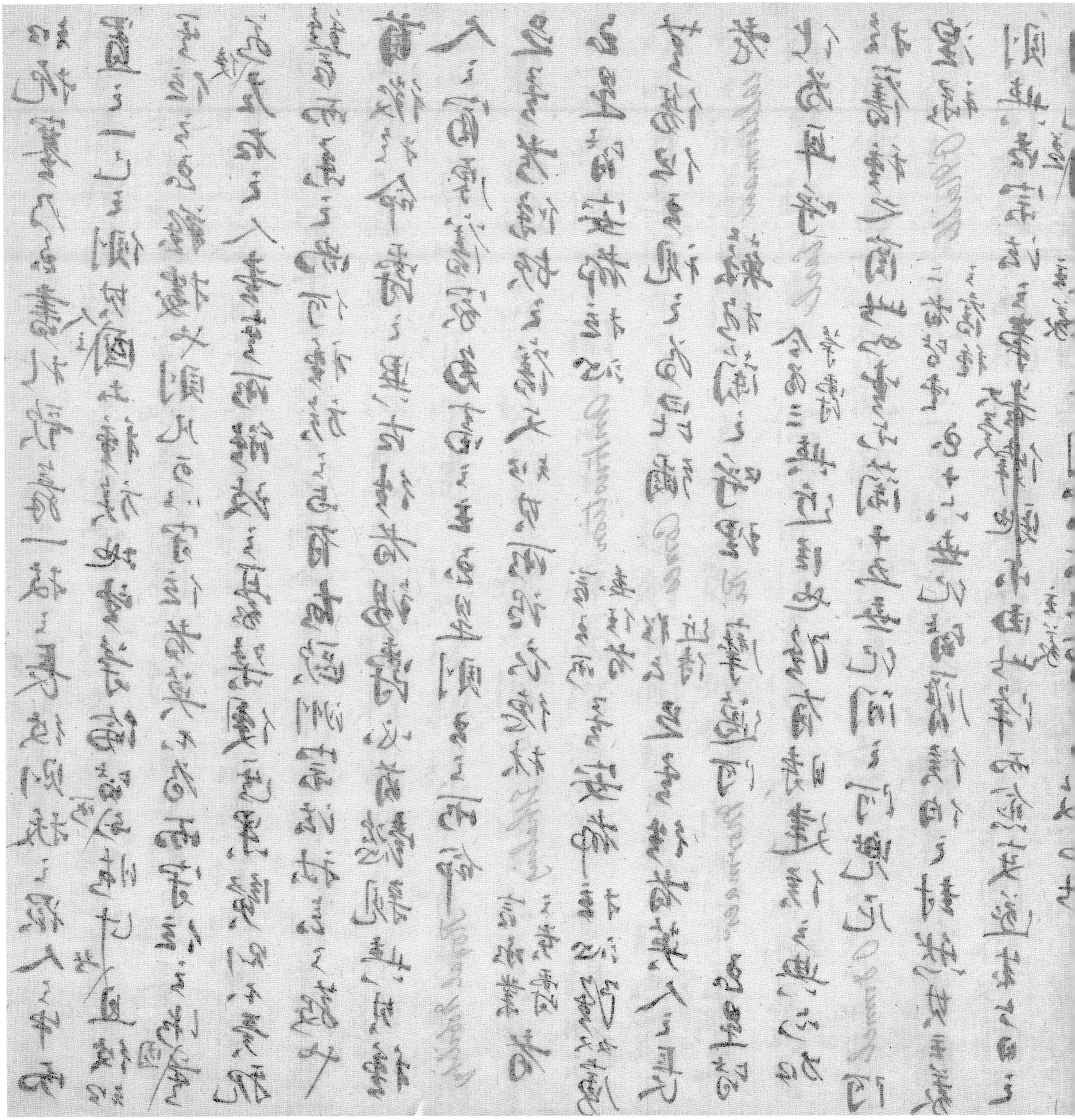

圖書在版編目（CIP）數據

嚴復《社會通詮》稿本 / （英）甄克思著；嚴復譯著；中國嘉德古籍善本部編. -- 上海：上海書畫出版社，2024. 10. -- ISBN 978-7-5479-3450-0

Ⅰ.K02

中國國家版本館CIP數據核字第2024ZN3383號

嚴復《社會通詮》稿本

〔英〕甄克思 著　嚴復 譯著

中國嘉德古籍善本部 編

策　　劃　朱艷萍
責任編輯　張　姣
編　　輯　魏書寬
審　　讀　雍　琦
整體設計　柰斯藝術
技術編輯　包賽明

出版發行　上海世紀出版集團　上海書畫出版社
地　　址　上海市閔行區號景路159弄A座4樓
郵政編碼　201101
網　　址　www.shshuhua.com
E-mail　shuhua@shshuhua.com
製　　版　杭州立飛圖文製作有限公司
印　　刷　杭州四色印刷有限公司
經　　銷　各地新華書店
開　　本　889×1194　1/12
印　　張　33
版　　次　2024年10月第1版　2024年10月第1次印刷

書　　號　ISBN 978-7-5479-3450-0
定　　價　580.00圓